非認知能力

概念・測定と教育の可能性

小塩 真司［編著］

北大路書房

NONCOGNITIVE ABILITIES

Concepts, Measurement and Educational Possibilities

まえがき

二〇〇九年の夏に、私はアメリカ合衆国のイリノイ州シカゴの郊外、エヴァンストンで開催された学会の大会に参加していました。その大会を開いていたのはアメリカのパーソナリティ研究者が集まるＡＲＰ（Association for Research in Personality）と呼ばれる学会で、その年の大会はＡＲＰが単独で開催する初めての集まりでした。そして、その学会で基調講演[1]を行うゲストとして呼ばれていたのが、シカゴ大学教授でノーベル経済学賞の受賞者、そして非認知能力の重要性をいち早く指摘していたヘックマン（Heckman, J.）だったのです。ただし、当時の私はまだ海外の学会に参加した経験も少なく、海外のパーソナリティ心理学者の知り合いが少なかったこともあり、会場の後ろのほうの席で目立たないようにしながら講演を聴いていました。また非認知能力についてほとんど知識がなかった私は、ヘックマンの講演を聴いても「そういった研究があるのか」という感想を抱いた程度だった記憶があります。その一方で、会場にいたパーソナリティ心理学者たちの反応はとても大きく、その講演の内容は、今後のパーソナリティ心理学の行く末に大きな影響を与える研究の動向だと捉えられていたのでした。

図1は、Google Ngram Viewer[2]で、「noncognitive（非認知）」を含む三つの単語が英語の書籍にどれくらい出現しているか、出現してきたのが何年頃なのかを表したものです。グラフを見て明らかなように、「非認知」という言葉は二一世紀に入ってから、とくに二〇一〇年代以降によく見られるようになってきています。二〇〇九年に参加した学会は、まさにこの境目にあたるような時期に開かれていたのでした。そしてこの動きに呼応するように、日本でも「非認知特性」「非認知スキル」そし

[1] 二〇〇九年七月一八日に行われた、Building Bridges between Economics and Personality Psychologyというタイトルの講演でした。

[2] https://books.google.com/ngramsを用いています。なお、単数形よりも複数形、“non-cognitive”よりも“noncognitive”の出現比率が高かったため、複数形かつ“noncognitive”で検索した結果を表示し、検索は二〇一九年の英語書籍を対象としています。

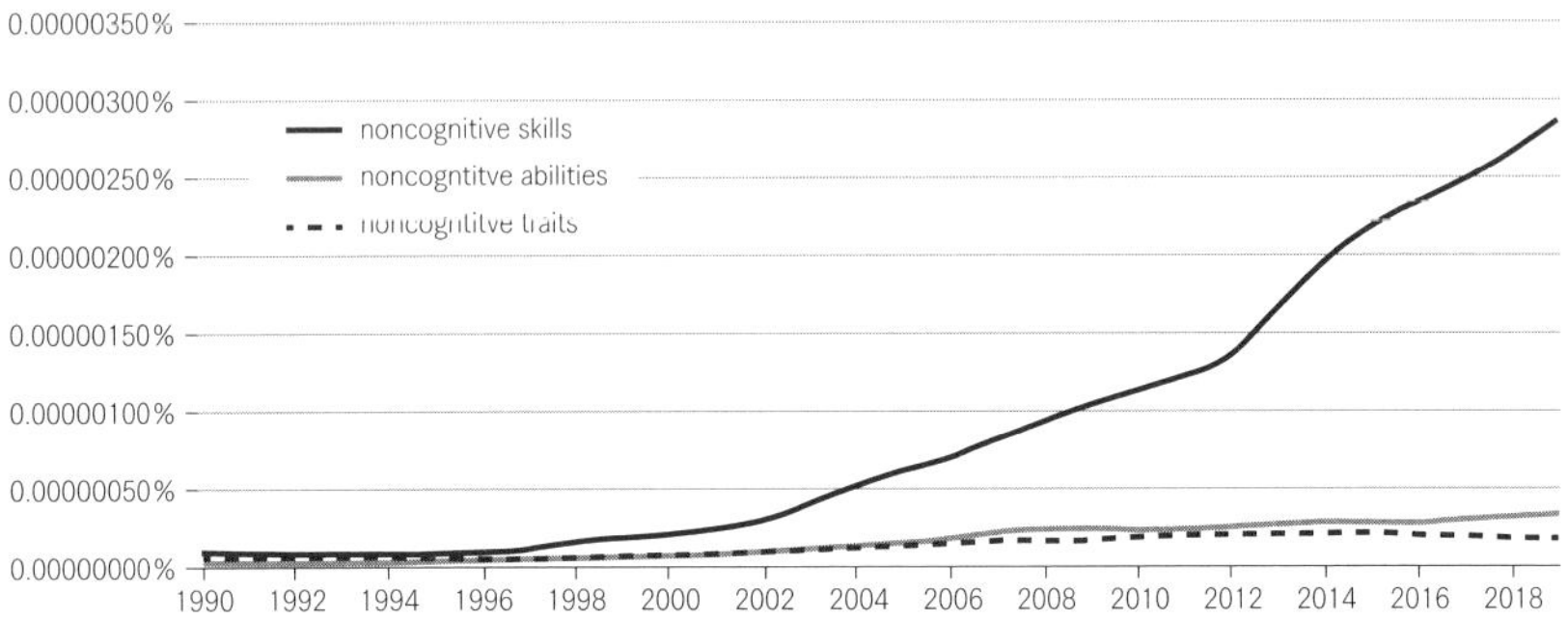

図１　「非認知」を含む単語が英語の書籍に出現する出版年数別の頻度

て「非認知能力」という言葉をタイトルにもつ書籍が数多く出版されるようになりました。現在では多くの保育・教育の実践の文脈で非認知能力について言及され，非認知能力を高めようとする実践が見られるようになっています。

その一方で，そもそも非認知能力とは何なのか，どのような心理的な機能がそこに含まれており，それぞれの機能はどのような測定方法で把握され，どのような効果があると報告されており，どのような教育的介入が可能なのかという点については明確ではない状態にあるのではないでしょうか。非認知能力という言葉が広まる一方で，その中身は多様かつ曖昧であり，それぞれの人が非認知能力の中身をそれぞれの解釈で論じているという印象があります。

本書では，非認知能力あるいはそれに類するものとして取り上げられることのある，一五の心理学的な特性（以下「心理特性」）に注目します。そして，それぞれの心理特性がどのような概念であるのか，どのように測定されるのか，人為的な介入や環境の変化によってどれくらい変容する可能性があるのか，そして教育に対してどのような示唆が与えられるのかを紹介していきます。

本書で取り上げる一五の心理特性の中には，本書のタイトルとなっている非認知能力としてよく取り上げられるものもあれば，あまり取り上げられていないものも含まれています。しかしながら、本書で注目する心理特性には、次のような共通点があります。それは、第一に心理学の中でも比較的さかんに研究が行われていること、第二に何らかの形で教育や人生において「よい結果をもたらす」可能性があるという研究が得られていること、そして第三に介入による変容の可能性が研究で示されていることです。

本書で取り上げる一五の心理特性は、いずれについても国内外で多くの研究が報告されているものです。その一連の研究の中では、概念的な定義が示され、その概念を測定する方法も開発されています。多くの心理特性は、質問紙形式の尺度[*3]によって測定が試みられています。そして研究の中では測定尺度の信頼性（どのくらい安定して測定できるか）と妥当性（どのくらい測定した内容が概念を反映しているか）が検討、報告されており、そこからその尺度をどの程度信用して用いることができるのかを検討することができます。心理学の研究において、尺度の開発は重要なステップのひとつです。ある概念を測定する道具を作成することは、その概念による研究を大きく進めることにつながるからです。そして、多くの研究が行われれば、その概念そのものの有用性も明らかにされます。本書で取り上げる心理特性は、一連の研究がある程度進み、さまざまな事柄が明らかにされているものだと考えてよいでしょう。

また本書で取り上げるいずれの心理特性についても、個人がそれらの要素をより多くもつことが、何らかのよい結果をもたらす可能性があるとされています。そのよい結果には、人生を通じて多くの人々が「よいもの」と判断する、さまざまなものが含まれています。ただし序章「非認知能力とは」で詳しく論じられるように、ここでもいくつかの点で注意が必要です。たとえば、よい結果が本当の意味で絶対的に「よい」とは言い切れない可能性があるという点です。たとえば長寿は「よいこと」であるとも言えますが、健康的に年齢を重ねることが重要なのであり、単に年齢を重ねるだけがよいことではないという議論もあり得ます。また、誰にとって、何にとって「よい」と考えるかという観点も重要です。良好な人間関係は、周囲の人々にとってはよいかもしれませんが、本人はその人間関

[3]「＊」を付した学術用語の解説を、巻末の「用語集」に収載しています。

係に苦痛を感じるかもしれません。さらに，ある心理特性がすべてのよい結果につながるわけではないという点です。どのような結果に結びつくかについては，それぞれの心理特性によって異なっています。また，何がよい結果をもたらすのかは，時代や場所によっても異なってくる可能性があります。誰の人生にとってもすべてにおいて万能な，よい心理特性が存在するわけではないということは，心に留めておく必要がありそうです。

また，本書で取り上げる心理特性は，個人の中で固定化されたものではなく，何らかの形で変化していく可能性があることも示されます。心理特性というものは，少しずつにせよ変化させることが可能な粘土のようなイメージで捉えるのがよいのではないでしょうか。あるいは，体重の測定のように，日々の生活を通じて少しずつ変化していく数値をイメージしてもよいかもしれません。ある出来事を経験したり「変わろう」と決意するだけで一気に変化したりするものではなく，体重が食事や運動，日常生活の中での習慣で徐々に変化していくように，心理特性は特定の教育場面や社会的な政策，臨床場面を経験することによって変化していく可能性があるのです。それぞれの心理特性は，どのような環境の下でどの程度の変化を見せるのでしょうか，また教育の中でどのような変化の可能性があるのでしょうか。各章でそれぞれの心理特性の特徴が紹介された後に，本書の終章では教育の可能性についてあらためて考えていきます。

本書を通じてそれぞれの心理特性の理解を深める中で，非認知能力という言葉の中に含まれる多様性や複雑さを理解し，子どもたちを育むための保育や教育の可能性について考えてみてもらえれば嬉しく思います。そして，本書をきっかけにそれぞれの心理特性に関連する研究がさらにさかんに行われ，多くのことが明らかにされることを期待しています。

小塩真司

非認知能力――概念・測定と教育の可能性　目次

序章 非認知能力とは

■非認知という言葉

非認知能力は、"noncognitive abilities"の訳語です。この「非認知（noncognitive）[1]」という言葉には、少し不思議な響きがあります。なぜなら、「～ではない」という否定表現を用いて、対象を指し示しているからです。

では、ここでいう「認知能力」とは何のことを指すのでしょうか。一つは、知能検査で測定されるような能力（**知能**）です。それは、特定の課題に対してできるだけ素早くあるいは多く、そして正確に解答することが求められる課題をうまくこなすことを指します。そしてもう一つは**学力**です。学力についても、一定の期間にある範囲の事柄を覚えて理解し、問題の解法を習得し、そして学力試験ではできるだけ多くの問題に対して正確に解答することが求められます。

当然ながら、一口に知能といってもその中身は多様です。たとえば心理学者キャッテルは、速さと正確性が求められる流動性知能*と、語の理解や一般的な知識を背景とした結晶性知能*という二つの知能を想定しています[2]。またこの枠組みを発展させ、一般因子の下に多数の広い範囲にまたがる能力因子、さらにその下に狭い範囲の個別の能力を表す因子という階層構造を想定するＣＨＣ理論（Cattell-Horn-Carroll theory）[3]も提唱されています。

[1] "non-cognitive"と表現されることもあります。

[2] Cattell (1963)

[3] Carroll (1993)

また学力に関しても、全体としての一つの学力だけでなく各教科についての学力を想定することもできます。文部科学省は学力の要素として、「基礎的・基本的な知識・技能」「知識・技能を活用して課題を解決するために必要な思考力・判断力・表現力等」「主体的に学習に取り組む態度」という、いわゆる学力の三要素を提唱しています[4]。この文部科学省による学力の定義の中には本書で扱うような非認知能力の側面も実は含まれているのですが、「非」認知能力の文脈で想定される「学力」の意味合いはおそらくこの側面を含めずに、学校での定期試験や入学試験、全国学力・学習状況調査のような、いわゆる学力テストで測定されるものを指していると考えられます。

このように考えると「非」認知能力という表現で「〜ではない」と想定されているものが何であるのかが、少しずつわかってきます。つまりそれは、何かの課題に対して懸命に取り組み、限られた時間の中でできるだけ多く、より複雑に、より正確に物事を処理することができる心理的な機能です。そして「非認知能力」とは、そのような心理的機能ではないもの、思考や感情や行動について個々人がもつパターンのようなものを指し示しているといえます。

また「非認知能力」という言葉自体にも、知能や学力などそれまでに重要だと考えられてきた能力ではないものの中に注目すべき重要な心理特性があるという主張が含まれています。非認知能力の重要性を提唱するヘックマンは、「アメリカの最近の公教育は、認知力テストの結果、つまりは『どれほど賢いか』を重要視している」と批判し、「だが、最近の文献の一致した意見は、人生における成功は賢さ以上の要素に左右されるとしている[5]」と非認知能力の重要性を主張しています。そして引き続いて、意欲、長期的計画を実行する能力、他人との協同に必要な社会的・感情的制御などを非認知能力として挙げています。つまりこれらの非認知能力は、アメリカの学校の中で知能に代表される「賢さ」ばかりが重視される現状への批判と、別の可能性の提示としての意味があると考えられるのです。

[4] 文部科学省（2011）

[5] ヘックマン（2015）p.17

■能力・スキル・特性

文献をみていくと、noncognitiveの後に"abilities""skills""traits"と、いくつかの単語が続く可能性があることに気づきます。たいていは複数形になっていますので、この概念の中に複数のものが含まれていることが想像されます。そして、これらの単語に対応するように、日本語でも「非認知能力」「非認知スキル」「非認知特性」と、この認知能力ではない心理特性はいくつかの呼び方で表現されています。

先にまえがきで、Google Ngram Viewerを利用して"noncognitive"を含む三つの単語が英語の文献に出現するグラフを描きましたが、そこでは明らかに"noncognitive skills"が"abilities"や"traits"よりも書籍の中に多く記述されているという結果が示されていました。その一方で図1に示すように、日本語では明らかに「非認知能力」という表現が多くみられます。[6] もともとヘックマンら[7]は、非認知スキル（noncognitive skills）という表現を用いており、日本の書籍の中でもこの表現をタイトルに用いているものもあるのですが、[8] 日本国内で刊

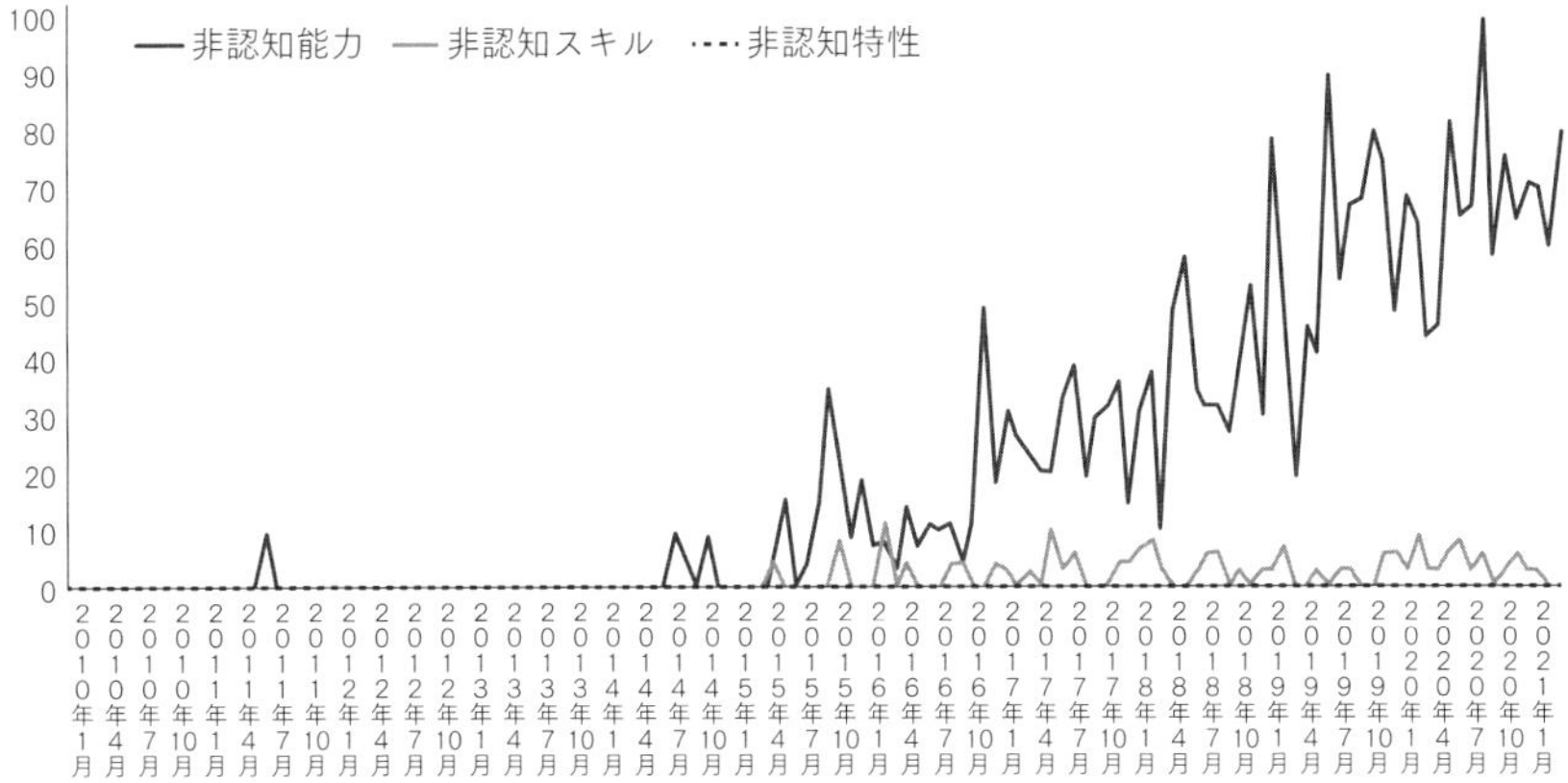

図1　Google Trendsによる非認知能力，非認知スキル，非認知特性の検索比率
（もっとも多い検索数を100とした相対的な数値）

[6] 図1は、Google Trendsで三つの単語の検索比率を調べて得られたデータをグラフに描いたものであり、二〇一〇年一月から二〇二一年一月までの結果を示しています。縦軸は、最も検索数が多い月を100とした相対的な数値で表現されています。
[7] Heckman & Rubinstein (2001)
[8] たとえば、森口 (2019)

行されている多くの書籍のタイトルでは非認知能力という表現が用いられる傾向にあるようです。そして本書でも、これらの慣行にならい、非認知能力という表現を書名に用いることにしました。

■言葉のもつニュアンス

能力、スキル、特性という三つの表現は、ともに何らかの心理学的な機能を指し示すものです。しかし、それぞれのニュアンスは微妙に異なっています。

能力という言葉は、何かを成し遂げることができる力や、その背後にある可能性という意味があります。また、**スキル**という言葉には訓練などによって身につけた技能や技術という意味があり、生まれながらの身につけている力よりも経験によって身につけた力というニュアンスを含む言葉です。そして**特性**は、パーソナリティ特性のように個人に備わった心理的な性質であり、何らかの機能をもちながらも時間的に安定した特徴であることを指し示す言葉です。おそらく普段の生活の中で私たちはこれら三つの言葉の違いを明確に認識しているわけではなく、なんとなくそれぞれを用い分けているだけではないでしょうか。しかしこれらの言葉の背後には、非認知能力という概念を読み解くためのヒントがあるように思います。そこでここでは、これらの言葉に込められている意図について、もう少し考えてみたいと思います。

スキルという言葉に含まれたニュアンスは、教えられることや経験を積むことによって、具体的に何かをすることができるようになることです。そして、必ずそうだというわけではないのですが、スキルには明確な教え方、指導法、そして学び方が存在することが想定されがちです。泳ぎ方や自転車の乗り方、プログラミングの技術など、多くの実践的なスキルには、教え方が伴っているからです。ジャーナリストのタフは著書の中で、非認知能力は教えることのできるスキルであるというよりも、子どもを取り巻く環境の産物であると述べています[9]。このことからも、スキルという言葉には、教えて身につける可能性というニュアンスが含まれていることがわかります。

[9] タフ（2017）

特性は、いわゆるパーソナリティ特性[10]として表現される内容に相当します。近年では**ビッグファイブ・パーソナリティ**と呼ばれる、外向性、神経症傾向（情緒安定性）、開放性、協調性、そして勤勉性（本書1章「誠実性」参照）の枠組みがよく知られています[11]。これらはいずれも、個人のうちに仮定される何らかの行動群を説明する概念であり、時間や状況を超えてある程度安定した心理的な機能を指し示します。

スキルという言葉と能力という言葉の共通点は、よい結果につながるという点にあります。その一方で特性という言葉は、よい結果を生み出すという意味を必ずしも含むわけではありません。また、スキルという言葉には訓練や教育によって変容しやすいニュアンスが含まれるのに対して、能力と特性にはそれよりも変わりにくいニュアンスが含まれるという共通点があります（表1参照）。

表1　能力、スキル、特性の言葉のニュアンス

	能力	スキル	特性
心理学的な個人差特性	○	○	○
将来よい結果につながる可能性	○	○	△
生まれながらの要因（遺伝など）の大きさ	○	△	○
教育による変化の可能性	△	○	△

このように整理すると、非認知スキルという言葉が使われるときには、それに対して認知スキルという言葉も使われる傾向があり、どちらも訓練によって伸ばすことができ、何らかの課題をこなすことができ、社会的に望ましいものとされるものだという前提があるのではないでしょうか。その一方で非認知特性という言葉が使われるときには、スキルほど訓練によって伸ばすという意味合いは含まれておらず、「認知能力ではないもの」であることが強調されているように思います。そして非認知能力という言葉には訓練だけで形成されるものではなくそれほど簡単に変わるものではないけれども、よい結果をもたらすものというニュアンスが込められているように思います。先ほども述べたように、これらは明確な意味の違いではありません。本書では非認知能力という言葉を使いますが、「能力」という言葉を使うときに、暗黙のうちに付随してくる意味合いには注意してお

[10] 性格特性、人格特性も同じ意味で用いられる言葉です。

[11] 外向性は活発で刺激を求め他の人と一緒にいることを心地よく感じる傾向、神経症傾向は抑うつや不安や怒りなど否定的な感情の抱きやすさ、開放性は伝統やしきたりにこだわらず新しい考えを求める傾向、協調性は他の人を優先して円滑な人間関係を営む傾向、勤勉性はまじめで目標志向的で規律に従おうとする傾向を表します。

く必要があります。

■変容しやすさ

非認知能力は、**教育**や**政策**を通じて子どもたちの非認知能力を伸ばしていこうとする運動や実践に結びついています。そこにあるのは、個人がもつ遺伝子によって人生が決まってしまうという**遺伝決定論**への抵抗であり、質のよい教育プログラムや幼少期の環境を整えることによって非認知能力を高めることができるという、心理学を中心とした研究知見を背景とした確信です[12]。

では、そのような実践を行う前提には、何があるのでしょうか。一つは、行動遺伝学の研究によってこれまでに明らかにされてきた、知能を含む多くの心理的な特性に対する**遺伝率**の報告です。ある心理的な特性の個人差がどの程度遺伝と環境で説明できるかは、双生児を対象とした調査から導き出されます。知能検査で測定される一般知能の個人差に対する遺伝の説明率は五〇パーセントから七〇パーセントであり、ときに八〇パーセントを超えることもあります[13]。その一方で、パーソナリティ特性の個人差に対する遺伝の説明率は五〇パーセント前後であり、五〇パーセントを下回るパーソナリティ特性も多くあります[14]。したがって全体として、知能の遺伝による説明率に比べると、パーソナリティ特性の遺伝による説明率はやや低い値になる印象です。そして遺伝率の大きさはそのまま、環境の影響による変わりにくさを表すと解釈されることが多いといえます[15]。このように考えると、認知能力は遺伝による部分が大きいために教育や環境によって変わりにくく、それに対して非認知能力は環境によって変化する部分が大きいことから、教育や子育ての介入によって変化することが期待されているのだろうと考えられます。

■よい結果

非認知能力は、どのような結果をもたらすのでしょうか。ヘックマンは非認知能力について、「賃

[12] ヘックマン (2015)

[13] 敷島 (2021)

[14] 安藤 (2017)

[15] 実際には、遺伝の状態が特定の環境を導いたり、特定の環境下で遺伝がおもてに表れたりすることもあるため遺伝と環境は明確に区別できるわけではなく、遺伝率の大きさをそのまま環境による影響力の小ささと考えるのは適切ではない場合があります。また、学力（学

金や就労、労働経験年数、大学進学、十代の妊娠、危険な活動への従事、健康管理、犯罪率などに大きく影響する」[16]と書いています。ここで書かれているように、非認知能力の高さによって予測されるものは、学歴、職歴、収入の多さ、各種のリスクテイキング行動、健康関連行動であると考えられます。

たしかに、高校よりも大学や大学院という高い学歴、職を失わずに継続的に就労することやよりよい職種に就くこと、より高い職階へと至ること、より高い年収を得ること、心身に危険を及ぼすような行動を避けること、そしてより健康的な生活を送ることというのは、多くの人が「よい結果」だと考えるものではないでしょうか。そして、非認知能力がこれらの結果を導くのであれば、同じように多くの人々が非認知能力を重要な心理的な特性だと考えるようになるのも当然です。

ただしここでも、いくつかのことについて考えておく必要があります。

第一に、本書で示されるように、非認知能力の中には多面的で異なる複数の要素が含まれています。そして、それぞれの要素は異なる結果に結びついています。ある心理的な特性が一つあれば、すべての「よい結果」がもたらされるということは、あまり期待できないと考えられるのです。

第二に、先ほど挙げた「よい結果」は、ある結果がまた次の結果につながっていくような関係性でもあります。高卒よりも大卒のほうがよりよい就職先にたどり着く確率が高まり、その就職はより多い収入へとつながり、収入の多さはより健康的な食生活や豊かな人間関係、運動の機会をもたらし、それらは長寿へとつながるといった関係性です。しかしながら、あくまでもこれは確率的なつながりですので、これらの関係性は確実なものというわけではありません。ときに、収入の多さが散財へとつながったり、運動をすることで逆に身体に悪影響を及ぼしてしまったりするなど、予想外の結果をもたらす可能性もあることを考えておく必要があります。

第三に、「よい結果」の中には、お互いに両立することが難しいものが存在することがあります。一つの例としては、学歴と収入との関連です。一般的に、中卒よりも高卒、高卒よりも大卒のほう

力試験の結果）についてはパーソナリティ特性よりも遺伝率が低い報告もあります。

[16] ヘックマン (2015) p.17

が、卒業後の収入は多くなる傾向があります。しかしながら、より高い学歴を目指して大学院修士課程から博士課程へと進み、研究者になることでさらに収入が多くなるかというと必ずしもそうではありません。学部を卒業して就職したほうが、大学院を修了して研究者となるよりも収入が多くなる可能性があるのです。このように複数の「よい結果」は、必ずしも両立しえない場合があるということを考えておくことは重要です。

第四に、その「よい結果」が、万人にとってよいわけではないという観点です。たとえば、自分自身を高く評価し自信をもつことは、自分自身にとっては「よい結果」です。しかし、自信満々な振舞いはときに周囲の人に対してネガティブな印象を与えることがあり、周囲の人を巻き込んでいくことによって、集団のメンバーにとっては「よくない結果」へとつながる可能性もあります（本書終章参照）。その「よい結果」が、誰の立場からみたものであるのかを考えることが重要です。

そして第五に、個々人にとって独自の「よい結果」は、この中に含めづらいという面があります。たとえば、ある人が芸術家として大成するまでの道のりは、他の人が二度とたどることができない道のりです。なぜなら、その人がその時代にその場所で、その人独自の芸術活動をしたからこそ大成した可能性が大きいからです。同じことを他の人が行っても、もう二度と同じようには評価されません。非認知能力の研究で焦点が当てられる「よい結果」は、多くの人々の「平均値」として示されるようなものであり、個々人にとっての人生の成功は、あくまでもそれぞれの人が独自にもつ可能性があるという点を忘れないようにしたいものです。

■非認知能力の中身

ヘックマンら[17]は、非認知能力[18]の中に多くの異なるパーソナリティ特性や動機づけに関連する特性が含まれていると述べています。また非認知スキルについてまとめた文献の中では、数々の要素が忍耐力やグリット、自己コントロール、社会的スキルという観点からまとめられています[19]。そしてときに

[17] Heckman & Rubinstein (2001)
[18] 論文の中では非認知スキル（noncognitive skills）と書かれています。

ビッグファイブ・パーソナリティ自体も、非認知能力として用いられることがあります。このように、「認知能力ではない」という表現のしかたをとる非認知能力には、非常に多くの心理特性が含まれてくるといえます。

ただし、どのような心理特性でもよいというわけではありません。先に述べたような「よい結果」へとつながる心理特性であることが、非認知能力であることの最も重要な条件です。また、教育や訓練によって伸ばすことができる心理特性であることも重要な条件です。次章以降で非認知能力として紹介される一五の心理特性は、それぞれがこの二つの条件を満たすものであると考えられます。一つひとつの心理特性をみていく中で、それぞれがどのような内容をもち、どのような「よい結果」に結びつき、そしてどれくらいそれぞれの特性を伸ばすことができる可能性があるのかを確認してもらえればと思います。

■ふたたび認知と非認知

さいごにもう一度、認知能力と非認知能力との関係について触れておきたいと思います。

まず、次章以降で非認知能力として紹介されるいずれの心理特性についても、その他の非認知能力についても、認知的な側面を必ず含んでいるという点です。たとえばパーソナリティ特性であれ自尊感情であれ、その他の心理特性であっても、そこには少なからず自己認識が含まれています。そして自分自身を認識し、評価し、言語的に報告するプロセスには、必ず認知的な能力が関係しています。また、ビッグファイブ・パーソナリティのうち開放性は知能指数に関連することが示されていますし[20]、勤勉性は学業成績にも関連することが報告されています[21]。認知能力と非認知能力は完全に別個の存在なのではなく、互いに関連している心理特性だということを忘れないようにしたいものです。

そして、認知能力や非認知能力とこれまでに述べてきた「よい結果」との間にも重なりがあり、必ずしも明確に区別されるわけではないという観点も重要です。たとえば学業成績と学力は、両者を区

[19] Zhou (2016)

[20] DeYoung et al. (2005)

[21] Poropat (2009)

別することが非常に困難です。学力は試験そのものではなく、個人のうちに仮定される何らかの能力を表す概念ですが、学力そのものは色も形もありませんので直接的に観察することはできません。そして学力は、定期試験や模擬試験、入学試験などの結果で推定することができます。このように考えると、学力は学業成績の原因であるのか、それとも学業成績そのものであるのかを区別することは簡単なことではないということが理解できるのではないでしょうか。またたとえば幸福感（ウェルビーイング）の高さが「よい結果」であるとすれば、幸福感とパーソナリティ特性とは何が違うのかが問題になります。ビッグファイブ・パーソナリティの外向性はポジティブな感情、神経症傾向はネガティブな感情の生起しやすさをその定義の中に含んでいます[22]。そしてポジティブな感情の高さとネガティブな感情の低さは、ヘドニック（快楽主義）な幸福感の捉え方として一つの重要な観点になっています[23]。では、ともにポジティブ感情やネガティブ感情に関連する外向性や神経症傾向と幸福感は、明確に区別することができるのでしょうか。心理学で取り扱う概念どうしの関連や区別、構造の問題というのは非常に難しく、簡単に答えが出せるものでもありません。まずはここに非常に難しい問題があるということを認識したうえで、それぞれの非認知能力について理解を深めていくのがよいのではないでしょうか。

〔小塩真司〕

[22] Costa & McCrae (1992)

[23] 浅野ら (2014)

1章 誠実性

――課題にしっかりと取り組むパーソナリティ

私たちは、社会の中で大小さまざまな課題に取り組まなければなりません。学校の宿題や家族の中で交わす約束事、会社で課されるノルマ、公共の場でのマナーに沿った行動、これらの課題に適切に取り組み、解決することは、社会の中でうまくやっていくために必要なことです。しかし、社会の中で皆がこのような課題に対し適切な対処ができるわけでは決してありません。どのようなことにも責任感をもって計画的に対処できる人から、物事に対しとてもルーズな人まで、社会にはさまざまな人々が存在しています。本章では、「取り組むべき課題にしっかりと取り組む」ということに関係する非認知能力についてみていきたいと思います。

1節　誠実性とは

■誠実性の定義

私たちのパーソナリティをおおまかに理解する枠組みとして、**ビッグファイブ**（**5因子モデル**）という理論が知られています。[1] この理論は、人のパーソナリティを文字通り大きな五つの観点（特性）から理解しようとするもので、**誠実性**（conscientiousness）と呼ばれるパーソナリティ特性が「取り

[1] Costa & McCrae (1992)
Goldberg (1993)

組むべき課題にしっかりと取り組む」ことに関係する特性に相当します。

もう少し厳密に定義をすると、誠実性とは自分の衝動を社会の規範に沿って適切にコントロールし、課題指向的かつ目的指向的な行動をとる傾向であるといえます。具体的には、規律正しさや勤勉さ、慎重さ、責任感の強さ、計画性などをカバーする概念が誠実性です。ゆえに、他章で扱われているグリットや自己制御・自己コントロールと密接に関わる概念といえます[2]。

■誠実性の測定方法

誠実性はビッグファイブの中の一つのパーソナリティ特性なので、その測定にはビッグファイブを測定する**心理測定尺度***を用いることになります。とくに児童期後期以降の青少年や成人であれば、自己評定による心理測定尺度に回答を求めることで、その人の誠実性のレベルを点数化することができます。しかし、より小さな乳幼児期や児童期前期の子どもの場合は、自分のことを客観的に振り返って心理測定尺度に回答することはできません。そのような場合には、養育者や教師のような他者による心理測定尺度の評定を用いることで、パーソナリティの点数化を行います[3]。

［成人の誠実性の測定方法］

成人のビッグファイブを測定する心理測定尺度は、国際的に用いられているものを中心に、複数の尺度が存在しています。表1に、既存のビッグファイブの尺度をまとめました。成人を対象としたものは、基本的に自己評定が可能なものが多いです。他者評定と組み合わせる場合には、同じ尺度を利用して配偶者や心理士などが評定を行うことになります。よく知られている尺度としては、NEO-PI-Rとその短縮版のNEO-FFI[4]や、Big Five Inventory[5]（BFI）とその改訂版のBig Five Inventory-2[6]（BFI-2）、短縮版のBig Five Inventory-10[7]（BFI-10）が挙げられます。また、近年日本国内での利用が伸びているTen Item Personality Inventory[8]（TIPI）も、項目数の少ないビッグファイブの尺度と

［2］ビッグファイブの誠実性とグリット、そして自己制御・自己コントロールは、その概念定義をみると非常に似通った概念であることがわかると思います。近年の研究知見から、それら三つの概念は実質的には同じものを表していることが指摘されています（Takahashi et al., 2021）。この研究は、誠実性、グリット、自己制御・自己コントロールの三つに加え、エフォートフルコントロール（本書一七頁を参照）という気質を含めた計四つの指標の間の関連性を検討しています。その結果、四つの変数の間の単純な相関係数はすべて0.7を超える大きな値であること、そしてその高い相関係数の背

表1 ビッグファイブの心理測定尺度

検査名	項目数	うち誠実性の項目数	ファセットの有無	対象	評定者	日本語版の利用可否	国際比較の可能性	出典
NEO-PI-R	240	48	○	成人期	自己	○	○	Costa and McCrae（1992），下仲・中里・権藤・高山（2011）
NEO-FFI	60	12	×	成人期	自己	○	○	同上
Big Five Inventory（BFI）	44	9	△	成人期	自己	×	○	John, Donahue, and Kentle（1991）
Big Five Inventory-2（BFI-2）	60	12	○	成人期	自己	×	○	Soto and John（2017）
Big Five Inventory-10（BFI-10）	10	2	×	成人期	自己	×	○	Rammstedt and John（2007）
Ten Item Personality Inventory（TIPI）	10	2	×	成人期	自己	○	○	Gosling, Rentfrow, and Swann（2003），小塩・阿部・カトローニ（2012）
Big Five 尺度（BFS）	60	12	×	成人期	自己	○	×	和田（1996）
BFS 短縮版（BFS-S）	29	7	×	成人期	自己	○	×	並川ら（2012）
Five Factor Personality Questionnaire（FFPQ）	150	30	○	成人期	自己	○	×	FFPQ 研究会（2002）
Five Factor Personality Questionaire-50（FFPQ-50）	50	10	○	成人期	自己	○	×	藤島・山田・辻（2005）
主要 5 因子性格検査（BFPI）	70	12	×	成人期	自己	○	×	村上・村上（1999）
Hierarchical Personality Inventory for Children（HiPIC）	144	32	○	幼児期〜青年期	養育者・教師	×	○	Mervielde and De Fruyt（1999）
California Child Q-Set Little Six Scale（CCQ-Little Six）	67	10	×	幼児期〜青年期	養育者・教師	×	○	Soto（2016）
Big Five Question-naire-Children version（BFQ-C）	65	13	×	児童期後期〜青年期	自己	×	○	Barbaranelli, Caprara, Rabasca, and Pastorelli（2003）
Five-Factor Model Ado-lescent Personality Questionnaire（FFM–APQ）	25	5	×	青年期	自己	×	○	Rogers and Glendon（2018）
小学生用 5 因子性格検査（FFPC）	40	8	×	児童期後期	自己	○	×	曽我（1999）
小学生用主要 5 因子性格検査	47	6	×	児童期後期	自己	○	×	村上・畑山（2010）

注．日本語版の利用について「×」が付されているものは，現在，日本国内の研究者・研究グループが翻訳を進めているものも含まれています。

後には0.8を超す高い遺伝相関（遺伝要因間の相関）と0.5を超す中程度の環境相関（環境要因間の相関）があることが示されました。これらのことから、高橋ら（Takahashi et al., 2021）は四つの変数が同じ心の形質を指していて、四つの異なる名称があてられているのはジャングルの誤謬（jangle fallacy）であると述べています。

[3] 自己評定にしても他者評定にしても、単一の評定者のみに基づいたパーソナリティ特性の測定は誤差を多く含むことが知られていますので注意が必要です。

[4] Costa & McCrae (1992)

[5] John et al. (1991)

[6] Soto & John (2017)

[7] Rammstedt & John (2007)

[8] Gosling et al. (2003)

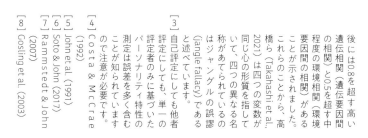

して国際的によく用いられている尺度です。

また、日本国内で開発されたビッグファイブの尺度として、和田[9]によるBig Five尺度（BFS）、並川ら[10]によるＢＦＳ短縮版（BFS-S）、ＦＦＰＱ研究会[11]によるFive Factor Personality Questionnaire（FFPQ）、藤島ら[12]によるＦＦＰＱ短縮版（FFPQ-50）、村上・村上[13]による主要５因子性格検査（Big Five Personality Inventory: BFPI）などが知られています。これらは日本国内で開発されたため、国際比較における利用可能性は低いですが、日本人を対象とした調査であれば十分に利用可能なものです。

［子どもの誠実性の測定方法］

前項で紹介したビッグファイブの尺度は成人を対象としたもので、児童期や青年期の子どもを対象にしたものではありません。中学生以上の青年期の子どもであれば、成人を対象とした尺度をそのまま利用してしまうこともあります。その場合、概ねしっかりとした測定が可能であることも明らかにされていますが、その一方で質問項目の内容が、項目によっては理解が難しい場合もあることも指摘されています[14]。ゆえに、児童期・青年期の子どもの場合は、その年代の子どもたちを対象に作成されたビッグファイブの尺度を利用するのがより望ましいと考えられます。

Hierarchical Personality Inventory for Children[15]（HiPIC）は、養育者や教師により評定がなされ、主に幼児期から児童期の子どもを対象に利用されることが多いビッグファイブの尺度です。また、California Child Q-Set（CCQ）と呼ばれるQ分類法によるパーソナリティの検査をもとに作成された、CCQ-Little Six尺度[16]という尺度もあります。これは、幼児から青年までの幅広い年齢層の子どものパーソナリティを、養育者や教師による他者評定によって測定する尺度です。

子どもを対象とした自己評定の尺度としては、Big Five Questionnaire-Children version[17]（BFQ-C）と呼ばれる児童期後期以降の子どもたちを対象にしたビッグファイブの尺度があります。また、青年

[9] 和田 (1996)
[10] 並川ら (2012)
[11] ＦＦＰＱ研究会 (2002)
[12] 藤島ら (2005)
[13] 村上・村上 (1999)
[14] De Fruyt et al. (2000)
[15] Mervielde & De Fruyt (1999)
[16] Soto (2016)
[17] Barbaranelli et al. (2003)

期の子どもたちを対象としたFive-Factor Model Adolescent Personality Questionnaire[18]（FFM-APQ）という尺度も、近年新しく作成されました。

日本語の尺度としては、曽我[19]による小学生用5因子性格検査（FFPC）や、村上・畑山[20]による小学生用主要5因子性格検査が知られています。ともに児童期後期の子どもを対象とした、子どもの自己評定による尺度です。

[誠実性の測定方法の選び方]

誠実性を測定するためには、それを含んだビッグファイブの心理測定尺度を利用することになります。たくさんの尺度（表1参照）の中から適切なものを選ぶ際には、まずは対象者の年齢を考慮する必要があります。成人であれば成人対象のものを、小学生のような児童期の子どもであれば子ども対象のものを用います。青年期の子どもの場合は成人対象のものも一部利用可能ですが、項目内容の理解に注意を払う必要があります[21]。

また、測定に際して評定者の負担も考慮する必要があります。質問項目が多いほど測定の精度は上がりますが、一方で評定者の負担も増えるため、どの程度の正確さを測定に求めるのかということも考えるべき点です。おおまかに知りたいという程度であれば項目数の少ない尺度を利用できますが、学術的な研究に用いるような場合はより正確な測定が求められるでしょう。それと関連し、ファセットと呼ばれる各パーソナリティ特性の下位側面の得点も利用したいかどうかも検討すべき点です。尺度によっては誠実性の得点だけではなく、ファセットの得点まで算出可能なものもあります。NEO－PI－R、BFI、BFI－2、FFPQ、FFPQ－50、H・iPICなどは、誠実性の得点に加えてファセットの得点も算出可能な尺度です[22]。誠実性の尺度の選択は、以上の点を考慮したうえで、総合的に判断をする必要があります。

[18] Rogers & Glendon (2018)
[19] 曽我 (1999)
[20] 村上・畑山 (2010)
[21] De Fruyt et al. (2000)
[22] どのビッグファイブの尺度かによって、想定されているファセットは異なります。NEO-PI-Rではコンピテンス、秩序、良心性、達成追及、自己鍛錬、慎重さという六つのファセットが想定されています。BFIは、尺度開発当初はファセットが想定されていませんでしたが、事後的に秩序と自己鍛錬という二つのファセットが提唱されました。BFI－2では、秩序、生産性、責任感という三つのファセットが想定されています。FFPQとFFPQ－50では、几帳面、執着、責任感、自己統制、計画という五つのファセットが想定されています。H・iPICでは秩序、忍耐、達成動機、集中力という四つのファセットが想定されています。

2節　誠実性の基礎研究

■誠実性の個人差

社会には、誠実性が高い人もいれば低い人もいます。誠実性の高い人はより規則正しく勤勉で、先を見越して慎重な意思決定を行い、責任感をもって計画的に物事に対処しようとします。誠実性の低い人はその逆で、ルーズでだらしなく、衝動的に行動してしまうことも多く、責任感や計画性の無いような特徴があります。この誠実性の個人差（一人ひとりの違い）は何によって決まるのでしょうか。個人差に影響する要因を遺伝と環境の観点から明らかにすることができる**行動遺伝学研究**[23]によると、成人の誠実性の個人差の約四〇パーセントは遺伝的な要因によるものであることが明らかにされています[24]。それは言い換えると、残りの約六〇パーセントは環境によるものであることを表しています。

ここでの遺伝とは、たくさんの遺伝子の微小な効果を積み重ねたものを意味しています。人は約二万二〇〇〇もの遺伝子をもつと考えられていますが、その約二万二〇〇〇もの遺伝子のうち、誠実性の個人差に関わる遺伝子は多数存在しています。そして、それらの誠実性に関わる遺伝子一つひとつは、とても小さな影響しか及ぼしません。ただ、その小さな影響が積み重なることで、誠実性の個人差の約四〇パーセントを構成するほどの影響力になるのです。

また環境というのも、たくさんあるさまざまな経験一つひとつの影響をまとめたものを指しています。たとえば学校から出される宿題をしっかりとこなしたり、就職して仕事に従事したりすることなどは誠実性に関わる経験の一つです[25]。このような一つひとつの環境の影響の総体が、誠実性の個人差の約六〇パーセントを構成するようになるのです。

[23] 行動遺伝学とは、人を含めた動物の心や行動のはたらきに対する遺伝と環境の影響を明らかにする学問のことです。とくに双生児のサンプルから得られたデータを用いる双生児研究が代表的な行動遺伝学のアプローチです。

[24] 遺伝的な要因による影響力のことを遺伝率と呼びます。誠実性を含むパーソナリティ特性の遺伝率に関する研究は数多く行われていて、遺伝率の推定値は研究によって多少異なります。そのことからもわかるように、遺伝率は定数ではありま

■誠実性の生涯にわたる発達

人の生涯にわたる発達の中で、誠実性はどのように形成されてくるのでしょうか。パーソナリティとは主に青年期以降にみられる一人ひとりの行動や思考、感情の特徴的なパターンを指すものです。一方、主に乳幼児期の子どもたちにみられる行動や感情表出の個人差は**気質**と呼ばれます。発達段階に応じて気質またはパーソナリティと使い分けますが、基本的には両者は同一のものを指しています[26]。

パーソナリティのビッグファイブと同様に、気質にもそれを理解する枠組みが提唱されています。近年は**高潮性**（surgency）、**ネガティブ情動性**（negative emotionality）、**エフォートフルコントロール**（effortful control）という三つの特性から気質を理解するのが主流です[27]。エフォートフルコントロールと呼ばれる特性は、状況に合わせていま表出している行動を抑制し、代わりに別の行動を開始し、計画性をもってその行動を実行する傾向を表しています。この定義からも明らかなように、エフォートフルコントロールが乳幼児期における誠実性の前駆体と考えられています[28]。

乳幼児期以降、誠実性は年齢に伴って集団全体での得点（誠実性を測定する心理測定尺度から算出される得点）が変化することが示されています。とくに青年期前期までの間は、年齢が上がるほど誠実性の得点が全体として低くなる傾向にあります[29]。しかし、青年期以降は老年期に至るまで、誠実性の得点が全体として高くなる傾向にあることが明らかにされています[30]。つまり集団全体として、誠実性の得点は生涯にわたって発達し続けるパーソナリティ特性ということができます（平均値の変化）。

また、そもそもパーソナリティというのは、実は生涯にわたって少なからず変化しうるものであることが明らかにされています。ロバーツとデルベチオ[31]によると、ある時点で誠実性が集団の中で相対的に高い人は、数年後にも同じく集団内で相対的に誠実性が高い傾向があることが示されました（順位の安定性）。また、この安定性は歳をとるほど強固になり、約五〇歳以降に高止まりになることも

せん。複数の研究結果を統計的にまとめるメタ分析も複数行われていて、用いる行動遺伝学の手法の違いによって、遺伝率の推定値が異なることが報告されています（Vukasović & Bratko, 2015）。

[25] 実際には、私たちが「環境」と考えるような人生経験や養育環境、ソーシャルサポートや社会的関係なども、無視できないほどの遺伝要因が関与することが示されています。ここでの例として挙げている「学校の宿題をしっかりとこなす」ことや「就職して仕事に従事する」ことも、完全な環境要因ではありません。

[26] Shiner (2015)

[27] Rothbart (2011)

[28] シャイナー（Shiner, 2015）によると、高潮性は外向性、ネガティブ情動性は神経症傾向（情緒安定性の反対）、エフォートフルコントロールは誠実性へとつながることが指摘されています。

示されました。しかし、最も安定性の高い五〇歳以降でも、集団内での相対的な順位が完全に変わらなくなってしまうことはなく、とくに児童期や青年期、成人期前期といった若年層では誠実性を含むパーソナリティの変化可能性が十分に示唆されています。[32]

■非認知能力としての誠実性

誠実性を含むビッグファイブは、非認知能力[33]（社会情緒的コンピテンス）の一つとして近年大きな注目を集めています。その中でも誠実性は、経済に関わる事柄（就業状態や収入など）、健康に関わる事柄（身体的な健康や寿命、メンタルヘルスなど）、社会的な関係性に関わる事柄（パートナーとの関係性の質や離婚など）と関連することが明らかにされています。また、これらの人生におけるさまざまな結果（**アウトカム**）と誠実性との関連性は、その後の追試によっても概ね再現されることが確認されています。ここでは、非認知能力としての誠実性が、具体的にどのようなアウトカムを予測しうるかを紹介します。なお、誠実性とアウトカムの関連性を検証した研究は非常に多いため、幼児期から青年期の間に誠実性（またはそれに近しい指標）が測定され、成人期以降のアウトカムとの関連性が検討されている縦断的な研究に絞って紹介します。

［誠実性と経済に関わるアウトカム］

フィンランドのユヴァスキュラにおいて、一九五九年に生まれた三六九人を対象に開始された人格と社会性の発達に関する**ユヴァスキュラ縦断研究***（Jyväskylä Longitudinal Study of Personality and Social Development: JYLS）では、八歳時点において教師評定によるパーソナリティの測定がなされました。ココとパルキネン[34]によると、八歳時点での感情や行動のコントロールを含んだ向社会性が高いほど、二七歳から三六歳までの間に長期間の失業状態に陥る確率が低いことが明らかになりました。

[29] Soto (2016)
[30] Roberts et al. (2006)
Soto (2016)
Soto et al. (2011)
[31] Roberts & DelVecchio (2000)
[32] Roberts & DelVecchio (2000)
[33] 非認知能力を、認知能力のような「能力」として捉えることには批判的な論考も存在します（たとえば、国立教育政策研究所 2017）。本書の「序章」でもふれられていたように、非認知能力として含まれるものの多くはパーソナリティ特性のような行動傾向や態度、価値観、信念などで、それらを能力として扱うことへの批判は的を射たものでしょう。そのような事情から、非認知能力に関する国立教育政策研究所（2017）のレビューでは、非認知能力を**社会情緒的コンピテンス**と呼称しています。それは、非認知能力とは元来、自身の社会情緒的なリソースを自身が置かれた個々の環境の中でうま

この研究知見は、スウェーデンのエーレブルーにおいて一九六五年に開始された**個人の発達と適応に関する縦断研究**（Individual Development and Adaptation study: IDA）においても再現されています。IDAは、一九六五年当時に三年生（一〇歳: n = 1025）・六年生（一三歳: n = 960）・八年生（一五歳: n = 1330）だった三つの学年コホート*を対象に開始された、学校ベースの調査です。IDAの三つの学年コホートのうち最も年少のコホートにおいて、一〇歳時点で教師評定により、誠実性に関わる複数の指標が測定されました。分析の結果、一〇歳時点での誠実性が高いほど二六歳時点において一年以上の長期間の失業状態に陥っている確率が低いことが明らかになりました[35]。

失業に関しては、イギリスにおいて一九七〇年に開始された**イギリス出生コホート研究***（1970 British Cohort Study: BCS70）のデータからも支持されています。BCS70は、一九七〇年四月の一週間に出生した延べ一万七一九六人の赤ちゃんを対象にしたコホート調査*で、一六～一七歳時点において誠実性を含むパーソナリティ特性が自己評定によって測定されました。エーガンら[36]によると、一六～一七歳時点での誠実性の得点が高いほど、一六歳から三八歳までの間に失業するリスクが低いことや、仮に失業を経験してもその期間のトータルの失業期間が短いといいます。

続いて、社会階層や収入に関しての知見を紹介します。ニュージーランドのダニーディンにおいて、一九七二年から七三年の間に生まれた一〇三七人を対象に開始された**ダニーディンコホート研究**（Dunedin Multidisciplinary Health and Development Study）では、幼児期から児童期にかけて誠実性（セルフコントロール）に関わる複数の指標が測定されました。モフィットら[37]によると、この子どもの頃の誠実性（セルフコントロール）が高いほど、その子どもたちの三二歳時点での社会経済的地位や年収が高く、また経済的に困窮している割合が低いことが示されました。

また、BCS70のデータを用いた研究でも、一六歳時点の誠実性が高いほど、三四歳時点での最終学歴や時間あたり総収入が高く、貯金も定期的にしていることが明らかにされています[38]。この研究では誠実性の下位側面（ファセット）についても詳細に検討していて、とくに堅実さ（reliability）、決

く利活用することでその機能性が顕在化するという考えに基づくものです。コンピテンスとして考えることにより、一人ひとりの社会情緒的な特徴の個人差からだけではなく、物理的・心理的・社会的な環境との相互作用の中で、その個人の適応を論じることが可能になると指摘されています。

[34] Kokko & Pulkkinen (2000)
[35] Kokko et al. (2003)
[36] Egan et al. (2017)
[37] Moffitt et al. (2011)
[38] Prevoo & ter Weel (2015)

断力（decisiveness）、衝動制御（impulse control）がアウトカムと強く関連していることが示されました。

アメリカのカリフォルニアに住む子どもたちの中で高い知能指数（IQ > 135）をもった子どもたち一五二八名（一九一〇年前後に出生）を対象に、一九二一年からスタートした**ターマンライフサイクル研究**（Terman Life-Cycle Study of Children with High Ability）では、調査がはじまった一九二一年に養育者や教師の評定による子どものパーソナリティのデータが収集されました。そのデータを用いた分析から、児童期・青年期における誠実性が高いほど、その後の生涯年収が高いことが明らかにされています[39]。

[39] Gensowski (2018)

【誠実性と健康に関わるアウトカム】

イギリスにおいて一九五八年に開始された**全国子ども発達研究**（National Child Development Study: NCDS）は、一九五八年三月の一週間に出生した延べ一万七四一五人の赤ちゃんを対象にしたコホート調査です。子どもたちが一六歳時点と、成人してからの五〇歳時点で自己評定によるパーソナリティの測定が行われています。統計的な分析の結果、一六歳時点の子どもたちの誠実性の高さは、五〇歳時点の日常的な喫煙のリスクを下げることが示されました[40]。この研究では五〇歳時点の誠実性を統計的に統制してもなお、一六歳時点での誠実性の高さが五〇歳時点の喫煙行動と関連を示しており、子どもの頃の非認知能力の影響の大きさがうかがわれます。

アメリカのハワイにおいて一九五九年から一九六七年までの間に行われた**パーソナリティと健康のコホート調査**（Hawaii Personality and Health cohort）では、二四一八人の小学生（一、二、三、五、六年生）を対象に、教師によるパーソナリティ特性の評定が行われました。この調査は約四〇年経過した後、再びフォローアップの調査が行われ、主に健康関連の指標を中心に測定が行われています。分析の結果、児童期の誠実性の高さが四〇年後の喫煙を抑制し、主観的な健康度を高め、さらにとく

[40] Pluess & Bartley (2015)

に女性において肥満の抑制にも効果があることが示されました[41]。

より客観的な健康指標を用いた知見についてみてみると、ハワイのパーソナリティと健康のコホート調査では、児童期の誠実性が高いほど四〇年後のコレステロール値が良好であったり[42]、老化の度合いを示す白血球テロメア長が長かったりすることが示されました[43]。またダニーディンコホート研究のデータでも、子どもの頃の誠実性（セルフコントロール）が高いほど、その子どもたちの三二歳時点での身体的な健康度（過体重を含む代謝異常、気流制限、歯周病、性感染症、C反応性タンパクの五指標から算出）が高く、物質依存に陥るリスクが低いことが示されました[44]。

ハワイのパーソナリティと健康のコホート調査では、児童期の誠実性がこれらの健康指標を予測するメカニズムについての分析もなされ、児童期の誠実性は将来の主観的・客観的な健康に対して、学業達成や食習慣、喫煙行動や運動不足を含む健康を損なう行動を媒介して間接的に影響を与えていることが明らかになりました[45]。

アメリカのターマンライフサイクル研究のデータを用いた研究では、児童期・青年期における誠実性が高いほど、生涯にわたって死亡率が低いことが示されました[46]。また、とくに男性のサンプルに限定した分析では、児童期・青年期における誠実性が高いほど寿命が長く、とくに成人期のキャリアがうまくいかなかった男性では誠実性の影響がより強く表れることが示されています[47]。

イギリスのBCS70のデータを用いた研究では、一六歳時点の自己評定と養育者評定による誠実性がともに、四六歳時点の記憶や言葉の流暢さといった認知機能のパフォーマンスと正の関連がみられることが明らかにされました[48]。この知見と関連し、成人期になってからの誠実性の高さが、その後のアルツハイマー型認知症の発症を抑制することを明らかにする知見も、成人期以降を対象とするさまざまな縦断研究から得られてきています[49]。

[41] Hampson et al. (2006)
[42] Hampson et al. (2013)
[43] Edmonds et al. (2015)
[44] Moffitt et al. (2011)
[45] Hampson et al. (2007)
Hampson et al. (2015)
[46] Martin et al. (2007)
[47] Kern et al. (2009)
[48] Sutin et al. (2021)
[49] Terracciano et al. (2013)

〔誠実性と社会的関係性に関わるアウトカム〕

アメリカのターマンライフサイクル研究のデータを用いた研究では、児童期・青年期における誠実性が高いほど、離婚を経験するリスクが低く、また仮に離婚しても離婚をするまでの期間が長いことが示されました[50]。また同様の知見はアメリカの**ミルズ縦断研究**（Mills Longitudinal Study）でも明らかにされています。この縦断研究は、カリフォルニア州にあるミルズ大学に在籍した女性を対象に行われていて、一九五八年と一九六〇年にベースラインの調査が行われました。二一歳の大学在学時に誠実性を含むパーソナリティの測定が行われています。分析の結果、二一歳時点の誠実性が高いほど、その後の中年期までの離婚のリスクが低く、配偶者の妻や子どもの母親としての役割にコミットしていることが示されました[51]。ダニーディンコホート研究のデータにおいても、子どもの頃の誠実性（セルフコントロール）が高いほど、その子どもたちの三二歳時点でひとり親となって子育てをしている可能性が低いことが示されています[52]。

より詳細な関係性の特質に着目した研究では、ドイツの**ＬｉｆＥ研究**（The LifE Study）のデータを用いた知見があります。この研究は、一九七九年から一九八三年にかけて約二〇〇〇人の児童期後期から青年期の子どもたちをリクルートし、一二歳から一六歳にかけて毎年、誠実性（セルフコントロール）の検査を行いました。その後、三五歳においてパートナーとの関係性における満足感や葛藤、コミュニケーションが測定されています。分析の結果、児童期後期から青年期にかけての誠実性（セルフコントロール）の変化と安定性と、三五歳時点のパートナーとの関係性の指標との間には興味深い関連があることが明らかになっています[53]。一二歳時点での誠実性（セルフコントロール）が高いほど、そして一二歳から一六歳にかけて誠実性（セルフコントロール）の得点が伸びるほど、三五歳時点でのパートナーとの関係性における満足感やコミュニケーションの得点が高く、葛藤の度合いが低いことが示されました。

[50] Tucker et al. (1998)
[51] George et al. (2011)
[52] Moffitt et al. (2011)
[53] Allemand et al. (2019)

3節　誠実性を伸ばすための介入研究

■成人を対象とした介入研究の効果

誠実性を伸ばすことを主眼に置いた介入研究をみる前に、まず誠実性を含むパーソナリティという心の形質が介入によってどれほど変化しうるものなのかをみてみましょう。先述のように、生涯発達の過程において、パーソナリティというのは高いレベルの相対的な安定性を示し、その傾向は年齢が高いほど強くみられます[54]。ただ、誠実性そのものの絶対的な得点は、ビッグファイブの中では比較的変化する量が大きく、とくに青年期以降は緩やかに伸びていく傾向にあります[55]。これらの知見はともに、調査に基づく結果をメタ分析*によってまとめたもので、何らかのプログラムなどを用いた介入に伴う変化を扱ったものではありません。では、パーソナリティは外的な介入によって変化するものなのでしょうか。

近年行われたメタ分析によると、平均して二四週間の介入により、小～中程度の大きさの変化（d = 0.37）が認められたといいます[56]。このメタ分析は、延べ二〇七の臨床的な介入を伴うパーソナリティ変化の検証を行った研究をまとめたものです。しかし、結果をより詳しくみてみると、どのパーソナリティ特性かによって結果が異なることがわかりました。とくにカウンセリングなどの対象になることの多い情緒安定性は、介入によって大きな変化が得られることが確認されました。しかし誠実性についてはその効果量は比較的小さく（d = 0.19）、さらに研究をより精度の高い実験的なデザインのものに限定すると、統計的に有意な変化は確認できませんでした（d = 0.06）。このメタ分析の対象は成人を扱った研究知見ですので、少なくとも成人を対象にした介入によって誠実性を伸ばすというのは、やや困難なことといえるかもしれません。

[54] Roberts & DelVecchio (2000)
[55] Roberts et al. (2006) Soto et al. (2011)
[56] Roberts et al. (2017)

■子どもを対象とした介入研究の効果

成人において誠実性を伸ばす介入の効果が必ずしも認められなかったのに対し、子どもを対象とした研究では好ましい結果が得られています。とくに一〇歳以下の子どもを対象とした誠実性（セルフコントロール）の介入研究のメタ分析では、誠実性（セルフコントロール）の評定者が誰なのかによって結果はやや異なるものの、最も統計的に有意な誠実性（セルフコントロール）の伸びが確認されています。[57] このメタ分析で最も誠実性（セルフコントロール）の伸びが小さかったのは教師評定による測定の場合で、小さな変化（d = 0.28）が認められました。また、最も大きい伸びが認められたのは自己評定の場合で、大きな変化（d = 0.61）が認められました。

また、**社会性と情動の学習**（Social Emotional Learning: SEL）の効果をまとめたレビューにおいても、誠実性に関わる内容を含んだ社会情緒的スキル全般の向上が確認されています。[58] ＳＥＬというのは、子どもや成人が自分自身の感情を理解したうえでうまく管理すること、前向きな目標を設定してそれを達成すること、他者に対する関心や思いやりを示すこと、ポジティブな社会的関係を築いてそれを維持すること、責任感をもって決断を下すこと、対人関係の状況をうまく処理することなどを目的にした学習で、その目的のために必要な知識や態度、スキルなどを習得しようとするものです。

ＳＥＬによって獲得されるコンピテンス（**ＳＥＬコンピテンス**）としては、以下の五つのものが想定されています。一つ目は**自己認識**（self-awareness）で、自分の感情、関心、価値観、強みなどを正確に認識し、それらに基づいた根拠のある自信を維持するというものです。二つ目は**自己管理**（self-management）で、ストレスに対処するために感情を調整したり、自身の欲求や衝動をコントロールしたり、課題に対処するために粘り強く取り組んだり、適切に感情を表出したり、自分の目標に向けて解決のプロセスをモニタリングしたりすることが含まれます。三つ目は**社会意識**（social awareness）で、他者の視点に立って物事を考えたり、他者に共感できたりすることや、他者との類

[57] Piquero et al. (2010)

[58] Payton et al. (2008)

似点や相違点を認識し、互いを尊重すること、家族・学校・地域社会の資源を活用できることを表します。四つ目は**対人スキル**（relationship skills）で、他者との協働に基づいた健全な関係性の確立と維持や、不適切な同調圧力にしっかりと抵抗することなどが含まれます。五つ目は**責任ある意思決定**（responsible decision making）で、倫理的な基準や安全上の懸念、社会的な規範、他者への尊重、自分の行動がもたらしうる結果などを考慮して、自分で意思決定を行うことや、その意思決定のスキルを学習場面や実社会に応用し、学校や地域社会に貢献することを表します。誠実性の定義に照らし合わせると、二つ目の自己管理と五つ目の責任ある意思決定が、とくに密接に関わるコンピテンスということになります。

学校教育を基盤としたＳＥＬプログラムによる介入の効果を検討したメタ分析では、介入によってＳＥＬコンピテンスを含むさまざまな指標が、統計的に有意なレベルで向上していたことが示されました[59]。このメタ分析は、幼児期の後半から青年期までの年齢層の子どもを対象とした介入の効果検証を行っている論文の結果をまとめていて、延べ二一三の研究が含まれています。また、このメタ分析からは、ＳＥＬプログラムの介入効果を調整する要因も見いだされていて、プログラム成功のための四つの重要な要因が提唱されました。四つの要因の一つ目は、プログラムが順序・秩序だっていること（sequenced）、二つ目はアクティブラーニングのような活動的な形式をとっていること（active）、三つ目はコンピテンスを獲得することに焦点化した内容を一つ以上含むこと（focused）、四つ目はプログラムが対象としている特定のコンピテンスが参加者と実施者の双方に明示されていること（explicit）です。これら四つの要因の頭文字から、「ＳＡＦＥ」としてまとめられています。ＳＡＦＥの特徴を備えたＳＥＬプログラムは、ＳＥＬコンピテンスの介入効果が大きいのに対し（$d = 0.69$）、ＳＡＦＥの基準に満たない介入ではほとんど効果がみられない（$d = 0.01$）ことが明らかになっています[60]。

また**放課後プログラム**（Afterschool Programs）についても、誠実性を含んだコンピテンスの向上

[59] Durlak et al. (2011)

[60] Durlak et al. (2011)

に役立つことを示唆するメタ分析が行われています[61]。放課後プログラムは学校の建物内で行われるものから、地域社会の中の教会や公共施設などで行われるものまで実施形態が多様なうえ、その内容もSELプログラムと比べて多岐にわたりますが、ドゥーラックらのメタ分析では[62]、コンピテンスの向上や問題行動の減少などが確認されています。ここでもSAFEの基準を満たす放課後プログラムの場合にその効果が大きく、誠実性を含んだコンピテンスの向上を目指す介入プログラムにおいては、SAFEの基準を満たしていることが重要であることがうかがわれます[63]。

4節　教育の可能性

■誠実性を伸ばす効果的な教育的介入のあり方

前節でみてきたとおり、誠実性やそれを含んだ社会情緒的なコンピテンスの向上に対し、何らかの介入プログラムを行うことは、とくに子どもを対象とする場合において効果的であるということができます。ヘックマンらの教育経済学的な一連の研究[64]からも示唆されているように、非認知能力における幼少期における介入は、成人期以降を対象とした介入と比べ、より効果的であるというのは理にかなっているといえます。それは、「パーソナリティの変化可能性（malleability）は幼少期のほうが相対的に高い[65]」という、パーソナリティの変化と安定性の研究知見からみても明らかです。

また、この幼少期における介入というのは、その介入の生涯発達的な効果という点からみても有効といえるでしょう。非認知能力については、ヘックマン自身が「**スキルがスキルを生む**[66]（Skills beget skills）」と述べているように、幼少期の非認知能力がその後の非認知能力を生み出し、雪だるま式に発達していくということが指摘されています[67]。それは、非認知能力とは人間的な資本（human capital）であって消えることなく蓄積されていくものであり、最初に非認知能力の高い子ど

[61] Durlak et al. (2010)

[62] Durlak et al. (2010)

[63] 放課後プログラムの効果については、未出版の研究データなども加えた最新のメタ分析では効果がないという指摘も出ています。

[64] たとえば、Heckman (2013)

[65] Roberts & DelVecchio (2000)

[66] スキルがスキルを生むという考えに立つと、幼少期の非認知能力のレベルが高いほど、後の非認知能力のレベル

ものほうがより多くの学習投資を受けられ、かつ非認知能力の高い子どものほうが同じ経験からより多く学ぶことができると考えられているからです[68]。誠実性に着目すると、たしかに誠実性の高い子どもはより学習に対して前向きに取り組むでしょうし、同じ学習内容から多くを学ぶことができるでしょう。ゆえに、より幼少期に誠実性を伸ばす教育的な介入を行うことで、その生涯発達的な効果はより大きなものになることがうかがわれます。

　では誠実性を伸ばす介入を成人を対象に行うことは無駄なことなのでしょうか。メタ分析の結果では、臨床的な介入による誠実性に対する効果はけっして高くはありません[69]。しかしロバーツら[70]は、成人期であっても誠実性を伸ばすことは可能だと述べています。彼らは、認知行動療法における行動活性化療法を援用した誠実性の変化モデルを提唱しており、**社会ゲノム特性介入モデル**（Sociogenomic Trait Intervention Model: STIM）としてまとめています。これによると、行動活性化療法ベースの介入を、支持的で適切な環境下で、十分な時間をかけて、妥当なタイミングで行うことにより、成人における誠実性の向上も可能であるといいます。またもしかすると、介入プログラムのような外的な環境からの影響の受けやすさという個人特性も考慮する必要があるかもしれません[71]。

■誠実性を伸ばす介入の倫理的問題

　本章のさいごに、誠実性を「伸ばす」ということの是非について考えたいと思います。またそれは、誠実性は「能力」なのかという問題とも重複します。非認知能力という単語は「能力」と表現していることからも明らかなように、誠実性を含む種々の特性を「能力（ability）」として想定しています。能力は高いほどよいわけなので、とくに学校教育においてはそれを伸ばすことが奨励されます。学力や知能のような認知能力はまさに能力であり、その測定には最大能力検査を用います。学力や知能などの認知能力が高すぎて困ることはありません。しかし、誠実性が高すぎることには果たして問題はないのでしょうか。実はこの点については批判的な指摘も存在し、たとえば誠実性（セルフ

はより高くなることが予想されます。しかし、実際の研究知見では必ずしもそうはなっておらず、むしろ就学後に差が小さくなることを示した研究もあります。

[67] Cunha & Heckman (2007)　Heckman (2007)

[68] OECD (2015)

[69] Roberts, Luo et al. (2017)

[70] Roberts, Hill et al. (2017)

[71] Pluess (2015)　外的な環境からの影響の受けやすさの個人差をモデル化したのが、**被影響性モデル**（differential susceptibility theory）です。このモデルは、ネガティブ情動性や感覚感受性のような被影響性（環境感受性）の高い人は、そうでない人と比べてより環境からの影響を正にも負にも受けやすいことを主張します。被影響性の個人差が介入やライフイベントなどの外的な環境の効果の影響を増幅・抑制することは、

コントロール）が高いと豊かな感情的経験が抑制されてしまうといいます。[72] 他にも、誠実性が高すぎるととくに簡単な仕事においてパフォーマンスが落ちることや、[73] 大学のＧＰＡ＊もむしろ下がってしまうことが指摘されています。[74] このように、誠実性は高すぎることによる問題が生じる可能性もあります。加えて、そもそも誠実性の測定には質問紙法の人格検査を用います。測定の観点からみても、誠実性は「能力」ではなく、あくまでも「特性」なのです。

特性としての誠実性は、一人ひとりの豊かな個人差を捉える一つの切り口にすぎません。それを外的な働きかけで一方向的に伸ばすというのは、その個人のパーソナリティを否定することにもつながりかねないことであるという点には、自覚的であるべきでしょう。誠実性が著しく低く、社会生活に困難をきたすような場合にはその限りではありませんが、通常みられる程度の個人差の範囲内での誠実性の低さを、過度な介入によって伸ばそうとするのは、あまり勧められることではないかもしれません。また、もしかすると誠実性が低くても、他の特性によってそれを補償して、うまく社会生活を送ることができるということもあるかもしれません。ＯＥＣＤは、[75] 非認知能力の中でとくに重要な特性として、誠実性、社交性、情緒安定性を挙げています。たとえば社交性の高さで周囲からのサポートを効率的に得て、誠実性の低さを補償するといったことも、可能性としてはあり得るかもしれません。介入を行う前に、その個人が誠実性の低さからどのような困難を抱えているのかをしっかりと見極めたうえで、人権に配慮をした介入を行うことが必要でしょう。

〔川本哲也〕

複数の研究知見から支持されています。

[72] Layton & Muraven (2014)

[73] Le et al. (2011)

[74] Cucina & Vasilopoulos (2005)　高すぎる誠実性がネガティブな影響をもたらしうることを、ピアースとアグイニス（Pierce & Aguinis, 2013）は「過ぎたるは及ばざるがごとし」な効果（too-much-of-a-good-thing effect: TMGT effect）と呼んでいます。しかしその一方で、ＴＭＧＴ効果がないことを大規模なサンプルを用いて実証的に示している研究知見も存在し、議論が続いています。

[75] ＯＥＣＤ (2015)

2章 グリット
――困難な目標への情熱と粘り強さ

1節 グリットとは

高い目標を成し遂げる人とは、どのような特徴をもつ人でしょうか？

たとえば、フィギュアスケートで有名な羽生結弦《はにゅうゆづる》選手について考えてみましょう。羽生選手は、二〇一四年ソチ五輪・二〇一八年平昌五輪の二大会連続オリンピック金メダリストで、二〇一三～二〇一八の五シーズン連続で世界ランキング一位に輝いています。優れた実績をもつ羽生選手ですが、もともと順風満帆だったわけではないようです。ひどい喘息もちで、スケートをはじめたのは療養のためで、とくに一〇代の頃は体力面で苦労したようです。激しい腹痛のために手術をしたり、練習や衝突事故で足に大けがを負い、大会出場を断念したりしたこともありました。彼はインタビューの中で「壁の先には壁しかない」と語るほどに[1]、そのスケート人生には数多くの困難がありました。途中で心が折れていたら、偉業は成しえなかったことでしょう。

羽生選手のこのような重要目標への取り組みの姿勢は、**グリット**（grit）という心理特性から捉えることができるかもしれません。ペンシルバニア大学のダックワースは、長期的な重要目標を成し遂げられるか否かという現象に焦点を当て、それを支える非認知特性としてグリットを提案しました。

［1］羽生（2020）

グリットは困難、失敗、競合目標にもかかわらず、長期目標に対して示す「情熱」と「粘り強さ」と定義されます[2]。後述のように、グリットは外向性や自己制御（セルフコントロール）などの他の特性よりも目標達成の成否と強く関連する可能性が示唆されています。

グリットには、二つの側面があります。一つは**興味の一貫性因子**と呼ばれるもので、興味があちこちせず、数カ月あるいは数年にわたって自分にとっての重要目標から関心がぶれない傾向のことです。羽生選手は容姿端麗で、キャラクターもとても魅力的ですので、テレビのバラエティ番組に出演したり、歌手としてデビューしたりしても、きっと大人気で多方面にわたって活躍することができたのではないかと思います。しかし、彼はスケートだけに人生を捧げているようにみえます。彼はインタビューで「四回転半をやるためにスケートをしてるし、そのために生きている。修行僧みたいな感じ[3]」と話すなど、興味を一本に絞っているようにみえます。重要目標一つのみに専心している人は物事を成し遂げやすそうです。逆に、興味があちこちする人は他のことに気をとられ、目標を変えてしまうかもしれません。

グリットのもう一つの側面は**努力の粘り強さ因子**と呼ばれるもので、目標追求の中で困難や挫折に直面しても、あきらめず粘り強く努力し続ける傾向のことです。羽生選手はインタビューの中で、「悔しさは僕にとって収穫でしかない」「逆境は嫌いじゃない。弱いというのは強くなる可能性がある」「つらい経験をするほど、はい上がる力が出ると思う」などと述べています[4]。これらの言葉から、彼は困難にぶつかってもあきらめず闘志を燃やし、努力し続けていることがわかります。目標を追求する中で、私たちは実にたくさんの困難や挫折に直面します。歩みを止めないからこそ、目標に近づいていけるのでしょう。逆に、困難のたびに投げ出す人は、遠い目的地にたどり着くことが難しそうです。

人生の時間は有限ですし、成功するうえで努力が大切なことは皆さんが思われるとおりです。このため、重要目標から興味がぶれず、困難に直面しても努力し続けるグリットの高い人は、優れた成果

[2] Eskreis-Winkler, Gross et al. (2016)

[3] 羽生 (2020)

[4] 羽生 (2020)

をあげるように思われます。この想像は実際に正しいのでしょうか？　はい、それを支持する結果が得られています。グリットは次節で説明する自己報告式の尺度*によって測定するのですが、グリットの高い人はそうでない人と比べて「成果をあげやすい」ことがわかっています。たとえば、グリットが高いほど、高校生では語彙力を競うスペリング大会でよい成績を収めやすいことや[5]、教育学部生では教員採用試験の一次試験（筆記）と二次試験（面接）を突破し、教員として採用されやすいことなどが示されています[6]。

次に、グリットの高い人はそうでない人と比べて「目標をあきらめにくい」ことも明らかにされています。たとえば、アメリカの陸軍士官学校では厳しい訓練を課され、何人もの候補生が軍人になるのを断念しますが、グリットは陸軍士官学校を中退するか否かを予測します[7]。グリットの高い販売員は、勤続年数が長く、一年後に仕事を辞めにくいことも報告されています[8]。また、グリットは教育学部生において教員採用試験をそもそも受けたかどうかと関連することも示唆されています[9]。教員採用試験を受験するためには、大学入学時の初志を貫徹し、四年間粘り強く取り組み続けることが求められるからだと考えられます。グリットの高い人ほど、転職回数が少なく、教育年数が長いことも報告されています[10]。このように、グリットは「長期的な目標からの保持・脱落」と関係します。

グリットの高い人は努力家といえそうですが、心の中はどんな感じでしょうか。頑張りすぎてつらく、精神的に不健康なのでしょうか。研究の結果、グリットの高い人は神経症傾向が低いことが示されており[11]、不安や抑うつを感じにくいようです。また、グリットが高い人ほど、人生の意義を見いだしやすく、ポジティブ感情を経験しやすいことも報告されています[12]。さらに、グリットが高い人は楽観的で、人生満足感が高い傾向があります[13]。グリットが高いほど仕事でバーンアウトしやすいかを調べた研究でも、そのような悪影響はみられませんでした[14]。したがってグリットが高い人々は前向きで、幸福を感じているようです。

[5] Duckworth et al. (2007)
[6] 竹橋ら (2019)
[7] Duckworth et al. (2007)
[8] Eskreis-Winkler et al. (2014)
[9] 竹橋ら (2019)
[10] Duckworth et al. (2007)
[11] Duckworth et al. (2007) 竹橋ら (2019)
[12] Hill et al. (2016)
[13] Duckworth et al. (2009)
[14] 井川・中西 (2019)

2節　グリットの基礎研究

■グリット尺度の開発と妥当性の検証

グリットを初めて提唱し、実証的に検討したのは、ダックワースら[15]でした。彼女は、なぜある人々は他の人々よりも偉業を成し遂げられるのかという問いを立て、先行研究を俯瞰したところ、ＩＱと達成の関係はそれほど強いものでなく、粘り強さの重要性を見いだしました。ただし、これまでの性格特性（たとえば、誠実性や自己制御）には粘り強さに関するものはありましたが、達成の成否を予測することに特化したものはありませんでした。彼女は「高い業績を上げる人の態度や行動の特徴」を探るため、法律家、ビジネスパーソン、研究者、他の専門家にインタビューを行い、どの分野にも通じる普遍的な目標追求への姿勢についての記述を集めました。これをもとに質問項目を作成して行われた研究１では、質問項目が「興味の一貫性」（六項目）と「努力の粘り強さ」（六項目）という二つのグループ（因子）にまとまりました。この一二項目が**グリット尺度**であり、ダックワースの許可を得たうえで翻訳され、日本語版グリット尺度[16]が開発されています（表１）。

ダックワースら[17]の研究２から研究６では、グリット尺度が他の変数とどのような関係にあるのかが検討されました。研究２ではグリット尺度に加え、四四の特性形容詞が自分にどれほど当てはまるかを問う「ビッグファイブ尺度」や「転職回数」を二五歳以上の七〇〇人超に調査しました。その結果、グリットはビッグファイブの中では誠実性の高さ（$r = .77$）と強い相関を示しました。グリットは、次に神経症傾向の低さ（$r = -.38$）とやや相関し、協調性の高さ（$r = .24$）、外向性の高さ（$r = .22$）、開放性の高さ（$r = .14$）と弱い相関を示しました。日本の研究[18]でも同様の結果が得られています。グリットの高い人は、目標にとても真摯に取り組み、ネガティブ感情をやや抱きにくそうで

[15] Duckworth et al. (2007)

[16] 竹橋ら (2019)

[17] Duckworth et al. (2007)

[18] 竹橋ら (2019)

表1 日本語版グリット尺度

以下にいくつかの文章が並んでいます。文章はあなたに当てはまるものかもしれませんし，当てはまらないものかもしれません。正確な得点のために，回答する時にはあなたが多数と比べてどのようであるかについて考えてください。比較する対象は，あなたのよく知っている人達ではなく，世の中の多数の人々です。回答に正解や間違いはありませんので，思った通り正直に回答してください。

No	項目内容	全く当てはまらない	あまり当てはまらない	少し当てはまる	かなり当てはまる	非常に当てはまる
1	重要な試練に打ち勝つため，困難を乗り越えてきた。	1	2	3	4	5
2	新しいアイディアや計画によって，それまで取り組んでいたことから注意がそれることがある。	1	2	3	4	5
3	私の興味は年々変わる。	1	2	3	4	5
4	困難があっても，私はやる気を失わない。	1	2	3	4	5
5	あるアイディアや計画に一時的に夢中になっても，あとで興味を失うことがある。	1	2	3	4	5
6	私は頑張り屋だ。	1	2	3	4	5
7	目標を決めても，後から変えてしまうことがよくある。	1	2	3	4	5
8	数ヶ月以上かかるような計画に集中して取り組み続けることは難しい。	1	2	3	4	5
9	始めたことは，どんなことでも最後までやりとげる。	1	2	3	4	5
10	数年にわたる努力を要する目標を達成したことがある。	1	2	3	4	5
11	数か月ごとに新しい活動への興味がわいてくる。	1	2	3	4	5
12	私は精魂傾けてものごとに取り組む。	1	2	3	4	5

「興味の一貫性」項目 …No 2, 3, 5, 7, 8, 11（得点が高いほど，グリットが低い→逆転化）
「努力の粘り強さ」項目…No 1, 4, 6, 9, 10, 12（得点が高いほど，グリットが高い）

＊竹橋ら (2019) をもとに作成。わかりやすさのために、各選択肢の点数（1～5）を修正。興味の一貫性の項目への同意はグリットの低さを表し、努力の粘り強さの項目への同意はグリットの高さを表す。グリット得点を計算するときは前者の得点を逆転（例：1点→5点）させたうえで、全項目の得点を合算する。

す。外向性との相関が小さかったことから、グリットの高い人は金銭や出世などへの欲望が大きいから目標に熱心に取り組むわけではなさそうです。グリット、年齢、ビッグファイブと転職回数の関係の強さを検討した結果、グリットのみが転職と関係し、グリットが高い人はそうでない人よりも転職しにくいことが示唆されました。

研究3は米国トップ校であるペンシルバニア大学の学生を対象として、大学の学業成績とグリットの関係が検討されました。大学では累積GPA* (Grade Point Average) といって、全科目の成績(例：不可＝0、可＝1、良＝2、優＝3、秀＝4)を平均した値を学習成果とします。また、アメリカには日本の大学入試共通テストのようなSATという全米標準試験がありますが、これは入学前から備えている全般的な知能の指標とみなすことができます。ダックワースはSAT得点も分析に含めることで、グリットと知能の相関、そしてグリットと知能それぞれが入学後の学びの成果である累積GPAに及ぼす影響を分析しました。その結果、グリットの高い人ほど累積GPAも高いという相関がみられ ($r = .25$)、この相関はSAT得点の効果を取り除いた場合にも有意でした ($r = .34$)。教育大学の新入生を対象とした縦断研究*でも、入学時のグリットが高いほど一年後のGPAや取得単位数が優れていたことが報告されています[19]。なお、ダックワースらの研究3では、SAT得点も累積GPAと相関しており ($r = .34$)、グリットとSAT得点には弱い負の相関がみられました ($r = -.20$)。この結果は、グリットと知能などの才能が異なるもので、それぞれが成功に寄与することを示唆しています。

研究4では過酷な状況下における目標の放棄に焦点が当てられました。アメリカの陸軍士官学校に入学した生徒は夏期に厳しい訓練を受けることになり、そのせいで退学者が出ます。この研究では、入学時にグリット尺度、一三項目の短縮版セルフコントロール尺度[20]への回答を求め、入学選抜に用いられる候補生の適性指数(高校のランク、SAT得点、リーダーシップ度、体力テストの合成得点)とともに、訓練後の退学やGPAとの関係を検討しました。その結果、退学するか否かを予測したの

[19] 櫻井ら (2017)

[20] Tangney et al. (2004)

はグリット（$\beta = .44$）であり、自己制御（$\beta = .12$）や候補生の適性指数（$\beta = .11$）の効果はみられませんでした。異なる生徒を対象とした研究5でも、グリットが適性指数やビッグファイブの誠実性よりも退学を予測しました。一方、GPAはグリットとの関係は弱く（$\beta = .06$）、自己制御（$\beta = .13$）や適性指数（$\beta = .64$）のほうが強い関係がみられました。自己制御や才能は日々の成績に関連するのに対し、目標をあきらめるかどうかはグリットによると考えられます。

さいごに、研究6では卓越した達成に焦点が当てられました。英語圏にはスペリング・ビーという、難しい英単語の綴りを正しく答えられるかを競うコンテストがあります。ダックワースはこの全国大会の出場者七歳～一五歳に対して、大会一カ月前にグリット、自己制御、言語ＩＱを測定し[21]、勝ち進んだラウンド数との関係を分析しました。その結果、グリットは勝ち進んだラウンド数と相関（$\beta = .34$）しており、自己制御や年齢の効果を統制した場合にも、この相関はみられました。自己制御はグリットと高い相関（$r = .66$）を示しましたが、年齢の効果を統制した分析では自己制御とラウンド数の間には関連（$\beta = .04$）がみられませんでした。言語ＩＱは、勝ち進んだラウンド数と強く相関しましたが（$\beta = .80$）、グリットとは相関しませんでした（$r = .02$）。この結果は、「グリットが才能とは異なる概念で、卓越した成果を予測する」というダックワースの主張と一致します。日本の国立教育大学生を対象とした研究でも、グリットは誠実性、自己制御、入学時のセンター試験の点数よりも、教員採用試験の合否と強く関連するという結果が得られています[22]。

まとめると、グリットが長期目標の成否と強く関連することを示す証拠は多くあります。なお、これはＩＱなどの他の特性が重要ではないことを意味しません。グリットの研究では同じ学校やスペリング・ビーの全国大会出場者などの知能や社会階層の点で均質な人々が対象となることが多いため、グリットという動機づけ的な要因の効果がみられやすかった可能性も指摘されています[23]。

[21] この研究ではWISC-Ⅲの「類似」下位検査を用いています。課題の例は「赤と青はどんな点で似ている?」です。

[22] 竹橋ら（2019）

[23] Zisman & Ganzach (2020)

■グリットが優れた成果をもたらす理由

それでは、なぜグリットが高い人は、[24]そうでない人よりも高い成果を得るのでしょうか。理由の一つは努力の「量」です。ダックワースらの研究6では、グリットの高い人ほど英単語の勉強時間が長く、そのせいで勝ち進んだラウンド数が多いという媒介過程が明らかにされています。また、グリットの高い人ほど努力の「質」が高いという理由も挙げられます。エキスパートについての研究で著名なアンダース・エリクソンは、物事に熟達するうえでは**入念な修練**（deliberate practice）が重要であるとしています。入念な修練とは、何度もフィードバックを受けながらパフォーマンスの特定部分を改善できるように作られた、骨の折れる効果的な練習方法のことです。先のスペリング・ビーの例でいうと、入念な修練とは一人で黙々と語彙や語源を学ぶことであり、友だちとクイズを出し合ったり、本を読んだり、単語ゲームで遊んだりすることは含みません。研究の結果、グリットの高い人ほど骨の折れる面白みのない入念な修練をより多く行っており（r = .30）、それこそがスペリング・ビーの高順位の原因だという媒介関係が示されました[25]。グリットの高い人が物事を成し遂げやすい秘訣は努力にあるといえます。

また、グリットの高い人は自分で学び進めるのがうまいようです。生徒が自ら動機づけを高め、学びを進めていくことを**自己調整学習**（self-regulated learning）といいます。自己調整学習を進めていくうえでは、学習に価値を見いだし、独力で学びを進められるという効力感をもつことが大切です。また、自己調整学習には認知方略（記憶の工夫）、メタ認知方略（学習の振り返り）、時間と学習環境の管理（スケジュールや学習場所の工夫）、動機づけ方略（やる気を高める工夫）という四つの方略があります[26]。ワルターらは、グリットの二つの因子がこれらの自己調整方略の尺度や自己報告の成績と関連するかを調べました[27]。その結果、グリットの努力の粘り強さ因子は、学びの価値、効力感、四つの自己調整方略と正に相関しました（r = .38 ～ .55）。なお、グリットの興味の一貫性因子

[24] Duckworth et al. (2007)

[25] Duckworth et al. (2011)

[26] たとえば、Wolters & Benzon (2013) を参照。

[27] Wolters & Hussain (2015)

は自己調整学習とほとんど相関しませんでした。さらに、努力の粘り強さ因子が高い人ほど現在の成績がよいと報告していましたが、その理由の一端は先ほど挙げた自己調整方略を行っていたからでした。グリットが高い人は自ら意欲を高め、学習方略を工夫するので、高い成果を得やすいようです。

さらに、グリットが高い人はそもそも困難や失敗にポジティブな意味を見いだすので、動機づけを維持しやすいのかもしれません。ダックワースはTEDのトークで、グリットを育むうえでの**成長マインドセット**の重要性を指摘しています。成長マインドセットとは、自分の能力が生まれつきのものではなく、努力や工夫で開発されるという信念のことです[28]。成長マインドセットをもつ人は困難や失敗を「学びや改善につながるもの」と認識するため、粘り強く取り組みやすいことが明らかにされています[29]。中学二年生を対象とした二年間の縦断研究において、成長マインドセットとグリットには正の相関がみられるだけでなく、それぞれが半年後の他方を上昇させるという増幅関係にあることが示されています[30]。また、グリットの高い大学生ほど、人生の意味を高く評価し、ポジティブ感情を感じやすいという知見があります[31]。グリットの高い人は、困難や人生に意義を見いだすため、前向きに取り組みやすいと考えられます。

[28] Dweck & Yeager (2020)

[29] Dweck & Yeager (2020)

[30] Park et al. (2020)

[31] Hill et al. (2016)

■グリットと自己制御

グリットは目標追求やその成否を支える特性です。ただし、目標追求やその成否を支える特性は、他にも指摘されています。なかでもとくに重要だと思われるものは、本書でも紹介されている自己制御と誠実性です。これらの心理特性の詳しい説明は各章をご覧いただくのがよいと思いますが、グリットはどのような点が似ていて、どのような点が異なると考えられるのでしょうか。

まず、**自己制御**とは、価値ある目標のために競合する衝動や誘惑を自ら抑止・制御することです[32]（本書3章を参照）。グリットの高い人は重要目標に専念する人といえるのに対し、自己制御の高い人は誘惑に負けないしっかり者といえるかもしれません。自己制御は、学校の成績や仕事の業績、さら

[32] たとえば、Baumeister et al. (1994) を参照。

には将来の社会的成功や健康をも規定することが明らかにされています[33]。このような話を聞くと、グリットと自己制御はよく似ているのではないかと思われる方もいると思いますが、そのとおりです。これらの尺度間には高い相関（r>.63）がみられます[34]。しかしダックワースは、両者が相対的に強く関連する結果が異なるのではないかと述べています[35]。

グリットは、目標へのあきらめがよくある困難な状況とより強く関連しているようです。たとえば、スペリング大会の成否や陸軍士官学校からの脱落は、グリット得点のほうが自己制御得点よりも予測します[36]。また、教育大生での教員採用試験の合否も、グリットは自己制御よりも相関しました[37]。つまり、忍耐力が問われる場面ではグリットが重要そうです。一方で、自己制御は誘惑や気を散らすものがある日常的な状況とより関連するようです。たとえば、士官学校生についての研究では、ＧＰＡは自己制御得点のほうがグリット得点よりも相関することが示されています[38]。また、ダックワースは非公開データに基づき、食事や運動などの日々の節制が重要となる体重では自己制御のほうが関連すると主張しています[39]。つまり、誘惑に流されずに、日々取り組むことが問われる場面では、自己制御が重要そうです。

これらの違いを踏まえ、グリットと自己統制は目標の構造が異なっているのではないかと考えられています[40]。目標には理想や自己概念に関わる上位目標とより具体的な下位目標があり、階層構造をなしています。グリットは一つの重要目標に集中し続け、努力を重ねるという心理特性です。このため、グリットの高い人は自己概念に深く関わる一つの上位目標に沿うように、多くの下位目標が構成されていると表現できます（図１の左側）。羽生選手を例にすると、彼は卓越したフィギュア・スケーターであることを上位目標として、そのために練習、食事、余暇の過ごし方などの下位目標が取捨選択されているかもしれません。彼のインタビューからも、彼はスケートに情熱を傾け、そのためにストイック

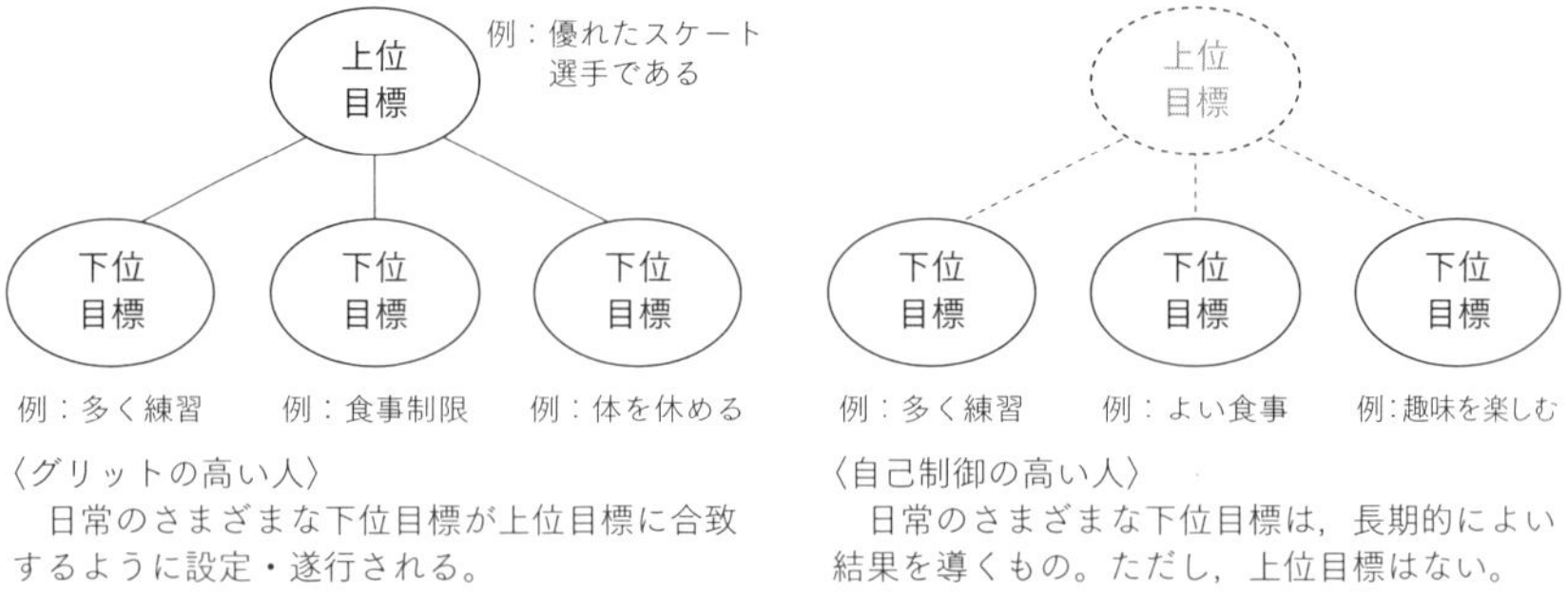

図１　グリットと自己制御の目標の違い

な生活を送る姿を垣間見ることができます[41]。このような生活は目標達成に至る道を多くもたらしてくれるので、目標達成の効力感や価値を感じる機会が多く、失敗の痛みを緩和でき、目標へのコミットメントが高まると考えられます[42]。

　一方、自己制御は目先の誘惑に流されず、長期的に好ましい目標のために努力ができるという心理特性です。このことは、日々のさまざまな目標に対応するうえで役立ちますが、最上位の目標（自分の理想）が一つに絞られ、そのために下位目標が取捨選択されることを意味するわけではありません（図1の右側）。自己制御が高いがグリットが低い人は、はっきりした上位目標がないか、下位目標の多くが一つの上位目標につながっていないと考えられます。たとえば、老後の蓄えのために日々のお金を節約するのは、自己制御とはいえますが、グリットとはいえません[43]。このように目標構造のシンプルさが異なるといえそうです。

■グリットと誠実性

　次に、グリットと**誠実性**との関係について考えます。誠実性は、性格を俯瞰したときに見いだされる五大特性の一つで、学業成績や社会的成功、健康などに関連します（本書1章を参照）*。グリットと誠実性の間には中~高の相関がみられ、それはグリットと他のビッグファイブの間の相関よりも大きいことが示されています[44]。グリットには二つの下位因子がありますが、誠実性との相関は努力の粘り強さ因子（$r = .53$）のほうが興味の一貫性因子（$r = .35$）よりも高いことが示されています[45]。これらの結果は、グリット、とくに努力の粘り強さ尺度で高い点をつける人が誠実性尺度でも高い点をつけるという相関があることを示唆しています。

　結果の予測性という点ではどうでしょうか。いくつかの研究[46]では、グリットのほうが誠実性よりも高い成果や目標の放棄と相関することが報告されています。ダックワースは「誠実な人が徹底的で、注意深く、信頼でき、よい組織人であり、勤勉で、自制心があるなどの特徴をもつが、それらの全て

[33] 森口 (2019)
[34] Duckworth et al. (2007)
[35] Eskreis-Winkler, Gross et al. (2016)
[36] Duckworth et al. (2007)
[37] 竹橋ら (2019)
[38] Duckworth et al. (2007)
[39] Eskreis-Winkler, Gross et al. (2016)
[40] Duckworth & Gross (2014)
[41] 羽生 (2020)
[42] Kruglanski et al. (2011)
[43] Eskreis-Winkler, Gross et al. (2016)
[44] たとえば、Duckworth et al. (2007) や竹橋ら (2019) を参照。
[45] 西川・奥上ら (2015)
[46] Duckworth et al. (2007) 竹橋ら (2019)

が高い成果や目標の放棄と強く関係しているわけではなさそうだ」と考え、その現象に特化して説明するためにグリットを提案しました。先ほどの研究結果は彼女の考えと一致しています。

一方で、近年、グリットという概念への批判もあります。グリット研究についてのメタ分析*（$n = 66{,}807$ 人）によれば、グリットと誠実性の相関が非常に高いだけでなく、誠実性の影響を統制したうえで、グリットが高校や大学の学業成績と相関するかを分析したところ、有意な効果はみられませんでした[47]。なお、グリットの二つの下位因子について同様の分析を行ったところ、努力の粘り強さ因子だけは学業成績と相関しました。このメタ分析の結果は、グリットが誠実性によく似た概念で、もし成果の予測力に違いがあるとしたらそれは努力の粘り強さによるものだということを示しています。判断が難しいところですが、努力の粘り強さ因子については誠実性と異なる説明力をもつので、グリットと誠実性を分けて考えることには一定の意義がありそうです。

[47] Crede et al. (2017)

3節　グリットを伸ばすための介入研究

教育者や親は、グリットの育成方法を知りたくなると思います。しかしこの点については、まだ十分に知見が蓄積されていません。いま有望であると思われている方法としては、ダックワースらが『自己制御ハンドブック』[48]の中で挙げている二つのアプローチです。一つは**結果に基づくアプローチ**で、もう一つは**自分らしさに基づくアプローチ**です。他にも、**学級の目標構造に焦点を当てたアプローチ**についても実証研究が報告されています。本節ではこの三つを紹介します。

[48] Eskreis-Winkler, Gross et al. (2016)

■結果に基づくアプローチ

困難な目標に粘り強く取り組むうえでは、強い動機づけが役立ちそうです。それでは、動機づけの高さはどのような要因によって規定されるのでしょうか。一つには、目標達成により得られる結果が自分にとって「価値」があると思うほど、目標達成への動機づけは高まりそうです。この価値には、結果が魅力的かだけでなく、コストの低さも含まれます。もう一つには、目標を達成できる見込みが高いと「期待」できるほど、動機づけは高まりそうです。期待価値理論によれば、人は目標達成の価値と期待によって動機づけられ、その目標への関与が高まり、努力が増加し、達成に至りやすくなります。グリットを育む介入では、価値か期待のいずれかを高めることを目的とします。

ダックワースらは、期待への介入の例として、成長マインドセット教育（脳には可変性があり、努力や工夫で自分の能力を伸ばせると伝え、ワークを行う）や再帰属訓練（学習性無力感に陥った子どもに難しい問題を含む課題を解かせ、結果を返す際に「成果を左右するのは努力」と伝える）を挙げています。また、価値への介入の例として、生徒がいま学んでいる内容が自分の将来とつながっていることを教えることを挙げています。ダックワース自身も、入念な修練（弱みに注目して具体的な目標を立て、粘り強く取り組む）の大切さを教えるという信念への介入を開発しています。[49]

四つの現場実験（n = 988人）の結果、介入の有効性が示されました。[50] たとえば、小学五〜六年生に介入し、難しい算数の問題を渡した結果、その一週間後、低学力の子どもにおいて介入群のほうが統制群（効果的な勉強方法だけ伝える条件）よりも習得度が高いことが示されました。また、数週間後に期末試験のある学生に介入した結果、低成績者において期末試験の成績が向上することが示されました。介入群では、統制群よりも入念な修練が成功を導くと考えるようになり、学びの中で感じる欲求不満が成長のあかしとして評価するようになりました。ただし、介入四カ月後には介入効果は消えました。このアプローチによる教育効果は、学校生活の中で先生がリマインドしなければ、長続きしないかもしれません。

■自分らしさに基づくアプローチ

私たちは合理的な損得勘定だけで、行動や選択を決めるわけではありません。人にはアイデンティ

[49] この介入では、生徒の価値や期待を変容させるために、「才能こそ重要だと考える人が多いが、実際には入念な修練が改善と成功に重要なことが科学的に示されている」「成功者の努力はしばしば見えない」「何かに取り組むなかで欲求不満や困惑を感じたら、それは弱みに取り組んでいるということ。すぐ完璧にできるなら、気分はよいかもしれないが、挑戦していないということ」と伝えます。Eskreis-Winkler, Shulman et al. (2016)

[50] Eskreis-Winkler, Shulman et al. (2016)

ティ、本人にとっての核となる人生の役割や価値からなる**自分らしさ**があります。そうするのが自分らしいと思ったなら、達成の難しさや負担感があったとしても、人は粘り強さを発揮することがあります。たとえば、この章を書くのは本当に骨の折れる仕事ですが、私は研究者らしくありたいと思っていますので、頑張っています。羽生選手が超難度の四回転半に挑戦しているのも、損得勘定ではなく、そうするのが自分らしいと思うからではないでしょうか。

人はアイデンティティに合うように振る舞うことを好むため、アイデンティティを意識させることはそれに関連した振る舞いを導く可能性があります。たとえば、自分がアジア人であることを考えさせると、数学のパフォーマンスが改善することが示唆されています[51]。また、役割を演じることも同じような効果を導きます。たとえば、スーパーマンの真似をするように言われた子どもは、そうでない子どもに比べて、満足遅延課題の成績が向上しました[52]。これらを踏まえて、ダックワースらはグリットを高めるための新しい介入を提案しています[53]。すなわち、「頑張り屋」という自分の一側面を強く意識させるという方法です。勉強でも部活でも趣味でもいいので、頑張るのが自分らしいという気持ちを育んでいくことは大切かもしれません。

■学級の目標構造に焦点を当てたアプローチ

皆さんはクラスの雰囲気によって、気兼ねなくチャレンジができたり、逆に失敗への不安を強く感じて発言しにくくなったりした経験はないですか。すぐ成果を出すことを求められたり、先生が生徒の小テストの点数に一喜一憂したりする遂行目標を重視する学級や学校では、生徒はすぐに成功しなければいけないという不安が強くなり、失敗や困難に直面すると嫌な気持ちになりそうです。一方、先生が生徒の学びを大切にし、困難や失敗を「成長や気づきのチャンスだ」と温かく声をかける習得目標を重視する学級や学校では、生徒は困難や失敗を前向きに捉え、粘り強くなりそうです。このように、集団において成果（遂行）と学び（習得）がどれほど重視されているかを**目標構造**といいま

[51] Shih et al. (1999)
[52] Karniol et al. (2011)
[53] Eskreis-Winkler, Gross et al. (2016)

す。実際に、生徒が学級を習得的と捉えた場合には失敗の原因を努力不足に帰属し、練習の価値を高く認識し、学業に粘り強く取り組むのに対して、生徒が学級を遂行的と捉えた場合には失敗の原因を無能さに帰属し、あきらめやすいことが示唆されています[54]。

以上から、目標構造が習得的な学級のほうが遂行的な学級よりもグリットを高めやすいように思われます。パークらは、中学二年生一二七七人に対してグリットや学級の目標構造を問う調査を秋学期と春学期に行うとともに、学校からGPAデータを入手し、分析しました[55]。その結果、秋学期に学級を習得的とみなしていた生徒は半年後の春学期のグリット（自己報告と教師評定の合成点）が向上しており、春学期のグリットが高いほどその学期のGPAが高いことが示されました。秋学期に学級を遂行的とみなしていたことは半年後のグリットとは関連しませんでしたが、生徒が学級を習得的とみなすか遂行的とみなすかには負の相関がありました。これらの結果は、グリットを伸ばすうえでは、遂行目標よりも習得目標を大切にする学級や学校を作ることの重要性を示しています。

[54] Ames & Archer (1988)

[55] Park et al. (2018)

4節　教育の可能性

グリットの観点は国内の学校教育や幼児教育などの現場ではそれほど普及していないように思われますが、今後どのように取り入れて実践できるでしょうか。

第一に、教師や管理職がグリットの概念を深く理解することが重要でしょう。概念を深く知ることは、その観点から世界を観察し、問題をみとり、改善していくことに役立ちます。子どもの活動から非認知能力をみとる試みはわが国でもはじまっています[56]。子どものグリットを定量的に捉えるうえでは、グリット尺度を含む学習意欲調査を定期的に行うことも有用であると考えられます。きちんと測定されるからこそ、グリットの変化や教師による実践の効果がわかるのです。

第二に、子どもの「達成したい」「達成できる」という気持ちを育むことも大切でしょう。強い動

[56] たとえば、文部科学省(2016)を参照。

機づけは、達成の価値と期待によって支えられています。意味がわからなかったり、難しいと思ったりしたときに、意欲が上がらないのは当然です。学ぶことにはどんな価値や面白みがあるかを伝えたり、効果的な学習方法を伝えたり、自信をつけさせたりすることは、教師や親の大切な役割だと思います。勉強の本質はまだできないことを理解し、できるようにすることですから、困難や失敗を前向きに捉え、意欲が挫かれにくい心根を育むことはグリットを高めるうえでとくに重要だと考えられます。

第三に、個性や願いを育むことも重要かもしれません。グリットは重要目標に対する粘り強さなので、そもそも「自分らしさ」や「自分にとっての大切な目標」をもたないならば、粘り強く取り組まないのも道理ではないかと思います。これに関連して、ダックワースの研究室キャラクターズ・ラボでは子どもたちに個性を知る方法や願いを実現する方法についての情報提供を行っています。このような情報提供を日本の学校や家庭でも行うことは、グリットを高めるうえで役立つかもしれません。人は自分が何者かを知ることで、献身的に取り組むことができるようになるからです。

第四に、学校や家庭の目標構造も重要でしょう。子どもが失敗を恐れず、学びや成長のために試行錯誤することを促すうえでは、教師や親が子どもに性急に成果を求めず、習得や成長を大事にしてほしいと伝えることが大切です。習得的な学級文化を作るには、長期的な協同学習プロジェクトを導入することも有益かもしれません[57]。実際、私が勤務する大学の附属小学校には「和紙を一から作る」という一年間にわたる協同学習を実践された先生がおり、その実践報告の中で児童が「先が見えず停滞した時期もあったけど、最後には成し遂げることができて、学びになった」という趣旨の作文を書いたと聞きました。これこそ、グリットではないでしょうか。数年にわたるプロジェクトに取り組むという点では、部活動や習い事もグリットを磨く場になりうるかもしれません。

重要な目標を成し遂げられる力を育成することは、子どもたちの幸福と未来につながる重要な教育課題といえます。多くの教師、親、政策決定者がグリットを育むプロジェクトに参画することを願っています。

〔竹橋洋毅〕

[57] Dweck & Yeager (2020)

3章 自己制御・自己コントロール
——目標の達成に向けて自分を律する力

1節 自己制御・自己コントロールとは

■毎日行っている我慢

「目標体重まであともう少しだから、お菓子を食べるのはやめておこう……」「今日はまだ仕事が残っているから、お酒はやめてノンアルコールビールを飲もう！」「上司に理不尽なことを言われてむしゃくしゃしているけれど、目の前の同僚に八つ当たりしないよう気をつけなきゃ……」。こうした日常生活の一コマは、いずれも**自己制御**（self-regulation）や**自己コントロール**（self-control）に関わる場面といえます。私たちは、起きている時間の約四分の一は欲求に逆らって我慢しているようです。ただし、葛藤を感じて実際に成功するのは五割、残りの五割は失敗してしまうといいます。ホフマンら[1]は、ドイツ周辺で一八～五五歳の約二〇〇名を対象に実験を行い、一日七回ランダムな時間にベルが鳴るものをもたせ、ベルが鳴った瞬間やその少し前に何か欲求を感じていたか、我慢ができたかどうかなどを尋ねることで、上述のように、私たちが日常的に自己制御・自己コントロールをはたらかせていることを明らかにしました。

[1] Hofmann et al.(2012)
日本人を対象にしたデータによると、葛藤の経験時間はもう少し控えめに計算されていますが、データの収集頻度に依存するとされています（尾崎,2020）。

自己制御・自己コントロールは、学力やIQといった認知能力とは異なる能力であることから、非認知能力と呼ばれます。OECDの報告書で示されている非認知能力の三つの構成要素（目標の達成、他者との協働、感情のコントロール）のうち、自己制御・自己コントロールは、主に「目標の達成」に大きく関わっています。ただし、後述する自己制御の定義からもわかるように、「他者との協働」や「感情のコントロール」にも関わってくる部分があるといえます。

■学術研究における定義

日常生活ではなじみ深い自己制御・自己コントロールですが、実は、学術研究の世界では、自己制御とは何か、自己コントロールとは何かといった定義が研究者によって微妙に異なり、理論やモデルも多数提案されていて混沌とした状態にあります。なぜ混沌としてしまうのかというと三つ理由が挙げられます。第一の理由は、自己制御・自己コントロールが非常に幅広い範囲を含む包括的な概念だからです。研究によっては、自己制御と自己コントロールを区別せずに扱っているものもありますが、近年では、両者を弁別すべきだという意見もあり、自己制御・自己コントロールに関わる概念の整理や、理論・モデルの統合に向けた議論がさかんになってきました[2]。そうした中で、自己制御・自己コントロールの定義について大枠の共通点を整理すると、次のようにまとめることができます。自己制御は、個人的な目標（たとえば、体重減量）や社会的な目標（たとえば、他者との良好な関係維持）に沿って、自己の認知・感情・行動を制御するプロセスのことを指します。目標を立て、どのように遂行するかを決め、それを実行に移したり、現在の進捗状況をモニタリングしたりと、目標に関わる幅広い行動を含む包括的な概念が自己制御です。これに対し、自己コントロールは、二つの相反する気持ちが対立するとき（たとえば、お菓子を食べたいけれど、ダイエット中だから食べてはいけない）に、一方の目標を追求するプロセスのことを指し、自己制御の一部分として位置づけることが可能です。自己コントロールは葛藤の存在が前提としてありますが、自己制御は葛藤が生起しない場

[2] Nigg (2017)
Inzlicht et al. (2021)
Groß (2021)

合もあります。[3] たとえば、健康的な生活を送るという目標のもとに禁酒しているとき、ノンアルコールのビールやワインの美味しさに気づき、「お酒を飲みたい」といった相反する欲求を感じることなくノンアルコール飲料を好んで飲む場合は、葛藤は生起していないといえるでしょう。自己制御も自己コントロールも、目標に向けた一連の過程を指す非常に広範な概念であるがゆえに、自己制御のどういった側面に着目するのかで定義や測定方法が異なったり、関連する概念が複数存在したりするため[4]、結果として混乱が生じやすくなっているというわけです（これ以降、「自己制御」とのみ記す場合は、そこに自己コントロールも含まれるものとして読み進めてください）。

第二の理由は、自己制御・自己コントロールが、発達・社会・パーソナリティ・認知・健康・教育・犯罪・臨床心理学、精神医学、神経科学、行動経済学、犯罪学、社会学、教育学、哲学など、多岐にわたる分野で積極的に研究が進められてきたからです。もちろん、どのような概念・事象であっても複数の学問分野・領域から検討が進められるもので、多角的な取り組みが物事の本質や人間理解につながることはいうまでもありません。しかし、とりわけ自己制御・自己コントロールに限っては、包括的な概念が多分野・多領域でそれぞれ独自に研究されてきたことで、同じ言葉を用いて検討されてはいるものの実際には意味する内容が異なっていたり、逆に、別の言葉を用いているけれど実は同じものを指していたりということが頻繁に生じています。心理学の中だけでも複数領域にわたって研究が進められてきており、自己制御に関わる用語は四四七種類にも上るとされます。[5] 自己制御・自己コントロール研究の知見を把握する際には、とくにその研究で用いられている用語がどのように定義されているか、それをどのように測定しているかを踏まえたうえで、研究結果を解釈する必要があります。

第三の理由は、自己制御・自己コントロールがよりよい人生を送るためのキー概念であるからです。これまでの研究では、自己制御が優れている人ほど、学業成績がよく、精神疾患や過食、アルコール依存になることが少なく、幸せで、対人関係も良好であることが示されています。[6] また、子ど

[3] Inzlicht et al. (2021)

[4] 本書で取り上げている「誠実性」「グリット」「情動知能」「感情調整」といった概念も、自己制御・自己コントロールと関連する概念といえます。ただし、一般的な性格特性の一つとして提唱されたものであったり（誠実性）、長期間一つのことを粘り強く追及し続けるといった側面に特化していたり（グリット）、情動・感情に焦点が当てられていたりと（情動知能・感情調整）、着目している側面が少しずつ異なり、グリット以外は自己制御研究とはまた違う文脈で研究が進められてきた経緯があります。

[5] Burman et al. (2015)

[6] De Ridder et al. (2012)

もの頃に自己制御が優れている人ほど、大人になったときに犯罪に走ることもなく、健康で、年収も高いといった長期的な影響も報告されています。[7] 自己制御は「人類最大の強み（greatest human strength）」と言われるほど、ありとあらゆる身体的・心理的・社会的適応と関連しているのです。だからこそ、多くの研究者が精力的に研究し、さまざまな理論的・方法論的枠組みの中で研究が行われてきました。心理学では、たとえば「先のことを考えて計画的に行動する」といったいくつかの項目に対して、自分がどの程度当てはまるかを回答することで、個人の自己制御能力を測定する方法がよく用いられます。こうした評定尺度*でさえ百以上存在することからも、多くの研究者が自己制御に注目していることがわかります。このように自己制御が重要な概念であるからこそ膨大な数の研究が実施され、結果として自己制御研究の混沌とした状況に結びついてしまったともいえます。

[7] Moffitt et al. (2011)
Robson et al. (2020)

2節　自己制御・自己コントロールの基礎研究

■自己制御研究のはじまり

心理学において自己制御研究のルーツとして取り上げられることが多いのが、ミシェルら[8]による**満足遅延**（delay of gratification）の研究です。満足遅延の研究では、四歳頃の幼児の目の前に大好きなマシュマロを一つ置いて、実験者はこう伝えます。「今このマシュマロを食べてもいいですが、一五分待つことができたらもう一つあげますよ」。その後、実験者は部屋から退出して、幼児がマシュマロを食べずに待つ時間を別室で測定するのです。この実験では、目の前の小さな報酬（マシュマロ一個）ではなく、遅延後の大きな報酬（一五分後のマシュマロ二個）を選択できるかを測定しています。幼児にとって一五分はとても長い時間ですから、多くの子どもは最後まで待つことができませんでした。最後まで待てたのは参加者の約三〇パーセントで、その子たちはマシュマロを見ないよ

[8] Mischel (1974)
Mischel (2014)

うにしたり、「雲みたい」と考えたり、マシュマロから気を逸らすことで満足を遅延することに成功していました。

■マシュマロ実験のその後

ミシェルらの研究が興味深いのは、ユニークな自己制御の測定方法だけにとどまらず、この当時四、五歳だった子たちの一〇年後、さらには四〇年後を追跡して調査をしていることです。一〇年後、青年期になった子どもたちの日常生活を両親に尋ねてみると、四、五歳のときの満足遅延実験で長く待つことができた子ほど、青年期に学校や家庭での問題行動が少なく、学力も高いことが報告されました[9]。そして四〇年後、四〇代半ばになった参加者たちを再度集めて、認知課題中の脳活動を測定できる機能的磁気共鳴画像法（f-MRI）を用いた研究が実施されました。ここで使用された認知課題は**ゴー・ノーゴー課題**（go / no-go task）と呼ばれるもので、提示される顔写真が笑顔か恐怖の顔かでボタンを押す（go）か押さない（no-go）かが指示される、単純な反応を抑止することが求められる課題でした。この認知課題を遂行している最中の脳活動をみてみると、四歳時の満足遅延時間が長かった人は、短かった人と比べて、衝動制御に関わる前頭前皮質のはたらきが活発であることが確認されました。一方、満足遅延時間が短かった人は、腹側線条体と呼ばれる部位が活発であり、報酬刺激に対して敏感であることが確認されたのです[10]。これらの研究は、幼少期の満足遅延の能力が、一〇年後、四〇年後と長期間にわたって比較的安定していることが示され、非常に注目を浴びました。

ところが、二〇一八年、上記の結果に疑問が投げかけられました。ミシェルらの一連の研究は、スタンフォード大学のコミュニティから集められた非常に小規模で限られた子どもたちを対象にしていたため、ワッツらは、大学を卒業していない母親の子どもたちにも焦点を当て、九〇〇〇人以上を対象に再度同様の研究を実施しました。その結果、四歳時の満足遅延時間が青年期の問題行動や学業成績

[9] Mischel et al. (1988)

[10] Casey et al. (2011)

に与える影響は、家庭環境（年収、家庭内の子育て環境など）や幼少期の認知能力（記憶力、言語能力など）の影響を考慮すると、極めて小さいことが報告されたのです。[11] ワッツらの研究では、満足遅延時間の上限を七分間としたことで最後まで待てた子どもが五五パーセントに上るなどいくつかの問題点が指摘されてはいますが[12]、結局、満足遅延のみを自己制御として捉えると単純化しすぎてしまうがために、家庭環境や幼少期の認知能力の影響力のほうが大きくなってしまうようです。

■ダニーデン研究でわかったこと

自己制御を複数の観点から幅広く測定すると、社会階層や家庭環境、知能の影響を切り離しても、自己制御の長期的影響が確認できます。ニュージーランドのダニーデンで行われた大規模な縦断研究*では、一九七二年四月〜一九七三年三月にダニーデンで生まれたすべての人を対象に、生まれてから現在までを追跡して調査し続けています。通常、長期にわたる縦断研究では、途中で調査に参加しなかったり、できなかったりと離脱してしまう人が多く出てきてしまうのですが、ダニーデン研究では一〇〇〇人以上の調査対象者における四五歳時の調査参加の継続率が九〇パーセントを超えており、非常に貴重なデータが収集されています。[13]

ダニーデン研究では、三歳と五歳時の観察評価と、五歳、七歳、九歳、一一歳時の親、教師、本人が報告した自己制御に関わる複数の質問項目の評定結果を組み合わせたものを、子どもの頃の自己制御指標として用いています（表1）。分析の結果、子どもの頃の自己制御は、知能や社会階層を考慮しても、三二歳のときの身体的健康（心血管、呼吸器、歯の健康状態、性感染症）、薬物依存、個人的な経済状況、犯罪行為を予測することが確認されました。すなわち、子どもの頃の自己制御が高い人ほど、大人になったときに健康で、アルコールや薬物に依存することが少なく、社会経済的地位や収入が高く、片親で子どもを育てる可能性が低く、犯罪を犯すことも少ないという結果が得られたのです。また、この研究では、家庭環境の影響を取り除くため、同じ家庭環境で育ったイギリスの双子

[11] Watts et al. (2018)

[12] Falk et al. (2019) Michaelson & Munakata (2020)

[13] Richmond-Rakerd et al. (2021)

表1　ダニーデン研究で用いられた自己制御の測定内容

測定項目	測定時の年齢	評定者	項目内容
コントロールの欠如	3, 5 歳	観察者	不安定、欲求不満耐性が低い、余裕がない、反抗する、落ち着きがない、衝動的、注意が必要、課題に対する注意が短い、目標達成に向けた粘り強さがない
衝動的攻撃	5, 7, 9, 11 歳	親、教師	手に負えない、けんかをする
多動性	5, 7, 9, 11 歳	親、教師	走り回ったり飛び跳ねたりする、落ち着かない、注意力が短い
多動性（追加項目）	9, 11 歳	親、教師	モーターで動いているかのように動き回る、じっとしていられない
根気の欠如	9, 11 歳	親、教師	課題を最後までやり遂げられない、気が散りやすい、活動を継続するのが難しい
衝動性	9, 11 歳	親、教師	考える前に行動する、順番を待てない、活動の合間に過剰に移動する
多動性	11 歳	本人	そわそわする、落ち着きがない
不注意	11 歳	本人	注意を払うのが難しい、課題を継続するのが難しい
衝動性	11 歳	本人	順番を待つのが苦手、他の人が話しているときに話す

約五〇〇組（継続率九六パーセント）を対象にした結果もあわせて報告されており、五歳時の自己制御が低いきょうだいのほうが、一二歳時に喫煙をはじめたり、学校の成績が悪かったり、非行に走りやすいことが確認されています。[14]

さらに、四五歳時のデータを分析すると、子どもの頃の自己制御が高い人は、四五歳時の身体の老化が遅く、脳の老化の兆候が少なく、健康や金融に関する実用的な知識をもち、加齢に対する肯定的な態度と期待を示し、孤独感も低く、人生に満足していることが確認されました。これらの結果は、社会階層や知能を考慮しても変わりませんでした。なお、子どもの頃の自己制御と中年期の自己制御の相関はそれほど大きいものではなく（$r = 0.33$）、年齢に応じて変化する可能性が指摘されています。小児期から中年期にかけて自己制御が強くなった人は、四五歳の時点で老化が遅く、加齢への備えも良好であったのに対し、年齢を重ねるごとに自己制御が弱くなったことで老化が早くなり、老化への対応力が低下した人もいることから、従来から指摘されていた幼少期や青年期への介入だ

[14] Moffitt et al. (2011)

けでなく、中年期にも介入可能性の余地があることが主張されています[15]。

■自己制御の重要性

先に紹介したマシュマロ実験もダニーデン研究も単独で実施された研究ですが、こうした過去に単独で実施された研究結果を複数集めて要約すると、どのくらい効果があるといえるのかなどを検証できるメタ分析*というものがあります。自己制御は膨大な数の研究が実施されてきているので、メタ分析によって、関連のある適応指標は何かといったこともまとめられるようになってきました。

青年期や成人を対象とした一〇二件の研究をまとめたメタ分析[16]では、自己コントロール尺度[17]、バラット衝動性尺度[18]、低自己統制尺度[19]の三つの尺度でそれぞれ予測できる適応指標がまとめられています（表2）。自己コントロールの高さは、学校や職場での良好な業績、自尊心や幸福感といった適応、良好な対人関係、食行動や体重管理と

表2　メタ分析で示された自己制御と関連する適応指標

	自己コントロール尺度	バラット衝動性尺度	低自己統制尺度
対象：青年期・成人（de Ridder et al., 2012）	学校・職場での遂行 ウェルビーイング・適応 対人関係 食行動・体重管理	喫煙・飲酒 逸脱行為 計画・意思決定	喫煙・飲酒 逸脱行為
	就学前→児童期早期	児童期早期→児童期後期	小学校低学年→成人期
対象：子ども（Robson et al., 2020）	学業成績＋ 学校への関与＋ 社会的コンピテンス＋ 仲間からの被害－ 内在的問題－ 外在的問題－	学業成績＋ 内在的問題－ 外在的問題－ 肥満－ 喫煙－ 薬物濫用－	内在的問題－ 外在的問題－ 肥満－ 喫煙－ 飲酒・薬物濫用－ 身体疾患－ 失業－

[15] Richmond-Rakerd et al. (2021)

[16] De Ridder et al. (2012)

[17] Tangney et al. (2004)
項目例：「もっと自制心があればよいのにと思う（逆転項目）」「先のことを考えて、計画的に行動する」

[18] Patton et al. (1995)
項目例：「私は何も考えずに行動する」「私は衝

関連することが確認されました。また、衝動性の高さや自己コントロールの低さは喫煙や飲酒、浮気や窃盗などの逸脱行為と関連することが示されています。

子どもの頃の自己制御を対象にしたメタ分析[20]では、一五〇件の研究をもとに、観察、認知課題、自己・他者・教師評定といった多様な方法で測定された子ども期の自己制御が、その後のどういった行動と関連するかを検討しました。その結果、就学前（〜四歳）の自己制御が児童期早期（〜八歳）の学業成績、学校への関与（学習態度、適応など）、社会的コンピテンス（対人関係スキル）と正の関連、仲間からの被害、内在的問題（抑うつ、不安など）、外在的問題（攻撃性、犯罪など）とは負の関連があることが確認されました。また、児童期早期の自己制御は児童期後期（〜一三歳）の学業成績や内在・外在問題行動に加えて、肥満、喫煙、薬物濫用と関連があり、小学校低学年の頃の自己制御は成人期（〜三八歳）の病気や失業とも関連することが報告されています（表2）。

[19] Grasmick et al. (1993) 項目例：「本当に怒っているときは、誰も私に近づかない方がいい」「時々は、少し危険なことをして自分を試したい」

（前ページより続く注）動的に買い物をする」

[20] Robson et al. (2020)

■他者の前での自己制御

冒頭でも触れたように、私たちはダイエットなどの個人的な目標に沿って自己を制御するだけでなく、他者との良好な関係維持など社会的な目標に沿って自己を制御することもあります。この後者に焦点を当てて提唱された概念に**社会的自己制御**（social self-regulation）があります。社会的自己制御は、「社会的場面で、個人の欲求や意思と現状認知との間でズレが起こった時に、内的基準・外的基準の必要性に応じて自己を主張するもしくは抑制する能力」と定義され、自己主張と自己抑制（感情・欲求抑制、持続的対処・根気）の二側面から構成されます[21]。

社会的自己制御が提唱された背景には、社会的な行動の発達という観点から自己制御を捉えた場合、自己を抑制する側面だけでなく、自己の欲求や意志を主張し、実現する行動始発の側面にも着目すべきだという柏木の主張[22]があります。行動始発と行動抑制の二側面は行動の方向性は異なるものの、どちらも自己が行動に関与し、なすべきことやあるべき自己像を志向する行動という点で共通し

[21] 原田ら (2008)

[22] 柏木 (1988)

ていて、自己の発達に関する個人差を捉えるうえでは両側面のバランスという視点が重要となるというものです。他者の前での自己制御行動はもともと幼児を対象に研究が進められていましたが、主に養育者からの要請に応えることで自己を制御する他律的な自己制御段階にある幼児と、社会が要請する規範が内在化されたうえで自己を制御する自律的な自己制御段階に移行する児童期以降とでは、自己制御が質的に異なることが指摘されていました。実際に、自己制御と密接に関わる前頭前野のはたらき（executive function）は、幼児期と児童期以降とではその構成要素が異なることが報告されています。こうした年齢による質的な違いや、社会的な目標における自己制御と個人的な目標における自己制御とを弁別したうえで提唱された概念が社会的自己制御です。

膨大な自己制御研究に必要な課題として、自己制御概念の**収束的妥当性**（理論的に類似している概念と実際に関連しているか）に加えて、**弁別的予測性**（既存の概念と弁別的に予測できるものは何か）を検証する必要性が主張されていますが、社会的自己制御は、注意の制御（Effortful Control: EC）や罰・報酬手がかりに対する敏感さ（Behavioral Inhibition System/ Behavioral Approach System: BIS/BAS）といった気質レベルの自己制御を土台に成長の過程で獲得される能力であることや[23]、気質レベルの自己制御との弁別的予測性が確認されています[24]。具体的には、気質レベルの自己制御は衝動買いや摂食障害傾向といった個人的な問題行動の予測率が高いのに対し、社会的自己制御は迷惑行為（たとえば、ごみのポイ捨て）や非行など社会的場面での問題行動の予測率が高いことが確認されました。近年では、メンバーの社会的自己制御が集団の意思決定やパフォーマンスにどういう影響を及ぼすかが検討されており、社会的自己制御や他者感情を読み取る能力の集団平均値が高い集団のほうが、集団パフォーマンスが優れていることが報告されています[25]。他者の表情から感情を正しく読み取ったうえで、自分の考えを主張する自己主張能力や、自分勝手な発言や行動を抑制し、他者の意見や行動を尊重するといった自己抑制能力が、集団内の円滑なコミュニケーションの生成につながり、結果として優れた集団パフォーマンスに結びつくようです。

[23] 原田ら (2009)
[24] 原田ら (2010)
[25] 原田・土屋 (2019)

3節 自己制御・自己コントロールを伸ばすための介入研究

■自己制御を伸ばす介入は効果があるのか

ダニーデン研究でも自己制御が年齢に応じて変化することが確認されているように、多くの研究者が自己制御は介入の余地があると考えています。とくに欧米では、自己制御を向上させる目的のトレーニングが積極的に実施されており、その内容は、発達障害や特定の健康行動への認知行動療法的介入から、幼児教育カリキュラム、コンピュータゲームを用いた介入、ペアレントトレーニング、運動、マインドフルネスに着目したトレーニングなど多岐にわたります。

一〇歳以下の子どもを対象に、自己制御の向上と非行の減少を目的とした四一件の介入研究のメタ分析[26]では、自己制御プログラムが自己制御の向上と非行の減少の両方に効果があることを確認しています。分析対象となった自己制御の介入方法は、表3に示したとおり非常に幅広いですが、これらすべての種類を含めて分析が実施されています。この研究では、介入時の実施人数が少ないほうがより介入の効果があること、また、長期的な介入よりも短期的な介入のほうが効果があることも報告されています。ただし、介入が自己制御の向上に結びつくかどうかについては、**出版バイアス**（介入の効果が示されなかった研究はそもそも論文として公表されにくいため、公開されている研究のみを集めるとポジティブな結果になりやすい）の兆候がみられることも指摘されています。

二〜一七歳の子どもを対象に自己制御の向上を目的とした四九件の介入研究のメタ分析[27]では、どのタイプの介入（表3）も自己制御の向上に有効であったことを報告しています。また、介入を受けた子たちは、受けていない子たちと比べて、学業、健康、行動に改善がみられたことも確認されました。ただし、各研究において自己制御の測定方法（自己評定・親評定・教師評定・認知課題）がかな

[26] Piquero et al. (2016)

[27] Pandey et al. (2018)

表3　メタ分析の対象となった自己制御の介入方法

介入対象・研究	介入の種類	介入内容
対象：～10歳（Piquero et al., 2016）	社会的スキルトレーニング	感情理解、コミュニケーションスキル、友人関係スキル、自己コントロールスキル、社会的問題解決スキルなどが含まれることが多い。
	認知的対処方略への介入	帰属訓練（e.g., 失敗を努力不足というコントロール可能な原因に帰するよう教える）、行動の手がかりとなるような言葉をひそかに発するよう指導する認知的自己指導訓練などが含まれる。
	ビデオテープ・ロールプレイ介入	適切（不適切）な行動をしている登場人物のビデオを見たのち、子どもたち自身の行動や自己制御を観察する。教訓的な講義、ロールプレイ、子供中心の遊びのセッションのビデオを見ることもある。
	即時・遅延報酬型の臨床的介入	報酬対象の認識を変化させる（e.g., マシュマロを雲や月と考える）ことで、満足の遅延ができるように介入する。
	リラクゼーショントレーニング	瞑想や深呼吸のテクニックに焦点を当て、自分の行動を調整する方法を教える。
対象：2～17歳（Pandey et al., 2018）	カリキュラムベースの介入	ごっこ遊びや独り言による行動コントロールなどを用いて自己制御の向上を目指す心の道具（Tools of the Mind）カリキュラム、感情・認知・行動の発達的統合に重点を置いたPATHS（Promoting Alternative Thinking Strategies）カリキュラムなどが含まれる。
	身体活動と運動の介入	サッカーで使用される個人的・社会的責任に基づく戦略、集団ジョギング、自己制御を促進するためにデザインされたチームゲームなどが含まれる。
	マインドフルネスとヨガの介入	マインドフルネス瞑想やヨガを用いて、自分の身体や呼吸に注意を向けるトレーニング。
	子育てと家族に焦点を当てた介入	ほめ方、問題解決、怒りのコントロールなど親としてのスキルに焦点を当てるコモンセンスペアレンティング、家庭訪問を行い積極的な子育てを強化するファミリーチェックアップなどが含まれる。
	スキルベースの介入	注意トレーニング、空想遊び、同年齢の行動を映像で見ることで誘惑への耐性をつけるモデル行動トレーニング、ゲームを用いた抑制トレーニングなどを含む。

り異なるため、介入の有効性に結論を出すことが難しいこともあわせて指摘されています。

以上のとおり、二つのメタ分析の結果からは、自己制御の介入の有効性が報告されてはいますが、出版バイアス、自己制御測定方法の不統一の問題が残されています。また、メタ分析に含まれている研究は欧米で実施されたものが多く、日本を含めたアジア圏で実施されたものが少ないことにも留意する必要があります。さらに、こうした介入が短期的には効果があっても、長期的な効果にもつながるのかどうかについてはまだ明確な証拠がありません。

■日本における介入研究

自己制御を高めようとする動きが世界的に加速している中、日本ではそうした動きが極めて鈍いといわれています。先に紹介したメタ分析の対象となった自己制御介入研究の中には、社会的スキルトレーニングが含まれていましたが（表3）、日本でも**ソーシャルスキルトレーニング**（Social Skills Training: SST）や**社会性と情動の学習**（Social and Emotional Learning: SEL）[28]は、学校現場をはじめとして比較的広く実施されています。いずれのプログラムも自己制御の向上を目指すというよりは、対人関係スキルの習得に重きが置かれているため、挨拶、自己紹介、温かい言葉かけなど幅広い対人行動がターゲットになります。ただし、感情のコントロールや自己主張など自己制御に関わる内容を含めて実施されることも多く[29]、そうしたものは自己制御の向上にも結びつく可能性が高いといえます。日本におけるSSTやSELの介入研究では、一部では自己コントロールの向上が報告されていますが、大学紀要に報告された論文も含めると対照群*が設けられていなかったり、多動・不注意の問題や攻撃行動といった間接的な指標が効果測定に用いられることのほうが多く、自己制御指標を明確に測定したうえで効果を検証したものは多くありません。また、自己制御の一部である持続的な対処や根気に関わる側面に関しては、トレーニング内容にほとんど含まれていません。

SSTを土台により自己コントロールに特化した授業内容の実践[30]や、自己制御の育成を意図したG

[28] SELは特定の学習プログラムを意味するのではなく、「自己の捉え方と他者との関わり方を基礎とした対人関係に関するスキル、態度、価値観を育てる学習」という定義に合致する数多くの学習プログラムの総称です。そのため、社会的スキルトレーニングに関するプログラムも、ほぼSELに該当するとされています（小泉, 2016）。

[29] 安達 (2013)

[30] 空間 (2017)

ＯＡＬ（Goal Orientation, Attribution learning & Self-control）プログラムをもとに日本の教育実態に合わせて開発されたＳＴＡＲＴ（Social Thinking & Academic Readiness Training）プログラムの実践[31]も報告されてはいますが、ＳＳＴやＳＥＬのような実施の広がりがないため、自己制御の向上に結びつくか否かについてはさらなる検証が必要です。

また、自己制御行動を繰り返すことで自己制御を高めることができるというバウマイスター（Baumeister, R. F.）らの主張は、日本人を対象にした研究でも検証されており、姿勢を正すことを二カ月間心がけることで自己制御意図（「誘惑があったとき我慢するようにしている」など）が向上したり[32]、日常生活のさまざまな行動（就寝時間など）を普段より五分早めるトレーニングを一三日間続けることで、自己制御に関わる認知課題の成績が向上したりすることが報告されています[33]。しかし、厳密な実験計画で自己制御行動の反復効果を検証するとトレーニングの効果が示されないこと[34]や、複数の研究をもとにメタ分析するとトレーニングの効果は小さく、自己制御行動の反復がトレーニング効果をもたらす重要な要素だと結論づける証拠がないことが指摘されています[35]。さらに近年では、そもそもこうしたトレーニングの開発のもとになっている**制御資源モデル**[36]自体も批判され、議論が続いているため[37]、自己制御行動の繰り返しによる効果については慎重にならざるを得ません。

■注意すべき文化差

自己制御の介入方法の多くは欧米で開発されたものですが、その介入の効果については文化差が生じる可能性が指摘されています。目標達成行動の実行を促す介入方法に**ＭＣＩＩ**（Mental Contrasting and Implementation Intention）があります。ＭＣＩＩは**心的対比**（mental contrasting）と**実行意図**（implementation intention）を組み合わせたもので、欧米で開発されました。手順としては、まず目標を明確に想起し、その目標を達成することで生じるポジティブな結果について考えます。次に、目標を達成するうえで障害となるものを想起させ、目標達成による望ましい将来と現実の

[31] 松村（2012）

[32] 竹橋・豊沢（2015）

[33] 沓澤・尾崎（2019）

[34] Miles et al.（2016）

[35] Friese et al.（2017）

[36] 制御資源モデルでは、筋肉と同様に自己制御の実行にはエネルギーが必要であり、自己制御を実行すると心理的な資源を一時的に消耗してしまうことが想定されています。制御資源は有限であるため、使い尽くした場合、次の自己制御を実行しようとしてもうまくいかなくなるとされます。ただし、筋肉を鍛えることができるのと同じで、自己

障害とを対比させます。この心的対比の後、現実の障害を乗り越えるためにできる行動を「もし障害Xに直面したら、そのときYをする」といった実行意図と呼ばれるif-then形式の計画を立てるといったものです。

オンラインの教育プログラムを提供するＭＯＯＣ（Massive Open Online Course）の学習者約一万八〇〇〇人を対象に、ＭＣＩＩがコース修了に及ぼす影響を検証した大規模研究[38]では、欧米など個人の自由度が高い個人主義文化圏の学習者にはＭＣＩＩの効果が示されたものの、インドや中国のように他者との調和が求められる集団主義文化圏の学習者には明確な効果が示されなかったことが報告されています。その理由として、ＭＣＩＩは欧米で開発された介入方法で、行動や反応を個人的に選択することを前提とした取り組みであるため、個人主義的な文化には合致するけれど、個人的な目標を社会的な目標に沿わせたり、重要な他者の期待に応えることで目標を達成しようとしたりすることが多い集団主義的な文化には合致しないことが挙げられています。実際に、日本人を対象としたＭＣＩＩの介入は、明確な効果がみられないことや[39]、効果が小さいことが報告されています[40]。異なる文化圏で開発された自己制御の介入は、そのまま日本人に適用するのではなく、文化的な枠組みを考慮して修正を加える必要があるものも存在するといえます。

4節　教育の可能性

■国内の教育現場にどう取り入れられるか

自己制御の介入については、長期的な効果や文化差の検証などをはじめ、さらなる研究知見の蓄積が必要です。ただし、国内外で一定の効果が確認されている自己制御の介入方法を組み合わせ、かつ、海外で開発された介入方法に関しては必要に応じて文化的な枠組みを考慮した修正を加え、さら

制御を繰り返すことで制御資源の容量を増やすことができるとされ、自己制御の反復行動によるトレーニングが提唱されました。

[37] Inzlicht et al. (2021)
[38] Kizilcec & Cohen (2017)
[39] 尾崎ら (2018)
[40] 古村 (2015)

に現状のプログラム内容に足りない側面を補ったうえで、自己制御の向上により特化したプログラムを開発・検証して、日本の教育現場に取り入れることは可能であるように思います。その際、自己制御の関連概念の介入方法についても目を向けることが望ましいと考えます。双子を対象に遺伝や環境の影響を検討する**行動遺伝学**の研究[41]では、本書の他章で取り上げている**誠実性**（conscientiousness）、**グリット**（grit）と、自己コントロール、注意の制御（EC）の四つの指標が概念的に重複しており、背景に共通要素の存在があることを指摘しています。このことを踏まえると、グリットや誠実性の教育方法をはじめとする関連概念の介入にも目を向けて、効果的な介入方法を組み合わせることも有用であるように思います。実際に、特定のスキルを身につけさせる介入よりも、広範な認知・行動能力を対象とした多次元的な内容を含む介入のほうがより効果的である可能性が指摘されています。[42]教育現場でこうした非認知能力育成のための介入に充てる時間は現実的には限られていること、また、メタ分析の結果からは長期的な介入よりも短期的な介入のほうが効果的であることが確認されていることから、より有益な介入方法を厳選して組み合わせる必要があるといえるでしょう。

[41] Takahashi et al. (2021)

[42] Smithers et al. (2018)

■課外活動への参加

近年では、運動や課外活動（部活動など教室での学習以外に参加する活動）への参加が自己制御の促進に結びつく可能性も報告されるようになってきました。運動が自己制御の促進に結びつく理由としては、運動によって脳の生理学的変化が引き起こされる可能性や、多くのスポーツ活動で必要とされる認知的要求（たとえば、チームメイトの行動予測、戦略の使用）が自己制御の促進に結びつく可能性などが指摘されています。カナダで行われた大規模な縦断研究[43]では、幼稚園時の構造化されたスポーツ（たとえば、監督がいる組織的なスポーツ、ダンス、体操、武道）への参加頻度が、小学四年生時の自己制御能力の向上に寄与する可能性が示唆されました。とくに、チームスポーツに参加すると、仲間やコーチと同じ集団に所属しているという感覚や、共通の目標をもつことでルールの尊重や

[43] Piché et al. (2015)

責任を守ることの重要性を高める可能性があることが指摘されています。また、大学生の過去・現在の課外活動（毎週の練習を必要とし、定期的なパフォーマンスのフィードバックが提供される学業以外の活動）への参加が、根気強さや目標の肯定的な再評価を強化することも報告されています。[44] 日本でも、運動部活動に所属している大学生は、所属していない学生と比べて、社会的自己制御の持続的対処・根気が高いことが確認されています。[45] これらの研究結果を踏まえると、部活動をはじめとする課外活動への参加を積極的に促すことも有効かもしれません。

■日常生活の中で身につく自己制御

さいごにもう一つ忘れてはいけないのが、普段の何気ない経験そのものが自己制御の成長につながっているという点です。教育現場では、一定のルールのもとに集団で学び、遊び、異年齢集団とも関わることで多様な対人相互作用を経験すると同時に、個人の設定した目標に基づいて達成や失敗を繰り返し経験します。そうした中で、ネガティブな対人葛藤を経験しても、それを乗り越えることが社会的自己制御の自己主張の促進に結びつくことや、自分で設定した目標を達成する経験が社会的自己制御の主張と抑制両側面の促進に結びつくことが報告されています。[46] とりわけ、自律的な自己制御段階にある青年期にとっては、自ら設定した目標を達成することが自己制御行動の成功に対する喜びや満足感を感じる機会として非常に重要な経験となり、その後の行動始発や行動抑制の促進に密接に関わる可能性が指摘されています。子どもが対人葛藤を経験したら、効果的な相互交渉の方法や気持ちの切り替え方を教えることで対人葛藤を乗り越えやすくなるようフォローしたり、普段の生活の中で自分の目標を積極的に設定させ、達成度の評価を行わせる、達成した際には周囲からの肯定的評価を得られるようにするといったような取り組みは、教育現場にすぐにでも取り入れられることであるように思います。こうした日常的な働きかけも重要であることを念頭に置き、子どもと接することも大事だといえるでしょう。

〔原田知佳〕

[44] Guilmette et al. (2019)

[45] 永峰ら (2019)

[46] Harada et al. (2012)

4章 好奇心
――新たな知識や経験を探究する原動力

「わたしには、特殊な才能はありません。ただ、熱狂的な好奇心があるだけです」

――アルベルト・アインシュタイン[1]

[1] Mayer & Holms (1996)

1節 好奇心とは

アインシュタイン（Einstein, A.）は、自らの科学的達成の源として、熱狂的な**好奇心**（curiosity）を挙げました。古代ギリシャの哲学者プラトン（Plato）は、好奇心（知識への探究心）を生まれながら人に備わっているものと捉え、それが人の本質的な満足感をもたらすものとしました。またプラトンの弟子であるアリストテレス（Aristotle）も、形而上学の中で、好奇心を人の本質的特性であるとして、好奇心による知識への渇望が、人類の文明や学問のはじまりを助長させたと指摘しました。このように好奇心に纏わる名言や哲学的解釈には、好奇心を科学教育に大きな恩恵をもたらす人間の力の源とする叙述がしばしばみられます。このことから、学校教育場面では、「好奇心＝良いもの」という印象をもたれていると思います。心理学研究において好奇心は、教育や発達の分野で関心をもたれており[2]、好奇心は学力に対し、知能、勤勉さに続く三番目の力をもっていることが調査研究によ

[2] 深谷（2011）

り報告されています[3]。学校教育場面以外に目を移すと、会社や企業の組織人事では、好奇心旺盛な人材を企業の成長と変革をもたらすキーパーソンとして挙げており、社会人の好奇心の育成やその評価方法への関心が高まっています[4]。また好奇心の高さは、心身の健康増進につながるとされ[5]、心理的ウェルビーイング（well-being）のポジティブ・バイタルサイン（positive vital sign）として扱われています[6]。

しかし、好奇心に纏わる哲学的解釈、文学作品やことわざの中には、「好奇心＝良いもの」と捉えないものもみうけられます。たとえば、ローマ帝国時代の哲学者アウグスティヌスは、人の好奇心を創造性の源や賞賛されるべき人間の力としていますが、一方で、人の血や死体を見たいとするような好奇心を三大誘惑の一つである「目の欲」に位置づけ、これは悪行であると告白しました。キリスト教文学の代表であるミルトンの『失楽園』では、悪魔サタンによって触発されて高まったイブの好奇心が、禁断の果実を食べさせ、やがて破壊行為へとつながる様子が描かれました。またイギリスには、「好奇心は猫をも殺す」ということわざがあります。イギリスでは、猫は命が九つもあるくらい容易に死なない動物といわれています。つまりその猫でさえも、好奇心をもてば命を落とす。イギリスでは、このことわざを通して「過度な好奇心はよくない」ことが言い伝えられてきました。このように好奇心による活動には、さまざまな側面があるようです。

アメリカ心理学の祖であるジェームズ[7]は、「人間には、二つの好奇心がある」と指摘しています。一つ目は、新奇な対象に対して接近反応をもたらす**知覚的な好奇心**です。この好奇心は興奮と快楽を喚起させ、新奇な対象に対して回避反応をもたらす不安と拮抗します。二つ目の好奇心は、情報と知識とのズレから喚起される**科学的な好奇心**（scientific curiosity）です。人はこのズレを解決することで喜びを感じ、また新たな情報収集へと促されます。このように、好奇心は画一的な性質ではなく、複数の種類や側面があるようです。その理由について、解説をしていきたいと思います。

[3] von Stumm et al. (2011)
[4] ダイヤモンド社 (2018)
[5] Kashdan et al. (2009)
[6] Spielberger & Reheiser (2003)
[7] James (1890)

2節　好奇心の基礎研究

■好奇心研究のはじまり

好奇心研究は、バーライン[8]が、内発的動機づけの動因に好奇心を位置づけた研究をもとに、好奇心の種類や**好奇心の生起メカニズム**に関する研究を展開させたことからはじまります。内発的動機づけの動因とは、ふと散歩をしたり、読書をしたり、窓の外の風景を見たりなどの報酬や罰にとらわれない自由な活動の動因、すなわち「知りたい」や「体験したい」といった行動の原動力のことで、好奇心はその原動力とされています。この好奇心による探索（つまり好奇心探索）の特徴は、目新しい物事の探索、いわゆる**新奇性探索**（novelty seeking）が主な特徴となります。この好奇心探索は、知覚や認知などの情報、報酬、社会的価値や環境などのさまざまな要因と接合し、多種多様な領域に展開する特徴があります[9]。つまり、好奇心にはいくつかの種類が存在します。まず、人に共通した普遍的な情報領域（知的情報、知覚情報）と結びついた種類が基盤となっており、代表的なものとしては、問題や課題などの知的情報領域における好奇心探索を示した**知的好奇心**（epistemic curiosity）、音・光・触覚などの感覚・知覚情報領域における好奇心探索を示した**知覚的好奇心**（perceptual curiosity）[10]があります。その他の領域では、人の心理や秘密などの対人情報領域における好奇心探索を示した**対人的好奇心**（interpersonal curiosity）[11]や**社会的好奇心**（social curiosity）[12]が確認されています。本章では、こういった好奇心の種類を**好奇心領域**と呼ぶことにします。

一方、好奇心探索の生起メカニズムに関する研究では、動機づけ研究をもとに、好奇心探索が起こる状況要因を調べています。バーライン[13]は、覚醒度といった動因に関わる動機づけシステムに従って、好奇心探索の生起メカニズムの定式化を図り、「人や動物は、認識された刺激の強さ（たとえば

[8] Berlyne (1960)
[9] Litman & Pezzo (2007)
[10] Berlyne (1954)
[11] Litman & Pezzo (2007)
[12] Renner (2006)
[13] Berlyne (1960)

目新しさや複雑性）が弱いときもしくは強いときに、不快感や嫌悪感を伴う高覚醒状態になり、上がった覚醒度を下げようとして、好奇心探索を起こす」と定めました。彼は、この生起メカニズムに従って、好奇心探索には二つの探索方略があることを指摘しました。一つ目は、刺激が弱いと感じたときに起こる好奇心探索で、新奇性が低い環境によって生じる不快感や退屈を解消させようとします。この探索には多様な情報を求める特徴があるとされ、これを**拡散的好奇心**（diversive curiosity）と定めました。二つ目は、刺激が強いと感じたときに起こる好奇心探索で、複雑性が強い刺激に触れた場面によって生じる不快感や嫌悪状態を解消させようとします。この探索には特定の情報を求める特徴があるとされ、これを**特殊的好奇心**（specific curiosity）と定めました。その後の好奇心研究では、「拡散的－特殊的」などの探索方略に関わる好奇心探索の生起メカニズムの定式化が大きなテーマとなりました。本章では、好奇心探索の生起メカニズムに関する研究で指摘された探索方略を**好奇心タイプ**と呼ぶことにします[14]。

■好奇心タイプに関する研究

好奇心タイプとは、好奇心の対象に対して、「どういった理由で、どのように探るのか？」といった探索方略のことです。また、ここでの好奇心探索は、**状態好奇心**（state curiosity）で、つまり、ある状況によって引き起こされる好奇心の強さを表しています。好奇心探索の生起メカニズムに関する研究のほとんどは、バーライン[15]が提唱した「拡散的－特殊的」タイプを起点に、さまざまに展開されましたが、現在でも定番となる「好奇心タイプ」は存在せず、いまだに議論が繰り広げられています。本項では、好奇心研究で提唱されてきた「好奇心タイプ」を紹介するとともに、それぞれのタイプの問題点についても触れていきます。

[14] 補足として、「好奇心領域」と「好奇心タイプ」に関する研究では、それぞれで展開されているのではなく、一部の研究では、両者関連をもちながら展開されています。たとえば、「好奇心領域」の一つである知的好奇心には、「好奇心タイプ」である特殊的好奇心と拡散的好奇心が存在します。つまり「好奇心領域」と「好奇心タイプ」には、一部で階層的な関係をもつ研究が存在します。

[15] Berlyne (1960)

[拡散的－特殊的(Diversive-Specific)]

この二タイプは前述したとおり、刺激の強さが両極端な状況に起こり、またどちらも不快感を伴う高覚醒状態の好奇心探索とされています。バーラインの研究では、この二タイプの特徴や性質を証明づける十分な説明はありませんでしたが、スピールバーガーら[16]は、好奇心と不安との関係をもとに、この二タイプの定式化を目指しました。この好奇心と不安の関係については先のジェームズの指摘に端を発します。彼らは、人の行動原則(つまり、動機づけシステム)として「人は常に刺激や情報に対して好奇心と**不安**が共存し、刺激に対する好奇心と不安の感じ方の大きさによって探索(接近)行動もしくは回避行動を起こす」と定めました。つまり、人は、探索対象に対して不安よりも好奇心を強く感じたときには探索行動を起こし、反対に好奇心より不安を強く感じたときには回避行動を起こすとしたわけです。この原則の中で、拡散的好奇心は、探索対象に対して、好奇心が不安よりも優位な状態の好奇心探索であり、一方で特殊的好奇心は、探索対象に対して、好奇心が不安より中程度から小程度に優位な状態の好奇心探索であると推測されました。しかしながら実証的研究による証明はできていません。

日本の好奇心研究のパイオニアである波多野と稲垣[17]は、動機づけ研究の実験観察に基づき、「拡散的－特殊的」タイプの理論化を試みました。これを**認知的動機づけ理論**と呼びます。この理論には三つの定式があり、①人間を含む高等動物は、好奇心の強い存在である、②情報処理の最適水準をもつ、③不調和を低減しようとする、というものが定められています。①の定式では、「人や動物は、目や耳などいろいろな感覚器官を通して、常に情報を欲している存在である」と定めて人は好奇心の強い生物であることを示しており、これを認知的動機づけ理論の原則としています。②の定式では、拡散的好奇心と関わりのある動機づけシステムとして「人や動物には、それぞれが最も快適だと感じる情報処理の水準(つまり最適水準)があり、またこの最適水準を維持しようとする動機づけが備わっている」ことを示しています。つまり外部から入ってきた情報が、この最適水準を上回って入っ

[16] Spielberger & Starr (1994)

[17] 波多野・稲垣 (1971)

てくると、人は最適水準にするために回避行動を起こし、一方で入ってきた情報がこの最適水準以下であるときには、人は最適水準にするために探索行動を起こすとしたわけです。とりわけ、情報処理の最適水準の低い場面から最適水準へ回復するために起こす好奇心探索に、拡散的好奇心が位置づけられています。③の定式にある**不調和**とは、新しい知識や情報と自分が保有している知識（つまり自分がすでに知っている何か）との間でのズレ、あるいは既存知識の中での矛盾、知識の不足を感じた状態のことです。そして③の定式では、特殊的好奇心と関わりのある動機づけシステムとして「人は、この不調和を確認すると、それを低減または解消しようとする動機づけが備わっている」ことを示しています。つまり不調和を低減しようとする動機づけシステムの好奇心探索に、特殊的好奇心が位置づけられています。

この三つの定式による「拡散的－特殊的」タイプの捉え方は、一見するとバーラインやスピールバーガーらの理論と似ているようにみえますが、二つの点で大きく異なります。まず一つ目に、バーラインやスピールバーガーらの理論で、「拡散的－特殊的」タイプの状況要因として挙げられた不快状態や嫌悪状態を伴う覚醒度や不安などの動因バロメーターを用いていない点があります。二つ目は、「拡散的－特殊的」タイプを、単一の動機づけシステムで説明していない点です。つまり、認知的動機づけ理論[18]では、好奇心探索の生起メカニズムの状況要因に、不安・退屈、嫌悪などの気分を伴う動因や覚醒度を組み込まず、拡散的好奇心や特殊的好奇心それぞれに関わる認知的要因と、それに伴う動機づけで生起メカニズムを定式化しています。つまり、拡散的好奇心は、定式②の情報処理の水準と単調な刺激（つまり単調で退屈であると認識した状態）における動機づけシステムで説明され、特殊的好奇心は、定式③の認知構造と不調和状態（つまり情報のズレを認識した状態）における動機づけシステムで説明されました。

この二タイプをそれぞれの動機づけシステムで説明することによって、二タイプの生起メカニズムとその特徴をうまく表すことができています。まず拡散的好奇心の生起メカニズムは、情報処理の最

[18] 波多野・稲垣（1971）

適水準の低いと感じた状態（退屈状態や何か物足りない場面）を解消するために起こる好奇心探索であるため、拡散的好奇心の特徴には、**新奇な情報を多様に求める傾向**があり、環境（または自己）を変化させて何か情報を得ようとする**生産的な探索傾向**があります。特殊的好奇心の生起メカニズムは、（情報と知識のズレや矛盾など）不調和に気づいたときに、この不調和を解消するために起こる好奇心探索であるため、特殊的好奇心の特徴には、**情報のズレや矛盾に敏感な傾向**があり、また不調和の原因となる特定の情報を探索し、解消できるまで、**持続的かつ積極的な探索傾向**があります。認知的動機づけ理論による二タイプの生起メカニズムは行動観察によって裏づけはなされたものの、観察研究の領域を超えた実証研究では、まだ証明されていないのが現状です。

後続研究としては、拡散的好奇心と特殊的好奇心を特性として捉えた研究があります。特性としての好奇心（つまり特性好奇心）とは、普段のさまざまな場面における好奇心探索の活動頻度を示すものです。この研究では、特性としての拡散的好奇心と特殊的好奇心の個人差測定のテストである知的好奇心尺度*が開発されており、認知的動機づけ理論で説明された拡散的好奇心と特殊的好奇心の特徴は、一定程度確認されています。[19]

【広さ－深さ（Breadth–Depth）】

好奇心探索を、幅広い範囲で探索する（breadth）と狭い範囲を深く探索する（depth）に分類した好奇心タイプです。[20]「広さ－深さ」タイプの概念は、一九六〇～八〇年代の好奇心テストを用いた因子分析で、広さ因子と深さ因子に分類できることに由来します。しかしその後、分析方法や手法に問題があることが指摘されて、このタイプの存在は明確にはなっていません。[21]また「広さ－深さ」タイプは、「拡散的－特殊的」タイプのような探索方略のタイプとは少し性質が異なることが指摘されています。[22]たとえば「深さ」タイプは、「特殊的」（つまり情報のズレの解消させる）タイプのような探索方略として、捉えられることがあります。しかし、情報のズレや不調和がすぐに解消できない場

[19] 西川・雨宮 (2015)

[20] Langevin (1971) Ainley (1987)

[21] Boyle (1989) Spielberger & Starr (1994)

[22] Loewenstein (1994)

合、人はその情報と関連する情報を次々と探索することも考えられ、結果として「特殊的」タイプの探索範囲は、「広さ」タイプのような広がりをみせる可能性があるからです。

[情報のズレ (Information-gap)]

予期しない出来事や説明できない出来事などの情報のズレや不足を感じたときに、ズレや不足を感じた情報やその周辺の情報を探索する好奇心タイプで、一九九四年にレーベンシュタイン[23]によって、新たなタイプとして提唱されました。このタイプは、バーラインの特殊的探索の生起メカニズムに近いですが、覚醒度を前提に置かず、「情報のズレ」という刺激に対する認知的な要因に注目したことで差別化を図っており、とりわけ「情報のズレ」の際に伴う**剥奪感**(feeling of deprivation)を好奇心探索の動因として扱っています。しかしながら、レーベンシュタインは、バーラインが指摘した「拡散的」タイプのような好奇心探索(たとえば、情報のズレがない際でもはたらく好奇心)の存在を認めているものの、彼はこれを「好奇心タイプ」として扱っていません。このように「情報のズレ」にフォーカスを置いた新たな好奇心タイプ研究に対し、好奇心研究の第一人者であるシルビア[24]は、一九六〇年代に指摘された「特殊的」タイプとほとんど変わらないことや、古くから指摘されている新奇性探索のような好奇心タイプ(たとえば「拡散的」タイプ)も捉えるべきだと批判的な見方をしています。

[興味気分による好奇心 (Curiosity as a Feeling of Interest: CFI) と焦燥感による好奇心 (Curiosity as a Feeling of Deprivation: CFD)]

好奇心探索の際に感じる気分(feeling)に着目した好奇心タイプです。リットマンら[25]は、好奇心探索で生じる**肯定的な気分**(pleasant feeling)と**不快な気分**(unpleasant feeling)を好奇心探索の動因として組み込み、このタイプを提唱しました。CＦＩは、知識が得られるという期待感(あるい

[23] Loewenstein (1994)

[24] Silvia (2012)

[25] Litman & Jimerson (2004)

は、ワクワク感）から生じる好奇心探索です。CFDは、情報の不足や情報のズレによる焦燥感（あるいは、モヤモヤ感）から生じる好奇心探索です。彼らは、この二タイプの生起メカニズムの定式化を目指すため、特性としての「CFI－CFD」を測定するテスト（興味型－焦燥型知的好奇心テスト：Interest-type and Deprivation-type epistemic curiosity questionnaire）を開発し、このテストを用いて、二タイプの生起メカニズムに関わる特性要因や状況要因を調べました。しかしながら、まだ十分な証明が得られていないのが現状です。

［好奇心タイプに関する研究の総括］

以上、好奇心タイプに関する研究を紹介してきました。この研究では、好奇心探索の生起メカニズムの決定的な状況要因や動因として、覚醒度、不安、処理水準や情報のズレや快・不快が挙げられ、それに伴いさまざまな好奇心タイプが提唱されましたが、定番となる好奇心タイプは存在していません。しかし、どの状況要因も間違いではないと思われます。実際、好奇心探索の生起メカニズムには、これらの複数の状況要因が複雑に絡んで、状況や環境に合わせて発動しているのだと思います。

また、好奇心探索の生起メカニズムの状況要因や動因を別にして、探索行動の特徴に注目すれば、好奇心タイプを、下記のように二タイプに整理することは可能だと思います。一つ目は、「拡散的」「CFI」のような**新奇で多様な情報を求める好奇心タイプ**と、二つ目は、「特殊的」「情報のズレ」や「CFD」のような**情報のズレや矛盾によって、特定の情報を求める好奇心タイプ**です。

■好奇心領域に関する研究

「知りたい」や「体験したい」などの行動の原動力である好奇心は、知覚や認知などの情報、報酬、社会的価値や環境などのさまざまな要因と接合しやすい特徴があります。すなわち、「知りたい」ことがあっても、「何を知りたいのか？」「どれを知りたいのか？」というように、知りたい物事の方向性によって、好奇心の性質が違うわけです。本章では、好奇心探索の探索方向を**好奇心領域**と呼ぶことにしました。この好奇心領域には、知的活動領域の好奇心などの基本領域から学業場面やビジネス場面の好奇心など応用的な領域までの多種多様な領域が存在し、挙げればキリがありません。

そのため好奇心領域の好奇心を定めています。それには問題や課題などの知的情報領域における好奇心探索を示した**知的好奇心**、音・光・触覚などの感覚・知覚情報領域における好奇心探索を示した**知覚的好奇心**や、人の心理や秘密などの対人情報領域における好奇心探索を示した**対人的好奇心**や**社会的好奇心**があります。一九九〇年代からの好奇心研究においては、各好奇心領域の個人差を測るテストが開発され、そのテストをもとに研究が蓄積されてきました。また、ここでの好奇心探索の強さは**特性好奇心**(trait curiosity)で、つまり普段のさまざまな場面における好奇心探索の頻度の高さを表しています。

本項では、これまでに開発された各好奇心領域の特性好奇心テストを紹介します。また一部の好奇心領域の下位概念には、好奇心タイプが組み込まれています。ここでの好奇心タイプは、特性(trait)として捉えた好奇心タイプです。つまり、状態(state)好奇心を、普段のさまざまな場面で一貫して表れる行動特性として捉えたタイプになります。

[知的好奇心]

問題や課題などの知的情報に対して、思考や推論など知的活動をはたらかせる好奇心探索です。欧米の知的好奇心研究では、**知的好奇心尺度**(epistemic curiosity scale)が開発されています[26]。このテストの下位尺度には、好奇心タイプである「拡散的－特殊的」が採用され、これは特性としての拡散的好奇心と特殊的好奇心です。拡散的好奇心は、じっとしていられなくて、ひっきりなしに新たな機会や物事を求める好奇心探索です。特殊的好奇心は、不確実な物事や不明瞭なものに直面すると喪失

[26] Litman & Spielberger (2003)

感を強く感じ、見慣れたものを好む好奇心探索です。しかし、この知的好奇心尺度の研究調査で、拡散的好奇心と特殊的好奇心の特徴が捉えられていないといったテストの妥当性の問題が指摘されました[27]。

その後、リットマンの研究グループは、好奇心タイプの「CFI－CFD」タイプを知的好奇心の下位概念として組み込んだ「興味型－焦燥型知的好奇心テスト（Interest-type and Deprivation-type Epistemic Curiosity Questionnaire）」を開発しました[28]。**興味型**は、知識が得られるという期待に対するワクワクした好奇心探索（つまり特性としてのCFI）であり、この特性が高いと、新奇性を好み、さまざまな物事に対してポジティブ感情を抱きやすいとされています。また物事に対して楽観的になり、リスクや危険を顧みない行動に出やすくなることが指摘されています。一方で、**焦燥型**は、情報の不一致や矛盾による剥奪感（あるいは、モヤモヤ感）で起きる好奇心探索（つまり特性としてのCFD）であり、この特性が高いと、ネガティブ感情を抱きやすく、衝動を抑制でき自己制御が高く、曖昧さを嫌う傾向が高くなることが指摘されています[29]。「興味型－焦燥型」タイプと「拡散的－特殊的」タイプは、好奇心探索の生起メカニズムやその状況要因の点で異なりますが、特性における特徴（つまり行動特性）の点で重なる部分があり、この二者に対して差別化が求められています。

日本の知的好奇心のテストについては、知的好奇心尺度があります。前述したように海外の知的好奇心尺度には、妥当性に問題がありました。西川ら[30]は、認知的動機づけ理論をもとに日本独自の知的好奇心テストを開発しました。下位尺度には、伝統的な好奇心タイプの「拡散的－特殊的」が採用され、これは特性としての拡散的好奇心と特殊的好奇心です。**拡散的好奇心**は、新奇で多様な知的な情報を求める好奇心探索であり、この特性が高いと幅広い情報を求め、曖昧な情報に対して許容する傾向が高くなるとされています。一方で、**特殊的好奇心**は、情報の不整合や矛盾を察し、それを解消しようと取り組む好奇心探索であり、この特性が高いと秩序を求め、曖昧な情報を嫌う傾向が高いとされています。日本の知的好奇心尺度は、海外の知的好奇心尺度よりも、特性としての拡散的好奇心

[27] Mussel (2010)

[28] Litman & Jimerson (2004)

[29] Lauriola et al. (2015)

[30] 西川・雨宮 (2015)

と特殊的好奇心をうまく捉えた特性知的好奇心テストとなっています。

［知覚的好奇心］

知覚刺激情報（光、音、味やにおい）に対する好奇心探索です。欧米の知覚好奇心の研究では、**知覚的好奇心尺度**（perceptual curiosity scale）があります[31]。このテストの下位尺度には、伝統的な好奇心タイプの「拡散的－特殊的」が採用されています。拡散的好奇心は、空間や物事を幅広く知覚的に詮索する好奇心探索であり、このテスト項目には「変わった食べ物を食べてみたい」「周囲を詮索する」などが構成されています。（知覚的好奇心の）特殊的好奇心は、特定の知覚刺激に対して追求する好奇心探索であり、このテスト項目には、「何か、においがしたらその原因をわかるまで探す」「何か物音がしたら、それが何であるかを見る」などが構成されています。知覚的好奇心の高い人は、芸術作品などに対する美的感覚が鋭いとされています。また近年では、知覚的好奇心における行動特性と神経生理的つながりが注目されています[32]。

［対人的好奇心］

対人情報を獲得するための対話、詮索や推論などの好奇心探索です。対人的好奇心による探索は、新しい社会集団への加入、人間関係の構築、恋人の獲得や社会的地位の獲得のうえで、重要な生得的行動とされています。また人類学では、霊長類の進化における大脳新皮質の拡大の要因に、霊長類の集団サイズの増大に伴い複雑化した集団によって、活発化されたゴシップや心理情報への詮索活動（言い換えれば、対人的好奇心による探索行動）と指摘する研究者もいます[33]。つまり、対人的好奇心は、社会場面を通して培われる言語や非言語コミュニケーションの発達の要ともされているのです。

欧米の対人的好奇心研究では、対人的好奇心の個人特性の測定を目的として**対人的好奇心尺度**（interpersonal curiosity scale）[34]と**社会的好奇心尺度**（social curiosity scale）[35]が開発されています。

[31] Collins et al. (2004)
[32] Jepma et al. (2012) Valji et al. (2019)
[33] Dunbar (1996)
[34] Litman & Pezzo (2007)
[35] Renner (2006)

これらのテストの下位尺度は、好奇心タイプではなく、対人的好奇心の探索対象の下位領域で構成されています。つまり、好奇心を抱く対人情報の種類を分類して、それを下位尺度としています。社会的好奇心尺度の下位尺度には、経歴情報や人の行動意図などの公的な対人情報に対する好奇心探索を示した「一般型対人的好奇心（general social curiosity）」と、人の私的な情報領域への覗きや盗聴を示した「隠密型社会的好奇心（covert social curiosity）」があります。対人的好奇心尺度の下位尺度には、人の感情や気持ちなどの人の心理情報領域への好奇心を示した「人の感情への好奇心探索（curious about emotions）」、他者の私生活の情報に対する収集活動を示した「人の秘密への窃視型好奇心探索（spying and prying）」と、人の私生活の詮索傾向を示した「人の秘密への詮索型好奇心探索（snooping）」があります。これらの対人的好奇心テストの下位尺度は統一されていませんが、対人情報の種類を基準にすると、大雑把に「感情」「秘密」「属性」の三つに分類できます。**感情**とは、他者の気分や感情など心理情報を知りたいとする好奇心です。この好奇心は、共感性の発達や情動知能の発達における諸要因に位置づけられています[36]。**秘密**とは、人の秘密や隠し事を知りたいとする好奇心です。この好奇心は、複雑な社会環境に適応するための組織の強化や人間関係の向上の要因や謀略に関わる詮索行動の動因とされ[37]、また快楽や娯楽を満たすための刺激欲求との高い関連が指摘されています[38]。**属性**とは、人の出身地や特技、所属情報などの公的な情報に対する好奇心です。この好奇心は、新しい社会集団への加入や新しい人間関係の構築に関わる対人行動の動因とされ、人間関係の発展や社会的スキルの向上につながるとされています[39]。また日本の好奇心研究では、これら三つの対人情報の種類をもとに、対人的好奇心の特性の測定を目的としたテストの開発が行われています[40]。

次に紹介する特性好奇心は、人の探索方向に関わる好奇心とは一線を画した、だれにでも一般的に見受けられるさまざまな好奇心活動を複数に分類した好奇心の種類についてです。

[36] Litman & Pezzo (2007)
[37] Dunbar (1996)
[38] Litman & Pezzo (2005)
[39] Renner (2006)
[40] 西川 (2017)

[その他の特性好奇心1 —— 好奇心探索尺度（Curiosity and Exploration Inventory–II）]

このテストは「好奇心領域」を特定せず、広範的な特性好奇心を測定できるテストです。このテストの開発者であるカシダンらの研究グループ[41]は、心身増進に関わる日常生活における中長期的な好奇心活動に注目し、その個人差の測定を目指しました。この下位尺度には、自己の成長を促すために新しい機会を探し求める**伸展型好奇心**（stretching）と、予期しない出来事でも積極的に受け入れようとする**包括型好奇心**（embracing）があります。とりわけ「包括型好奇心」は、新奇な対象への探索行動を基盤として従来の好奇心に対して、不確実性や曖昧さを受け入れる新たな好奇心として定められました。調査研究では、「伸展型好奇心」と「包括型好奇心」の得点が高い人は、心理的ウェルビーイングが高くて主観的幸福感を抱きやすく、学業成績も高いとされています。また日本の好奇心研究では、好奇心探索尺度の日本版として、日本版好奇心探索尺度が開発されています[42]。

[その他の特性好奇心2 —— 好奇心五次元尺度（The Five–Dimensional Curiosity Scale）]

好奇心五次元とは、特性好奇心と関連したさまざまな好奇心領域や好奇心タイプを包括的に捉えるために、主要な五つの好奇心にまとめた特性好奇心の枠組みです[43]。好奇心五次元尺度は、カシダンらの研究グループによって開発され、下位尺度には、日常生活の新奇な体験や経験に喜びを感じ、それを探し求める活動を示した**探究の喜び**（joyous exploration）、認知的な矛盾や不一致に敏感で、それを解消させようする知的な活動を示した**欠乏の感受性**（deprivation sensitivity）、物事の不確実性に対して受け入れを示した**ストレス耐性**（stress tolerance）、社会、集団や人への好奇心を示した**社会的好奇心**（social curiosity）と、危険な場所や行動を求めスリルを味わう**スリル探求**（thrill seeking）があります。とりわけ、アメリカ人三〇〇〇名を対象とした大規模調査では、「探究の喜び」「ストレス耐性」「スリル探求」の得点が高く、「欠乏の感受性」の得点が低い個人が、最も好奇心の高い存在であるとされ、この個人は、年収や学歴が比較的高く、社会場面では社交性が高いとされています。

[41] Kashdan et al. (2009)

[42] 西川・吉津ら (2015)

[43] Kashdan et al. (2018)
Kashdan et al. (2020)

一方で，「探究の喜び」「ストレス耐性」「スリル探求」の得点が低く，「欠乏の感受性」の得点が中程度以上ある個人が，最も好奇心の低い存在であるとされ，この個人は，年収，学歴や定職率が比較的低く，また何事にもストレスを感じる神経症的な性格的特徴があるとされています。日本の好奇心研究では，日本語版の好奇心五次元尺度の開発が進められています。[44]

■好奇心領域に関する研究の総括と今後の研究テーマ

二〇〇〇年代にかけて，好奇心領域に関する基礎研究が展開されてきましたが，研究が集中してきたのは，知的好奇心や知覚的好奇心です。知的好奇心は，好奇心領域の中でも人の教育・ビジネス活動の中心的な役割を示すことから研究のニーズが高まっています。[45] また，今回紹介した基本的な好奇心領域以外に応用的な好奇心領域が展開されています。たとえば，内省や反すうなど個人内の思考領域に関する好奇心探索を示した**個人内好奇心**（intrapersonal curiosity）[46] や，**仕事場面に関する好奇心**（work-related curiosity）[47] のテスト開発もなされています。

さらに，古くから好奇心として存在を指摘されながらも研究があまりなされていない好奇心領域が存在します。それは，死体や動物の捕食場面や性的描写の詮索あるいは窃視傾向を示した**病的好奇心**（morbid curiosity）[48] です。この好奇心領域は，冒頭で紹介した好奇心の陰の部分と関連する領域で，「知的好奇心」「知覚的好奇心」「対人的好奇心」と並んで，人の基本的な好奇心領域だと考えられます。今後の個人差研究に期待したいです。

本節で紹介してきた好奇心領域に関するテストの下位尺度は，知的好奇心尺度の「拡散的好奇心」と「特殊的好奇心」や，対人的好奇心の対人情報の種類（「感情」「秘密」「属性」）であり，共通した下位尺度名は存在しません。しかし，各好奇心テストの下位尺度の一つには，必ず新奇性探索に関連した特性好奇心タイプが存在しています。たとえば，知的好奇心尺度や知覚的好奇心尺度では，「拡散的好奇心」や「興味型」がそれにあたり，対人的好奇心尺度（および社会的好奇心尺度）の下位尺

[44] 西川（2018）
西川（2020）
[45] Mussel (2013)
[46] Litman et al. (2017)
[47] Mussel et al. (2012)
[48] Kashdan (2009)

度は、共通して新奇な対人情報への探索がそれにあたります。そのため特性好奇心の中心的な特徴は、**新奇性探索**であると考えられます。一方で、「特殊的好奇心」や「焦燥型」は、「知的好奇心」にみられる特殊性のある特性好奇心のタイプだと考えることもできます。

好奇心領域に関する研究で展開された特性好奇心の高さは、学業成績や対人能力の向上との関連が確認されています。しかし、基本的な好奇心領域にあたる知的あるいは知覚的好奇心などが、応用的な好奇心領域にあたる「仕事場面に関する好奇心」や「学業場面に関する好奇心」へとどう発達してゆくのかは、モデルとしては指摘されているもの[49]の、実証的研究ではまだ確認されていません。つまり、高い知的好奇心が、ゲームや遊び場面や覗きの好奇心につながってしまうと、教育心理学者としては不本意です。そのため、知的好奇心が「学業場面に関する好奇心」や「仕事場面に関する好奇心」へとつながるきっかけ、状況的要因や発達的要因などを探る研究をしなければなりません。これが、好奇心領域や特性好奇心に関する今後の研究テーマです。

[49] Hidi & Renninger (2006) Schiefele (2009)

3節　好奇心を伸ばすための介入研究

「好奇心の基礎研究」では、好奇心タイプと好奇心領域に関する研究について紹介してきました。好奇心研究のほとんどは、好奇心探索の生起メカニズムの定式化を目指した研究や特性好奇心の尺度開発などの基礎研究で埋め尽くされています。その理由の一つには、前節で指摘したように、研究者が理論や名称を独自に展開し、研究者の間で統一した枠組みがないことや、好奇心探索の生起メカニズムの捉えづらさがあります。その中で、少ないながらも好奇心の介入研究は展開されています。

■「好奇心タイプ」による介入研究―「情報のズレ」を活用する

介入研究では、「特殊的好奇心」「情報のズレ」「ＣＦＤ」の好奇心探索の生起メカニズムにみられる情報のズレや矛盾によって促進される（知的）好奇心タイプが注目されています。このタイプを応用した介入研究では、「情報のズレ」タイプが、教育や学習課題への役割が認められています[50]。つまり、情報のズレを与え、人の状態好奇心や学習活動を高める方法が検討されているわけです。一概に情報のズレといっても、情報の矛盾を与えればいいわけではありません。**適度な情報のズレ**が必要になってきます。たとえば、全く予期もしないような過度な情報のズレを与えても、人は、怖さや不安からくる回避行動が先走ってしまい、好奇心探索が起こるとは限らないからです。この「適度な情報のズレ」状態を日常の言葉に言い換えると、「答えが喉まで出かかっている（Tip of Tongue）」場面で、たとえば人の名前を思い出そうとして、思い出せないような状態です。欧米の好奇心研究では、このような「適度な情報のズレ」状態にさせた場面が、状態好奇心を高めることが報告されています[51]。たとえば、実験参加者に「オーストラリアの首都は？」という問題を出題し、その問題の答えの既知感（知っている・知らない・喉まで出かかっている）を参加者に答えてもらいます。その結果、問題の答えが「喉までで出かかっている」と回答した参加者は、問題の答えを知っている参加者や、問題の答えを知らない参加者に比べて、状態好奇心が最も高いことがわかり、加えて問題の答えを知ろうとする探索活動も促されたことがわかりました。

　この実験で試された「情報のズレ」は、与えられた問題の答えに関する情報と、自分が保有している既存知識（自分がすでに知っている何か）が一致しないことです。しかし、この実験での手法をそのまま教育現場に転用するのは難しいところがあります。それは先行研究で示された「適度な情報のズレ」状態にさせるには、児童や生徒が、ある程度の知識や先入観を保有している、もしくは既存知識を失念してしまった状態にさせる必要があるからです。たとえば、教師が児童や生徒に新たな知識を教える場面、児童や生徒は、その知識がないため「喉まで出かかっている」（適度な情報のズレ）状態になれない可能性があり、好奇心を活用した教育ができません。その問題点を克服するためには、児童や生徒に事前に、その知識の意識や先入観などを植えつける必要があります。次節では、

[50] Jirout & Klahr (2012)
Grossnickle (2014)

[51] Litman et al. (2005)

「適度な情報のズレ」を用いた教育の可能性に触れていきたいと思います。

4節　教育の可能性

児童や生徒に、学習させせたい知識を事前に植えつけながら、その途中で「適度な情報のズレ」状態にさせる情報を提示する指導を可能にさせる授業方法として、波多野らは**仮説実験授業**を提案しています[52]。仮説実験授業とは、科学上の最も基礎的な概念や原理・原則を、【問題】―【予想】―【討論】―【実験検証】の四段階を科学的な手続きに沿って実施する授業です。この授業で教える題材には、原則として、①科学上の最も基礎的な概念や原理・原則に従っていること、②常識的な考え方をすると誤りになること、③答え合わせとなる【実験検証】のセクションで実験が簡単にできること、といった条件が定められています。

たとえば、質量保存の法則を学ばせる際に、「体重計で、自分の体重をはかるときに、両足で立つのと、片足で立つのと、しゃがんで立つのと、重さはどうなるでしょうか？」という題材があります。【問題】のセクションでは、題材の説明文を読んでもらい、問題となっている事柄を理解してもらいます。【予想】のセクションでは、問題の答えを予想する選択肢を三～四個示し、児童や生徒に選ばせます。予想し終わったところで、予想の回答分布を児童や生徒に見せ、対立する予想の存在を表示します。【討論】のセクションでは、教師が強制せずに、発言したい児童・生徒だけに発言させます。そして仮説を各自で形成してもらいます。【実験検証】のセクションでは、実験を行って仮説の検証をさせ、各自の予想の正否を確かめてもらい、教師が解説を行い、終了という流れになっています。

この仮説実験授業では、さまざまな箇所で、児童・生徒に「適度な情報のズレ」状態を引き起こすような工夫がなされています。まず、仮説実験授業の題材に関する三つの原則は、児童・生徒の既存知識に考慮したものとなっています。【問題】【予想】のセクションでの、予想選択肢をつけた問題提

[52] 波多野・稲垣（1971）

示は，問題を明確化させるのに役立ち，児童・生徒を「適度な情報のズレ」状態にさせるはたらきがあります。また予想の回答分布の状態を児童や生徒を提示することは，対立する予想の存在を提示することにつながり，児童・生徒を「適度な情報のズレ」状態にさせるはたらきがあります。【討論】のセクションでは，予想の説明や反論によって，児童・生徒の「適度な情報のズレ」を解消させたいという気持ちを高ぶらせます。

今回，「適度な情報のズレ」を効果的に引き起こさせる指導方法として，仮説実験授業を紹介しました。この授業の進め方については参考書なども出版されていますが[53]，【実験検証】など準備に手間がかかります。手短な方法としては，仮説実験授業で用いられているテクニック，つまり予想選択肢をつけた問題提示や予想回答分布の提示を，授業の中でのグループディスカッションなどに工夫して取り入れることで，「適度な情報のズレ」を活用した指導は可能だと思われます。

また「適度な情報のズレ」状態による好奇心探索には，特性としての「知的好奇心」の「特殊的好奇心」の高さも必要になってきます。つまり「適度な情報のズレ」に敏感な（つまり特殊的好奇心の高い）児童・生徒は，「適度な情報のズレ」を活用した授業に対して，より積極的な学習活動を起こすことが考えられます。しかし「特殊的好奇心」だけでは不十分で，この授業での「適度な情報のズレ」状態の前段階には既存知識や先入観の構築が必要であり，すなわち【問題】【予想】のセクションでの新しい課題の把握，予測を立てる思考や，【討論】のセクションでの他者の意見の把握といった思考活動や行動が必要になってきます。この活動の源には，新奇で多様な情報を求める（新奇性探索）ような特性としての「拡散的好奇心」や他者への感情を詮索するような「対人的好奇心」などの特性好奇心が基盤となって支えていると考えられます。すなわち，多様な事柄や新奇な物事への探索の活発さ，いわゆる「拡散的好奇心」の高さが普段から児童・生徒に必要だということです。今後の好奇心の応用研究では，特性好奇心の育成や，好奇心の生起メカニズム（や状態好奇心）と特性好奇心とのつながりを明らかにしていかなければなりません。

〔西川一二〕

[53] 板倉（2011）

5章 批判的思考

——情報を適切に読み解き活用する思考力

1節 批判的思考とは

■批判的思考とは

人は、日々の生活の中で、さまざまな問題に直面します。多くの人が、自他にとって重要な事柄については「正しい判断をし、問題を適切に解決したい」と考えていることと思います。日々、新しい問題が生まれ、不確実なことも多い複雑な社会でよりよく生きていくために必要となる思考が、**批判的思考**（critical thinking）です。

批判的思考とは、規準に基づく客観的で偏りのない思考です。けっして、人の揚げ足をとるための思考ではありません。「非難」と混同されることがありますが、デジタル大辞泉によると、「批判」の一番の意味は、「物事に検討を加えて、判定・評価すること」です。一方、「非難」の意味は、「人の欠点や過失などを取り上げて責めること」です。批判的思考による批判の対象は人ではなく物事であり、その目的は責めることではなく、検討したうえで判定、評価することです。

批判的思考の定義にはさまざまなものがありますが[1]、エニス[2]の「何を信じ、何を行うかの決定に焦

[1] 道田（2003）
[2] Ennis（1985）

点を当てた合理的で反省的な思考」という定義が、最も一般的に用いられています。また、目的志向的な思考であり、いつでもどこでも発揮することが求められるというより、ここぞという場面で発揮することが重要です。自他にとってとくに重要でない、いわゆるどうでもいい場面や、好き嫌いといった客観的な規準を必要としない個人の好みに関するような問題では、批判的思考は必要とはされません。たとえば、「マスクを着けることは好き、嫌い」といった会話をするときに批判的思考は必要ありませんが、「感染症抑制の対策としてマスクを着けるべきか否か」ということに対する判断には、適切な規準や証拠に基づき客観的に情報を評価する批判的思考が必要となります。このような批判的思考は、メディアリテラシー、科学リテラシー、健康・リスクリテラシー、政治・経済リテラシーといった市民リテラシーや創造性を支える基盤となるものであり、特別な立場の人だけではなく、市民としてよりよく生きていくために必要となるものです。

■どうして批判的思考が必要なのか

人には、情報を集めるとき、情報を理解し評価するとき、推論し判断するときなど、さまざまな場面で思考の歪み、つまりバイアスが生じる傾向があります[3]。「正しく判断したい」と思っていても、思考過程でそれらのバイアスが生じてしまうと、思いがけない誤った判断をしてしまうこともあります。たとえば、**確証バイアス**といって、自分の考えや態度と一致した情報ばかり探そうとし、自分の考えに不一致な情報は見ようとしないという傾向があります。このようなバイアスに捉われてしまうと、学校で探究学習を実施したとしても、生徒は自分の仮説と一致した偏った情報しか探そうとせず、多面的に検討することが困難になってしまいます。また、自分の考えと一致しない情報は価値を不当に低く評価してしまう傾向もあります。そうなると、他者と対話の機会をもっても、相手の考えが自分と一致しない場合には、話を正確に理解し評価したりすることが困難となってしまいます。とくに、多様な文化の多様な価値観の中で、相手のもつ隠れた前提も含めて正しく理解し、合意形成を

[3] 平山 (2015a)

図る際には、このようなバイアスに捉われていてはうまくいきません。また、同じ考えの他者との対話のときには、その結論にだけ飛びついてしまい、各自がどうしてそのように考えたのかという理由まで話が至らず、深い学びにはつながらない可能性も考えられます。

また、インターネットを含むさまざまなメディアから多くの情報を簡単に得ることができる世の中になりましたが、その質においては玉石混交の状態です。時には、デマが人々の購買行動に大きく影響し、特定の商品が手に入らなくなるといった社会現象にもつながります。誤った情報に基づいて行動した結果、健康を増進するつもりが、健康を損なう場合もあります。さらに、誰しもが簡単にインターネットを用いて情報を発信できるようになったことで、これは本当に正しい情報であり発信してもよい情報なのかを判断するための、情報発信者としての思考力も求められています。

■批判的思考のプロセスと構成要素

問題解決における批判的思考の認知プロセスは、①情報の明確化、②推論の土台の検討、③推論、④行動決定・問題解決といったプロセスが想定されています[4]。思考には、素早い自動的で直感的な処理のシステム1、熟慮的でアルゴリズム的な処理のシステム2の二つの処理システムがあるという**二重過程モデル**、そしてシステム2をアルゴリズム的精神と内省的精神に分けた**三部分構造モデル**（図1）があり、批判的思考はシステム2に含まれると考えられます[5]。三部分構造モデルのそれぞれの精神は、異なる神経システムによって行われており、批判的思考は、**メタ認知**によって自動的処理（精神）の結果を抑制し、そしてアルゴリズム的精神と内省的精神が協働的にはたらくことで成り立つと考えられます[6]。批判的思考は、考えるために必要な知識やスキルといった認知的要素と、批判的に考えようという態度や志向性といった非認知的要素の両方によって支えられていると考えられています[7]。また、プロセス全体を監視して必要に応じて修正を行うためのメタ認知も必要になります[8]。これらは、三部分構造モデルに対応していると考えられます。

[4] 楠見 (2015a)
[5] 楠見 (2015a)
小口・坂上 (2015)
[6] 小口・坂上 (2015)
[7] Ennis (1987)
[8] 田中・楠見 (2007a)

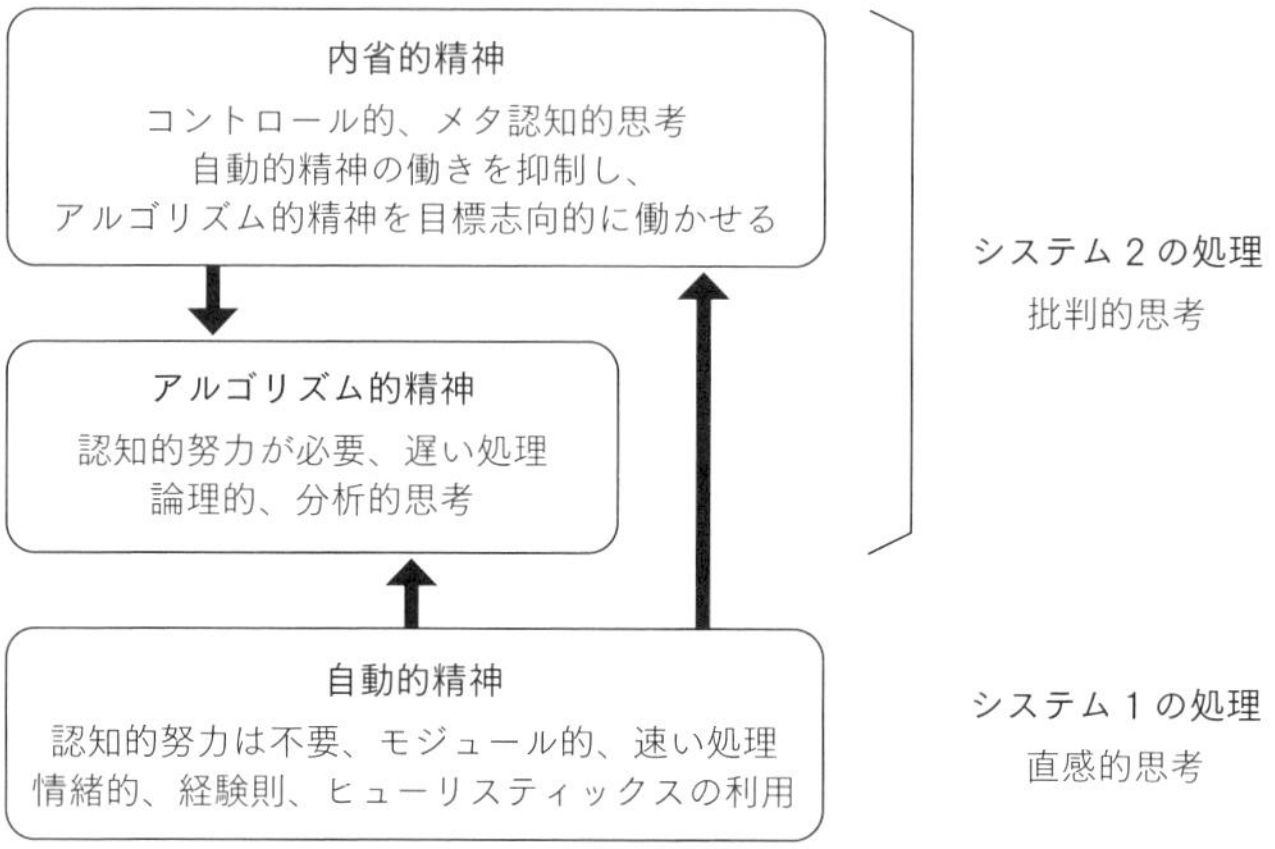

図 1　三部分構造モデルにおける批判的思考（楠見，2015 を一部改変）

認知的要素としては、言語能力や推論能力、脱文脈化のスキル、統計リテラシー、人のバイアスに関する心理学的知識といった領域普遍的な知識やスキル、科学的情報や歴史的情報の見方や考え方に関する知識といった領域固有の知識があります。これには、科学や歴史などの個別事象に関する知識も大切ですが、たとえば、「科学的であるとはどういうことか」といった「規準」に関する知識も必要と考えられます[9]。そして、態度や傾向性としては、論理的に考えようとする構え、さまざまな情報を求めようとする態度、客観的に物事を捉えようとする態度、証拠を重視しようとする態度、熟慮的な態度などがあります[10]。この批判的思考の態度は、知識や学習をどのようなものだと捉えているかという**認識論的信念**との間に関係性がみられています[11]。たとえば、学習能力は生まれつきのものだといった信念が高いと批判的思考態度は低くなり、学習は自己努力によるものでじっくりなされるものだという信念が高いと批判的思考態度が高くなる傾向があります[12]。また、批判的思考に対する**志向性**については、他者の存在を必要としない状況での志向性と、他者の存在を想定する必要のある状況での志向性を区別して

[9] 平山（2015b）
[10] 平山・楠見（2004）
[11] 野村・丸野（2012）
[12] 平山・楠見（2010）

考えることが提唱されています[13]。また、**認知欲求**や**開かれた心**も批判的思考を支えている一方、絶対主義や権威主義などは負の関係があります[14]。批判的思考教育を行う際には、これらの認知的要素と非認知的要素の両方に働きかけることが必要だと考えられます。

2節　批判的思考の基礎研究

批判的思考能力の測定は、その概念の広さからさまざまなものが用いられています[15]。たとえば、コーネル批判的思考テスト[16]、ワトソン・グレーザー批判的思考テスト[17]、といった標準化された尺度*だけでなく、教育実践者や研究者が、各々の目的に合わせて作成したものも多く使われています。また、先行研究で用いられた思考バイアスの課題が用いられることもあります[18]。回答形式も、択一式、エッセイテストなど、多くのものが用いられています。**批判的思考態度**についても、いくつかの測定方法が用いられています。たとえば、カリフォルニア批判的思考態度尺度[19]、批判的思考態度尺度[20]、高校生版批判的思考態度尺度[21]、小学校高学年から中学生を対象とした児童・生徒用一般的批判的思考態度尺度[22]、批判的思考志向性尺度[23]といった自己評定による尺度から、何も教示せずに課題に回答した場合と批判的に考えることを教示によって求めたうえで回答した場合の差異により態度を測定する方法なども用いられています[24]。本節では、批判的思考の基礎研究について、それぞれで用いられた測定方法も合わせて紹介します。

■批判的思考態度とさまざまな個人差との関係

批判的思考態度は、法や道徳意識[25]など、さまざまな個人差要因との関係がみられています。加藤ら[26]では、批判的思考態度が自尊感情の変化に対してどのように影響するのかについて、国立中学校二校の二二四名、公立中学校二校の四〇九名、合計六三三名を対象に中学三年間を通じて縦断的に調査を

[13] 廣岡ら (2001)
[14] Sá et al. (1999)
[15] 平山 (2015c)
[16] Ennis et al. (1985)
[17] Watson & Glaser (1980)
[18] Toplak et al. (2011)
[19] Facione & Facione (1992)
[20] 平山・楠見 (2004)
[21] 川島 (2007)
[22] 楠見ら (2016)
[23] 廣岡ら (2001)
[24] 道田 (2001)
[25] 溝川・子安 (2019)
[26] 加藤ら (2018)

行いました。その際、平山・楠見[27]で構成された批判的思考態度尺度項目のうち、中学生では回答が困難と考えられる項目は削除するなど、項目数の調整が行われました。なお、この尺度の妥当性は、学習意欲と関係があると想定される成績の自己評価との相関によって検討され、両者の間には正の相関がみられることが確認されました。自尊感情については、ローゼンバーグ[28]の自尊感情尺度から四項目を使用したところ、国立、公立どちらの中学校でも、一年生一学期から二年生二学期にかけて自尊感情の低下がみられました。そして、中学一年生一学期時点の批判的思考態度は、その同時期の自尊感情に対する正の影響がみられました。さらに、中学一年生一学期の批判的思考態度が高いほど、その後、中学二年生二学期までの自尊感情の低下が大きくなる傾向がみられました。思春期における自尊感情低下に批判的思考態度の獲得が関わっているということは、自尊感情の低下は必ずしもネガティブなものとは限らず、ポジティブな発達が反映されている可能性が示されました。また、最も自尊感情が低下した二年生二学期であっても、中学一年生一学期時の批判的思考態度が高い群のほうが低い群よりも自尊感情が高くなっており、自尊感情が低下する傾きは大きくなるものの、過度な低下は抑えられる可能性が示唆されました。

[27] 平山・楠見 (2004)

[28] Rosenberg (1965)

■批判的思考志向性と動機づけ

学習のうえで重要となる動機づけと批判的思考志向性の関係性も検討されています[29]。大学教育においては、専攻学問に対して認識している価値の性質と、批判的思考力との関係も検討されています[30]。まず、専攻学問への価値の種類を整理し、利用価値、興味価値、公的獲得価値、私的獲得価値の四つの価値を見いだしました。そして、一〇〇〇字程度の課題文章に対して「思いつく限りの質問や疑問」を生成することを求めて質問力を測定しました。質問態度と批判的思考志向性は、それぞれ道田[31]の質問態度尺度、廣岡ら[32]の短縮版クリティカルシンキング志向性尺度[33]によって測定しました。大学生六八名に対して調査を実施し、正準相関分析を行った結果、専攻学問に対する四つの価値の認知が高

[29] 廣岡ら (2005)

[30] 松本・小川 (2018)

[31] 道田 (2011)

[32] 廣岡ら (2001)

[33] 南 (2013)

いと、批判的思考の志向性や質問への態度が高いという関係がみられました。また、興味価値が高い一方で公的獲得価値は低い場合、事実を問う質問数は減り、思考を刺激する質問が多く、批判的思考志向性も高いという関係がみられました。これは、逆に言えば、公的獲得価値が高いものの興味価値が低いという場合には、批判的思考志向性が低くなり、思考を刺激する質問は少なく、事実を問う質問数が多くなるといえます。媒介変数の有無などまだ検討すべき問題はあるものの、これらの結果は、大学における専攻学問への導入教育においてどのように価値づけるかなどの参考になると考えられます。

■批判的思考とメディアリテラシーとインターネットリテラシー

批判的思考とメディアリテラシーとの関係は多く検討されていますが[34]、誰しもが情報を発信、受信することが簡単にできるインターネットに対するリテラシーが、近年とても重要になっています。自ら情報を参照して判断することに対して、批判的思考がどのように関わるかを検討する研究もなされています[35]。平山・楠見[36]では、批判的思考の能力と態度が、情報を探索し判断するプロセスにどのように関わるのかが検討されました。コンピュータのディスプレイ上に、事前信念と一致する情報、一致しない情報の両方の目次が提示されている際に、どちらの情報をどれくらいの時間参照するのかについて調べました。ここでは、批判的思考能力はコーネル批判的思考テスト・レベルZ[37]によって、批判的思考態度は批判的思考態度尺度[38]によって測定されました。大学生四四名に対して実験を実施した結果、批判的思考能力が高い群は、事前信念と一致しない情報を長い時間参照していました。さらに、それらの情報から結論を導いた結果、事前信念にとらわれず適切な情報を導くことに対しては、批判的思考態度の「探究心」が正の影響を及ぼす傾向がみられました。どちらの情報をどのくらい参照したかということや、批判的思考能力については、適切な結論の導出に対しての影響はみられませんでした。つまり、情報参照過程においては批判的思考能力が影響しますが、信念と一致または不一

[34] 山本 (2017)
[35] Graesser et al. (2007)
中村ら (2013)
Tanaka et al. (2019)
[36] 平山・楠見 (2018)
[37] Ennis et al. (1985)
[38] 平山・楠見 (2004)

致という対立する情報を得た際に、それらの情報に基づいて適切な結論を導くことに対しては、さまざまな情報を求めようとする態度が重要であることが示唆されました。ただし、この研究は、実験室実験の場面での限られた情報探索活動であったため、参加者は「とりあえずすべての情報を見る」という行動をとりやすかったと考えられます。今後、日常場面での情報探索行動に対して、批判的思考の能力や態度がどのように関わるかを検討していく必要があると思われます。

■批判的に考えないということ

批判的に考える力がないのではなく、そもそも批判的に考えなくてもよい、むしろ批判的に考えないほうがよいと判断している可能性も考えられます。大学生は、文脈によって、批判的に考えるかどうかをメタ認知的に判断していることも明らかになっています[39]。また、授業中に学習者が批判的思考を発揮したとしても、その結果を敢えて「言わない」と判断している可能性もあります。田中・楠見[40]では、大学生が批判的に考え、その結果を表出することに影響する要因を検討しました。日常での友人との会話場面を提示し、友人の発言に含まれる「過度な一般化」を指摘するような批判的な発言と、そうでない発言のうちどれを選ぶかという発言選択課題を行いました。その際、状況変数として**目標**と**文脈**の二つの変数について検討しました。目標については、正しい判断をするという目標、楽しい雰囲気にするという目標、具体的目標を呈示しない統制条件の三つでした。文脈については、先行研究[41]で、批判的に考えることが効果的と判断された文脈（高価な買い物）、効果的でないと判断された文脈（占い）、どちらとも解釈できる文脈の三つが用いられました。そして、個人差変数を測定するために、批判的思考能力尺度としてワトソン・グレーザー批判的思考能力尺度の日本語版[42]、批判的思考態度尺度[43]、社会的状況に応じて自己表出を変える傾向を測定するセルフ・モニタリング尺度の日本語版[44]が用いられました。

その結果、批判的思考の結果を発言として表出するかどうかには、目標と文脈という状況的な要因

[39] 田中・楠見（2007b）
[40] 田中・楠見（2016）
[41] 田中・楠見（2007a）
[42] 久原ら（1983）
[43] 平山・楠見（2004）
[44] 岩渕ら（1982）

と、個人差の両方の影響がみられました。まず、目標については、正しい判断をするという目標では批判的発言が選ばれやすく、楽しい雰囲気にする目標では批判的発言が選ばれにくいことがわかりました。そして、二つの目標では、楽しい雰囲気にする目標による抑制の影響力のほうが強いことも示されました。また、文脈については、先行研究において批判的に考えることが効果的と判断された高価な買い物という文脈で、批判的発言が選ばれやすくなりました。個人差変数については、批判的思考能力の「クラスのファジィ推論」、批判的思考態度の「証拠の重視」、セルフ・モニタリング尺度の「外向性」が発言選択に対して正の影響を与えていました。

つまり、授業場面などで学習者が、批判的に考え、その結果の表出を促すためには、批判的思考能力や態度の獲得も大切であると同時に、授業の目標や課題の文脈設定も非常に重要であるといえます。また、相手に対して批判的な発言をすると楽しい雰囲気ではなくなるといった信念が強いことが示唆されていますが、そうではないコミュニティ形成も重要だと考えられます。

3節　批判的思考を伸ばすための介入研究

批判的思考を伸ばすための教育介入研究は、国内外を問わず、近年とても多く行われています[45]。また、その対象も、初等、中等、高等教育、看護や医学教育ととても幅広くなっています。一般的な批判的思考教育は大きく四つに分類することができます[46]。一つ目は、**普遍**（general）**アプローチ**です。これは、批判的思考のスキルや態度を学ぶこと自体が学習目標となっているものです。特定の領域の教科とは独立し、たとえば「クリティカルシンキング」といった科目などで批判的思考を教える方法です。そして、批判的思考を、領域普遍的にさまざまな文脈や領域で行うことができるようになることを目指すものです。二つ目は、**導入**（infusion）**アプローチ**です。これは、ある教科やテーマの学習を目的とする教育の中で、批判的思考のスキルや態度についても明示的に教えるものです。三つ目

[45] 道田（2013）
[46] Ennis（1989）

は、**没入**（immersion）**アプローチ**です。これは、批判的思考については明示的に教えることはありませんが、ある教科に専門的に没入して学ぶことを通じて、批判的思考も学習することを目指すものです。そして四つ目は、前述の三つの方法を組み合わせる**混合**（mixed）**アプローチ**です。これは、特定の教科の教育の中ですが、批判的思考について学習する回もその中で設けるというものです。

■初等・中等教育における批判的思考教育の試み

批判的思考教育は、幼稚園での幼児教育[47]、小学校教育[48]、中学校教育[49]、高校教育[50]のそれぞれで実践が行われています。ここでは、中学校で行われた安藤・池田[51]の縦断的研究を紹介します。

認知的にピアジェ理論における形式的操作期に入る時期であり批判的思考の育成に適していると考えられる中学校において、批判的思考の授業を行うことで、批判的思考態度がどのように獲得されていくかを混合アプローチにより検討しました。中学生一一八名に対して、批判的思考態度の獲得を目指した授業は、総合的な学習の時間において各学期に二回〜四回行われました。授業は、「自分の思考を思考する」ための課題について、①考える、②書く、③気づきと解説、④考える、⑤書く、⑥発表する、⑦気づきと解説、⑧振り返り、という手順で実施されました[52]。批判的思考態度については、中学生一年次に二回、二年次に二回、計四回の調査が行われました。ここでは、廣岡ら[53]のクリティカルシンキング志向性尺度を参考に、「探求心」「客観的判断」「多様性の許容」「証拠の重視」の4因子から構成される中学生向けの批判的思考態度が作成され、使用されています。あわせて、学習意欲、情報活用の実践力（二回目までの調査）、コミュニケーション行動も自己評価尺度によって測定されました。

各要素が影響し合っているプロセスを、時間関係も考慮して検討したところ、大きく二つの結果が得られました。まず、学習意欲が情報活用力を高め、それにより批判的思考態度が高められ、そしてコミュニケーション行動が高まることにつながるというプロセスがみられました。話し合い活動など

[47] 佐藤（2018）
[48] 楠見ら（2016）
平山（2016）
木下ら（2014）
[49] 安藤・池田（2012）
[50] 高納・加藤（2007）
[51] 安藤・池田（2012）
[52] 池田・安藤（2010）
[53] 廣岡ら（2000）
廣岡ら（2001）

で必要となるコミュニケーション行動によって批判的思考態度が高められるのではなく、中学生では逆のプロセスがみられたことになります。さらに、批判的思考態度の「探求心」を他の尺度得点と同等な変数として独立させて検討したところ、探求心を起点として、情報活用力、学習意欲、探求心以外の批判的思考態度、コミュニケーション行動という順番で影響を与えていくプロセスがみられました。さらに、探求心は、批判的思考態度とコミュニケーション行動それぞれに対して、直接的に影響を与えることも示唆されました。

■高等教育における批判的思考教育

高等教育においては、看護や医療教育[54]、大学における初年次教育[55]、専門教育[56]、など、さまざまな場面で批判的思考教育が実践されています。

楠見ら[57]では、二〇名の少人数でのゼミ形式の初年次教育の授業において、批判的思考について学ぶことを目的とした授業を一年次前期に全一三回行いました。これは、普遍アプローチといえます。授業では、クラス集団やグループ、ペアといった異なるサイズでの協同学習的な活動が取り入れられました。研究1では教材として、心理学分野、論理学分野、科学リテラシー分野の三種類の書籍が用いられました。授業は、毎回、次の手順で実施されました。①授業前に予習として、教材テキストについて、および、討論テーマについてのワークシートに記入。②学習者のうち、その回の説明担当者二名がテキストの内容を説明。③学習者二名が討論テーマの賛成側、反対側の話題提供。④グループに分かれ、TAも各グループに一名加わり、話題提供があったテーマについて討論。⑤全体討論。⑥討論後の振り返りシート（討論参加態度尺度）への記入。批判的思考態度尺度（平山・楠見[58]の短縮版）、批判的思考能力尺度としてワトソン・グレーザー批判的思考テストの日本語版[59]、批判的思考遂行のメタ認知判断尺度[60]については、初回と最終回に実施されました。また、授業の最終回には、批判的思考に関する能力・知識・態度・方法についての自己評価、授業内容や満足度などの調査を行いました。

[54] 楠見 (2015b)
[55] 武田ら (2006) 楠見ら (2012)
[56] 沖林 (2004) 向居 (2012)
[57] 楠見ら (2012)
[58] 平山・楠見 (2004)
[59] 田中・楠見 (2016)
[60] 田中・楠見 (2007b)

その結果、討論参加態度については、前半の授業よりも後半の授業で向上していました。ただし、テーマによる変動もみられ、討論のテーマ設定も重要であることが示されました。批判的思考態度については、全体の合計得点を因子ごとにみると、論理的思考への自覚、客観性が授業の初回よりも最終回のほうが有意に高くなっていました。批判的思考能力については、最終回の自己評価では批判的思考の知識や方法を多く学んだと肯定的な評価が多くみられましたが、客観テストであった批判的思考能力尺度では、有意な変化はみられませんでした。さまざまな場面で批判的思考を発揮するかどうかを判断するメタ認知判断尺度についても、授業の初回と最終回で有意な向上がみられ、授業後のメタ認知判断尺度と批判的思考態度尺度との間には、有意な正の相関がみられました。研究2では、授業手順の②をペアワークに替え相互説明活動を行い、教材についても、論理学的分野の書籍をより批判的思考に特化したものに変更しました。また、批判的思考能力尺度を、議論の明確化や証拠の吟味などについて測定する多肢選択式テスト[61]に変更し、さらに、自己評価による批判的学習スキル尺度[62]、メディアリテラシー尺度[63]も授業の初回と最終回に実施しました。その結果、研究1と異なり、批判的思考態度では授業初回と最終回で差がみられず、その他の尺度については向上がみられました。つまり、批判的思考スキルをより明示する教材を用いて、代表者だけではなく毎回相互説明活動を行うことで、研究1より批判的思考スキルが高まったと考えられます。

後述するように、効果的な批判的思考教育を行うためには、教師が批判的思考について訓練を受け理解していることが重要であり、高等教育においては、教員養成課程における批判的思考教育の実践研究も行われています。たとえば、道田[64]では、大学の教職課程の必修科目「教育心理学」の授業において、批判的思考の基礎である問いを発する力つまり**質問力**の育成を、没入アプローチによって試みました。具体的には、以下の場面を設けました。①受講生はグループで発表を半期に一回行う、②毎時間、同じテーマについて二つのグループが発表し、残りのグループがグループ内で協議し一つ質問を作る、③出された質問から四つを選び、発表グループが回答し、場合によっては再質問に対して

[61] 楠見ら (2010)
[62] 楠見ら (2010)
[63] 楠見・松田 (2007)

[64] 道田 (2011)

回答する、④授業者が補足をし、テーマに関係した教育実践ビデオを視聴、⑤授業の最後に各自で質問書を書く、⑥授業者は質問書に返答を書き込むとともに、重要な質問を八個程度選ぶ、⑦次回の冒頭に、授業者と発表グループが回答する。全一五週のうち、三～一二週目でこのような授業が行われました。そして、質問態度については尺度項目に対して自己評価によって測定しました。さらに、質問態度が大きく上昇した受講者に半構造化面接*を行い、態度変化に影響した要因を調査しました。

その結果、質問態度については、「質問をするのは、わかっていないのを示すようで恥ずかしい」という項目以外は、授業前に比べて授業後で有意に高くなりました。質問力については、テキストに対する質問生成課題によって測定したところ、授業前に比べて授業後のほうが、思考を刺激するタイプの質問数が増える傾向がみられ、単純に説明を求めるタイプの質問数にはとくに変化がみられませんでした。ただし、質問態度の変化と質問力の変化の間に相関はみられませんでした。また、授業前に質問態度や質問力が高かった者より、低いまたは中程度の者で、授業後に質問態度や質問力の向上がみられました。そして、これらの変化は、発表準備時のグループでのやり取り、グループでの質問作成経験、質疑応答時に回答を聞いたことや他グループの質問見聞といった質問に触れる経験が影響していることが、事後のアンケートから示唆されました。

■批判的思考を明確にすることの大切さ

アブラミら[65]は、さまざまな批判的思考教育について、一一七件の先行研究を対象にメタ分析*を行いました。その際、エニス[66]がまとめた四つのアプローチによる効果量の違いも検討しました。その結果、混合アプローチが最も効果量が高く、没入アプローチの効果量は、他の三つのアプローチのものより有意に低いことがわかりました。つまり、教科の中で批判的思考を学習する際にも、批判的思考のスキルや態度については明示することが重要であるといえます。雲財ら[67]は、日本国内での理科教育における批判的思考教育の効果についてメタ分析を行いました。小学校、中学校、高等学校における

[65] Abrami et al. (2008)
[66] Ennis (1989)
[67] 雲財ら (2019)

一一件の先行研究についてメタ分析を実施したところ、アブラミらの研究[68]と比較して全体的な効果量がやや低いことがわかりました。これは、分析対象とした研究が没入アプローチであったことが理由として考察されています。ただし、没入アプローチに焦点を当てた場合、アブラミらの研究より効果量が高く、これは、理科という科目の特性が関係しているのではと考察されています。ただし、分析対象が一一件と少数であったため、解釈には注意が必要です。今後、さらに研究が積み重なり、メタ分析の対象数が増えることが期待されます。

[68] Abrami et al. (2008)

さらに、アブラミら[69]は、次の四つの介入の教育的基盤による効果の違いについても検討しました。一つ目は、教師が批判的思考の特別なトレーニングを受けている、二つ目は、コース活動の広い観察が批判的思考スキルの向上との関連を示すために報告されている、三つ目は、コースのカリキュラムが詳細に記述されており、その構成要素が批判的思考スキル向上とどのように関連しているかが記述されている、四つ目は、批判的思考がコースの目的と記されているものの裏づけとなる情報が提供されていない、というものでした。これらの研究を比較した結果、最も有意に効果量が高かったのは一つ目の教師が批判的思考のトレーニングを受けていることでした。そして、二つ目、三つ目、四つ目の順に、有意に効果量が高くなっていました。つまり、批判的思考については、教師が批判的思考をよく理解したうえで、暗黙ではなく明示的に、詳細な計画性や意図をもって教育を行うことが必要ということがわかりました。また、アブラミら[70]では、三四一の研究を対象にメタ分析を行った結果、対話の機会や、生徒たちを本物の問題や事例に触れさせること、メンターによる指導などの効果がみられました。

[69] Abrami et al. (2008)

[70] Abrami et al. (2015)

■ICTの可能性

加えて、ICTを活用した批判的思考教育も検討されています。リーとチョイ[71]では、韓国の七つの大学の学生四八七名を対象に、学習向上のために取り入れたテクノロジーにより強化された学習環境

[71] Lee & Choi (2017)

の効果を調査しました。いずれも，問題解決型またはプロジェクト型の学習でした。調査の結果，学習者のテクノロジーに対する態度や認識論的信念の影響はみられず，学習者が積極的に学習内容を意味のあるものとして処理する，いわゆる深い処理の学習方略が，高次の思考に影響を与えていました。一方で，表面的な浅い処理の学習方略でも，高次の思考に対して負の影響はみられませんでした。ICTを活用することで，教室の外の世界ともつながりやすくなり，本物の問題に生徒たちが触れやすくなる効果も考えられます。また，ICTを思考共有のためのツールとして活用することで，アナログのツールよりも多くの他者の思考に触れることができるという**社会的学習環境**を整えることができます。児童たちが思考しデジタルペンで書き記したものをシステムを使って提示したり[72]，ディベートシステムを用いることによって，生徒たちのディベート体験に偏なく全員がすべての役割を経験することができます[73]。もちろん，アナログなツールのみを使用して批判的思考教育を行うことはできますし，実際に多くの実践が行われてきました。しかし，より便利なツールとしてICTを活用できるのであれば，積極的に活用するとよいでしょう。

[72] 高橋ら（2009）

[73] 青柳ら（2010）

4節 教育の可能性

3節でみてきたように，批判的思考の教育の試みは近年数多く行われており，研究が進んできています。批判的思考教育において重要だと考えられることを，改めて以下にまとめてみます。

第一に，批判的思考のスキルや態度を授業において明示することです。かつては，批判的思考のスキルや態度の獲得を目標とした授業や，通常の授業において批判的思考のスキルや態度が明示的に示されることはあまりありませんでした。没入アプローチによって学習すべきであり，また，できるはずであると考えられてきたのかもしれません。しかし，没入アプローチでは，他のアプローチに比べて教育効果が低いことがメタ分析によって明らかにされています。批判的思考を育むことを目標の一つとする場合には、明示的に批判的思考について示し、また授業カリキュラムと批判的思考の関連を整理し計画的に授業を構成し、幅広く学習者を観察することが重要となります。もちろん、ワークシートやICTを思考の型を提示する道具として用いることで、学習者が批判的思考のプロセスを体験し、スキルや態度の獲得につなげることも有効でしょう。ただし、授業場面だけではなく日常や他の場面でも活用するようになるためには、「教師に指示された批判的思考」を鵜呑みにして「こういうふうに考えたら良いんちゃう。知らんけど」ではなく、なぜ、批判的思考が重要なのか、なぜ、そのような手順で考えることが大切なのかを理解したうえで批判的思考を行えるようになることが重要と考えられます。

第二に、まずは教師が批判的思考についてよく理解することです。批判的思考教育においては、さまざまな教師の役割が考えられます。たとえば、教師が批判的に考えている姿が学習者にとってモデルとなったり、学習者どうしでは気づけなかった問題点に対してヒントを与えて思考を促したり、学習者の発言について批判と非難とを区別し整理したり、批判的な発言をほめたり批判的思考を励ますことで学習者が安心して批判的な発言ができるコミュニティ形成をしたりするなどが考えられます。また、批判的思考に関わる認識論的信念や権威主義傾向の形成にも教師の影響が考えられます。教師が、授業中はもちろん、日常でも学習者に接する中で「能力は生まれつきのものであり学習はすぐにできるかできないかである」といった信念を形成するような言動や権威主義的言動をとるのではなく、「学習はじっくりと自分が努力することによって築き上げていくことができるものである」という信念を形成するような言動をとることも重要といえるでしょう。速さに価値を置きすぎないことは、重要です。そもそも、批判的思考は素早い直感的な処理ではなく、内省的でアルゴリズム的な熟慮型の思考です。批判的思考の獲得を目標にする場合には、パッと思いついた答えを「本当にそうかな?」と一旦立ち止まって考える時間を確保し、再考を促すことも必要となるでしょう。

第二に挙げたことに関わりますが、第三に、教員研修や教員養成において、批判的思考教育を明示的に取り入れていくことも重要です。もちろん，教員養成を担う高等教育機関においても，担当する教師が批判的思考を理解し，自らの思考に自覚的になり，そして意図的に明示的に授業に組み込んでいくことが大切になります。没入アプローチなどで獲得した批判的思考力について，つまり何が大切なのかを改めて自覚することが重要といえます。

その他の重要なこととしては，やや大きな話にはなりますが，学習者に批判的思考態度や志向性の向上を求めるのであれば，教室だけではなく，職員室を含めて学校全体，そして社会全体が批判的なコミュニティであり，批判と非難を発信者も受信者も区別することができ，批判的思考を発揮する人が損することのない社会の醸成が必要だと考えられます。また，教師と学習者の両方が，開かれた心でさまざまな情報を求める態度をもつことが大切といえます。批判的思考態度のどの要素が重要になるかは場面によっても異なりますが，たとえばその要素の一つである「探求心」は，批判的思考態度の他の要素の獲得や，さまざまな思考課題に影響するようです。批判的思考の教育は，教育者と学習者の双方が，お互いにさまざまなことに関心をもちながら学び合っていくという姿勢が最も重要なのかもしれません。

〔平山るみ〕

6章 楽観性

——将来をポジティブにみて柔軟に対処する能力

1節 楽観性とは

楽観性（optimism）は、ポジティブ心理学*の中核にあると考えられており、これまで数多くの研究知見が蓄積されています。楽観性の概念定義は、主として三つの独立した研究分野（非現実的楽観性、説明スタイル、特性的楽観性）で提案されています。研究分野によって、楽観性の定義も異なってきますので、ここではまず、それぞれの研究分野で使用されている「楽観性」の定義について紹介します。

■非現実的楽観性

非現実的楽観性（unrealistic optimism）は、ポジティブな出来事は自分に起こりやすく、ネガティブな出来事は自分に起こりにくいと認知する傾向[1]のことです。将来、自分には良いことが起こり、悪いことは起こらないと考える非現実的楽観性は、程度の差はあれ、誰もが備えもっているものです。

では、あなたは以下のそれぞれの質問に対して、どのように回答するでしょうか。1（まったくそう思わない）、2（そう思わない）、3（あまりそう思わない）、4（どちらともいえない）、5（やや

[1] Heine & Lehman (1995)

そう思う）、6（そう思う）、7（非常にそう思う）の中から一つ選んでみてください。

- 将来、自分はガンになる。
- 将来、自分は交通事故に遭う。
- 将来、自分は宝くじにあたる。
- 将来、自分は幸せな結婚生活をおくる。

続いて、これはどうでしょうか。先ほどと同じく、1（まったくそう思わない）、2（そう思わない）、3（あまりそう思わない）、4（どちらともいえない）、5（ややそう思う）、6（そう思う）、7（非常にそう思う）の中から一つ選んでみてください。

- 将来、自分と同じ年代の平均的な人たちはガンになる。
- 将来、自分と同じ年代の平均的な人たちは交通事故に遭う。
- 将来、自分と同じ年代の平均的な人たちは宝くじにあたる。
- 将来、自分と同じ年代の平均的な人たちは幸せな結婚生活をおくる。

この研究分野では、人が非現実的楽観性を示しているかどうかを確認するために、「ある出来事」を提示し、自分（調査参加者）と特定の比較集団（たとえば、同じ年代の一般的／平均的な人たち）がその出来事を経験する可能性をそれぞれ評価させるという方法をとります。先行研究[2]では、特定の比較集団に起きる可能性に比して自分に起きる可能性をポジティブな出来事（たとえば「宝くじにあたる」）ならば統計的に有意に高く評価し、ネガティブな出来事（たとえば「ガンになる」）ならば統計的に有意に低く評価することをもって「非現実的楽観性」としています。それは、集団において大

[2] Heine & Lehman (1995)

多数の人が平均的な人と比べてポジティブな出来事を自分に起こる（ネガティブな出来事ならば自分に起こらない）とみなすことは、論理的に不可能であると考えられるからです。

ところで、こうした非現実的楽観性を示す傾向には、文化差が存在することが指摘されています。欧米人（カナダ人）と東洋人（日本人）の比較文化研究[3]では、カナダ人は日本人よりも非現実的楽観性の傾向が強いことが示されています。これは、**相互協調的自己観**[*]を備えもつと考えられている日本人が脅威を感じる出来事（たとえば「職場の同僚に嫌われる」「家族や友人に迷惑をかける」など）においても同様でした。

欧米人は良い出来事と悪い出来事の両方で強い非現実的楽観性を示すのに対して、日本人を対象にした研究[4]では、日本人は悪い出来事においてより一貫した非現実的楽観性を示すことがわかりました。日本人においては、何かとてつもなく良い出来事（たとえば「大金を手に入れる」「宝くじにあたる」）が将来待ち受けているという積極的で自己拡大的な非現実的楽観性ではなく、日常が平和に暮らせる程度の良い出来事（たとえば「幸せな結婚生活をおくる」）が自分に起こり、悪い出来事が自分に起こるはずはないといった控えめで自己防衛的な楽観性がより顕著なのだと考えられます。

[3] Heine & Lehman (1995)

[4] 外山・櫻井 (2001)

■説明スタイル

セリグマン[5]によると、われわれは自分自身に起きた出来事をどのように習慣的に説明するのかといった**説明スタイル**をもっているといいます。セリグマンは、その説明スタイルとして、**楽観的な説明スタイル**と**悲観的な説明スタイル**の二つを仮定しました。

楽観的な説明スタイルとは、自分に起こった悪い出来事に対して、**外的**（自分以外にその原因を求める）・**一時的**（その原因は一時的なもので、長くは続かないと考える）・**特殊的**（その原因を特殊的な理由に求める）に捉えるものです。一方で、悲観的な説明スタイルとは、失敗の原因を**内的**（自分にその原因を求める）・**永続的**（その原因がいつまでも続くと考える）・**普遍的**（その原因を普遍的な

[5] Seligman (1991)

理由に求める）なものに帰属することです。

また、自分に起こった良い出来事に対して、内的・永続的・普遍的に考えやすいのが楽観的な説明スタイル、逆に外的・一時的・特殊的に考えてしまうのが悲観的な説明スタイルになります。

こうした説明スタイルは、経験によって学習され、出来事を楽観的に、あるいは悲観的に説明するスタイルを習得していくとされています。とくに、両親やその他の重要な大人のモデリング行動によって影響を受けると考えられています。

■特性的楽観性

「非現実的楽観性」のところで、われわれは基本的に楽観性を備えもっていると述べましたが、当然そこには個人差があります。他の人よりも楽観性が強い人もいれば、悲観性が強い人もいます。

シャイアーとカーバー[6]は、**特性的楽観性**（dispositional optimism）を一般的な結果期待という点で定義し、「ポジティブな結果（成功）を期待する傾向」としました。ここでは、楽観性を比較的安定した特性として捉えているのが特徴です。非現実的楽観性は「将来、宝くじにあたる」など一つひとつの出来事が自分に起きるかどうかを尋ねるものでしたが、ここでの楽観性は、それらが将来のすべてのことに一般化して、将来に対してうまくいくだろうと考える傾向のことになります。

なお、シャイアーとカーバーは、**特性的悲観性**（dispositional pessimism）についても言及し、「ネガティブな結果（失敗）を予期する傾向」と定義しています。シャイアーとカーバーは、楽観性と悲観性を一次元上の両極に位置する概念と捉えているため、楽観性の高さはすなわち悲観性の低さを意味することになります。一方で、楽観性と悲観性とでは独自の役割を担っていることを実証した研究[7]もあり、両者を一次元的に捉えるよりは二次元的に捉えたほうが有用であるという指摘もあります。本章の目的とは外れるため、悲観性については詳細に言及しませんが、楽観性と悲観性の独自の役割については、今後詳細に検討すべき課題だと考えられます。

[6] Scheier & Carver (1985)

[7] 外山 (2013)

2節　楽観性の基礎研究

前節では、楽観性が主として三つの独立した研究分野（非現実的楽観性、説明スタイル、特性的楽観性）で定義がなされ、研究が行われていることを説明しました。ここでは、その中でもとくに、膨大な数の研究知見が蓄積されている「特性的楽観性」（以下「楽観性」と示します）に焦点を当てて、楽観性の基礎研究について紹介していきます。

■楽観性の測定

特性としての楽観性あるいは悲観性を測定する尺度*には、ＬＯＴ（Life Orientation Test）[8]やその改訂版であるＬＯＴ－Ｒ（Revised Life Orientation Test）[9]が広く使用されており、日本語版も開発されています。その他にもさまざまな尺度が開発されていますが[10]、ＬＯＴやＬＯＴ－Ｒほどは普及していません。外山[11]はＬＯＴ－Ｒに関して、①項目数が少ない、②内的整合性が低い、③定義に合致しない項目がある、④楽観性と悲観性を一次元に捉えている、といった問題点を指摘し、楽観性と悲観性を独立に測定できる「楽観・悲観性尺度」を作成しています。この楽観・悲観性尺度は、楽観性一〇項目、悲観性一〇項目の合計二〇項目から構成されます。

また、外山[12]は、一〇項目から成る「子ども用楽観・悲観性尺度」を開発しています。子ども用楽観・悲観性尺度のうち、楽観性を測定する項目内容は表1のとおりになります。

■楽観性と適応、精神的・身体的健康の関連

楽観性は、適応や精神的健康のみならず、身体的健康にも関連していることが示されています。たとえば、楽観性の高い人は低い人よりも健康状態がよいこと[13]、楽観性はストレスフルな出来事を経験

[8] Scheier & Carver (1985)
[9] Scheier et al. (1994)
[10] たとえば「Expanded Life Orientation Test9」「Geniralized Expectancy for Success Scale10」「Optimism and Pessimism Scale11」など。
[11] 外山 (2013)
[12] 外山 (2016)
[13] Scheier & Carver (1985)

表1　楽観性の項目内容（外山，2016）

- これから先，自分には良いことが起こると思う
- 将来，幸せになれると思う
- 何かする時は，うまくいくだろうと考える
- 自分の将来を楽しみにしている
- 大きくなったら，楽しいことや良いことがたくさんあると思う

した後の抑うつを低減させる作用があること、[14] 冠状静脈バイパス手術を経験した楽観性の高い人は、低い人に比べて、身体の回復や退院後の通常の生活に戻るのが早く、六カ月後ならびに五年後の主観的ウェルビーイングやＱＯＬ（quality of life：生活の質）が高いことなどが報告されています。[15]

楽観性の高い人が適応や精神的健康につながりやすいことは、大学生を対象にした研究[16]から、乳がん患者、[17] 冠状静脈バイパス手術を経験した人、[18] アルツハイマー患者を介護する人を対象[19]にした研究まで、幅広く確認されています。また、楽観性の高い人は低い人よりも、免疫機能が高く、[20] 手術後の回復が早いことや風邪をひきにくいこと[21]が報告されるなど、楽観性が身体的健康にも関連していることが実証されています。

以上紹介してきたように、楽観性は、適応や精神的・身体的健康と関連していることが、これまで数多くの研究で示されています。[22] そのため「困難な状況に陥っても重篤な精神病理的な状態にはならない、あるいは回復できる心理的特性」[23] と定義される**レジリエンス**（本書14章を参照）の構成概念の一つとして楽観性が取り上げられることも多く、楽観性の役割や機能に注目が集まっています。[24]

■楽観性が適応、精神的・身体的健康に結びつくメカニズム

楽観性がなぜ適応や精神的・身体的健康と結びつくのかについての研究知見が多数積み重ねられていく中で、楽観性には「ニーバーの祈り」[25] に類似した特徴があるという指摘がなされるようになってきました。[26] この祈りでは、①変えることのできるものについて、それを変えることのできる勇気、②変えることのできないものについて、それを受け入れるだけの平穏さ、③変えることのできるものと変えることのできないものとを識別する知恵、という三つの要素が取り上げられているのですが、これらを楽観性の高い人は備えもっていると考えられています。

では、一つひとつの要素と楽観性の関係について説明していきます。

[14] Carver & Gaines (1987)
[15] Scheier et al. (1989)
[16] Scheier et al. (2001)
[17] Carver et al. (2005)
[18] Scheier et al. (1989)
[19] Shifren & Hooker (1995)
[20] Segerstrom (2005)
[21] Carver et al. (2010)
[22] Carver et al. (2010)
[23] 石毛・無藤 (2005)
[24] 外山 (2014)
[25] ニーバーの祈り (serenity prayer) とは、アメリカの神学者ラインホルド・ニーバーが伝えたとされる祈りの一説で、アメリカではよく知られています。ニーバーの祈りの日本語訳を以下に示しておきます。

> 神よ、
> 私たちに変えられないものを受け入れる心の平穏を与えてください。
> 変えることのできるものを変える勇気を与えてください。
> そして、変えることのできるものとできないものを見分ける賢さを与えてください。

[26] Aspinwall et al. (2001)

■「変えることのできるものについて、それを変えるだけの勇気」

まず、楽観性が適応や精神的・身体的健康に結びつく理由としては、ストレスフルな事態に陥ったときに選択する**コーピング***にあるという見解が有力です。これは、楽観性の高い人は、変えることのできるものについて、つまり、状況が統制可能であると認知したときに、積極的にその目標に取り組むことができることを意味しています。

たとえば、楽観性の高い人は、ストレスフルな状況に対して問題焦点型コーピングを用いやすいこと、とくに、状況が統制可能であると認知した場合にそうであること、問題をポジティブに再解釈しやすい傾向があることが示されています[27]。楽観性とストレスへのコーピング（対処方略）の関係を扱った五〇の研究をメタ分析*した論文[28]では、楽観性はストレスフルな状況に対する**接近的コーピング**（問題解決、ストレッサーや情動の統制など）と正の関連があり、**回避的コーピング**（ストレッサーやネガティブな情動の回避、無視など）とは負の関連があることが報告されています。

つまり、楽観性の高い人は、目標達成を妨害するようなストレスフルな事態に陥っても、その目標を達成することができると期待するため、接近型のコーピングを用いて目標に立ち向かいます[29]。目標に積極的に関与し努力をするので、結果として、目標の達成につながりやすいといえます。これに対して、楽観性の低い人は、ストレスフルな事態に陥ったとき、その障害に打ち勝つとは予期しないので、消極的なコーピングや回避的なコーピングをとりやすいのです。その結果、目標の追求から遠ざかり、ゆえに目標への到達が少なくなります[30]。このように、楽観性の高い人は、目標達成に向けて接近型のコーピングを用いることで、適応的な結果に結びつきやすいものと考えられています[31]。

■「変えることのできないものについて、それを受け入れるだけの心の平穏さ」

ところで、楽観性の高い人は、現実逃避をした見方をしているのではないか、という批判がありま

[27] Scheier et al. (1986)
[28] Solberg & Segerstrom (2006)
[29] Carver & Scheier (2002)
[30] Carver & Gaines (1987)
[31] Segerstrom (2007)

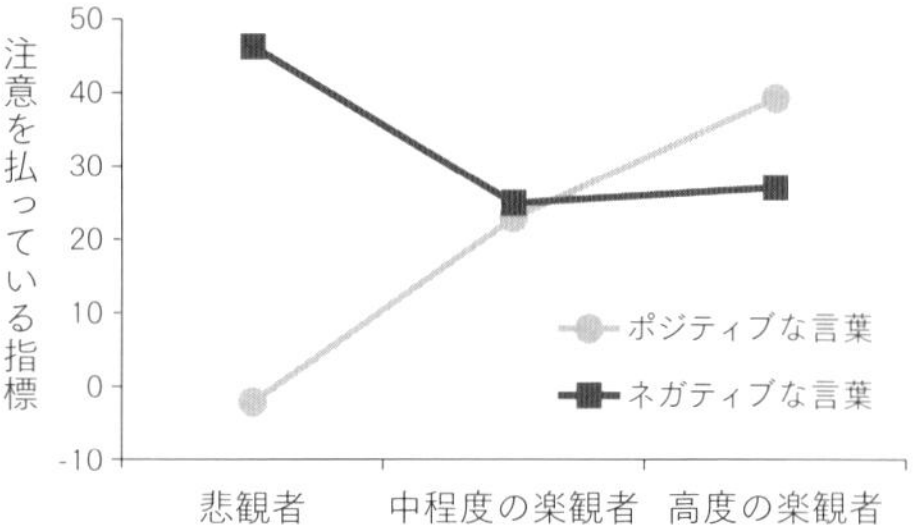

図１　楽観性の程度が異なる人たちがポジティブな言葉とネガティブな言葉にどのくらい注意しているのかの関係（Segerstrom, 2006）

す。つまり、楽観性の高い人は良い面ばかりに目をうばわれて、ネガティブな面を無視しているので、まわりを歪めてバラ色の世界と捉えているのではないか、という考えです。われわれが生きていく中で、ネガティブで脅威的な側面に目を向けることは重要なことであり、仮に楽観性の高い人がそれを行わないというのであれば、けっして適応的であるとはいわないでしょう。

この問題に対して、セガストローム[32]は興味深い実験を行っています。セガストロームは、楽観性の程度によって、悲観性の高い人と楽観性の中くらいの人と楽観性の高い人の三つのグループに分け、彼らがネガティブな言葉とポジティブな言葉にどのくらい注意を払っているのかを測定しました。その結果、予想通りに、悲観性の高い人はネガティブな言葉に、楽観性の高い人はポジティブな言葉により注意を払っていたことがわかりました（図1）。しかし、ここで最も興味深いのは、楽観性の高い人でさえもネガティブな言葉に対して、ある程度は注意を払っているということです。ただし、ポジティブな言葉とネガティブな言葉を比べた場合に、楽観性の高い人は、よりポジティブな言葉に注意を払っているということになります。

一方、悲観性の高い人は、ポジティブな言葉にはほとんど注意を払っておらず、ネガティブな言葉により多くの注意を払っているのがわかります。つまり、この実験からわかることは、現実離れした見方をしているのは、楽観性の高い人ではなく悲観性の高い人であるということになるでしょう。悲観性の高い人はネガティブなことに固執しすぎて、そこから離れられなくなってしまうので、たとえば過去に起こった失敗にいつまでも引きずられて、前に進むことが難しくなるのです。

[32] Segerstrom (2006)

また、楽観性の高い人は、状況が統制不可能であると認知した場合には、現実を受け入れる傾向が高く、問題を解決する努力からは解放され、感情を管理するコーピングを使用することが示されています[33]。同様に、楽観性の高い人は、達成が困難な目標に対しては、その目標に固執することなく、現在の達成水準を許容する状態から、達成できない目標から解放されやすいことがわかっています[34]。

以上みてきたように、楽観性の高い人はネガティブで脅威的な情報に目を向けているのですが、それらを回避するのではなくそのまま認知し、受容することができるものと考えられます。

■「変えることのできるものと、変えることのできないものとを識別する知恵」

楽観性の高い人は、目標に対して積極的に関与し努力するため、目標達成につながりやすいことを説明しました。そして、状況が統制不可能であると認知した場合には、楽観性の高い人は、無駄に努力するのではなく、それらの状況を受け入れる傾向が強いことも説明しました。つまり、楽観性の高い人が適応的である真の理由は、状況に応じて、目標への関与を使い分けている点にあるのです。

常に目標へ積極的に関与、固執することが、必ずしも適応的な結果へとつながるわけではありません。言うまでもなく、時間と努力は有限なものです。個人が抱える目標は複数あることが常であるため、ある目標への追求を一時的に差し控えたり、あるいはその目標から離れたりすることが時には適応的にはたらくこともあります。もし、楽観性の高い人がどのような目標に対しても無差別的な関与を示し、その目標に固執するならば、それはけっして楽観性の適応性を示すものではありません。近年、楽観性の高い人について、認知処理や行動における柔軟性の高さ、すなわち、状況に応じて認知処理や行動を調節する力が長けていることを示す研究知見が報告されています。

ある研究[35]では、特定の健康行動（この研究の例では「ビタミン摂取行動」）に対して利益となる情報、リスクに関する情報、ニュートラルな情報が書かれている記事を実験参加者に提示し、それぞれの記事について実験参加者が注意を向けている（記事を読んでいる）時間を測定しました。その結

[33] Scheier et al. (1986)
[34] 外山（未発表）
[35] Aspinwall & Brunhart (1996)

果、特定の健康行動に対して自我関与が高い場合（たとえば、ビタミン摂取行動においては、自身がビタミンを日常的に摂取している場合）に、楽観性の高い人は低い人よりもリスクに関する情報により注意を向けますが、自我関与が低い場合（ビタミンを日常的に摂取していない場合）にはこのような傾向がみられませんでした。これは、楽観性の高い人は、リスクに関して情報を選択的に処理していることを意味しています。別の研究[36]でも同様の結果が報告されており、楽観性の高い人は低い人とは異なって、与えられたすべての情報に注意を向けるのではなく、自身にとって有用な情報や自我関与が高い情報に選択的に注意を向けることが示されています。

また、ある研究[37]では、実験参加者に対して、言語的知能を測定するためのアナグラム課題*を二〇分間でなるべく多く解くように求めました。課題の中には、絶対に解けないものが数問含まれていましたが、そのことは実験参加者には知らされていませんでした。楽観性の高い人は低い人よりも、解くことができないパズルをより早くあきらめ、解ける課題に時間を多くかけました。その結果、成績がよかったのです。

こうした楽観性の柔軟性を示す知見は、認知処理に限ったことではありません。近年、楽観性の高い人は重要な目標に対しては時間と労力を集中させる一方で、些細な目標には適度に取り組むことが示されています。楽観性と目標（友人関係、エクササイズ、学業達成）への関与や目標の達成の関連性を検討した研究[38]では、その目標の優先順位が調整変数となることが示されました。つまり、楽観性の高い人は、自身にとって優先順位が高いと考える目標においては、それに積極的に関与し、その結果、目標を達成する可能性が高いのですが、優先順位が高くない目標においては、そのような傾向はみられないことが示されました。また、体験したストレスフルな出来事の重要性が高い場合には、楽観性の高い人は接近型のコーピングである肯定的解釈を多く用いますが、ストレスフルな出来事の重要性が低い場合には、このような傾向がみられないことを示した研究[39]もあります。

近年、**目標調整理論**（goal adjustment theory）[40]が提唱されていますが、そこでは、適応的な目標

[36] Aspinwall & Brunhart (2000)

[37] Aspinwall & Richter (1999)

[38] Geers et al. (2009)

[39] 外山 (2014)

[40] Geers et al. (2009)

追求として、**粘り強い目標追求**（tenacious goal pursuit）に加えて、目標からの解放を含む**柔軟な目標調整**（flexible goal adjustment）が重要な要因であるとして焦点が当てられています。慢性疼痛患者を対象にした研究[41]では、楽観性の高い人が人生の目的を見いだすプロセスにおいて、柔軟な目標調整が媒介していることを示しました。また、楽観性とウェルビーイングの関連において、粘り強い目標追求よりも柔軟な目標調整の媒介効果が強いことが示されています[42]。こうした知見より、楽観性の高い人が適応的である理由には、粘り強く目標に取り組むことだけではなく、柔軟に目標調整していることが挙げられます。

これまで、数多くの研究において、楽観性の高い人は、ストレスフルな事態に陥ったときに接近型のコーピングを用いることが示されており、このことが適応的結果に結びつく理由として考えられていました。しかし、先述した研究知見を踏まえて考えるならば、ストレスフルな出来事に対して、楽観性の高い人が常に接近型のコーピングをとっているのではなく、そのストレスフルな出来事が自身にとって関与が高い場合や重要な（優先順位が高い）場合、価値が高い場合にのみそうであるということになります。われわれがよりよく生きるためには、最も重要な目標に時間と労力を注ぎ、他の目標に対しては適度に取り組むことが必要とされます。楽観性の高い人は、文脈に応じて認知処理や行動を調節することができる柔軟性に優れており[43]、効率的に目標を追求することができるといえます。

3節　楽観性を伸ばすための介入研究

これまで説明してきたように、楽観性は、適応や精神的・身体的健康と結びついていることが数多くの研究で示されています。また、楽観性は他の心理特性（非認知能力）と比較して可鍛性が高いことから、育成すべきものと考えられています。そのため、楽観性を伸ばすための介入やトレーニングに関する研究も行われています。楽観性を伸ばすための介入を行った二九の研究をメタ分析した論文[44]

[41] Mens et al. (2015)

[42] Ramírez-Maestre et al. (2019)

[43] Bouchard et al. (2018)

[44] Malouff & Schutte (2017)

では、心理学的介入によって楽観性を高めることが可能性であることを示しています。

楽観性を伸ばす介入やトレーニングとしては、たとえば、毎日五分間、「こうなりたい」と願う自己について想像することを二週間行ってもらうというエクササイズがあります[45]。それぞれの日のセッション後と二週間後において、介入群は統制群（日常の活動を想像させた群）よりも楽観性がより高まったことが示されました。なお、この「こうなりたい」と願う自己を想像させたり、書き出したりするという方法[46]は、他の方法に比べて、楽観性を高める効果がより大きいことが示されています。

また、楽観性を伸ばす介入やトレーニングを行った結果、適応や精神的・身体的健康に改善がみられたことを示す研究もあります。たとえば、ある研究[47]では、二〇歳～四五歳（平均年齢三三歳）の大人を、楽観性を育む介入プログラムが実施される介入群と、そのような介入プログラムを受けない（その代わりに、日記を毎日つけるように教示された）統制群のいずれかに割り当てました。楽観性を育む介入群においては、三週間の介入期間の初日に、①人生におけるポジティブな経験を思い出す、②自身を目標達成が可能で価値のあるものとみなす、というエクササイズを実施してもらいました。その際に、自分の人生が楽しく、豊かで、価値があると感じた経験を五つ挙げてもらい、困難な状況においてポジティブに捉えるのに役立つ三つのことを挙げてもらいました。三週間の介入期間においては、一、二日で達成したいと思う目標を挙げ、この目標を達成するためにとる手続きを書き出すというエクササイズを一日おきに実施しました。フォローアップは、一カ月後ならびに二カ月後に実施されましたが、介入群においては、心理的幸福度を増加させ、非機能的態度[48]を減少させることが示されました。また、特性的な悲観性が強い個人においてこうした介入の効果が大きく、介入後において抑うつ症状の低減がみられることも報告されています。

こうした楽観性を伸ばすことによって適応にポジティブな効果をもたらすことを示した研究は、子どもを対象にしたものでもみられています。たとえば、ある研究[49]では、リスクの高い（抑うつ症状がみられ、親子関係に問題がある）一〇～一三歳の子どもを対象に、悲観的な説明スタイルから楽観的

[45] Malouff & Schutte (2017)

[46] 「The Best Possible Self (BPS) exercise」と呼ばれるもので、二〇〇一年にこの介入の効果を検証しようとした最初の研究以来、数多くの研究が積み重ねられ、現在では最も広く利用されているポジティブ心理学の介入の一つとなっています。BPSの介入の効果を検討したメタ分析として、Carrillo et al. (2019) があります。

[47] Sergeant & Mongrain (2014)

[48] 非機能的態度尺度 (Dysfunctional Attitude Scale, DAS：Weissman, 1979) で測定されました。この尺度は、抑うつの調査によく使用される心理学的尺度の一つで、抑うつにつながる認知的脆弱性としての否

な説明スタイルをとるような介入プログラムを実施した結果、介入プログラム実施後および半年後のフォローアップ時において、そのような介入プログラムを受けていない統制群と比べて、抑うつ症状の低減、教室内の問題行動の低減がみられたことが報告されています。

このように、楽観性を高めることを目的とした介入やトレーニングが実施され、楽観性が向上したことによって、適応や精神的・身体的健康にポジティブな効果がみられることがわかっています。

4節 教育の可能性

本章でみてきたように、楽観性は、適応や精神的・身体的健康と結びついていることが頑健な結果として示されています。楽観性は、困難や逆境の状況に陥っても、重篤な精神病理的状態にならない、あるいは回復できる心理特性（非認知能力）になります。

楽観性の研究は、大人を対象にしたものが多いのですが、子どもを対象にした研究もみられます。たとえば、外山[50]は、日本の小学生を対象に、何らかのストレスフルな出来事を経験した後に、楽観性が高い子どもはサポート希求や問題解決といった接近型のコーピングを用いる傾向が強く、そうしたコーピングを媒介して、学校適応につながりやすいことを示しています。一方で、悲観性が高い子どもは行動的回避といった回避型のコーピングを用いる傾向が強く、そうしたコーピングを媒介して、学校不適応や精神的不健康につながりやすいことがわかっています。

また、先にも紹介したように、問題を抱えた子どもを対象に、悲観的な説明スタイルから楽観的な説明スタイルをとる介入プログラムを実施することで、その子どもたちが楽観的な説明スタイルをとりやすくなり、その結果、適応や精神的健康につながることが示されています。

セリグマン[51]は、「学習性オプティミズム（learned optimism）」という用語を使用していますが、その意味するところは、楽観性は生まれもった心理特性（非認知能力）ではなく、学んで身につけるこ

定的で不合理な態度や信念を測定しています。非機能的態度尺度の得点は、うつ病の発症に伴って上昇しますが、治療が経過し症状が軽快するにつれて下降することが知られています。

[49] Jaycox et al. (1994)

[50] 外山 (2016)

[51] Seligman (1996)

とができるものであるということになります。日本の子どもを対象に、楽観性を高める介入・トレーニングを実施した研究はみられないのですが、先行研究の知見を踏まえると、子どもを対象にした楽観性を高める介入や教育は十分に可能であると考えられます。

楽観性を伸ばす介入の研究は、海外においても子どもを対象にしたものは少ないのですが、大人を対象にした介入の研究が参考になります。楽観性を高める方法にはいろいろなものがありますが、先にも紹介したとおり、「こうなりたい」と願う理想の自己像を想像させたり、書き出したりするという方法（ＢＰＳ法）がとくに有効であることが示されています。たとえば子どもたちに、「将来（三年後など、具体的な数字を入れてもよいかと思います）どうなっていたいのか」といった、将来、うまくやっている自己を想像させたり、書き出したりするという方法が有効である可能性があります。これを、毎日（あるいは一日おきに）数週間実施します。自分がうまくやっている将来を繰り返し想像させることで、「将来、うまくいくだろう」と捉える楽観性を高めることにつながるものと考えられます。具体的な方法は、子どもの発達段階に応じて変わってくると思いますが、中学生以降の子どもを対象にするならば、「将来、うまくいっている」自己像を単に想像させるだけではなく、その自己像を叶えるために、どのようなことをすべきなのか、その目標や手段を書き出したりすることも効果が高まるのではないかと考えられます。

〔外山美樹〕

7章 時間的展望
——過去・現在・未来を関連づけて捉えるスキル

1節 時間的展望とは

■時間的展望の定義

はじめに、**時間的展望**（time perspective）という概念が、どのように定義づけされているかをみてみましょう。最も有名で広く使われている定義は、レヴィン（Lewin, K.）によるものです。レヴィン[1]は、時間的展望を「ある一定時点における個人の心理学的過去、および未来についての見解の総体」と定義しました。見解の総体としており、非常に広い定義となっています。一方で、フランク[2]は、「心理学的未来や過去を現在の事態に関連づける過程」と位置づけており、時間的展望をより動的なプロセスとして捉えています。フランクは、過去の経験が出来事の連続性の認識や期待をもたらすと同時に、未来が現在を決定し、現在が過去をコントロールするといった、過去・現在・未来の力動的な相互作用が時間的展望であるとしています。

本邦では、都筑[3]が時間的展望を「個人の心理的な過去・現在・未来の相互連関過程から生み出されてくる、将来目標・計画への欲求、将来目標・計画の構造、および、過去・現在・未来に対する感

[1] Lewin (1951)
[2] Frank (1939)
[3] 都筑 (1999)

情」と定義しています。以上から、時間的展望とは単一の概念ではなく、過去・現在・未来に関して、どのような見解をもっているか、それらをどのように主観的に関連づけているかということを、広くすくい上げる概念であることがわかります。

■時間的展望の分類

時間的展望が扱う領域は広範にわたっていますが、ここでは時間的展望の分類をいくつか紹介し、その全体像を把握したいと思います。

ホーナート[4]は、時間的展望を多次元的な概念であるとして、①時間への態度、②時間への指向性、③密度（想起内容の量）、④時間の配置（広がりや奥行き）、⑤時間的な一貫性・組織化の五次元を用いて区別しました。同様に、白井[5]は、時間的展望を①狭義の時間的展望（広がり、密度、構造化、現実性、優勢性）、②時間的態度、③時間的指向性、④狭義の時間知覚の四つの観点から、概念整理を行っています。

都筑[6]は、時間的展望の構造モデルを提唱しています（図1）。時間的展望は、「欲求・動機（将来への希望など）」、「認知（行動目標の有無など）」、「感情・評価（空虚感など）」の三領域からなり、それらを「基礎的認知能力」が支えていると仮定しています。このモデルでは、時間的展望は個人の行動を方向づける役割を果たし、行動の結果からもまたフィードバックを受けると考えられています。さらには、社会文脈や社会的な期待も個人の時間的展望に影響を及ぼす要因として位置づけられています。

また、近年ではメロウとウォーレル[7]が、時間的展望の概念を五領域に整理しています。一つ目は「態度（attitude）」で、過去・現在・未来への肯定的・否定的感情や評価を意味しています。二つ目は「指向性（orientation）」で、過去・現在・未来に対する重要度の認識を意味しています。三つ目は「関連（relation）」で、過去・現在・未来がお互いに関連している程度の認識を意味しています。

[4] Hoornaert (1973)

[5] 白井 (1994b)

[6] 都筑 (1999)

[7] Mello & Worrell (2015)

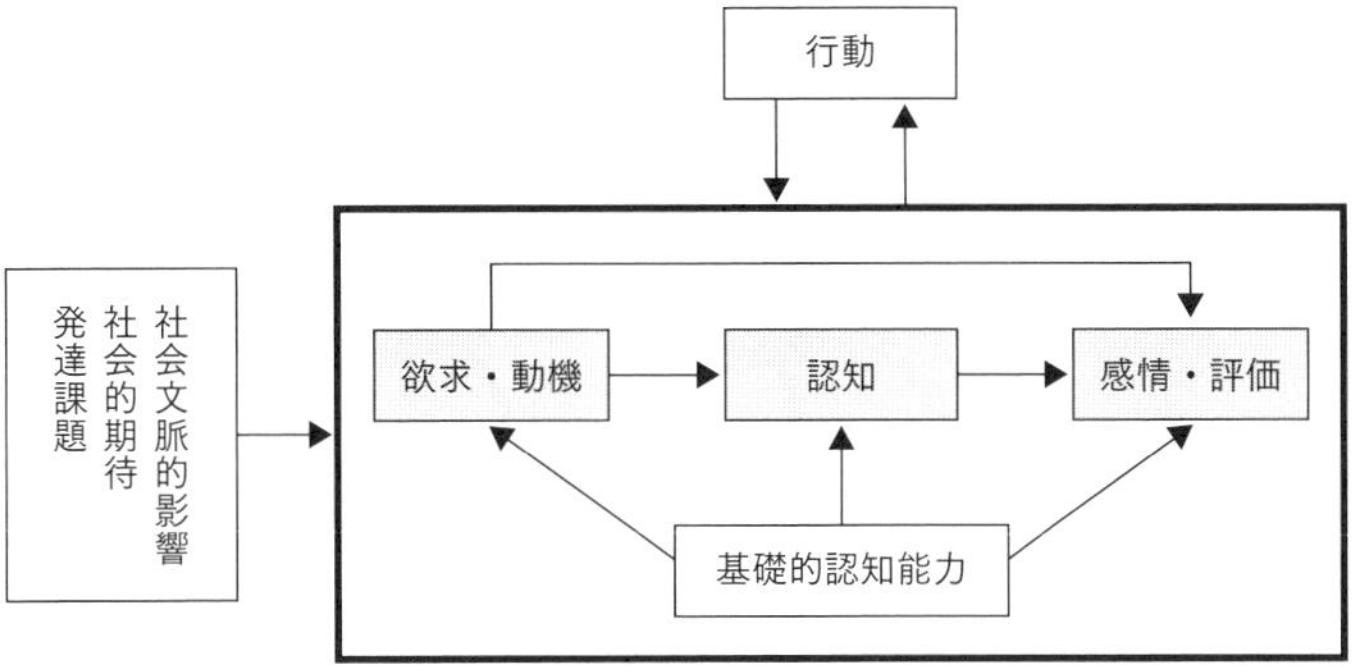

図１　時間的展望の構造モデル（都筑, 1999 を筆者が改変）
灰色の箇所が時間的展望の３側面である

四つ目は「頻度（frequency）」で、個人が過去・現在・未来について考える頻度のことを指します。五つ目は「意味（meaning）」で、個人が過去・現在・未来をどのように定義づけているかを意味しています。彼女らの研究グループは、これらの五領域に対応する尺度集を作成しており[8]、それらを用いた実証研究が蓄積されつつあります。

これまでいくつかの分類やモデルを紹介してきましたが、「態度」に関する側面で最も普及しているのは、ジンバルドとボイド[9]の分類です。彼らは、面接・グループディスカッション・先行理論など多角的なアプローチを用いて、時間的展望を、過去肯定、過去否定、現在快楽、現在運命、未来の五つとして捉える尺度*（Zimbardo Time Perspective Scale: **ZTPI**）を作成しています。

■どのような指標と関連しているか

近年、膨大な時間的展望に関する研究の成果をまとめたメタ分析*がいくつか出てきているので、それらを紹介します。ここで取り上げるのは、時間的展望のうち、ＺＴＰＩなどで測定される「態度」の側面です。

まず、年齢との関連です。ローレイロ－マルティネスら[10]は、ＺＴＰＩを使用したこれまでの研究について、年齢との関連を取り上げてメタ分析を行いました。対象となった

[8] Mello & Worrell (2010)
[9] Zimbardo & Boyd (1999)
[10] Laureiro-Martinez et al. (2017)

論文は二〇〇一～二〇一五年に発表された七二の研究であり、対象者は合計で二万九八一五名（一三～七五歳）でした。分析の結果、過去否定と現在快楽が、年齢と負の関連を示しました。これらの結果から、若者ほど過去を否定しやすく、現時点での快楽を重視する傾向にあることがわかります。

続いて、自己制御（self-regulation）との関連をみてみましょう。バードら[11]は、三七八の研究によるメタ分析を用いて、時間的展望とさまざまな生活領域（教育、健康、経済など）の成果との関連を調べるとともに、そのプロセスを検討しました。成果の指標としては、学業成績、反社会的行動の少なさ、ＢＭＩ指数、健康促進行動、貯蓄の量、借金の少なさなどが選ばれました。プロセスとなった指標は、目標設定、目標モニタリング、目標達成行動、自己制御能力の四つでした。分析の結果、現在快楽と現在運命は、自己制御能力（順に r = -.23, r = -.27）と成果（r = -.14, r = -.15）と負の関連を示しました。その一方で、未来展望は、目標設定（r = .25）、目標モニタリング（r = .19）、目標達成行動（r = .24）、自己制御能力（r = .35）、成果（r = .18）と正の関連を示しました。さらに、彼らはプロセス変数の媒介効果を検証し、図2のモデルを示しました。つまり、未来展望をもっていると目標設定が促され、その目標へのモニタリング・行動・能力が自己制御の成果を生むというプロセスです。

さいごに、未来展望とのさまざまな変数の関連をメタ分析で検証した結果を、図3に示します[12]。この研究は、二一二の研究結果をまとめたものになっています。過去や現在の次元は含まずに、未来のみを扱っている点に注意してください。ここから、未来展望は、勤勉性や自己効力感などとの関連が強いことがみてとれます。

[11] Baird et al. (2020)

[12] Kooij et al. (2018)

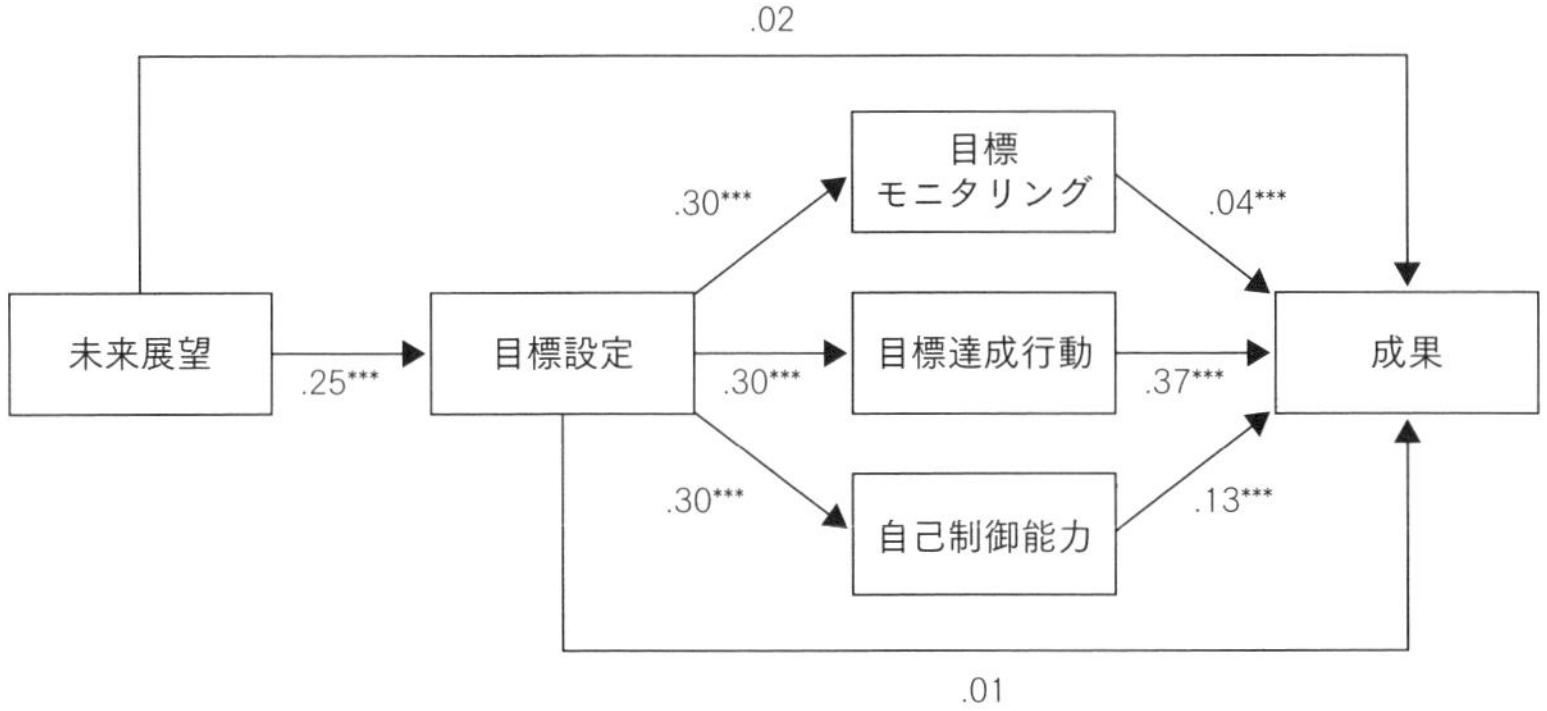

図2 未来展望が成果をもたらすプロセス（Baird et al., 2020 を著者が翻訳）
値は標準化された係数。*** $p < .01$

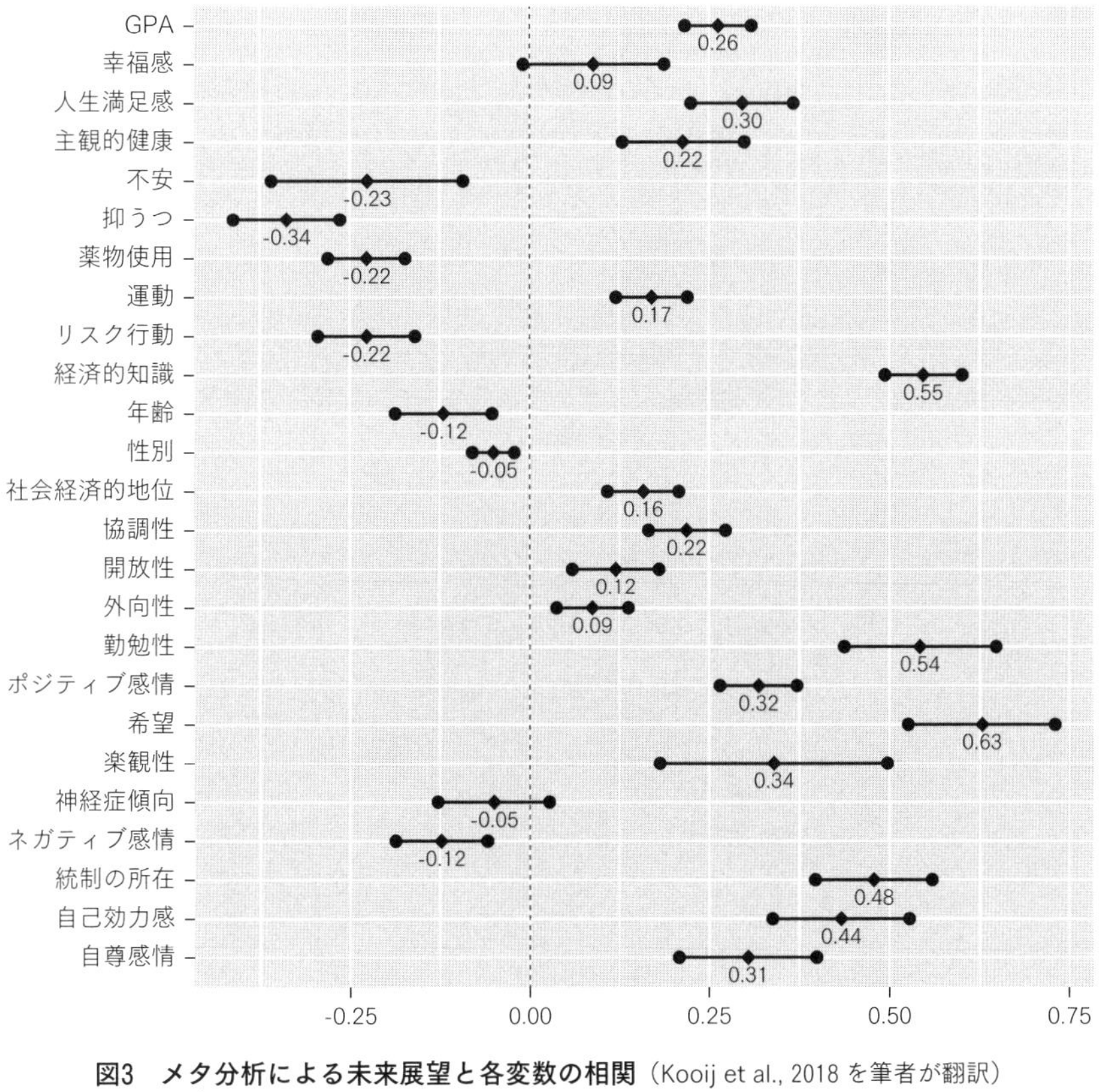

図3 メタ分析による未来展望と各変数の相関（Kooij et al., 2018 を筆者が翻訳）
横軸はサンプルサイズで重みづけされ、信頼性で修正された相関係数の値と 95% 信頼区間。

2節　時間的展望の基礎研究

■時間的態度

ここでは主に、**時間的態度**（time attitude）の側面に絞って、その測定方法や、これまでの研究の発展に関して述べます。日本で最も使用頻度が高い時間的態度に関する尺度は、白井[13]が作成した時間的展望体験尺度です。「過去受容」「現在の充実感」「希望」「目標指向性」の四つの下位尺度、計一八項目から構成されています。少ない項目数で、過去・現在・未来について測定できることが特徴です。ただし、この尺度は日本で開発されたものであり、英語化はされているものの、国外での使用頻度は低いのが現状です。

国際的にみて最も有名な尺度は、ＺＴＰＩです[14]。「過去肯定」「過去否定」「現在快楽」「現在運命」「未来」の五つの下位尺度、計五六項目から構成されています。項目数が多いですが、一五項目版、二〇項目版などいくつかの短縮版も作成されています。しかしながら、この尺度は因子分析で当該の5因子が得られにくいこと、現在次元の下位尺度が時間的態度の構成概念と合致していないこと、短縮版尺度が乱立しておりいずれも十分な信頼性・妥当性が示されていないことなど、いくつかの問題点が指摘されています[15]。日本語版も存在しますが[16]、因子分析の際に大幅に項目を削減しており、確認的因子分析*では十分な適合度が得られていません。ＺＴＰＩに関する二四カ国の国際比較研究の際には、項目の統計的なバイアスが強いという理由で、日本のデータは分析から除外されてしまいました[17]。これは、一部には日本語版尺度特有の問題を含みますが、もともとのＺＴＰＩが抱える問題を改善することなしには、根本的な解決には至りません。

ＺＴＰＩの諸問題を改善するべく作成されたのが、**青年・成人時間的態度尺度**です[18]。この尺度は、

[13] 白井 (1994c)
[14] Zimbardo & Boyd (1999)
[15] Temple et al. (2019)
Worrell et al. (2013)
[16] 下島ら (2012)
[17] Sircova et al. (2014)
Sircova et al. (2015)
[18] Worrell et al. (2013)

表1　時間的態度尺度（Worrell et al., 2013; 訳は Chishima et al., 2019）

下位尺度	項目例
過去肯定	• 自分の過去を幸せに思っています。 • 私の過去には楽しい思い出がいっぱいです。
過去否定	• 私にとって，過去の人生は忘れたいものです。 • 自分の昔のことを振り返ると悲しくなります。
現在肯定	• 今の生活に満足しています。 • 全体的に，私が今取り組んでいることに幸せを感じます。
現在否定	• 自分の今の状況についてよく思っていません。 • 私は，今の生活に悩んでいます。
未来肯定	• 自分の将来が楽しみです。 • 私は，自分の将来のことを考えるとワクワクします。
未来否定	• 私は将来，成功するとは思えません。 • 私は，自分の将来について考えたくありません。

もともとは青年のみを対象として作成され、後に高齢者を含む成人への適用も可能であることがわかったため、[19]このような名前になっていますが、本章では便宜的に**TAS**（Time Attitude Scale）と呼びます。構造としては、時間次元（過去・現在・未来）×評価（肯定・否定）の六下位尺度からなり、計三〇項目で測定されます（表1）。これまで、一五カ国語以上の言語に翻訳されており、異なる言語・地域においても十分な信頼性・妥当性が示されているため、[20]国際比較に利用しやすい尺度となっています。TASを用いた一九の研究をまとめた最近のメタ分析によると、日本人青年の「未来否定」得点が、他の国と比べて高いことが示されています。[21]日本人の若者の未来展望がネガティブになりがちであることはこれまでも指摘されてきましたが、[22]信頼性・妥当性の高い心理尺度を用いたメタ分析からも同様の結果が得られました。

[19] Mello et al. (2016)

[20] McKay et al. (2020)

[21] McKay et al. (2020)

[22] Baranski et al. (2021)
内閣府 (2014)

■時間的態度プロフィール

ZTPIを使用して、個人のプロフィールを作成し、バランスのとれた時間的展望を抽出しようとする試みが行われています。ここでいうプロフィールとは、個人が過去・現在・未来に対してもっている態度について、その変数のパターンから個人を類型化したものです。たとえば、ＺＴＰＩの下位尺度でクラスタ分析を行い、過去肯定や未来が低く、現在快楽や現在運命が高いクラスタを「現在指向群」などとします。どのような群が抽出されるかは、研究によってばらつきがあるのですが、ＺＴＰＩを用いた場合では過去肯定・現在快楽・未来が高く、過去否定・現在運命が低い「バランス群」のウェルビーイングが他の群と比べて高いという結果が出ています[23]。また、このバランスを直接得点化するために、ＺＴＰＩの下位尺度の最適な得点からの差分を計算する方法も考案されています[24]。しかしながら、下位尺度の最適な得点を研究者側が恣意的に決定している点や、そもそもＺＴＰＩの信頼性・妥当性に問題がある点などから、時間的態度の「バランス」の測定については、研究者間でのコンセンサスが得られていないのが現状です[25]。

ＺＴＰＩではなく、ＴＡＳを用いてプロフィールを作成している研究も存在します[26]。たとえば、アンドレッタら[27]は、アメリカの青年（平均年齢一六歳）を対象に調査を行い、ＴＡＳによる時間的態度プロフィールと教育的・心理的指標との関連を検討しています。クラスタ分析の結果、過去肯定・現在肯定・未来肯定が高い「肯定群」、それらがすべて低い「否定群」、過去否定が高く未来肯定が高い「楽観群」、過去否定が高く未来否定が高い「悲観群」、すべての得点が中程度の「アンビバレント群[28]」の五群が抽出されました。そして各変数との関連を検討した結果、主に「肯定群」「楽観群」「アンビバレント群」でその他の群よりも成績が高く、学歴志向が高く、自尊感情が高いことが示されました。

また、縦断調査*によるプロフィールの変化に関しても、興味深い結果が示されています。ウェルズら[29]は、イギリスの平均年齢一二・五歳の生徒約二〇〇〇名を対象に、一年間の縦断調査を行い、時間的態度プロフィールの移行と飲酒への態度の関連について調べました。潜在プロフィール分析の結果、「肯定群」「否定群」「悲観群」「アンビバレント群」の四群が抽出されました。そして、三三〜五〇パーセントの人が、一年後に同じプロフィールとして同定され、時間的態度プロフィールは一年間で変わりやすいことがわかりました。さらに、「否定群」や「悲観群」にとどまっている場合や、

[23] Boniwell et al. (2010)

[24] 詳しくは、ストラスキらのレビューを参照してください（Stolarski et al., 2020）。

[25] McKay & Worrell (2020)

[26] Andretta et al. (2014) 石井 (2018)

[27] Andretta et al. (2014)

[28] アンドレッタらの論文ではバランス（balanced）群と名づけられていますが、ここでは混同を避けるためにアンビバレント群と呼んでいます。

[29] Wells, Morgan et al. (2018)

一年間でそれらの群に移行した場合に飲酒をしやすいことが示されました。このようなネガティブなプロフィールの固定化やそれへの移行は、飲酒だけでなく、タバコやドラッグの使用や[30]、学業・感情・社会関係における自己効力感の低さとも関連しています[31]。以上のように、プロフィールやその移行に着目することで、変数の全体的な推移ではなく、個人の一人ひとりの変化に焦点を当てることが可能となります。

■時間的指向性と時間的焦点

時間的指向性（time orientation）は、過去・現在・未来のうちどの時制を重要視するかを意味する概念です。時間的指向性の代表的な測定として、時間的指向性質問項目[32]があります。これは、「あなたにとって一番大切な時は次のうちいつですか」という質問に対して、過去・現在・未来から一つを選択し、それを選択した理由や、他を選択しなかった理由を書くというものです。回答に基づいて、「過去指向」「ポジティブな現在指向」「ネガティブな現在指向」「ポジティブな未来指向」「ネガティブな未来指向」の五つに分類されますが、青年期には、現在と未来が選択される割合が多く、過去の割合が著しく少ないことが報告されています[33]。同様の質問を用いたアメリカ人青年を対象とした調査においても、過去の選択率が非常に低いことが示されています[34]。これは、青年の時間的指向性を表す重要な結果ですが、一方で過去の選択率が低すぎて分析に耐えうる人数を確保することが難しいという研究上の問題点にもなりえます。

時間的焦点（temporal focus）は、「人々が過去、現在、未来に対して注意を向ける程度」と定義されており[35]、時間的指向性とも部分的に重複する概念です。時間的焦点の測定は、**時間的焦点尺度**（Temporal Focus Scale: TFS）によって行われます[36]。ＴＦＳは、「過去焦点」「現在焦点」「未来焦点」の三下位尺度、計一二項目からなる尺度です。過去や未来の肯定性・否定性を含まずに、単にそれらへの注意の頻度を尋ねている点が、この尺度の特徴です。つまり、できるだけニュートラルな表現に

[30] McKay et al. (2018)
[31] Morgan et al. (2017) Wells, McKay et al. (2018)
[32] 白井 (1997)
[33] 白井 (1997)
[34] Mello et al. (2013)
[35] Shipp et al. (2009)
[36] Shipp et al. (2009) Chishima et al. (2017)

なるようにこだわって作られており、言い換えれば、どんな過去や未来を思い浮かべるのかは、回答者に委ねられているということです。それにもかかわらず、時間的態度との関連は三つの時間次元で異なります。過去焦点の高さは、過去否定と正の相関があります。これは、過去のネガティブなことを考えている場合が多いことを意味しています。一方で、現在焦点の高さは、現在快楽や人生満足感などのウェルビーイングとの関連が強く、未来焦点の高さは、高い進路意識などと関連することがわかっています[37]。

■時間的指向性の新たな測定手法

これまで尺度を用いた調査研究を主に取り上げてきましたが、時間的指向性や時間的焦点を測定する新しい手法が注目されています。一つ目は、**経験サンプリング**（experience sampling）です[38]。ここでは、バウマイスターら[39]の研究について、詳しくみていきます。彼らは、四九二名を対象として、朝九時〜夜九時までの一二時間に、ランダムに六回の短いアンケートを行う調査を三日間行いました。参加者は、現在の感情や思考の意味深さなどを回答したうえで、最も直近に考えていたことが、過去（五分前以前）のこと、現在（五分以内）のこと、未来（五分後以降）のこと、時間と関係ないことの四つのうち、どれに属するかを選択しました。なお、思考が複数の時間次元にわたる場合もあることを踏まえて、複数選択可としています。図4は、時間と関係のない思考を除いた選択率を示しています。最も多いのは、現在のみ（五三パーセン

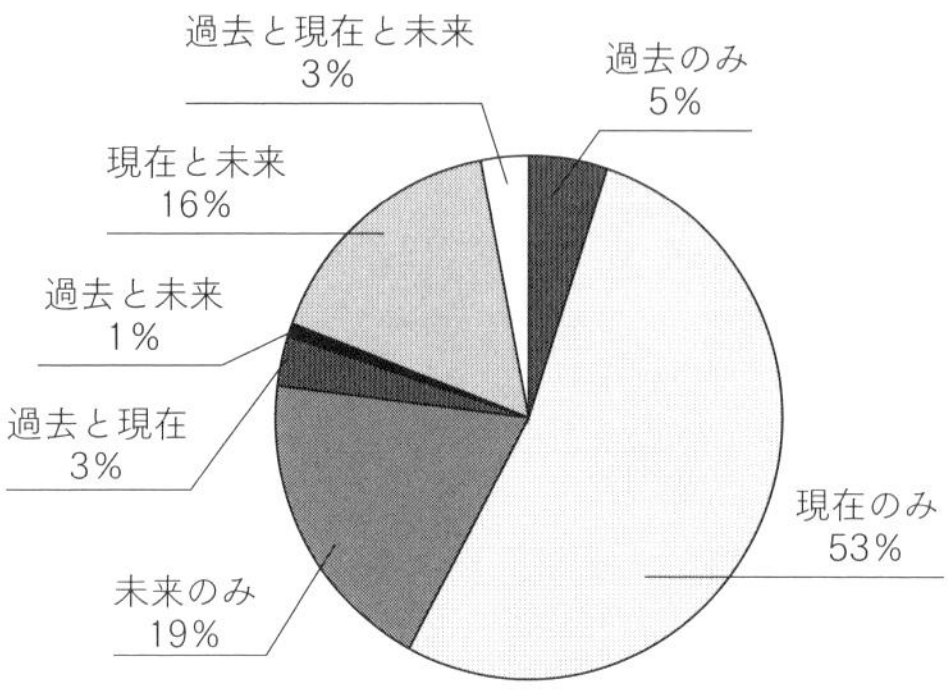

図4　日常的な思考における時間的指向性の割合
（Baumeister et al., 2020 より筆者が作成）

[37] Rush & Grouzet (2012) Shipp et al. (2009) Worrell et al. (2015) Zacher (2014)

[38] これは、実験室や教室といった限られた空間ではなく、日常生活の中の自然な環境でデータを取得する手法であり、生態学的妥当性の高い方法として近年利用が増えています。具体的には、スマートフォンなどを利用して、ランダムな時間に短いアンケートを送り、その場で答えてもらうといった方法が主流です。

[39] Baumeister et al. (2020)

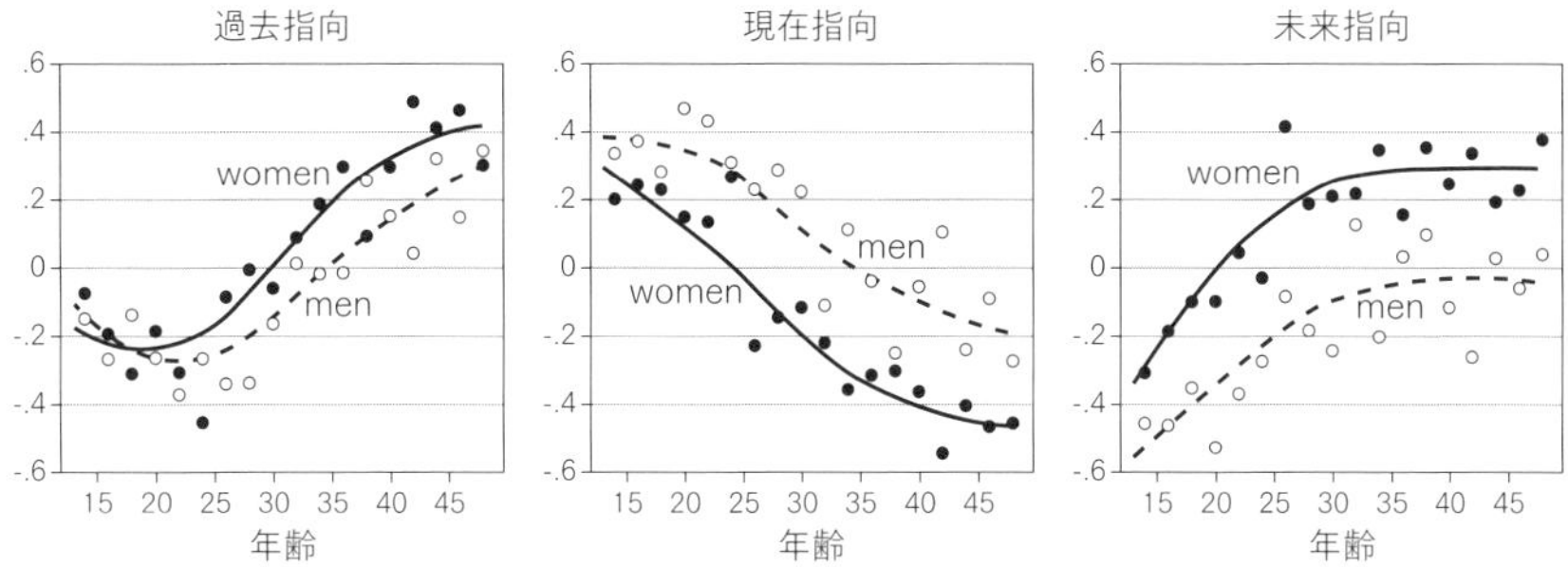

図5 Facebookの投稿から抽出された時間的指向性と年齢の関係
（Park et al., 2017を筆者が翻訳）

ト）であり、次に未来のみ（一九パーセント）が続いています。感情などとの関連を検討した結果、過去のことを考えているほど幸福感が低く、現在のことを考えているほど幸福感が高いという結果や、未来について考えているほど思考を意味深く感じているという結果が得られました。さらに興味深いことに、意味深さの程度は、思考の焦点が複数の時間次元（現在と未来など）にまたがっているほど高くなることが明らかになりました[40]。

二つ目は、文字や音声といった言語を用いた測定です。言語には時制や時を表す語があるため、それらを分析して時間的指向性を測定しようという試みです。とくに、近年ではＳＮＳのビッグデータを利用する研究が増えてきています。たとえば、パクら[41]は、文章を、過去指向・現在指向・未来指向に分ける分類器を機械学習によって作成し、それを約五〇〇〇名（一三〜四八歳）以上のフェイスブックのタイムラインに投稿された、約一三〇万件のデータに適用しました。さらにこの参加者は、年齢、性別、パーソナリティ、抑うつなどの質問に回答していたため、個人レベルの時間的指向性とそれらの関連についても調べました。分析の結果、年齢との相関が比較的高く、図5に示したとおり、年齢が低いほど現在指向の投稿をし（$r = -.23$）、年齢が高いほど過去指向（$r = .21$）または未来指向（$r = .16$）の投稿をしやすいことが示されました。性別につい

[40] 他の研究では、日常的な思考は、過去についてが一三パーセント、現在についてが六八パーセント、未来についてが一九パーセントという報告（Beaty et al., 2019）や、一日の中で一六分に一回は未来について考えているという報告（D'Argembeau et al., 2011）もあり、経験サンプリングによって時間的指向性に関する新たな知見が見いだされています。

[41] Park et al. (2017)

ては、女性のほうが未来指向の投稿をしやすいことがわかりました（r = .16）。さらに、心理指標との関連では、未来指向の投稿をする人ほど抑うつ（r = -.16）や衝動性（r = -.10）が低いことが示されました。

また、別の研究では、約八〇〇万件のツイッターの投稿を利用して、アメリカの州レベルでの検討を行っています[42]。この研究では、ツイッターの投稿が、遠い未来についてか、近い未来についてかを指標として分析しています。分析の結果、東海岸と西海岸では中央部に比べて、より遠い未来に焦点化されていることがわかりました。さらに、遠い未来に目を向ける人が多く住む州ほど、喫煙率、飲酒率、ドラッグ使用率、一〇代での妊娠率などのリスクが低いことが明らかになりました。この研究は、アメリカの州ごとの検討ですが、もっと地域の範囲を広げて、国ごとの時間的指向性も検討されています[43]。この研究では、グーグルの検索ワードの中でも年号（二〇二一など）を使用し、過去（昨年）について調べているか、未来（来年）について調べているかを指標としています。結果としては、日本人は未来について調べている割合が、ドイツ・イギリス・スイス・フランスに次いで高く、そういった未来指向が高い国ほど、GDPが高いことが示されています（r = .66）。以上のように、クリエイティブな方法で個人や地域レベルの時間的指向性を捉える動きが出てきています。

■時間的連続性

これまでの時間的態度や時間的指向性の研究を概観すると、ポジティブな未来に目を向けることが、教育的な成果にとって重要であることがわかります。しかし、個人が思い描いている未来が、もし非現実的なものであったら、その効果は変わってくるのでしょうか。エッティンゲンら[44]は、将来についての漠然としたイメージである「空想（fantasy）」と、実現可能性の判断を伴った考えである「予期（expectation）」の二つを比較し、空想が高いほど行動が少なく、よい成果を導かないことを明らかにしています。たとえば、就職に関するポジティブな幻想を抱く頻度が高い学生は、頻度が低

[42] Thorstad & Wolff (2018)

[43] Petutschnig (2017)

[44] Oettingen et al. (2016)

い学生と比べて，就職活動の量や，就職内定率，その後の所得などが低いことが報告されています。[45]

以上のような，未来が空想的か，現在と結びついたものであるかについての認識は，**未来の自己連続性**（future self-continuity）という概念によって研究が蓄積されています。[46] 未来の自己連続性を実験操作する研究では，連続性を意識する条件ほど，貯金をしようとすること，[47] 定期的に運動をするようになること，[48] 学業成績が向上することなどが明らかにされています。[49] つまり，未来の私は今の私の延長線上にあるという認識を高めると，よりよい未来を実現するための道筋がみえてきて，未来指向の行動が促されるのです。また，未来の自己連続性の感覚の個人差を捉えるための尺度も開発されています。[50] これは，現在の自分と未来の自分の二つの円の重なり度合いによって，測定するものです。二つの円が多く重なっているほうを選ぶほど，収入が多く（$r = .34$）[51]，自制心が強く（$r = .31$）[52]，学業的な先延ばしをしにくい（$r = -.33$）[53] といったことが示されています。

時間的連続性は，当然のことながら現在と未来の関係に限ったものではなく，現在と過去の連続性も含まれます。石井[54]の時間的連続性尺度は，その両方を測定するものです。未来連続性の項目例は「未来があるから頑張ることができる」で，過去連続性の項目例は「過去があるから今がある」です。どちらの連続性も，現在の充実感や将来への希望と正の相関があることが報告されています。また，連続性の認識には年齢の効果が大きく，若者ほど過去・現在・未来のつながりを感じにくく，過去や未来が遠くなればなるほどその年齢差が大きくなることが知られています。[55]

3節　時間的展望を伸ばすための介入研究

時間的展望への介入は，時間的連続性をターゲットにしたものが多くみられます。とくに，連続性を実感させることで，青年期における人格形成や主体的なキャリア形成，学業行動などを促すことを目的としたものが散見されます。

[45] Oettingen & Mayer (2002)
[46] Ersner-Hershfield et al. (2009)
[47] Hershfield et al. (2011)
[48] Rutchick et al. (2018)
[49] Nurra & Oyserman (2018)
[50] Ersner-Hershfield et al. (2009)
[51] Ersner-Hershfield et al. (2009)
[52] Adelman et al. (2017)
[53] Blouin-Hudon & Pychyl. (2015)
[54] 石井 (2015)
[55] Rutt & Löckenhoff (2016)

■過去・現在・未来の全体構造やバランスにフォーカスした実践

時間的展望療法（time perspective therapy）[56]は、過去にトラウマを抱えたクライエントの過去・現在・未来の認知の偏りに焦点を当て、バランスのとれた時間的展望の習得を促すものです。この療法は、ジンバルドの時間的展望理論[57]に即したものであり、以下の手順で行われます。①時間的展望の尺度を使用して、クライエントがどの領域で問題を抱えているかを特定します。②クライエントの時間的展望に関するプロフィールを作成し、本人がそれを自覚できるよう支援します。たとえば、過去・現在・未来の様相に関するイラストを描いて、バランスのとれた時間的展望の重要性を教示します。③特定のネガティブな時間領域にとどまるのではなく、ポジティブな過去・現在・未来を柔軟に行き来できるような能力がもてるようサポートします。たとえば、思いやりをもって過去を再構成し、充実した今を楽しみ、ポジティブな未来に向かって計画や準備ができるように促します。この療法を用いた研究では、トラウマの強さ、不安、抑うつを低減する効果があったことが報告されています[58]。

展望地図法[59]は、自分自身の特徴を視覚化・外在化しながら過去・現在・未来にわたる自己のストーリーを作成するものであり、時間的展望を再構成し、可能自己（なりたい自分、なりたくない自分など）を創出することを目的としています。手順としては、まず、付箋に「現在の私は……」に続く短文または単語を、五つ以上思いつく限り記述します。「過去」と「未来」についても同様に、それぞれ違う色の付箋を用いて記述します。次に、「私」はどこから来て（過去）、今どこにいて（現在）、どこに行くのか（未来）という時間の流れを重視しながら、書いた付箋を台紙に貼っていきます。その際、似た内容の言葉を近くに集めます。貼り終えたら、関連のあるところを線で結び、その線の意味や、その他の必要な説明を書き込みます。完成したら、近くの人とお互いに自分の展望地図について説明し合います。展望地図法を体験した者は、単に過去・現在・未来の出来事を記述した者よりも、首尾一貫性の感覚や過去・現在・未来へのポジティブな態度が高まることが報告されていま

[56] Sword et al. (2014)
Sword et al. (2015)
[57] Zimbardo & Boyd (2008)
[58] Sword et al. (2015)
[59] 園田 (2011)

す[60]。また、面接と組み合わせた方法も考案されており、過去を受容し未来への希望を高める効果があるとされています[61]。

■過去と現在の関係にフォーカスした実践

白井[62]は、未来への展望は過去の意味づけを経て可能になるという理念から**回想展望法**という実践方法を考案しています。小さい頃に抱いていた夢や理想像を回想させ、そこに一貫性と変化を読み取ることで未来への展望を形成していきます[63]。手順としては、まず小さい頃から順に、大きくなったら何になりたかったかを回想し、一覧表にまとめます。記述の要素は、対象（職業）、そう思っていた時期、そう思ったきっかけ、動機や魅力、その後の対処です。次に、対象、動機、対処の一貫性や共通性を分析し、クラスで発表します。さいごに、本人の発表を聞いた参加者と指導者は、本人が大切にしていることや求めていることについて、ポジティブなフィードバックを行います。大学生・専門学校生を対象にした実践では、発表を行うことで自己肯定感や職業選択への関心が高まることが示されています[64]。

回想展望法とよく似た方法として、過去の経験と現在もっている目標のつながりを記述する課題（goal-continuity writing task）があります。昔思い描いていたような夢が叶わなかったというケースはよくありますが、そのような昔想像していた自分の人生と、現在の実際の人生が一致せず、関連を見いだせない状態は**心理的脱線**（derailment）と呼ばれます。心理的脱線が強すぎると、抑うつや挫折感が高まることが知られています[65]。バロウら[66]は、一三〇名の大学生を対象に、オンラインでの筆記が心理的脱線を改善するかについて検証しました。参加者は「目標の連続性条件」と「経験のみ条件」にランダムに割り振られました。目標の連続性条件では、五日間連続で、現在もっている目標が過去の経験とどうつながっているかを記述しました。思い返す過去の時期は子どもの頃、一〇代前半の頃、高校生の頃、この前の夏、大学の最初の週であり、日によって思い返す時期が変わりました。

[60] 園田 (2011)
[61] 石川 (2019)
[62] 白井 (2001)
[63] 白井 (1994a)
白井 (2015)
[64] 白井 (1994a)
[65] Burrow et al. (2020)
Chishima & Nagamine (2021)
Ratner et al. (2020)
[66] Burrow et al. (2020)

一方で「経験のみ条件」では、「目標の連続性条件」と同じ時期の経験について考えるよう求められましたが、現在の目標とのつながりについては指示されませんでした。分析の結果、「目標の連続性条件」では「経験のみ条件」よりも、課題の前後で心理的脱線の程度が下がっていました。ここから、現在もっている目標が、過去の経験ともつながっていることを意識することによって、理想の人生のレールから外れたような感覚を緩和できることがわかりました。

■現在と未来の関係にフォーカスした実践

メンタルコントラスティング（mental contrasting）とは、「空想的な未来」と「現実」を対比させ、未来を現実的なものにし、そこへ至る道筋を作る介入方法です。たとえば、エッティンゲンら[67]は、専門学校生を対象に、数学の成績がアップするという未来を題材として、「未来だけを考える条件」「現状だけを考える条件」「未来と現在を対比させる条件」を設けました。未来だけの条件では、数学の成績が上がることによる利点を書きました（例：知識が増える、優越感をおぼえる、就職に有利だ）。現状だけの条件では、数学の成績上昇を妨げている現実について書きました（例：怠け者だ、うっかりミスが多い、他の生徒に気をとられる）。対比する条件では、その両方を書きました。その二週間後、教師がそれぞれの学生について、どのくらい数学に熱心な態度を示し、努力していたかを評定し、簡単な試験も行いました。結果として、未来と現実を対比した条件のみで、未来の予期と数学への態度・努力・成績が関連していました。つまり、未来と現在を対比したうえで未来を予期すると、実現に向けた行動が伴い、実際に実現に近づくというわけです。現在と未来がかけ離れたものではなく、一つの連続したものと捉えることによって初めて、歩き出すことができるのです。

メンタルコントラスティングの発想とも似ていますが、手紙を用いて未来の自分と対話することの有効性も示されています。これは、手紙を送る人と受け取る人を一人二役でロールプレイするものであり、**役割交換書簡法**または**ロールレタリング**とも呼ばれています。千島とウィルソン[68]は、一九七名

[67] Oettingen et al. (2001)

[68] Chishima & Wilson (2020)

の高校生を対象に、三年後の自分との手紙の往復がどのような教育的効果をもたらすかを検証しました。同時に、未来の自分に手紙を送ることに意味があるのか、それとも、現在の自分に手紙を送り返すことに意味があるのかを調べました。参加者は、クラスごとに「往信＋返信条件」と「往信のみ条件」にランダムに割り当てられました。「往信＋返信条件」では、三年後の自分に手紙を書き（往信）、三年後の自分がそれを受け取ったと仮定して、現在の自分に返信を行いました。往信と返信の間には、一カ月の期間がありました。「往信のみ条件」では、「往信＋返信条件」の返信と同じタイミングで、往信を行いました。事前・事後・フォローアップ測定は、両条件とも同じタイミングで行われ、フォローアップ測定は、事後測定の一カ月後でした。事前測定では、未来の自己連続性、キャリア計画（例：希望進路に進むための筋道がだいたいわかっている）、学業的満足遅延（例：自分の夢の実現のために勉強を優先して頑張っている）を測定し、事後測定で未来の自己連続性、フォローアップ測定でキャリア計画と学業的満足遅延を測定しました。二つの条件間で得点の上昇度合いについて比較した結果を、図6に示しました。結果として、「往信＋返信条件」では「往信のみ条件」よりも、未来の自己連続性・キャリア計画・学業的満足遅延の増加が有意に多いことが示されました。つまり、未来と現在のつながりを感じ、その後の行動を促すためには、未来の自分へ向けて手紙を送るだけでなく、未来の立場からの「返信」が有効だということが示されました。

4節　教育の可能性

子どもや若者にとって、今という時間が過去や未来と連続しているという事実を、

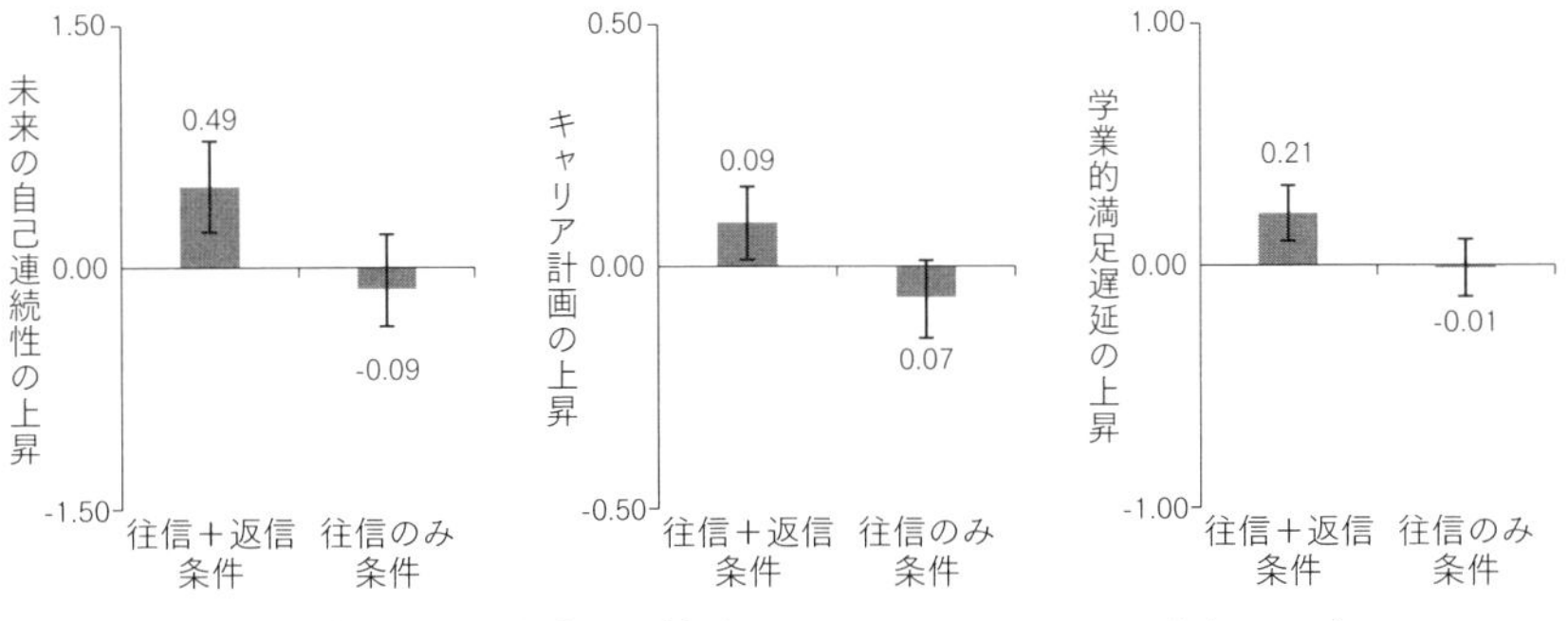

図6　条件ごとの得点の比較（Chishima & Wilson, 2020 を筆者が翻訳）
エラーバーは標準誤差を表している。

身をもって体感するのは難しいことです。数時間後などの短い時間であれば比較的理解できますが、数カ月後・数年後などの遠い未来となると、現在との関連は認識しづらくなります。とくに、児童期・青年期には衝動性が高く、快楽・刹那主義的になりやすいことも事実です[69]。現在に偏りがちな時間的指向性を、過去そして未来に広げていくことがまさに発達的な課題であるといえます[70]。それらの発達プロセスを理解しつつ、教育によって時間的展望の形成を促していくことが期待されます。

教育的介入の際には、エビデンスに基づいた実践を行うことが重要です。たとえば、未来の自分との対話の研究[71]で示されたのは、三年後の自分に手紙を送るという作業は、一カ月後のキャリア意識や学業態度の向上にほとんど効果がないというものでした。もちろん、一つの研究で大きな結論を下すことは避けるべきですが、現状では未来に向けた手紙を書くというだけでは、教育的効果が薄いといえます。このように、なんとなく意味がありそうだから、毎年やっているものだからといった発想ではなく、科学的に効果が認められているから実践してみようという態度が必要です。手紙の例でいえば、未来の立場になって、今の自分に送り返すという作業を加えることで、キャリア意識を高めることができます。この課題は、教育現場ですぐに活用できるはずです。

未来への指向性を高めようとする働きかけを、クラス単位や学校単位で行うことも効果的です。未来指向の高いクラスや学校に所属しているほど、生徒一人ひとりの未来指向も高まり、問題行動や精神的・身体的な症状を抑制しやすいことが近年明らかにされてきています[72]。つまり、みんなが将来に向けて頑張っていると、自分も頑張ろうという気持ちになりやすいことを示唆しています。教育的な介入をクラスや学校で協力して進めることで、子どもにとっても学校にとっても有益な結果が生まれていくでしょう。

〔千島雄太〕

[69] たとえば、Laureiro-Martinez et al. (2017) を参照。
[70] Lewin (1951)
[71] Chishima & Wilson (2020)
[72] Alm & Låftman (2016)
Chen & Vazsonyi (2013)
Johnson et al. (2016)

8章 情動知能
——情動を賢く活用する力

1節 情動知能とは

■情動と情動知能

難しい課題を達成したときの喜び、大切な人を失ったときの悲しみ、約束を破られたときの怒りなど、私たちは日常生活でさまざまな感情を経験します。このような特定の出来事により生じる比較的強い感情反応のことは、**情動**（emotion）と呼ばれます。情動は古来より哲学をはじめとするさまざまな学問分野において研究対象とされており、心理学でも数多くの研究が積み重ねられてきています。

情動を理解するうえで大切なポイントの一つが、時と場合に応じて、情動は役立つこともあれば、そうでない場合もあり得るということです[1]。まず、役立つはたらきとしてイメージしやすいのが、喜びをはじめとするポジティブな情動です。実際に、ポジティブな情動には、その人の思考や行動の多様性をもたらす機能があります[2]。さらに、実はネガティブな情動にも役立つはたらきがあります。たとえば、つらいときは悲しみを表出することにより、周りの人の共感や援助を引き出すことができま

[1] Gross (2015)
[2] Fredrickson (2001)

す[3]。また怒りにも、他の人に過ちを気づかせ、行動を変えさせる機能があります[4]。このように情動には有益な側面がありますが、一方で、時と場合によっては悪影響を及ぼすこともあります。不適切な場面での笑顔の表出が他者からの反感を引き起こしたり、過度な怒りが人間関係を壊したり、悲しみが長期的に続くことで心身の不調が生じたりなど、こういった例は私たちの日常生活において数多くみられます。

情動と上手につき合うには、このような情動に潜む「理」を見いだし、それを賢く活用する必要があります[5]。この情動と知性を統合する概念として、近年注目されているのが、本章で取り上げる、**情動知能**（emotional intelligence）です。情動知能は、一九九〇年に、「自己と他者の感情及び情動を認識して区別し、思考や行動に活かす能力」として、初めて包括的に提唱されました[6]。**情動コンピテンス**（emotional competence）、**社会情動的スキル**（social-emotional skills）、あるいはIQと対比させてEQとも呼ばれるこの概念は、社会で活躍するうえで重要な能力として注目を浴び、教育界でも大きな関心が寄せられています。後ほど詳しく紹介しますが、実際にこれまでの心理学研究において、情動知能は、主観的幸福感、健康、学業成績、勤務成績、職務満足度などのさまざまな種類の心理的・身体的・社会的な適応の高さと結びつくことが示されています[7]。

■情動知能の構成要素

情動知能が具体的にどのように適応指標と関連するのかを紹介する前に、情動知能の構成要素を簡単にみておきましょう。たとえば、英語力を「聞く（リスニング）」「話す（スピーキング）」「読む（リーディング）」「書く（ライティング）」の四技能に分けられるように、情動知能はいくつかの下位要素から構成されることが想定されています。この下位要素に何を含めるのかは、研究者の理論的立場に応じてばらつきがありますが、主流は情動知能の提唱者であるメイヤー（Mayer, J. D.）らによる、**情動知能の四枝モデル**です。このモデルでは、

[3] Hackenbracht & Tamir (2010)
[4] Fischer & Roseman (2007)
[5] 遠藤 (2013)
[6] Salovey & Mayer (1990)
[7] Mayer et al. (2008) Petrides et al. (2016)

①情動の知覚：自他の情動を同定し、正確に表現する能力
②情動の利用による思考の促進：判断や記憶の助けとなるような情動を生み出す能力
③情動の理解：情動がもつ特性や、情動と状況との結びつき、混合情動などの複雑な情動を理解する能力
④情動の管理：望ましい結果に向けて、自他の情動を効果的に調整する能力

の四つに情動知能の下位能力を区分しています[8]。

　このように情動知能は、いくつかの下位能力から構成されますが、適応指標との関連を検討する際には、「英語力」のように下位能力を一まとめにして、「情動知能」として分析が行われることが多いです。そのため、後ほど情動知能の基礎研究や介入研究をみていく際にも、基本的には下位能力をまとめた「情動知能」のレベルでの分析結果を紹介します。

■情動知能の測定

　さらに、情動知能の測定方法についてもここで触れておきましょう。現在の情動知能研究では、「パフォーマンステスト」あるいは「自己報告式の尺度*」が主流の測定方法として用いられています。まず、パフォーマンステストを用いた場合、測定される概念は、**能力モデル**（ability model）と呼ばれます。代表的なテストが、情動知能の提唱者であるメイヤーらが開発した**MSCEIT**《メスキート》（Mayer-Salovey-Caruso Emotional Intelligence Test）であり、前述した「四枝モデル」の各能力を測定するテストとなっています[9]。このＭＳＣＥＩＴは、たとえば、顔写真を見てどのような情動を感じているかを評定したり、文章を読んで、その状況で各行動がどの程度効果的かを評定したりする形式のテストになります（表1）。

[8] Mayer & Salovey (1997)
Mayer et al. (2016)

[9] Mayer et al. (2003)

表1　MSCEIT の概要

下位要素	テストの種類	内容
情動の知覚 (perceiving emotions)	顔表情	顔写真を見て，個々の情動がどの程度顔表情に現れているかを評定
	絵画	風景や抽象的なデザインを見て，個々の情動がどの程度その写真やデザインに現れているかを評定
情動の利用による思考の促進 (facilitating thought using emotions)	感覚	ある情動を抱いている場面を想像させ，その時に感じている感覚の程度を評定
	促進	ある情動が特定の認知活動に対してどの程度役立つかを評定
情動の理解 (understanding emotions)	混合	ある他の情動の組み合わせにより，どのような情動が生じるのかを選択
	変化	ある情動が強められた結果，どのような情動が生じるのかを選択
情動の管理 (managing emotions)	情動の管理	文章を読み，登場人物が特定の情動を感じる上で，各行動がどの程度効果的かを評定
	情動的な人間関係	文章を読み，情動を喚起された登場人物が良い人間関係を築く上で各行動がどの程度効果的かを評定

ここで問題となるのが、テストの正解の決め方です。情動知能の構成要素の中でも、とくに「情動の管理」といった高次な能力については、何をもって「正解」であるかを決めるのが非常に難しいです。そこで、MSCEITでは、多くの人が選択したものを正しいとする基準（一般基準）と、情動研究の専門家の回答を正しいとする基準（専門家基準）のいずれかが用いられています。ただし、一般基準については大多数の人の回答が必ずしも正しいとは限らない（みんなが間違えているかもしれない）ため、結果の解釈に一定の注意が必要です[10]。また、専門家基準に関しても、情動研究においては専門家の意見は食い違うことがしばしばあるために、どの意見を正解として捉えるべきか、絶対的な基準が決めづらいという限界点が指摘されています[11]。

一方、情動知能は、自己報告式の尺度を用いて測定が行われることもあります。この場合、四枝モデルの各能力の自己評定を求めるものであれば、測定される概念は、**自己報告による能力モデル**（self-report ability model）と呼ばれ

[10] Maul (2012)

[11] Brody (2004)

ます。また、四枝モデルの内容を拡張し、問題解決や楽観性などのより幅広い要素を含む概念に対して自己評定を求める場合は、**混合モデル**（mixed model）と呼ばれます。この「混合」は、メイヤー教授らがもともと提唱した能力に加えて、さまざまなパーソナリティ特性や行動様式が混ぜられて概念化されているという意味で用いられています。また、「自己評定による能力モデル」と「混合モデル」は測定の形式が共通しているため、これらを総称して、**特性情動知能**（trait emotional intelligence）という呼び方をすることもあります。[12]

測定の際には、「自己報告による能力モデル」であれば、**WLEIS**（Wang and Law Emotional Intelligence Scale）[13]、「混合モデル」であれば、**TEIQue**（Trait Emotional Intelligence Questionnaire）[14] などのさまざまな尺度が用いられます。これらの尺度のいずれも、情動的な反応や行動の傾向についての文章を読み、その内容が普段の自分にどの程度よく当てはまるのかを評定する内容になっています。たとえば、日本語版WLEISでは、「私は、他人の気持ちや感情に対して敏感である」「私は、腹が立ったときでもすぐに落ち着きを取り戻すことができる」といった文章を読み、これらの内容がどの程度普段の自分に当てはまるのかを、「5：いつもそうである」「4：だいたいそうである」「3：時々そうである」「2：めったにそうでない」「1：決してそうでない」の五段階の選択肢から一つ選び評定します。パフォーマンステストと比較して簡便に実施することができるのですが、自分で知覚している能力は、必ずしも実際の能力を反映しているとは限らない点に注意が必要です。[15]

このように、情動知能は、その測定方法と対象とする概念に応じて、「能力モデル」「自己評定に基づく能力モデル」「混合モデル」に大別することができます。[16] そして、この区分に基づき、これまでの研究では情動知能と適応指標との関連が報告されてきました。そこで、次節では、その詳細を具体的にみていきます。

[12] O'Connor et al. (2019)

[13] Wong & Law (2002) 尺度の日本語版は、豊田・山本 (2011)

[14] Petrides & Furnham (2003) 尺度の日本語短縮版は、阿部ら (2012)

[15] Matthews et al. (2004)

[16] Ashkanasy & Daus (2005)

2節　情動知能の基礎研究

本節では、情動知能が各種適応指標とどのように関連するのかを紹介します。その際に、相関係数とメタ分析*を主な手がかりとしてみていきましょう。

■相関係数とメタ分析

相関係数は、二つの変数間の関係の要約を表す値です。まず、図1のように、二つの変数をそれぞれ横軸と縦軸とし、一人の参加者から得られたデータを一つの点で表すことで、二変数間の関連を視覚的に示したグラフを散布図と呼びます。図1をみると、一番左のグラフは、情動知能が高いほど適応指標が高いという右上がりの関係性になっており、これを「正の相関」と呼びます。逆に一番右のグラフは情動知能が高いほど適応指標が低いという右下がりの関係性になっており、これを「負の相関」と呼びます。さらに、真ん中のグラフでは、右上がりあるいは右下がりといった関係性がみられず、これを「無相関」と呼びます。そして、散布図から読み取れる二つの量的変数の直線的な関係を具体的な数値で示した指標が、相関係数になります。相関係数は、−1~1の間の値をとります。また、数値の±が関係の方向性を示し、+の場合は正の相関、−の場合は負の相関を表します。さらに、数値の絶対値の大きさが関係の強さを示し、絶対値が1の場合は二つの変数のデータが一直線上に並び、0の場合は線形の関係はないということになります。

続いて、メタ分析とは、同一のテーマについて行われた複数の研究結果を統合して、何がいえるかを検討する手法です。これまでの情動知能と適応指標との関連を調べた個々の研究では、主に相関係数を用いてその結果が報告されています。そこで、これらの相関係

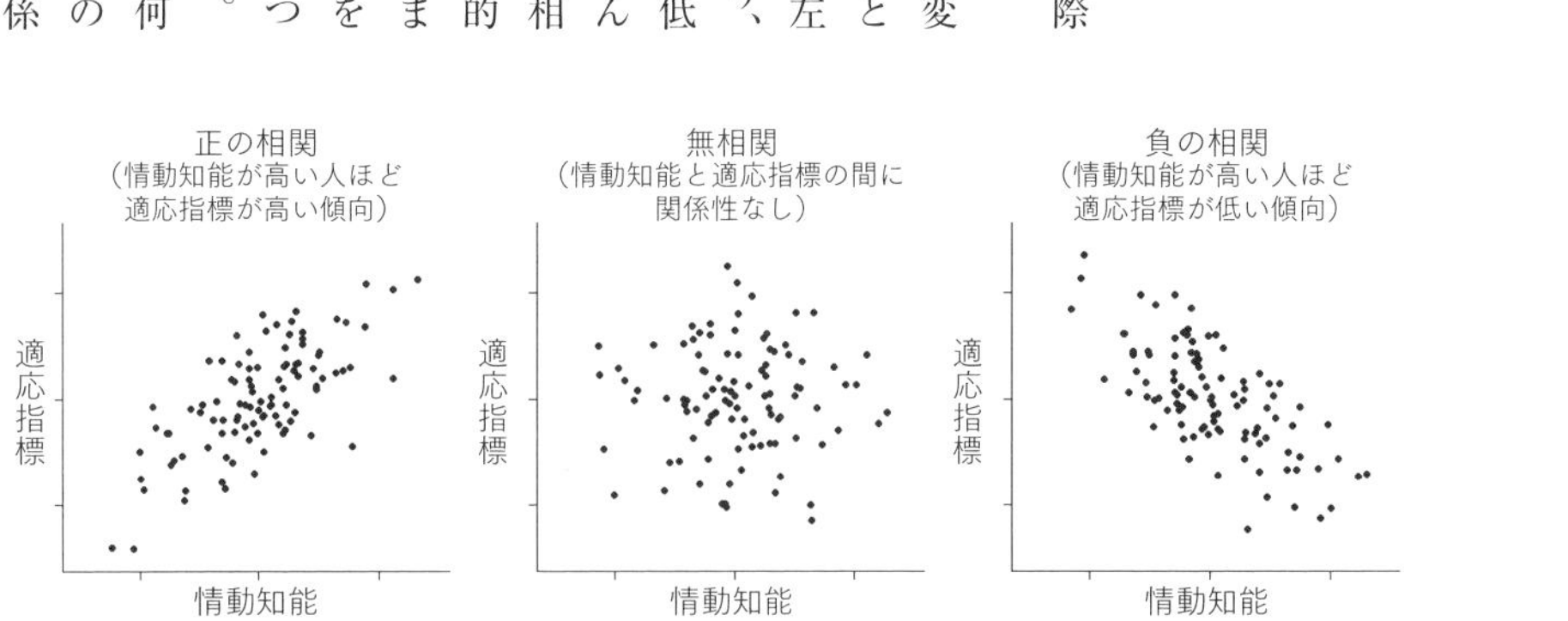

図1　散布図と「正の相関」「無相関」「負の相関」

数を統合することで、全体として関連の方向と強さはどの程度なのかを調べることができます。メタ分析を行うことで、より多くの参加者からのデータに基づき、情動知能と各種適応指標との関連を議論することが可能になります。

これまでの研究における、モデルごとの情動知能と各種適応指標との関連についてのメタ分析の結果を表2にまとめました。それでは以下では、適応指標の種類ごとに、情動知能との関連をみていきましょう。

■情動知能と主観的幸福感

適応と関連する指標として代表的なものに、**主観的幸福感**（subjective well-being）があります。これは、幸福感を「その人が自分の人生をどのように捉えているか」という側面から概念化したものです。幸福感にどのような要素を含めるかについてはさまざまな議論がありますが、心理学における幸福感研究の第一人者であるディーナー（Diener, E.）は、自分の人生に満足している度合い、普段のポジティブ感情の高さおよびネガティブ感情の低さという三要素を、代表的な主観的幸福感の構成要素として位置づけました[17]。この主観的幸福感と情動知能との関連が、メタ分析により調べられています。

メタ分析の結果[18]をみると、相関係数の値は、能力モデルの情動知能で0.22、自己評定に基づく能力モデルの情動知能で0.32、混合モデルの情動知能で0.38となっており、自己報告式尺度で測定した情動知能のほうが、パフォーマンステストで測定した情動知能よりも主観的幸福感と強く関連することが示されています。さらに、このメタ分析では、普段のポジティブ感情の高さおよびネガティブ感情の低さで表される「感情的幸福感」と、人生満足度で表される「認知的幸福感」の二つに主観的幸福感を分けた分析結果も報告されています。その結果、感情的幸福感との相関係数は、能力モデルの情動知能で0.14、自己評

表2　メタ分析の結果に基づく情動知能と各種適応指標との相関係数

	情動知能		
	能力モデル	自己評定に基づく能力モデル	混合モデル
主観的幸福感（Sánchez-Álvarez et al., 2016）	.22	.32	.38
健康（Martins et al., 2010）	.17	.34a	
学業成績（MacCann et al.,2020）	.24	.12	.19
勤務成績（O'Boyle Jr et al., 2011）	.24	.30	.28
職務満足度（Miao et al., 2017）	.08	.32	.39
部下の職務満足度（Miao et al., 2016）	.11	.29	.43

a.「自己評定に基づく能力モデル」と「混合モデル」を区別せずに，「特性情動知能」として分析が行われている。

定に基づく能力モデルの情動知能で0.29、混合モデルの情動知能で0.37でした。一方で、認知的幸福感との相関係数は、能力モデルの情動知能で0.25、自己評定に基づく能力モデルの情動知能で0.36、混合モデルの情動知能で0.39であり、認知的幸福感のほうが、より情動知能との強い相関を示す結果となっています。

では、情動知能の高さは、なぜ幸福感の高さと結びつくのでしょうか。この関係性を媒介する要因についても、さまざまな研究が行われていますが、とくに注目されているのが、日々の生活における情動調整方略です。メタ分析の結果[19]より、情動知能が高い人ほど、望ましくない情動を引き起こしている原因を解決する「問題解決」、他者に助けを求める「援助要請」、別の視点から望ましくない情動を引き起こしている出来事を捉え直す「再評価」などの、一般的に適応的とされる情動調整方略を多く用いる傾向があることが示されています。このような日々の具体的な状況における考え方や行動の違いが積み重なり、結果として、主観的幸福感の違いがもたらされるものと考えられます。

■情動知能と健康

幸福感を決める重要な要因の一つに**健康**があります。この健康に関しても、情動知能との関連が数多く調べられています。メタ分析の結果[20]をみると、相関係数の値は、能力モデルの情動知能で0.17となっています。また、このメタ分析では、自己評定に基づく能力モデルと混合モデルの情動知能を区別せず、特性情動知能として分析しており、その相関係数の値は0.34となっています。このように、主観的幸福感と同様に、自己報告式尺度で測定した情動知能のほうが、パフォーマンステストで測定した情動知能よりも健康と強く関連することが示されています。

さらに、上記のメタ分析に含まれている研究は、自分自身でどの程度健康であると思うかについて評定を求める、自己報告式の尺度で測定したものになりますが、このような主観的な指標だけでなく、より客観的な指標を用いて情動知能との関連を検討した研究もあります[21]。この研究では、

[17] Diener et al. (1999)
[18] Sánchez-Álvarez et al. (2016)
[19] Peña-Sarrionandia et al. (2015)
[20] Martins et al. (2010)
[21] Mikolajczak et al. (2015)

一三一〇名の参加者（一八歳～八〇歳：平均年齢五一歳）を対象に、参加者の同意を得たうえで一一年分の実際の医療記録を公的機関から入手し、その内容と情動知能との関連を検討しました。その結果、情動知能が高い人ほど、医師にかかった数（-0.13）、入院日数（-0.10）、薬の使用量（-0.18）、医療費（-0.14）などの指標と負に相関することが示されました（括弧内の値は相関係数）。また、これらの結果は年齢やソーシャルサポート、食習慣や運動習慣の影響を統計的に取り除いてもみられており、情動知能の独自の影響を示唆する結果となっています。

■情動知能と学業成績

情動知能は、学業成績の高さとも関連します。学業成績に対しては、従来、**知能指数**（ＩＱ）との関連が明らかにされていました。[22] これに加えて、新しい知能として位置づけられる情動知能も、学業成績と正に関連することが示されています。メタ分析の結果[23]をみると、相関係数の値は、能力モデルの情動知能で0.24、自己評定に基づく能力モデルの情動知能で0.12、混合モデルの情動知能で0.19となっており、主観的幸福感や健康とは異なり、パフォーマンステストで測定した情動知能のほうが、自己報告式尺度で測定した情動知能よりも強く関連するという結果になっています。

さらに、このメタ分析では、ＩＱやパーソナリティの影響を取り除いたうえで、情動知能と学業成績の独自の関連がみられるかも検討しています。そして、分析の結果、能力モデル、自己評定に基づく能力モデル、混合モデルの情動知能のいずれも、ＩＱやパーソナリティの影響を取り除いても、情動知能と学業成績の正の関連が認められたままであることがわかりました。なお、関連の強さとしては、学業成績に対してはＩＱの影響が最も強く、二番目がパーソナリティ特性の誠実性で、三番目が情動知能という結果となっています。また、このように情動知能と学業成績が正に関連する理由として、情動知能が高い人ほど、学業成績と関連するネガティブな情動（不安、退屈、落胆など）をうまく調整できることや、学習環境として重要な教師や他の生徒そして家族と良好な関係を築けるためで

[22] Richardson et al. (2012)
Roth et al. (2015)
[23] MacCann et al. (2020)

あることが考察されています。[24]

■勤務成績と職務満足度

情動知能は企業においても注目されていますが、その理由に、情動知能の高さが勤務成績や職務満足度の高さと結びつくことが挙げられます。まず、勤務成績に関して、メタ分析の結果[25]では、能力モデルの情動知能で0.24、自己評定に基づく能力モデルの情動知能で0.30、混合モデルの情動知能で0.28となっており、いずれのモデルの情動知能も同程度に勤務成績と正に相関することが示されています。なお、ここでの勤務成績は、主に同僚や上司からの評定や、営業職における契約件数などの客観的指標により測定されたものとなっています。

さらに職務満足度について、メタ分析の結果[26]では、能力モデルの情動知能で0.08、自己評定に基づく能力モデルの情動知能で0.32、混合モデルの情動知能で0.39となっており、勤務成績とは異なり、自己報告式尺度で測定した情動知能のほうが、パフォーマンステストで測定した情動知能よりも職務満足度と強く関連することが示されています。主観的幸福感と同じく、情動知能の測定と職務満足度の測定方法が似ており、二変数の共通要素が多いために、より大きな相関がみられたものと考えられます。

また、情動知能は、本人の職務満足度だけでなく、部下の職務満足度とも関連します。実際にメタ分析の結果[27]によると、部下の職務満足度との相関係数は、能力モデルの情動知能で0.11、自己評定に基づく能力モデルの情動知能で0.29、混合モデルの情動知能で0.43となっています。情動知能の高さは、しばしばリーダーシップの高さとも結びつけられますが、このように、自分自身だけでなく、他の人にもポジティブな影響を与えうる点が、情動知能の重要な役割として考えられています。

[24] MacCann et al. (2020)

[25] O'Boyle Jr et al. (2011)

[26] Miao et al. (2017)

[27] Miao et al. (2016)

3節 情動知能を伸ばすための介入研究

ここまでみてきたとおり、情動知能はさまざまな種類の心理的・身体的・社会的な適応と関連することが示されています。では、情動知能はトレーニングを通じて高めることはできるのでしょうか。本節では、情動知能を伸ばすための介入研究について、おおまかに「幼稚園～高校生」と「大学生以降」の研究に分けてみていきましょう。

■幼稚園児～高校生を対象とした研究

幼稚園児から高校生を主な対象とした情動知能の介入プログラムは、とくに**社会性と情動の学習**（social-emotional learning）と呼ばれます。そして、この社会性と情動の学習は、しばしば学校教育に組み込まれる形で行われます。メタ分析の結果[28]によると、このようなプログラムを通じて、情動知能に相当する社会情動的スキル（生徒自身あるいは教師・親・第三者のいずれかの評定による測定）が、標準化平均値差[29]の値で0.57向上することが示されています。さらに、一年以上経った後も、社会情動的スキルに対するプログラムの効果が持続することも報告されています。これらの結果は、学校教育において情動知能を介入対象とすることの有効性を示唆するものとなっています。

この社会性と情動の学習として有名なものが、イェール大学で行われている**RULER**という取り組みです[30]。RULERは、情動に対するRecognizing（認識）、Understanding（理解）、Labeling（ラベル付け）、Expressing（表現）、Regulating（調整）の頭文字をとったものであり、情動知能に含まれるスキルを高めるための包括的な教育プログラムとして実践活動が行われ、その効果が確かめられてきています（本書9章3節も参照）。具体的には、幼稚園児から高校生を対象として教育カリキュラムが整備されており、以下のようなツールが活用されます[31]。

[28] Durlak et al. (2011)

[29] 標準化平均値差とは、メタ分析において差の大きさを評価する際に用いられる指標です。たとえば、情動知能の介入研究であれば、単純な指標として、「トレーニング後の情動知能の平均値－トレーニング前の情動知能の平均値」でその変化量を計算することができます。しかし、この指標では、情動知能をどの

①Charter：「私たちはどのような感情を感じたいですか？」「このような感情を全員がもつようにするにはどうしたらいいでしょうか？」という問いに基づき参加者どうしでディスカッションを行い、合意された規範を形成することで、学校・地域・家庭などの共同体において、心安らぐ環境を整えるための教材です。これによりお互いの情動を気遣う能力を育むことが期待されます。

②Mood Meter：横軸を快－不快の感情価、縦軸を覚醒度の高低とし、感情価と覚醒度の高低の組み合わせで情動を四つのゾーンに分ける四象限マトリックスの教材です。ある情動がどこのゾーンに入るのかを考えさせたり、情動語のボキャブラリーとの関連を尋ねたりすることで、抽象的な情動を整理して捉えさせるのに役立つ教材となっています。

③Meta-Moment：情動調整のプロセスを、「1　強い情動経験に気づく」、「2　立ち止まって深呼吸する」、「3　『最高の自分』のイメージを活性化させる」、「4　有用な情動調整方略を選択して使用する」という四つの段階に分けて教える教材となっています。効果的な情動調整スキルの会得を目標としています。

④Blueprint：ある特定の対人葛藤の出来事について、一連の質問が用意されており、この質問に順に回答していくことで、自他の考えや情動を知り、効果的な解決策を考えることを助ける教材です。共感、視点取得、問題解決能力の育成と結びつくものとなっています。

また、日本においても、社会性と情動の学習の効果が検証されています。具体的には、幼児[32]、小学生[33]、中学生[34]などを対象に実践研究が行われており、いずれも教育プログラムのポジティブな効果を示すものとなっています。このように、情動知能は、国内外において学校教育と関連づけながら、すでにその教育の可能性が示唆されている概念であるといえるでしょう。

ような単位で測定するか（一〇点満点か？一〇〇点満点か？など）によって、その値の意味が変わってきます。そこで、値の意味を揃えるために、上記の変化量を散らばりの指標である「標準偏差*」で割るという計算を行います。これにより計算された値が「標準化平均値差」であり、おおまかな目安として、0.2で小さな差、0.5で中程度の差、0.8で大きな差と解釈されます。標準化平均値差の詳しい説明は、山田・井上編（2012）なども参照してください。

[30] 詳しいプログラムの内容は https://www.ruleapproach.org/ から確認できます。

[31] Brackett et al. (2019)

[32] 山田・小泉 (2020)

[33] 賀屋ら (2014)

[34] 木村・小泉 (2020)

■大学生以降を対象とした研究

情動知能は、幼児期や児童期だけでなく、成人になってからも高められることが明らかにされています。一八歳以上の参加者を対象とした情動知能の介入研究のメタ分析の結果[35]からは、トレーニングを通じて、情動知能が標準化平均値差の値で0.51向上することが明らかにされています。また、情動知能のモデル別の分析も行われており、能力モデルの情動知能は標準化平均値差の値で0.60向上する一方で、能力の自己評定および混合モデルの情動知能はいずれも0.31向上することが明らかにされており、能力モデルの情動知能のほうがトレーニングを通じて大きく高まることが示されています。さらに、この効果はトレーニング終了後も持続することも確かめられています。

具体的な個別の研究に目を向けると、大学生（平均年齢二〇歳）を対象とした情動知能の介入研究[36]では、参加者は、情動知能のトレーニングとして、情動知能の各構成要素に関するレクチャーやロールプレイ、グループディスカッション、ペアワークなどから構成される計一八時間のセッションへの参加と、自分の感情経験を振り返る宿題への取り組みを行いました（セッションの内容は表3を参照）。この結果、統制群と比べてトレーニング群のほうが、パフォーマンステスト、自己評定、他者評定で測定したいずれの情動知能も向上することを明らかにしています。また、この効果はトレーニング直後だけでなく、六カ月後も持続することもあわせて示されています。さらに興味深い点として、このトレーニングを通じて、情動知能だけでなく、幸福感、人生満足度、対人関係、心身の健康に対するポジティブな影響も認められるとともに、インタビューにより測定された組織で雇用される能力（employability）が向上するなど、各種適応指標の向上とも結びつくことも報告されています。

また、より年齢の高い参加者（平均年齢三八歳）を対象として、同様のトレーニング研究を行った結果も発表されています[37]。この研究では、成人期の参加者であっても、トレーニングを通じて自己評定および他者評定で測定した情動知能が高まること、また、一年後もその効果が持続することが示さ

[35] Hodzic et al. (2018)

[36] Nelis et al. (2011)

[37] Kotsou et al. (2011)

表 3　情動知能のトレーニングプログラムの概要（Nelis et al., 2011）

第 1 セッション：情動の理解 セッションの説明と日記の使用に関するイントロダクション 情動の重要性に関するイントロダクションと，鍵となる概念（情動，情動知能）の説明 情動の重要性を説明したビデオクリップの視聴 内容の要約
第 2 セッション：情動の同定 前回のセッションの振り返り 3つの扉（生理的活性，認知，行動傾向）を用いた自己の情動の同定：理論と実践 非言語コミュニケーションを通じた他者の情動の同定 顔表情の解読を通じた他者の情動の同定：微表情トレーニングツールプログラムによる演習 内容の要約と宿題
第 3 セッション：他者の情動を聞く 前回のセッションと宿題の振り返り 基本的なコミュニケーションのルール 積極的傾聴法 共感的傾聴法 積極的傾聴法のロールプレイ 内容の要約
第 4 セッション：他者への情動の表出 前回のセッションの振り返り どのように情動を表出するのか：事実・情動・要求・ポジティブな解決 情動表出のロールプレイ どのように衝突を調整するか？：理論とロールプレイ 内容の要約と宿題
第 5 セッション：情動の調整 前回のセッションと宿題の振り返り ストレス対処方略とその有効性：理論とグループディスカッション 肯定的再評価：ロールプレイと演習 心身のつながりとリラクゼーション法の実習 内容の要約
第 6 セッション：ポジティブ情動を高める 前回のセッションの振り返り ポジティブ情動の重要性：理論とグループディスカッション ポジティブ情動の力の活用：感謝などのポジティブな気持ちを促進する ポジティブ情動を味わう：理論と実習 内容の要約・質疑応答・評価

れています。また、人生満足度、対人関係、心身の健康に対するポジティブな影響も認められました。さらに、年齢に応じたトレーニングの効果の違いは認められておらず、ある程度の年齢であったとしても情動知能のトレーニングは効果的に機能することが示されています。

日本においても青年期・成人期の人を対象とした情動知能の介入研究が行われており、たとえば、大学教育[38]や看護師[39]を対象としたプログラムでの実践といった形で、その効果が認められています。これらの研究結果を背景として、情動知能のトレーニングは、教育現場や企業研修などへの応用が期待されています。

4節 教育の可能性

ここまでみてきたとおり、情動知能はさまざまな種類の適応に貢献することが明らかにされています。また、すでに学校現場と協同しながら、情動知能を高めるための実践が行われています。このように、情動知能は教育の可能性が強く期待されうる概念だといえるでしょう。

しかし、情動知能の教育を推し進める際には、いくつか課題もあります。まず、情動知能を効果的に高める教育方法を考えていくには、どのようなしくみを通じて情動知能は高まるのかという、学習過程のメカニズムについても十分に解き明かし、それを踏まえた教育プログラムを構築していく必要があるでしょう。心理学研究において、近年、注目を集めているトレーニングの一つに、**ワーキングメモリトレーニング**[40]があります。この分野の研究では、ワーキングメモリトレーニングを行うことにより、流動性知能*が向上することを報告しているものもありますが、その効果が頑健でないことを報告する研究もあり、効果の実態に関して大きな議論を呼んでいます。このような状況の中で、ワーキングメモリトレーニングにより引き起こされる認知能力の変化に関する精緻な理論を構築し、その理論に基づき、トレーニング内容の洗練や、効果の対象範囲の明確化を行う必要性が指摘されていま

[38] 小松・箱田 (2017)
[39] 岡村 (2013)

[40] ワーキングメモリ*と教育とのつながりに関しては、たとえば齊藤・三宅 (2014) などに詳しいです。

す。[41] 現在の情動知能研究は、ワーキングメモリ研究と比較しても、学習過程に関する理論が十分整っているとはいえず、セミナーやロールプレイなど、効果が認められそうなものをひとまず一まとめにし、トレーニングプログラムを構築しているものが多いです。しかし、トレーニング内容を洗練させ、転移も含めてその効果を詳細に検討していくためには、ワーキングメモリトレーニング研究から学び、理論の必要性を強調していくことが、情動知能研究においても求められると考えられます。この課題に対しては、情動調整のモデルとの統合を図ることで、学習メカニズムの理論化の試みがなされはじめており、今後の研究の発展が期待されます。[42]

また、情動知能は、伝統的にＩＱとの対比を重視して「非認知能力」と位置づけられていますが、その能力を詳しくみると、多分に「認知能力」の要素も含まれている点にも注意が必要です。たとえば、言語という認知能力が、情動の経験や発達に対して重要な役割を果たすことは数多くの研究で指摘されており、[43] 前述したＲＵＬＥＲにおいても、Feeling Words Curriculumと呼ばれる情動語を学ぶことを重視するプログラムがあります。すなわち、「非認知能力」の代表として考えられている情動知能には、実は「認知能力」の側面も含まれているといえるでしょう。情動知能は、しばしば対立的にみられがちな情動と知性という二つの概念の統合を図っている点にその概念上の価値がありますが、同様に、認知能力－非認知能力の二項対立に安易に陥らずに、両者の関係性を意識しながら、必要な能力を育むという視点が、教育上重要だと考えられます。

〔野崎優樹〕

[41] 坪見ら（2019）
[42] 野崎（2016）
[43] 池田（2018）

9章 感情調整

——感情にうまく対処する能力

1節 感情調整とは

経済協力開発機構（以下「ＯＥＣＤ」）の報告書[1]では、子どもたちが望ましい結果（たとえば、心身の健康や学業成績）を達成するために、非認知能力と呼ばれる社会情緒的スキルを学習する必要があると提起されています。そして、ＯＥＣＤの枠組みでは、非認知能力の主要な要素の一つとして、感情に対処する能力が含まれています。[2]なお、ＯＥＣＤの枠組みを含めて一三六の枠組みが提案されてきましたが、[3]感情に対処する能力は非認知能力の主要な要素の一つとして比較的一貫して提案されています。[4]感情に対処する能力を捉える概念として、本書では、自己制御・自己コントロールや情動知能（それぞれ本書３章と８章を参照）が取り上げられていますが、本章では、**感情調整**（emotion regulation）[5]を取り上げ、解説します。

人は、家庭、職場、学校といったさまざまな状況で、楽しい、嬉しい、腹が立つ、悲しい、寂しいといったさまざまな感情を感じています。そして、状況に応じて、感情を表情や言葉で表したり、あるいは、感情を表さないように我慢したりしていることでしょう。感情調整は、人が、いつ、どのような状況で、どのような感情を経験したり、表出したりするかに影響する一連の過程を捉える概念と

[1] OECD (2015)
[2] OECD (2015)
[3] Berg et al. (2017)
[4] Soto et al. (2021)
[5] emotionとregulationの日本語訳は定まっていません。emotionは感情や情動と訳され、regulationは調整、調節、制御と訳されます。

	低下	増加
ネガティブ感情	イライラしたときに、落ち着こうとする。（内的感情調整） アイスクリームを落として泣いている子どもを助ける。（外的感情調整）	試合直前に、闘争心を高める。（内的感情調整） 友だちが保護者とちょっとしたケンカをしたことを、深刻に評価する。（外的感情調整）
ポジティブ感情	友だちの悩みを聴く時に、笑顔を消す。（内的感情調整） 就寝時にふざける子どもを落ち着かせる。（外的感情調整）	友だちと良い知らせを共有する。（内的感情調整） 友だちを励ますために、冗談を言う。（外的感情調整）

図１　感情調整の例（Gross, 2015 を参照に作成）

して定義されています[6]。

たとえば、生徒たちは、ある科目のテストで低い点数をとったときに、恥ずかしさや罪悪感を経験するでしょう。ある生徒は、こうしたネガティブ感情を我慢して、より一層努力してその科目を勉強するかもしれません。他方で、別の生徒は、ネガティブ感情を繰り返し吐露して、その科目の勉強をあきらめるかもしれません。このように、生徒たちが感情にうまく対処できるかできないかによって、学業成績は変わります。

日常生活において、人はさまざまな方法を用いて感情を調整しています。図1に感情調整の例を示しながら、さまざまな方法で行われている感情調整の重要な特徴を挙げました[7]。

第一に、感情を望ましい状態に保つことを目的として感情調整が行われることもあれば、他の目的のために感情調整が手段として行われることもあります。たとえば、友だちの悩みを聴くという目的のために、笑顔を消し、ポジティブ感情を低めることが挙げられます。

第二に、一般的に感情調整は自分の感情を調整することを目的に行われます。こうした感情調整は**内的感情調整**と呼ばれます。一方で、感情調整は相手の感情を調整することを目的としても行われます。こうした感情調整は**外的感情調整**と呼ばれます。たとえば、イライラしたときに落ち着こうとすることは内的感情調整で、アイスクリームを落として泣いている子ど

[6] Gross (1998)

[7] Gross (2015)
Gross & Thompson (2007)

もを助けることは外的感情調整です。

第三に，感情調整は意図的に行われることもあれば，自動的に行われることもあります。前者は**顕在的感情調整**と呼ばれ，後者は**潜在的感情調整**と呼ばれます。たとえば，ある生徒は，仲間外れにされたことに腹が立っても，当初は意図的に怒った表情を隠すようにしていました。しかし，繰り返し仲間外れにされるうちに，次第に自動的に表情を消すようになるかもしれません。

第四に，感情調整はさまざまな方法を含みますが，どの方法が良いか悪いかはあらかじめ仮定されていません。一般的には，人は，日常生活において，怒り，悲しみ，不安などのネガティブ感情を低める方法を使っていますが，喜び，興味，安心などのポジティブ感情を高める方法も使っています。一方で，状況によっては，ネガティブ感情を高めたり，ポジティブ感情を低めたりする方法も使っています。たとえば，試合が直前に迫っている状況では，闘争心というネガティブ感情を高めるために，叫び声を上げる，睨みつけるといった方法が用いられることもあるでしょう。

2節　感情調整の基礎研究

一九九〇年代半ば以降，感情調整に関する基礎研究が急速に進展しています[8]。これらの基礎研究は，人が感情を調整するために用いている多くの方法を整理し，それらの方法がどのような結果と関連するかを調べてきました。その結果，多くの研究で，感情調整が心の健康と関連することが報告されています。さらに，いくつかの研究で，感情調整が学業成績と関連することが報告されています。こうした基礎研究の蓄積を踏まえ，近年では，教育現場で感情調整を取り入れた実践への示唆がなされつつあります。本節では，感情調整がどのような概念かを捉える枠組みを紹介した後，感情調整と望ましい結果の関連について述べることにします。

[8] Gross (2015)

■概念を捉える枠組み

感情調整を捉える主要な枠組みとして，**感情調整のプロセス理論**[9]があります。この理論は，感情が，状況，注意，評価，反応という四つのプロセスを経て生起する中で，各プロセスにおいて，状況選択，状況修正，注意配置，認知的変化，反応調整という五つの感情調整が行われうると仮定しています。図2に感情が生起する各プロセスに対応する感情調整を示しました。

教育現場に感情調整を取り入れる実践[10]を参考に，感情調整の五つのプロセスを例を挙げながら説明します。まず，**状況選択**は，ある感情を喚起させる状況を選んだり，避けたりするプロセスを指します。たとえば，学習する科目や場所などの状況を選ぶことが挙げられます[11]。**状況修正**は，状況を直接変えるプロセスを指します。たとえば，テスト中に問題を解く順番を変えたり，学習する環境を整えたりすることが挙げられます。より具体的には，ある生徒は，テスト中に不安を経験しないように，難しすぎる問題ではなく，易しい問題から解こうとするかもしれません。また，授業を受ける教室を選べなくても，座席を自由に選ぶことができるなら，ペン回しをする癖のある同級生から遠い座席を選んでイライラすることを避けたり，友だちから近い座席を選んで安心しようとしたりするもしれません。

次に，**注意配置**は，注意を向けたり，逸らしたりするプロセスを指します。たとえば，週末に喫茶店で自習するときに，周囲の会話に気を散らされるため，イヤフォンをして音楽を聴くことで，落ち着くことが挙げられます。また，テストに備えて勉強しなければならないときに，テストから注意を逸らすことも焦燥感を抑える注意配置とみなされますが，テストが直前に迫るにつれて，注意を逸らすことが難しくなり，焦燥感をより一層経験することになるでしょう。

認知的変化は，状況の評価や捉え方を変えるプロセスを指します。たとえば，ある生徒は，大学入学テストが直前に迫ったときに，テストに備えて十分に勉強したことを思い出し，合格できるだろ

[9] Gross (1998)

[10] Harley et al. (2019)

[11] ただし，小学生や中学生では，興味を喚起させる科目を選択し，退屈を喚起させる科目を選択しないことは難しいでしょう。他方で，大学生では，状況選択を用いることが比較的易しく，興味を喚起させる科目を自分の予定に合わせて選択できるでしょう。

うと期待することで、不安を抑えるかもしれません。また、別の生徒は、大学入学テストの結果が不合格だったときに、今回のテストが最後のチャンスではないと捉え直すことで、悲しみを抑えるかもしれません。

さいごに、**反応調整**は、表情やしぐさといった反応を変えるプロセスを指します。たとえば、ある生徒は、授業中に退屈しているときに、あくびを堪えるかもしれません。別の生徒は、友だちの悩みを聴くときに、笑顔を消すかもしれません。

なお、日常生活において、人は、感情調整の五つのプロセスに整理されうる方法を明確に区別せずに用いています。さらに、感情調整の結果として、状況は刻一刻と変わっていきます。たとえば、先生が生徒に叱ったときに、生徒が泣き出し、感情を表出した結果、先生は叱ることを止め、謝ることで、生徒は泣き止み、感情の経験や表出を抑えるかもしれません。

■心の健康との関連

感情調整にはさまざまな方法が含まれていて、望ましい結果と強く関連する方法もあれば、あまり関連しない方法もあります。感情調整のプロセス理論を踏まえて、感情調整と心の健康の関連を調べた三〇六の実験研究の知見を統合したメタ分析*が報告されています[12]。メタ分析で扱われた研究では、実験参加者は感情を喚起させる課題を行い、感情調整を行う条件と行わない条件に割り当てられました。たとえば、注意配置を行う条件では、実験参加者は、ネガティブ感情を喚起させる画像を提示されたときに、その画像とは関係しない、楽しかった思い出といったポジティブな出来事を考えるように指示されました。また、心の健康は、個人が評定した主観的経験、他者が観察した表情などの行動、心拍や脳波などの生理的反応で測定されました。結果として、状況選択と状況修正については十分な知見が蓄積されておらず、注意配置は心の健康と関連していませんでした。他方で、反応調整は心の健康に弱い効果があり、認知的変化は心の健康に弱いか中程度の効果があることが示されまし

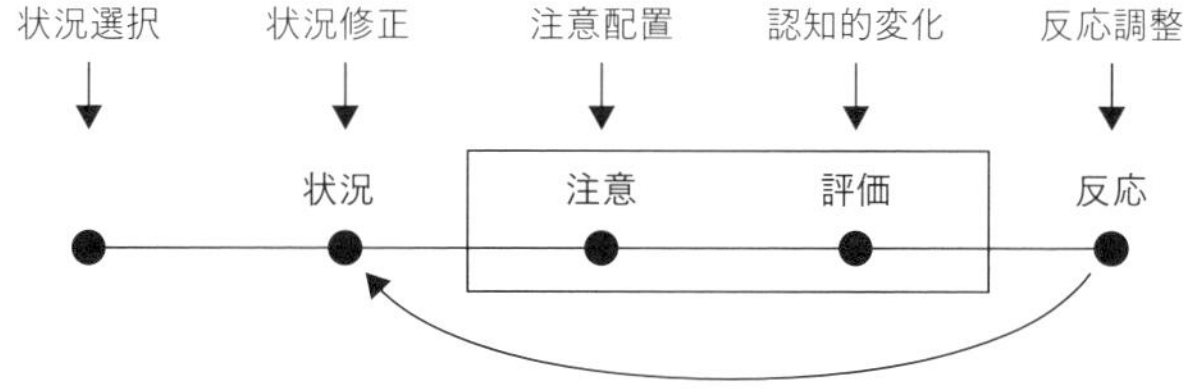

図2 感情調整の五つのプロセス（Gross & Tompson, 2007 を参考に作成）

[12] Webb et al. (2012) ただし、このメタ分析で扱われた実験研究の八割は概ね一八歳から三〇歳までの成人期を対象にしており、乳幼児期から児童期、そして中年期以降を対象とした研究は限られている

た。

さらに、感情調整の各プロセスには、いくつかの方法が含まれていて、方法によって心の健康との関連が異なっていました。たとえば、注意配置に含まれる方法のうち、注意を逸らすことは効果があった一方、集中することは効果がありませんでした。また、反応調整に含まれる方法のうち、感情の表出を抑えることは効果があった一方、感情の経験を抑えることや感情を喚起させた出来事を考えないようにすることは効果がありませんでした。認知的変化に含まれる方法は比較的一貫して効果がありましたが、感情を喚起させた刺激をポジティブに捉え直すこと（たとえば、ネガティブな出来事がポジティブな結果をもたらしうることを想像する）や客観的に捉え直すことは、生起した感情を捉え直すこと（たとえば、経験した感情を普通だと考えたり、経験した感情をそのまま受け入れたりする）に比べて、効果が強いことがわかりました。

感情調整のプロセス理論を踏まえていないものの、不安や抑うつといった心の健康との関連を調べた調査研究の知見を統合したメタ分析もいくつか報告されています[13]。これらのメタ分析は、感情調整のプロセス理論に対応する、反応調整に含まれる**抑制**という方法と認知的変化に含まれる**再評価**という方法にも着目していました。抑制には、感情を表出することを抑えること、感情を喚起させた出来事を考えないようにすることが含まれます。また、再評価には、状況をポジティブに捉え直すことが含まれます。

あるメタ分析[14]では、抑制を用いることは心の不健康と強い関連を示し、再評価を用いることは心の健康と弱いか中程度の関連を示していました。なお、抑制は、児童期や思春期を含む成人期以前に比べて、成人期以降で効果が強いことが示唆されました。また、別のメタ分析[15]は、成人期以前を対象とする調査研究を扱いました。思春期では、再評価を用いることは心の健康と関連していた一方、児童期から思春期にかけて、抑制を用いることは心の不健康と関連していました。日本においても、小学生と中学生を対象にした調査研究[16]の結果、再評価を用いることは心の健康と関連しなかった一方、抑

ことに注意が必要です。感情調整のプロセス理論を踏まえており、乳幼児期から高齢期まで幅広い年齢層に共通して用いることができる、感情調整を測定する実験方法が確立されていないことが、子どもを対象とする実験研究が少ない原因の一つであると考えられます。

[13] Aldao et al. (2010) Compas et al. (2017) Schäfer et al. (2017)

[14] Aldao et al. (2010)

[15] Compas et al. (2017) Schäfer et al. (2017)

[16] 村山ら (2017)

制を用いることは心の不健康と関連していました。なお、この研究では、感情調整を測定する調査方法として、成人を対象にした質問[17]を参考に、小学生と中学生を対象にした質問が独自に作成されました。これらの調査研究や実験研究[18]の結果から、感情を意図的に調整するためには、認知機能が十分に発達する必要があり、発達の途上にある子どもは、望ましい結果と関連する方法（たとえば、再評価）をまだうまく用いられないことが示唆されています。

なお、実験研究と調査研究で、抑制と心の健康の関連が異なる原因として、実験研究では、抑制の短期的な効果を調べている一方、調査研究では、抑制の長期的な効果を調べていることが挙げられます。つまり、先生に叱られるなどのネガティブ感情を喚起させる状況では、感情の表出を抑えることが短期的には望ましくても、その状況から距離を置いた後でも、感情の表出を抑え続けることは長期的には望ましくないでしょう。

また、文化によっては、抑制は望ましくない結果と必ずしも関連しないことを示唆する結果[19]が報告されていることに注意が必要です。持ちつ持たれつの関係や人間関係の和を重視する文化（たとえば、アジアの国々）では、相手との関係を良く保つという目的のために、感情の表出を抑えることが望ましいと考えられています[20]。そのため、日本においては、状況によっては、抑制を用いることが人間関係を良く保つことと関連しうるかもしれません。たとえば、幼児を対象にした実験研究[21]では、期待外れのプレゼントをもらったときに、笑顔だった子どもと無表情だった子どもは、怒ったり悲しい表情だった子どもに比べて、他の子どもたちから友だちとして選ばれやすいことが報告されています。

■学業成績との関連

感情調整のプロセス理論を踏まえていないものの、感情調整が学業成績と関連することを示唆する調査研究がいくつか報告されています[22]。これらの研究では、子どもが自分の感情調整を評定したり、保護者が子どもの感情調整を評定するという調査方法が用いられました。結果として、感情調整をう

[17] Garnefski & Kraaij (2006)
Gross & John (2003)
[18] McRae et al. (2012)
[19] Butler et al. (2007)
Soto et al. (2011)
[20] Tsai & Lu (2018)
[21] Nakamichi (2017)
[22] Graziano et al. (2007)
Gumora & Arsenio (2002)
Hill & Craft (2003)

まく行える園児は数え方や読み書きを正確にでき[23]、感情調整をうまく行える小学生は算数の成績がよく[24]、感情調整をうまく行える中学生は国語と数学の成績がよい[25]ことが示されました。

感情調整がどのようなメカニズムで学業成績を予測するかを捉える枠組みが提案されています[26]。この枠組みでは、幼児期において言語と感情の理解が発達した後、児童期において感情を調整する能力が発達し、先生や友だちとの関係が良く保たれることで、結果として学習への動機づけとスキルが向上し、よい学業成績を予測すると考えられています。日本で行われた調査研究[27]がこのメカニズムを支持する結果を報告しています。この研究では、学業成績は測定されていないものの、状況をポジティブに捉え直すという再評価を用いる女子中学生は、先生や友だちから助けを得やすくなることで、学校に適応していることが示唆されています。なお、感情調整を測定する調査方法として、成人を対象にした質問[28]が用いられましたが、最近では、小学生から高校生までの生徒を対象にした質問[29]が作成されています。

3節　感情調整を伸ばすための介入研究

感情調整を含む社会情緒的スキルを学習するプログラムとして、**社会性と情動の学習**（Social and Emotional Learning: SEL）が提案され、実践されてきました。二一三の介入研究の知見を統合したメタ分析[30]では、ＳＥＬが、感情調整を含むスキル、心の健康、学業成績に効果があることが示されています。日本においても、園児を対象として、感情調整の学習を取り入れたＳＥＬが行われており、他の子どもとの関係を良く保つことといった社会関係に効果があることが報告されています[31]。

ＳＥＬの一つである**ＲＵＬＥＲ**[32]は、８章で解説された情動知能[33]を踏まえて開発された学習プログラムです[34]。ＲＵＬＥＲは、Recognize, Understand, Label, Express, Regulate emotions（感情を認識し、理解し、名づけ、表出し、調整する）の頭文字をとって命名されており、末尾のＲに象徴される

[23] Graziano et al. (2007)
[24] Hill & Craft (2003)
[25] Gumora & Arsenio (2002)
[26] Eisenberg et al. (2005)
[27] Kitahara et al. (2020)
[28] Gross & John (2003) 吉津ら (2013)
[29] Gullone & Taffe (2012) Namatame et al. (2020)
[30] Durlak et al. (2011)
[31] 山田・小泉 (2020)
[32] https://www.rulerapproach.org
[33] 情動知能は、誰が感情にうまく対処できるか

ように、感情調整を学習することが目標の一つとして位置づけられています。より具体的には、感情調整のプロセス理論に基づいて、望ましくない感情を予防し、低めること、そして、望ましい感情を生じさせ、保ち、高めることが目標とされています。本節では、感情調整を伸ばすための介入研究の枠組みを説明した後、RULERで行われている、感情調整の学習の例を紹介します。

■介入研究の枠組み

教育現場で感情調整を伸ばすための枠組みがいくつか提案されています[35]。これらの枠組みでは、いつ、誰が、どのようにすれば、感情調整を教えることができるかが整理されています。たとえば、子どもたちが学校に適応できることを目的として、就学前の子どもたちに対して、保護者と教師がどのように感情調整を教えることができるかが整理されています。

図3に示した枠組み[36]では、子どもたちが、就学準備として感情調整を学習することで、就学後に友だちをつくりやすく、授業や集団行動などの状況で喚起される感情にうまく対処することができるため、結果として非認知能力と呼ばれる社会情緒的スキルと学業成績を向上させうると考えられています。さらに、図4で示したように、保護者と教師が家庭と学校で子どもにどのように感情調整を教えることができるかが提案されています。感情調整を教える方法として、保護者と教師向けの共通する方法と、教師向けの第二、第三の方法の二つが考えられています。

まず、共通する方法として、感情調整に限らず

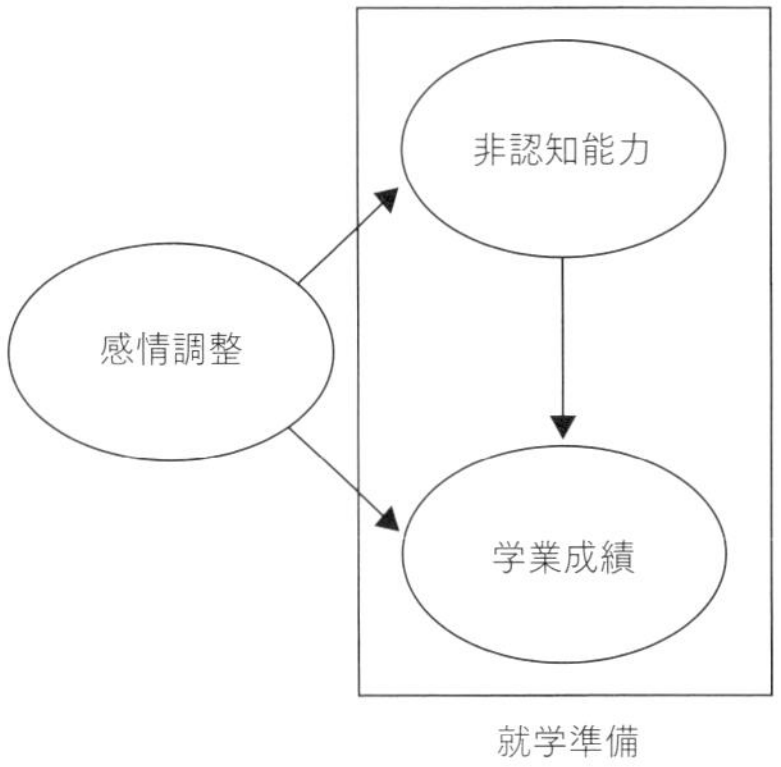

図3　乳幼児期から児童期における感情調整，非認知能力，学業成績の関連
（Hair et al., 2006 と Harrington et al., 2020 を参考に作成）

に着目した概念で、感情調整は、どのように感情にうまく対処できるかに着目した概念であると考えられています。情動知能と感情調整の関連を調べた研究の知見を統合したメタ分析（Peña-Sarrionandia et al., 2015）では、情動知能が高い人は、感情調整のさまざまな方法を柔軟に用いていることが示唆されています。たとえば、自分とは意見が異なる相手と話し合う状況など、ネガティブ感情を喚起させる状況であっても、必要があれば、情動知能が高い人はその状況を避けません。さらに、自分の意見ばかり話すのではなく、順番にお互いの意見を話したり、相手の意見を聞くようにするなど、状況をうまく修正する方法を用いるようです。

[34] Brackett et al. (2019)
[35] Blair (2002)
Eisenberg et al. (2005)
Harley et al. (2019)
Harrington et al. (2020)

支援する程度が大きくなる

保護者と教師向けの共通の方法	
方法	例
1. 子どもたちが感情を認識し，分類し，表出し，話すことを助ける。	1.「まだ遊びたいから，イライラしてるみたいだね。でも，片付けの時間だよ」
2. 一日を通して感情に名前を付け，感情を表す言葉に触れさせる。	2. 本を読む時に，「この人たちはどう感じてると思う？」と尋ねる。
3. 子どもたちの感情を認め，尊重する。	3.「アイスクリームを落とすと悲しいね。大丈夫だよ」
4. 困難な感情に直面している子どもたちを言葉で指導する。	4.「このパズル難しいね！イライラしてるみたいだよ。息を吸って，もう一回やってみよう」
5. 適切な言葉と行動で感情的反応を形にして表す。	5. 大人が自分の感情に名前を付ける。「高い所に登ると，ドキドキするね」
6. 仲間との交流の中で，子どもたちが感情調整の方法を真似て，練習する機会を提供する。	6. 仲間と一緒に物真似遊びを促す。
7. 感情に関する本，テレビ，ゲームに子どもたちを触れさせる。	7. 谷川俊太郎の「きもち」，中川ひろたかの「ないた」「おこる」
8. 指導し助けることで，子どもたちに感情を調整する練習の機会を提供する。	8.「一緒に大きく息を吸おっか。鼻から空気を吸い込んで，口から吐いて」

教師向けの第二，第三の方法	
方法	例
1. 子どもたちが感情について話したり，感情を制御する方法を練習する機会を，大人が指示し，設計し，足場を組んで，提供する。	1. 感情をどのように表現するか，形にして表し，生徒が自分の感情を分類し，感情調整の方法を使うように促す。
2. 仲間と交流する時，感情調整のスキルを練習できるように設計された機会を提供する。	2. 3～5人の小グループで，生徒が感情調整の方法を使って仲間と適切に関われるように，助けになるヒントを与える。
3. 生徒のニーズに合わせて，小グループか1対1で，感情調整の方法を重視した社会性と情動に関する教育内容を取り入れる。	3. 1～3人の生徒と社会性と情動のスキルを振り返り，褒められたり感想をもらいつつ，感情調整のスキルを使う練習をする。
4. 感情調整の方法をより頻繁に振り返り，練習する。	4. 1週間に2～3回，生徒と感情調整の方法を振り返り，褒められたり感想をもらいつつ，スキルを練習するように促す。
5. 困難な感情に直面している時に，感情調整の方法を使うように促す。	5. 学校での困難な時期やタイミングを予期し，感情制御の方法を使うように生徒に思い出させる。その時に生徒が感情調整の方法を使えるよう，助けになるヒントを与える。

図4　感情調整を支援する方法（Harrington et al., 2020 を参考に作成）

一般的に助けを得やすい環境を整えること、そして、とりわけ感情調整を助けることが挙げられます。助けを得やすい環境では、子どもは安心して感情を表出し、感情について話し、感情を調整する方法を練習することができます。こうした環境は大人と子どもがよい関係を築くことで整えることができると考えられてきました[37]。また、子どもが感情を調整することを助けるため、大人は一日を通して感情に名前をつけ、感情を言葉で表したり、指導し助けたりすることで、子どもが怒りやイライラといった強いネガティブ感情を調整する練習の機会を提供することができます。たとえば、大人は、子どもに「イライラしてるね」と言葉で表し、落ち着くために「一緒に息を吸おっか」と指導することができるでしょう。

子どもによっては、共通する方法では感情調整の方法を十分に学習することができないかもしれません。そうした子どもには、第二、第三の方法を用いて、教師が専門的な支援を行う必要が生じる場合があります。これらの方法では、共通した方法を、より明示的に、小さなグループで、練習する機会を多くし、フィードバックを得られるようにして、教えることになります。

■介入研究の紹介

以下では、ＲＵＬＥＲで取り入れられている感情調整の学習の例[38]を紹介しますが、感情調整の学習を取り入れたＳＥＬとして、ＲＵＬＥＲ以外にも、ＰＡＴＨＳ（Promoting Alternative Thinking Strategies）[39]、やさしさの教育（Kindness Curriculum）[40]、Incredible Yearsプログラム[41]、強い子プログラム（Strong Kids）[42]があります。また、日本のＳＥＬにおいても、元気になれる言葉を考え、紙芝居の登場人物の役を演じるというロールプレイを通して、元気になれる言葉を使う練習をする学習が取り入れられています[43]。

ＲＵＬＥＲでは、感情を認識し、理解し、名づけるスキルを教えるため、**ムードメーター**（Mood Meter）という教材が用いられています。ムードメーターは、**感情の円環理論**[44]に基づいて、縦軸に感

Jacobs & Gross (2014)
[36] Harrington et al. (2020)
[37] Ainsworth et al. (1974)
[38] Hoffmann et al. (2020)
[39] Eisenberg et al. (2010)
[40] Flook et al. (2015)
[41] Webster-Stratton & Reid (2003)
[42] Merrell et al. (2008)
[43] 山田・小泉 (2020)
[44] Russell & Barrett (1999)

情がポジティブかネガティブかを意味する感情価（valence）と横軸に感情が強いか弱いかを意味する覚醒度（arousal）の二つの軸で四つのスペースに区切られたグラフです。生徒たちは、自分の感情に名前をつけ、その感情がどのスペースに分類できるか学習します。ムードメーターの使い方を学習した後、生徒たちは、自分の感情が生じた理由を考えたり、自分の感情をそのスペースのままにしておきたいか（つまり、持続させたいか）、それとも、別のスペースに動かしたいか（つまり、増やしたり、減らしたりしたいか）決めたりするという学習もできるようになります。たとえば、ある生徒は、自分の感情に「イライラ」と名前をつけると、「ネガティブ」で「強い」感情のスペースに自分の感情を記入して、「イライラ」を感じた理由を考えて、「ポジティブ」で「弱い」感情のスペースに自分の感情を動かそうとするかもしれません。

教師は、状況に応じて、ムードメーターを使うことができます。たとえば、生徒たちが登校して教室に入るときに、ムードメーターに自分の気持ちを記入してもらうことができるでしょう。また、特定の生徒がイライラや怒りといった強いネガティブ感情に対処する必要があるときに、ムードメーターを用いながら、落ち着かせる方法を練習することもできるでしょう。

ＲＵＬＥＲでは、感情調整の方法を学習する授業も取り入れられています。**気持ちを表す言葉の教育**（Feeling Words Curriculum）[45]では、ムードメーターの四つのスペースに分類される感情を表す言葉をそれぞれ三つ、合計一二個を一年間に生徒たちに教えることを目標とします。学年が上がると、生徒たちはより複雑な言葉を学習していくように設計されています。授業は六つの段階で進行します。第一段階では、教師と生徒たちが楽しかったり嬉しかったりしたときについて話し合い、教師はその感情を表す言葉（たとえば、喜び）を紹介します。第二段階では、生徒たちは感情を表す言葉を絵で表現し、説明します。第三段階では、生徒たちは感情を表す言葉を用いて、授業で取り上げた物語の登場人物の感情を短い文章で述べます（たとえば、アーノルド・ロベールの『ふたりはともだち』で、かえるくんからの手紙を待つがまくんの気持ちを考えてもらいます）。第四段階では、生徒たち

[45] Rivers & Brackett (2011)

は家で保護者に対して、授業で話した感情を表す言葉を説明し、どんなときに経験したかを質問します。第五段階では、生徒たちは第三段階と第四段階で取り上げた内容についてお互いに話し合います。第六段階では、生徒たちは感情が変わっていった人（たとえば、寂しさから喜びへの変化）の物語を創作します。介入研究の結果、気持ちを表す言葉の教育を受けた小学生では、受けなかった小学生に比べて、教師が評定した社会情緒的スキルが向上したことが報告されていました[46]。なお、この教育では、生徒たちが感情を認識し、理解し、名づけられることが目標とされていますが、ネガティブ感情を表す言葉（たとえば、怒り）を紹介すると、その感情をどのように調整するかについて話し合うことができるでしょう。また、ロールプレイを通して、感情を調整する方法を練習する機会を提供することもできるでしょう。

4節 教育の可能性

日本における教育現場での実践は、幼稚園教育要領、小・中・高等学校学習指導要領を踏まえて行われており、二〇一七年、二〇一八年に改訂された要領では、幼稚園から小学校、小学校から中学校といった学校段階間の円滑な接続が重視されています。就学前の子どもたちが安心して感情を表出し、感情について話し、感情を調整する方法を練習することは、就学後に学校への適応を促すことが示唆されています。そのため、幼稚園や保育園において就学準備として感情調整を教えることは、改訂された要領に沿っていると考えられます。図4で示した保護者と教師向けの共通の方法を保育園や幼稚園で取り入れて、大人と子どもがよい関係を築き、子どもが助けを得やすい環境を整えることがまず重要でしょう。そして、教師は一日を通して子どもたちの感情を言葉に表したり、感情を調整したりする方法（たとえば、深呼吸する、景色を眺める、散歩する）を練習する機会を提供できるかもしれません。子どもたちが怒りや悲しみといったネガティブ感情、あるいは、喜びや興味といったポ

[46] Brackett et al. (2012)

ジティブ感情を表出し、それらの感情をどんなときに経験したか、感情を持続させたいか、それとも、増やしたり減らしたりしたいかについて話し合い、そして、必要があれば、教師はどうすれば感情をそのように調整できるか指導できるでしょう。

さらに、ＳＥＬは社会情緒的スキルに効果があることが示唆されており、[47]日本においても、感情調整の学習を取り入れたＳＥＬは他の子どもとの関係を良く保つことといった社会関係に効果があることが報告されています。[48]本章では、ＲＵＬＥＲでの感情調整の学習の例を紹介しましたが、たとえば、小学校や中学校では、国語という科目で感情を表す言葉を学習する場合、生徒たちが、自分自身だけでなく、同級生や保護者もその感情をどんなときに経験し、どのように調整したか、話し合うといった学習指導案の参考になるかもしれません。また、特定の生徒がイライラや怒りなどの強いネガティブ感情に対処する必要があるときに、いつ、どのような状況で、その感情を経験したり、表出しているかを特定し、どのように望ましくない感情を予防し、低めることができるか、そして、望ましい感情を生じさせ、保ち、高めることができるか、専門的な支援を提供できるかもしれません。たとえば、ある生徒が、特定の授業で退屈しやすく、よそ見をしたり席を立つといった行動が生じることが特定された場合、退屈を予防し、興味を生じさせる方法を試すことができるかもしれません。

感情に対処する能力は非認知能力の主要な要素の一つとして比較的一貫して提案されています。[49]感情に対処する能力を捉える概念として、本書では、自己制御・自己コントロール、情動知能、そして感情調整が取り上げられており、これらの章や他書で紹介されている科学的知見を参考に、教師たちが教育現場で感情に対処する能力を育成する実践を行い、優れた教育実践の教材、学習指導案、指導事例などを共有し、お互いの実践知を活用できるようになることが望まれます。

〔中川　威〕

[47] Durlak et al. (2011)

[48] 山田・小泉 (2020)

[49] Soto et al. (2021)

10章 共感性
——他者の気持ちを共有し、理解する心理特性

1節 共感性とは

『広辞苑』（第七版）では、**共感**は「他人の体験する感情や心的状態、あるいは人の主張などを、自分も全く同じように感じたり理解したりすること」と定義されています。このように日本語では、人の主張や考えに対しても共感という言葉を用いますが、心理学では一般的に、他人の感情や心的状態に対して共感という概念を用います。**共感性**は、共感する傾向についての個人の特性のことで、特性共感ともいいます。ここでは、「他者の状況や気持ちに目を向け、気持ちを共有したり、理解したりする特性のこと」と定義しておきます。なお、広辞苑では共感はsympathyの訳語と紹介されていますが、現在、共感や共感性を表す英語としては通例empathyが用いられています。ドイツ語のEinfühlungを語源とするempathyが、sympathyの内容も取り込み、多様な意味をもつ言葉となったのです。最初に共感概念の歴史について簡単に説明しましょう。

一八世紀にイギリスの道徳哲学者ヒューム[1]とスミス[2]は、つらい感情体験をしている他者の気持ちを想像し、その人と同じような気持ちが起こる現象に注目し、これをsympathyと呼びました。そして、ダーウィン[3]は、sympathyが動物にもみられることを記述しました。sympathyの概念は創成期

[1] Hume (1740)
[2] Smith (1759)
[3] Darwin (1871)

の心理学や社会学でも用いられました。社会心理学者のマクドゥーガル[4]は、一方の感情的興奮が他方に同様の感情的興奮を引き出す過程を、sympathyまたは情動のsympathetic induction（共感的誘導）と呼び、これはほとんどすべての群居性動物とヒトに共通してみられると述べました[5]。sympathyの概念は主に社会心理学の分野で用いられ、何人かの理論家がsympathyについての理論を発展させました[6]。

一方、ドイツでは、美学に起源をもつEinfühlungという概念が、主にリップス[7]によって「他者の内面を認識する過程」という意味でも用いられるようになっていました。ティチェナー[8]は、Einfühlungからempathyという用語を作り、アメリカ心理学界に伝えました。

精神分析学の創始者フロイト[9]も、自分とは異なる他者の内面を理解するのに重要な役割を果たす過程としてEinfühlung（empathy）に言及しました[10]。empathyの概念は、主に「他者の内面をどのように感じとるか」という意味で、心理療法における重要な概念として、臨床心理学の分野で広く用いられるようになります。クライエント中心療法を提唱したロジャーズ[11]は、共感（empathy）とは、他者の私的世界に入り、その人の中に流れ、変化し続ける、その人の感じられている意味、恐れや怒り、混乱などに瞬間瞬間敏感であり続け、その人がほとんど気づいていないような意味も感じ取ることであり、自分が感じ取ったことをその人に伝え、その正確さを確認することも含むと述べました。

臨床心理学の分野では、一九六〇年代を中心に、心理療法やカウンセリングにおける共感の役割を検討する等の研究がさかんに行われますが（本章3節参照）、社会心理学や発達心理学など、臨床心理学以外の分野でも、一九六〇年代ぐらいから、sympathyに代わってempathyの用語を用いる共感研究が多くなります。近年の主な共感研究者の一人ストットランド[12]は、empathyを「他者が感情を体験している、あるいは体験しようとしているのを見た観察者が、そのために感情的に反応すること」と定義しています。この定義には、もともとsympathyの内容であった「他者の感情体験に対する反応」という含意が含まれており、empathy概念の意味内容が広がったことを示しています。観

[4] McDougall (1908)
[5] マクドゥーガル（McDougal, 1908）は、ヒトの場合、原初的形態のsympathyは、相互に感情を共有し満足を得る能動的共感（active sympathy）に成長しうると述べました。
[6] 社会心理学者のオルポート（Allport, 1923）は、sympathyは条件づけられた反応として起こると述べました。社会哲学者・社会心理学者のミード（Mead, 1934）は、人間のsympathyは他者を助けているとき、自分の中に他者の態度を呼び起こす場合に生じると述べ、役割取得の含意を強調しました。社会心理学者のハイダー（Heider, 1958）は、他者の果報（lot）に対する適合した反応としてsympathyに言及しました。
[7] Lipps (1909)
[8] Titchener (1909) p.21
Titchener (1922) p.198
ティチェナー（Titchener, 1922）は、empathyは「状

察者にどのような感情が起こるかについては、ストットランドは「他者と観察者の感情は少なくともきわめて類似している」、フェッシュバック[13]は「感情刺激を示す人とそれを知覚する人の感情が一致していることが重要」と述べています。喚起される感情の内容を特定しない定義もありますが、苦しんでいる他者に対して喜びを感じたり（**シャーデンフロイデ**という）、喜んでいる他者に対して嫉妬を感じたりすることは、通例、共感には含めません。ホフマン[14]はempathyを「観察者における自分自身よりも他者の状況にふさわしい感情の喚起」と定義しています。なお、刺激となる他者の感情は苦しみ、つらさなどのネガティブ感情の場合と、喜びなどのポジティブ感情の場合があります。

グラッドシュタイン[15]は、sympathy概念と臨床心理学におけるempathy概念、最近の社会心理学などにおけるempathy概念を含めた共感概念について検討し、どちらの分野でも**情動感染**（他者の情動が自動的に伝わる現象）や感情的反応としての共感と、**役割取得**または認知的過程としての共感を区別することができると述べました。共感の感情的要素と認知的要素、ないし感情的共感と認知的共感の区別は、フェッシュバック[16]やホフマンなど、発達心理学や社会心理学の分野の共感研究者も指摘しています。

なお、最新の共感の神経科学的研究では、共感（empathy）の概念は、①他者の感情と一致する感情を感じること（**感情の共有**）、②他者の感情や心的状態がわかること（**感情の理解**）、③他者への気遣い（**向社会的関心**[17]）の三つを含むことが多いと指摘されています。[18]①と③が感情的共感、②が認知的共感を表していると考えられます。特性共感、すなわち共感性にもこれらの三側面が含まれると考えてよいでしょう。ただし、感情の共有には、無意識的、自動的に起こる情動感染と、意識的に起こるものがあると考えられます。情動感染については、原初的共感（sympathy）としてマクドゥーガル[19]が言及し、ホフマン[20]は発達初期の原初的共感として共感の発達モデル[21]に含めました。青年や成人の共感性にも潜在的に情動感染が含まれている可能性はありますが、一般的には共感性の定義には情動感染を含めません。

況の中に自分自身を感じること」で「他者とともに感じる」sympathyの類語だと述べました。Einfühlungや初期のempathyは「感情移入」と訳されました。リップスのEinfühlungやティチェナーのempathyの概念には、「内的模倣」という含意も含まれています（Titchener, 1909; Wispé, 1987）。ホフマン（Hoffman, 2000）はこれを（運動的）マネ（mimicry）として、共感生起の様式の一つとして取り上げました。

[9] Freud (1921)

[10] 古典的精神分析家はempathyを重視しない傾向がありましたが、スチュワート（Stewart, 1956）やコフート（Kohut, 1984）など数名の理論家は、フロイトの短い言及を敷衍させてempathyについての理論を発展させました（Gladstein, 1983）。

[11] Rogers (1975)

[12] Stotland (1969)

[13] Feshbach (1975)

[14] Hoffman (2000)

臨床心理学における共感の定義も研究者によって異なりますが、一般的に、感情的、体験的側面と、他者の内面理解や役割取得など認知的側面が深く結びついた共感的理解が重視されます[22]。また、ロジャーズの定義が示すように、他者が自分でも気づいていない無意識の部分への理解を含むことが多く、社会心理学や発達心理学などで扱う共感や共感性とはレベルが異なると考えられます。次の基礎研究についての節では、主として、より基礎的と考えられる社会心理学や発達心理学における共感性の研究について紹介します。

2節　共感性の基礎研究

■児童の共感性についての研究

幼い乳幼児には、文字を用いる質問紙法を用いるのは難しいため、乳幼児対象の研究では観察や個別の面接などでの測定が中心となります。

ラドケ－ヤーロウとザーン－ワクスラー[23]は、一〇、一五、二〇カ月児をもつ母親に、子どもの前でけがをして痛そうな様子を示し、子どもの反応を記録するように訓練し、九カ月間追跡しました。それによると、一〇～一四カ月の幼児は、母親の苦痛表出に対して泣きや緊張のような反応を示すだけでしたが、言葉を使いはじめると同時に、感情を表す言葉や質問、同情などを示すようになり、一歳半以降には、けがをした人に物をあげたり、慰めなどの向社会的声かけをしたりするようになりました。これらの行動は、幼児の共感性を表していると考えられます。

フェッシュバックとロー[24]は、六～七歳の男児と女児を対象に、登場人物が喜び、悲しみ、怒り、恐れのいずれかの感情を体験する状況についてのナレーションつきスライドを見せ、「あなたはどう感じましたか」と聞き、次に「この子はどう感じましたか」と聞き、協力者が登場人物と同じ感情が起

[15] Gladstein (1983)

[16] フェッシュバック (Feshbach, 1987) は、共感は①他者の感情の手がかりを識別する能力と、②他者の視点と役割を推測する能力と、③感情的反応性によって起こると述べました。①と②は共感の認知的要素、③は共感の感情的要素といえます。

[17] 他者への気遣いは、sympathyを表すとして、empathy概念に含めないこともあります。sympathyは現在では他者への気遣いや同情という意味で用いられています。

[18] Decety & Svetrova (2012)
Zaki & Ochsner (2012)

[19] McDougall (1908)

[20] Hoffman (2000)
菊池・二宮訳 (2001)

[21] ホフマン (Hoffman, 2000　菊池・二宮訳, 2001) は、自他の区別がついていない幼い乳児が他児の泣き声に反応して泣く反応的泣きは共感の最初の表れで、その後自他の区別の発達に伴って、共感

きたと答えた場合に、共感得点一点を与えました。それによると、男女ともに主人公が同性の場合のほうが、異性の場合より共感得点が高いという結果でした。これは最も有名な児童用の共感の測度で、わが国でも同様の測度を用いた研究が行われました。

首藤[25]は、五、七、九歳の男女に、同性の他者の悲しみを描いた物語の図版を見せ、複数の顔の表情が描かれた感情評定尺度*から、主人公の気持ちと自分の気持ちを表す表情の絵を選ばせ、共感得点を産出しました。それによると、七歳児と九歳児は五歳児よりも、女児は男児より共感得点が高いという結果でした。

浅川・松岡[26]は、小学一、三、六年生男女を対象に、登場人物が感情体験をする内容の物語が印刷された小冊子を、登場人物と協力者の仲が良い場合、または仲が悪い場合という条件で読ませ、協力者が感じた感情とその理由、および登場人物が感じた感情とその理由を記入させました。それによると、仲が良い条件のほうが共感得点[27]が高く、仲が良い条件では、一年生より三年生のほうが高いという結果でした。仲が悪い条件では、学年が高くなるほど共感得点は低くなりました。仲が良い条件での理由反応を三段階に分類すると、一年生では、大部分が他者の心的過程に注意が向けられていない第一段階でしたが、三年生、六年生と学年が進むにしたがって、共感的理解が増える第二段階や第三段階の回答が増え、高学年になるにしたがって共感的理解が増えることが示唆されました。

ビデオテープを用いて共感を喚起し、測定する研究も行われました。アイゼンバーグら[28]は、けがで入院している子どものビデオテープを小学二年生と五年生と成人の男女に見せ、表情の測定などを行いました。それによると、二年生は五年生と成人より同情（sympathy：脚注17と脚注33を参照）と悲しみの表情を多く示し、男性は女性より苦痛の表情が少ない傾向がみられました。感情的反応の自己報告では、同情と苦痛の報告は女性が男性より多い傾向がみられ、女性のみ年齢が高いほど同情の報告が多いという結果でした。これらの結果からは、表情による感情表出は年少の子どものほうが大きいこと、全般的に女性は男性より感情的共感の傾向が高いことが示唆されました。

は質的に変化するという共感の発達理論を提唱しました。他者の存在に気づいてはいても、自己と他者の区別が十分できていない一歳前後の子どもは、転んで泣いている他児を見て、自分の母親の膝に頭をうずめる、他児を（他児のではなく）自分の母親のところに連れて行く等の「自己中心的共感」を示し、その後、他者が自分とは区別される独自の内面をもつことに気づくようになると、他者が実際に感じていることへの手がかりに反応する「他者の感情への共感」を示すようになり、さらに児童期後期からは、他者が目前の状況を超えた経験と個人的アイデンティティをもつことに気づくようになり、その場を超えた「他者の一般的生活条件」に対しても共感できるようになるとされました。

[22] Bohart & Greenberg (1997a)　Bohart & Greenberg (1997b)

■特性共感（共感性）の尺度

共感性の研究では、とくに青年期以上の年齢層を対象とする場合は、特性共感（共感性）の尺度を用いた質問紙法による研究が圧倒的多数を占めます。

メーラビアンとエプシュタイン[29]は、共感を「知覚した他者の感情体験に対する代理的感情反応」と定義し、共感の感情的側面を重視する情動的共感性尺度[30]を作成しました。ブライアント[31]は、児童・青年用の情動的共感性尺度を作成しました。

デイヴィス[32]は、共感を複数の要素を含む多次元的概念として捉え、共感の四側面を共感的関心[33]（他者への気遣い、他者志向的感情反応を示す傾向）、視点取得（他者の心理的視点を自発的にとる傾向：共感の認知的側面の一つと考えられている）、個人的苦痛（緊張する対人場面で不安や不快を感じる傾向、他者に向かわない自己中心的な反応を示す傾向）、ファンタジー（映画や小説の登場人物など、架空の他者に感情移入する傾向）の四下位尺度で測定する**対人的反応性指標**（ＩＲＩ）を開発しました。各下位尺度は七項目で、全部で二八項目の尺度です。ＩＲＩは世界中で翻訳され、最も広く用いられています。最新の日本語版は、日道ら[34]の日本語版対人反応性指標です。

登張[35]はＩＲＩなどをもとに、共感的関心、気持ちの想像、個人的苦痛、ファンタジーの四下位尺度からなる青年用多次元的共感性尺度を作成しました。ＩＲＩの四次元とほぼ同様ですが、気持ちの想像は他者の気持ちを想像する認知的共感性を、個人的苦痛は他者の苦痛に対して自分が不安になる傾向[36]を測定する尺度です。共感的関心尺度には、感情の共有や加害者への共感的怒りを内容とする項目も含まれています。さらに登張[37]は、共感の新たな次元として「誰に共感するか」と「どのような感情を共有するか」という次元を設定し、対象別・感情別共感尺度を作成しました。家族との感情共有、友達との感情共有、他人との感情共有、喜びの共有、悲しみの共有、怒りの共有、困窮の共有の七つの下位尺度があります。

[23] Radke-Yarrow & Zahn-Waxler (1984)
[24] Feshbach & Roe (1968)
[25] 首藤 (1994)
[26] 浅川・松岡 (1987)
[27] 主人公の感情内容と協力者のそれが一致し、その内容が当該の感情場面とも一致している場合に得点1を与えました。例話が一二あるため、得点範囲は0～12となります（浅川・松岡, 1987）。
[28] Eisenberg et al. (1989)
[29] Mehrabian & Epstein (1972)
[30] 日本語版は加藤・高木 (1980)
[31] Bryant (1982)
[32] Davis (1983)
[33] 共感的関心（empathic concern）尺度は、アイゼンバーグなど（Eisenberg et al., 1995）、著者によってはsympathy尺度とされています。共感的関心は（現在の）sympathy概念を表していると考えられます。
[34] 日道ら (2017)
[35] 登張 (2003)
[36] ＩＲＩの個人的苦痛に

この他、櫻井ら[38]は、ポジティブ感情への好感、ネガティブ感情の共有、ネガティブ感情への同情の三つの下位尺度からなる共感的感情反応尺度を作成しています。長谷川ら[39]が作成した児童用の多次元共感性尺度や、角田[40]が作成した共感経験尺度[41]もあります。

■特性共感尺度を用いた研究

デイヴィスとフランツォイ[42]は、ハイスクールの九年生と一〇年生男女計二一六名を対象に、ＩＲＩなどを用いた質問紙調査を縦断的に一年おきに三回行いました。それによると、ＩＲＩの四つの下位尺度は女子が男子より高く、視点取得と共感的関心は年齢が高くなるほど高くなり、個人的苦痛は年齢が高いほど低くなりました。ファンタジーは年齢による差はみられませんでした。

登張[43]は中学生と高校生、大学生男女を対象に青年用多次元的共感性尺度を用いた横断的調査を実施しました。それによると、共感的関心は女子が男子より高く、男子は中学生より大学生が高い、気持ちの想像は中学生では女子が男子より高く、高校生と大学生では男女差はみられず、男子では、大学生が中学生や高校生より高いという結果でした。個人的苦痛は、中学生と大学生では女子が男子より高く、男子では高校生が中学生や大学生より高い、ファンタジーは、中学生と大学生では女子が男子より高く、女子では高校生より大学生が高いという結果でした[44]。

対象別・感情別共感尺度については、中学一年生男子六五名、女子八一名のデータ[45]と大学生男子九八名、女子五九名を対象に行った調査のデータ[46]を用いて、下位尺度の中学一年生男女と大学生男女の得点を比較すると、概ね女子が男子より高かったのですが、学校段階の主効果はいずれの下位尺度も有意ではありませんでした。また、中学一年生も大学生も男子も女子も、家族の感情共有と友だちの感情共有は他人の感情共有より得点が高いという結果でした[47]（$ps < .001$）。

前述の中学一年生男女一四六名のデータ[48]で、青年用多次元的共感性下位尺度および対象別・感情別共感下位尺度と、学校生活適応感尺度[49]の中で対人的適応を表していると考えられる家族関係、友人関

は他者の苦痛に対して不快に感じるという内容も含んでいますが、登張（2003）は、不快に感じるのは共感的とはいえない場合が多いと考え、不安や動揺のみとしました。ホフマンの自己中心的共感に関連づけています（脚注21を参照）。

[37] 登張（2008）

[38] 櫻井ら（2011）

[39] 長谷川ら（2009）

[40] 角田（1991）

角田（1998）

[41] カウンセラーはカウンセリング場面で、クライエントが示す気持ちに対して、それを感じ取れる場合（共有経験）と感じ取れない場合（共有不全経験）があります。角田（1991, 1998）は共感を「能動的または想像的に他者の立場に自分を置くことで、自分とは異なる存在である他者の感情を体験すること」と定義し、相手のさまざまな感情に対する共有経験あるいは共有不全経験について七件法で回答を求める全二〇項目

係、教師との関係尺度との関係を検討すると、共感的関心と気持ちの想像と対象別・感情別共感の七つの下位尺度は、対人的適応を表す三つの下位尺度といずれも正の相関を示し、個人的苦痛とファンタジーはその三つの下位尺度のいずれとも有意な相関を示しませんでした。

斎藤・登張[50]は、大学生四九二名と高校生一〇四六名を対象とする調査でＩＲＩと向社会的行動尺度[51]、社会的スキル[52]、社会的望ましさ[53]、エゴイズム尺度[54]との関係を検討したところ、共感的関心と視点取得とファンタジーは向社会的行動、社会的スキルと正の相関を示しましたが、個人的苦痛は向社会的行動とは有意な相関を示さず、社会的スキルとは負の相関を示しました。社会的望ましさは共感的関心と視点取得とは正の相関を示し、ファンタジーと個人的苦痛とは負の相関を示しました。エゴイズムは共感的関心と視点取得とは負の相関を示し、ファンタジーと個人的苦痛とは有意な相関を示しませんでした。

大学生男子一一七名、女子一五五名のデータ[55]で、青年用多次元的共感性下位尺度と攻撃性尺度[56]との関係を検討すると、外顕性攻撃は共感的関心、気持ちの想像とは負の相関を示し、個人的苦痛、ファンタジーとは有意な相関を示しませんでした。関係性攻撃は気持ちの想像とは負の相関を示し、個人的苦痛とは正の相関を示し、共感的関心、ファンタジーとは有意な相関を示しませんでした。[57]

看護学生（一八～二三歳；女性一三八名、男性一一名）を対象に、多次元的共感性尺度と自己理解尺度[58]との関係を検討した羽賀[59]によると、自己理解は共感的関心、気持ちの想像、ファンタジーと正の相関を示し、個人的苦痛とは負の相関を示し、共感的関心との関連が最も強いという結果でした（$r = .43 ; p < .01$）。

上記の結果から、特性共感の次元の中で、個人的苦痛（とファンタジー）は他の変数との関係が共感的関心などとは異なる傾向があることがわかりました。[60]

の共感経験尺度を作成しました。

[42] Davis & Franzoi (1991)

[43] 登張 (2003)

[44] 尺度と研究法の違いがあるのですが、日本のデータでは、アメリカのデータでみられたような「年齢とともに認知的共感性と共感的関心は高くなり、個人的苦痛は低くなる」という明確な傾向はみられなかったということになります。

[45] 登張 (2008)

[46] 大学生のデータは、当時早稲田大学の非常勤講師だった大山智子氏にとっていただきました。ありがとうございました。

[47] 対象別・感情別共感尺度は、当初、年齢とともに共感の対象が広がるということを予想して作成したのですが、中学一年生と大学生で得点差も、対象による違いのパターンの変化もみられなかったことから、この尺度は、単純な形態の共感性を測定する尺度なのではないかと考察しました。

■親の共感性が子どもに与える影響についての研究

フェッシュバック[61]は、子どもの発達における母親の共感性の役割を検討するため、虐待する親と被虐待児[62]二六組、ハイリスクだが虐待はない親と子二五組、健常な親と子六六組（統制群）を対象に、親子の相互作用（課題を含む）を観察し、課題をしているときに子どもが母親に従う従順能力と自己統制できる能力を測定し、母親の子どもへの関わりを評定しました。母親は共感性（Parent/Partner empathy）尺度などに回答していました。母親の共感性の得点を三群で比較すると、虐待群が他の二群より低いことが明らかになりました。また、母親の共感性は、子どもの自己統制得点と正の関係を示し、母親の子どもへの関与、子どものポジティブ感情と正の相関を、子どものネガティブ感情と負の相関を示しました。フェッシュバックはさらに、八・五～一一・五歳の子どもの母親と父親にParent/Partner empathy尺度とChild behavior check list（外在化問題と内在化問題の項目を含む）への記入を求め、親の共感性と子どもの不適応の指標との関係を検討しました。それによると、母親の共感性は子どもの外在化問題、内在化問題と負の相関を示し、父親の共感性は子どもの外在化問題とのみ負の相関を示しました。二つの研究から、虐待をする親は共感性が総じて低いこと、共感性が高い親の子どもは機嫌がよく、自分をコントロールできる傾向にあり、攻撃的行動が少なく、社会的孤立や抑うつ傾向も少ない傾向にあり、親の共感性は子どもの適応を促し、子どもの不適応を阻止することが示唆されました。一方、親の共感性の低さは、子どもの不適応行動パターンをもたらしうると考えられます。

■親のしつけ方略が子どもの共感性に与える影響についての研究

クレヴァンスとギブス[63]は、一〇～一四歳男子三四名、女子四四名とその母親に、子どもが悪いことをしたときに親がどうするか、他者志向的誘導（犠牲者の気持ちに目を向けさせる）と権力主張

[48] 登張 (2008)
[49] 浅川ら (2003)
[50] 斎藤・登張 (2003)
[51] 菊池 (1988)
[52] 菊池 (1988)
[53] Crowne & Marlowe (1960)
[54] Weigel et al. (1999)
[55] 登張ら (2016)
[56] 磯部・菱沼 (2007)
[57] 登張 (2003)
[58] 青木 (2016)
[59] 羽賀 (2020)
[60] ファンタジーは共感的関心や認知的共感と同様のパターンを示す場合と、個人的苦痛と同様のパターンを示す場合がありました。ファンタジーや個人的苦痛は、共感性概念の中での位置づけが難しいとして、共感性の測定に用いられないこともあります。
[61] Feshbach (1987)
[62] 未就学児。年齢の記載はありませんが、統制群の児童はハイリスク群の児童よりも年少でした (Feshbach, 1987)。
[63] Krevans & Gibbs (1996)

（「罰を受けるわよ」と言うなど）と愛情を与えない（しばらく無視するなど）の三種類の中から選ばせる質問紙への回答を求めました。それによると、親と子の回答は有意な相関を示し、親子の回答をもとにした「他者志向的誘導を用いるしつけ方略」の得点は、同情を喚起する物語や感情喚起ビデオテープへの反応、共感性尺度の得点という複数の指標をもとにした子どもの共感性の得点を有意に予測しました（$\beta s = .41, p < .01$：性別を統制した）。この結果から、親の「他者志向的誘導を用いるしつけ方略」は、子どもの共感性を高めることが示唆されました。

■共感性の神経科学的研究

二〇〇〇年以降、fMRI（機能的核磁気共鳴造影法）などを用いて共感性の神経基盤を調べる研究がさかんに行われるようになりました[64]。当初は、身体的な痛みへの共感についての研究が中心で、そうした研究のうち、手や足など身体の一部の損傷を示唆する写真や映像を刺激とする研究では、前島皮質（AI：痛みによる不快感情の体験と表象に関連する）と前部帯状皮質（ACC：痛みの知覚と痛みを止めたいという動機づけに関与する）と**ミラーニューロン領域**[65]と呼ばれる領域（下前頭回、下頭頂葉など：行為の表象や模倣、理解などに係ると考えられている）の活性化がみられました[66]。その後、社会心理学などで扱う共感により近い、社会的痛みへの共感について検討する研究も行われるようになります。マステンら[67]は、男女九名ずつに、三名がボール投げゲームを行い、うち一名が途中で排除されるという内容のコンピュータ映像を見せ、視聴中の参加者の脳の動きをfMRIでスキャンしました。また、参加者は特性共感尺度[68]に回答しました。排除が示唆される場面の映像を見たとき、**メンタライジング領域**（社会的認知や視点取得などに係る脳領域）の背内側前頭前皮質（DMPFC）などの活性化がみられましたが、AIとACCの活性化が有意だったのは、特性共感の高い人だけでした。社会的痛みに対する共感では、メンタライジング領域の活性化が主要なはたらきを示すことが示唆されました。なお、特性共感尺度の得点はメンタライジング領域とAI、ACCの活性化

[64] 登張（2014）

[65] サルの運動前野下部に、サル自身が握る、掴むなどの行為をするときと、実験者が同様の行為をするのをサルが観察したときに活性化するニューロンが発見され、ヒトの下前頭回、下頭頂葉にも同様の活性化を示すニューロンが発見され、ミラーニューロンと呼ばれました（di Pellegrino et al., 1992; Rizzolatti & Sinigaglia, 2006）。

[66] Lamm et al.（2011）この場合、自動的に身体表象が生じ、身体模

と関連していました。これは、共感性の神経基盤を示唆する結果といえるでしょう。

■共感性の欠如についての研究

器質的問題による共感性の欠如が示唆される人もいます。ジョーンズら[69]は、サイコパス傾向をもつ少年二一名（冷淡さの指標が高い）、行為問題をもつ少年二三名（行為障害の指標は高いが冷淡さの指標は低い）、自閉症と診断された少年二一名、統制群の少年三一名（行為障害の指標も冷淡さの指標も低い）、計九六名（九～一六歳）を対象に、同性の仲間への攻撃の結果についての八つの話に対して、どう感じるか、恐怖や嫌悪、当惑、罪悪感をどの程度感じるか答えさせるとともに、二種類の心の理論課題（認知的視点取得能力を測定する）を与えたところ、サイコパス傾向の少年は、攻撃の犠牲者に対する恐怖と共感の体験が統制群より少なく、感情的共感性の欠如が示唆されたのですが、認知的視点取得能力は、統制群との間に有意差はみられませんでした。自閉症傾向の少年は、認知的視点取得課題の成績は低かったのですが、感情体験と犠牲者への共感を報告しました。行為問題群と統制群の課題の得点間に有意差はみられず、感情的共感性の欠如は冷淡群だけの特徴であることが明らかとなりました。

サイコパスの感情的共感性欠如の神経基盤[70]や、自閉症の認知的共感性の低さの神経基盤[71]を検討する研究も行われています。

■動物の共感性についての研究

動物行動学者のドゥ・ウォール[72]によると、イルカ、ゾウなどさまざまな動物には仲間への共感を表す援助行動などがみられるといいます。ペットが飼い主のヒトに共感を示す例も多数観察されています。

メイソン[73]は、ネズミ（ラット）を用いた実験研究を行いました。第一の研究では、ネズミを透明の

倣が起こって、（他者と同じ）痛みによる不快感情の体験と知覚が生じ、痛みを止めたいという動機づけも起こると考えられます。これは痛みによる共感と捉えることもできますが、身体の一部を見ただけで起こる反応は、情動感染、または不快な刺激への反応と捉えることもできそうです。

[67] Masten et al. (2011)
[68] Bryant (1982)
[69] Jones et al. (2010)
[70] Blair (2007)、Marsh et al. (2008) など
[71] Ashwin et al. (2007)、Bernhardt et al. (2013) など
[72] de Waal (2009)
[73] Mason (2015)

アクリル樹脂の筒の中に入れ、外側からしか開けられないようにして、同じケージで育ったもう一匹のネズミ（ケージメイト）を筒の近くにおいて自由に動き回れるようにすると、自由なネズミは筒のドアを開け、閉じ込められた（ストレスを感じている）ネズミを解放しました。ネズミは空の筒やおもちゃが入った筒のドアは開けませんでした。第二の研究では、ドアで隔てられている二つの部屋の片方がプールになっている装置を作り、それぞれに一匹のネズミを入れ、乾いたほうの部屋のネズミがドアを開けると、びしょ濡れのネズミを助けられるようにしました。雌雄計一〇匹のケージメイトでテストすると、八日目までに九匹のネズミがびしょ濡れのネズミを助けるためにドアを開けました。対象がケージメイトに限られていますが、ネズミにも共感性がみられることが示唆されました。

■まとめ

上記の基礎研究から、共感性は、動物にもみられ、神経科学的基盤もある程度解明されていること、器質的な要因で共感性が低い傾向をもつ人もいること、共感性の発達には質的変化がみられるらしいこと、女性が男性より共感性が高い傾向にあること、共感性は対人的適応と関連していること、共感性のうち、とくに共感的関心と認知的共感性は向社会的行動や社会的スキルと正の関係をもち、外顕的攻撃やエゴイズムと負の関係をもつこと、親の共感性は子どもの成長にプラスの影響を与えることなどが示唆されました。

フェッシュバック[74]は、主に発達心理学の分野の共感性研究についてレビューし、共感性は向社会的行動や適応と関連し、攻撃的傾向を抑制し、ストレス反応に対して保護要因としてはたらくと述べています。共感性が全般的にポジティブな結果と関連することから、共感性を育成するための訓練法が考案され、実施されています。次の節では、そうした介入研究についてみていきます。

[74] Feshbach (1997)

3節　共感性を伸ばすための介入研究

■児童の攻撃性をコントロールできるようにする共感訓練プログラム

フェッシュバック[75]は、暴力的で攻撃的な子どもの共感スキルを高め、攻撃性をコントロールできるようにするための共感訓練プログラムを開発し、三〜四年生九八名の児童を対象に訓練を実施しました。児童たちは無作為に攻撃性が高い児童四名、攻撃性が低い児童二名計六名ずつ（男子四名、女子二名）の群に割り当てられました。訓練群一二群のうち、八群は共感スキルの訓練、四群は問題解決スキルを高める訓練を受け、残りの児童は訓練に参加しない統制群となりました。共感訓練群は、表情の写真や、感情的な会話の録音テープ、感情的な状況のパントマイムのビデオを視聴し、表現された感情の同定と状況の理解、その感情を自分でも体験することを求められるとともに、他者の視点を推定する能力を促すためにさまざまなゲームや活動を行いました。ロールプレイを行うセッションもありました。訓練群に割り当てられた児童は、約一〇週間、週に三回集まった後、事後テストを受けました。それによると、共感訓練群は他の二群よりも、より肯定的な自己概念をもつようになり、感情への社会的感受性が高まり、向社会的行動が増え、統制群よりも攻撃性が低くなりました。

■教師などの共感性を高める訓練プログラム

時代を遡りますが、ロジャーズ[76]は、カウンセラーの共感と一致と肯定的配慮の三条件[77]が満たされると、クライエントに建設的なパーソナリティの変化が生まれるという仮説を提唱し、大きな反響を呼びました。この影響を受けて、臨床心理学の分野では、一九六〇年代頃にセラピストの共感などを測定する測度がいくつか開発され、心理療法やカウンセリングにおける共感の効果を検討する研究が多

[75] Feshbach (1984)

[76] Rogers (1957)

[77] ロジャーズ (Rogers, 1957) はこの三条件について、次のように記述しています。「セラピストは自己一致し純

数行われました。その中心的存在だったのがトゥルアックスとカーカフ[78]で、カウンセリングの録音テープを聞いた判定者が評定するカウンセラー（セラピスト）の共感と一致（または純粋さ）と肯定的配慮（または非所有的温かさ）、クライエントの自己探索の深さを測定する尺度などを開発し、それらを用いた訓練法を考案しました。カーカフ[79]は、さらにこれらの尺度を短縮・改訂した尺度を作成し、訓練法も開発しました。

上記のような尺度を用いた**共感訓練**は、教育などの分野でも行われました。アスピーら[80]によると、人間性教育のための国立協会（National Consortium for Humanizing Education: NCHE）が、教育現場での教師と生徒の相互作用の実情を調べたところ、教室では大部分の話は教師がしており、生徒への気持ちの反応はほとんどないことが明らかになりました。生徒の気持ちへの教師の反応のレベルを測定し、生徒の認知的成績との関連を検討すると、関連があることがわかり、教師の共感などのレベルを体系的な訓練によって高める努力がはじまりました。主にカーカフ[81]の共感と一致と肯定的配慮のための尺度を用いたその訓練は、講義と経験からなり、一五時間続き、教師の共感と一致と肯定的配慮のレベルは、訓練前には最小限促進的レベルより低かったのですが（平均2.0）、訓練後には最小限促進的レベル（3.0）にまで向上しました。

こうした研究をもとに、一万名の生徒と六〇〇名の教師を対象とし、教師の対人スキルを高めることによって生徒の成績を高めることができるかどうかを検討する大規模な訓練と調査のプログラムが開始されました。プログラムの手続きには次の段階が含まれていました。①ベースライン・データの収集（教室での授業の録音、生徒へのアチーブメント・テスト、自己概念テストなどの実施、生徒の出席記録の収集など）、②管理者の訓練（教師訓練の説明など）、③教師の訓練（フランダースの相互作用分析：FIA[82]）やカーカフ尺度[83]などを用いた訓練、④教師へのフィードバック（NCHEの評定者がFIAやカーカフ尺度などを用いて記録を評定し、教師にフィードバック）、⑤NCHEの評定に基づく教師訓練の改訂、⑥結果データの収集（教室での授業の録音、アチーブメント・テストの実

粋で（束縛なく深いところまで自分自身である：うわべを装うことの逆）統合されており、クライエントへの無条件の肯定的配慮と、クライエントの内的照合枠への共感的理解を体験していて、それをクライエントに伝えようとしている」。

[78] Truax & Carkhuff (1967)
[79] Carkhuff (1969)
[80] Aspy et al. (1984)
[81] Carkhuff (1969)
[82] Flanders (1965)
[83] Carkhuff (1969)

施など）、⑦データの分析、⑧研究結果の普及。それによると、教師の共感を含む対人スキルは訓練によって高めることができること、教師の対人機能のレベルと、生徒の成績や自己概念の向上・出席の増加との間には正の相関がみられることなどが明らかになりました。

エヴァンスら[84]は、一年の臨床訓練を完了した医学生を訓練群（二八名）と統制群（二七名）に割り振り、コミュニケーション訓練の効果を検討する研究を行いました。両群は最初にＩＲＩ[85]に記入した後、二〇分の患者との病歴聴取の面接を行い、ビデオで記録します。訓練群は次に、一時間のコミュニケーション理論と技術についての講義を受け、その間、統制群は追加の面接を行います。講義の後、両群は二度目のビデオに撮られる面接を行い、訓練群はその後、小集団での相談スキルのワークショップに参加し、統制群は追加の面接を行います。ワークショップの後、両群が三度目のビデオに撮られる面接を行います。ビデオに撮った面接は、訓練された観察者によって正確な共感尺度[86]と病歴聴取面接評定尺度[87]のうちの五項目を用いて評定されます。さいごに両群はＩＲＩに再度答えます。それによると、ＩＲＩのすべての下位尺度得点は、訓練群も統制群も訓練の前と後で得点の変化はみられませんでしたが、正確な共感尺度の得点は、訓練群では訓練前より講義後のほうが有意に高く、病歴聴取尺度の得点は、訓練群では講義後よりもワークショップ後のほうが高くなりました。

日本でも介護専門学校生を対象とする共感訓練[88]などが行われています。なお、セラピストの共感訓練については、澤田[89]に詳しくまとめられています。

4節 教育の可能性

ステピエンとベールンシュタイン[90]によると、医療の現場では、患者の気持ちを察知し、その気づきを患者に表現するものとして共感性が重視され、アメリカ医学連合は共感性の教育を必須の学習内容としているそうです。ステピエンとベールンシュタインは医大生の共感性の向上を目的として行われ

[84] Evans et al. (1993)
[85] Davis (1983)
[86] Truax & Carkhuff (1967)
[87] Evans (1990)
[88] 西村ら（2015）は、共感性を高めるプログラムを開発し、介護福祉専門学校一年生を対象に、実験群一七名（男性六名、女性一一名；平均年齢二〇・七一歳）と統制群三三名を設け、グループ作りのエクササイズ、感情識別訓練、ロールプレイなどを内容とするプ

た一三の教育的介入研究についてレビューしました。このうち九つが量的研究で、四つが質的研究、二つは量的研究と質的研究を組み合わせた研究でした。大部分の研究が共感性の行動次元[91]（感情と視点の理解を患者に伝える能力）に焦点を合わせており、このうち六つは、講義や小集団のワークショップを行い、録音テープかビデオテープを用いて、共感を伝えるコミュニケーション・スキルを教え、そのすべては、介入後に共感性が有意に増加したことを報告しています。統制群を用いた五つの研究は、介入群のほうが有意によい結果であることを報告しました。共感性向上のために映画や文学、作文を用いた研究や、医学生に入院体験させる、患者に付き添い助ける経験をさせるといった介入を行う研究もありました。

ラムら[92]は、過去三〇年間に行われた福祉サービスと社会科学における共感訓練を評価する二九の論文についてレビューしました。二九の研究のうち、教育分野が二四パーセント、医療が二一パーセント、看護が一四パーセント、カップルが一〇パーセント、セラピーと心理学と福祉サービスが七パーセントずつ、ソーシャルワークと離婚した男女が三パーセントずつでした。二九の研究で用いられた訓練法には、体験的方法（ゲームや臨床研修や生の事例や問題解決などの体験を提供する）、講義形式（理論や概念についての講義）、スキル訓練（学習するスキルの説明、モデリングを通してスキルの効果的な使い方を例示する、スキルを用いる練習の機会を提供する）、これらを組み合わせたもの、マインドフルネス訓練（現在の瞬間にしっかり足をつけた非判断的気づきの状態になるよう教えることを含む）、ビデオ刺激訓練（模擬状況での他者または自分自身の共感的行動についてのビデオテープの視聴と、その抜粋への反応、ディスカッションとフィードバック）、書く訓練（自分か親戚の病気について書く、患者の視点から書く）がありました。

どちらのレビューでも、共感の教育や訓練の可能性は概ね支持されましたが、共感概念の定義が一致しておらず、不明確であることと、共感測度の妥当性検討が不十分であることが指摘されています。ラムら[93]は問題点の一つとして、訓練後の学習の自然環境への転移を考慮する必要があることも挙

ログラムを実施しました。そして、事前事後と一カ月後に実施した質問紙調査の結果から、視点取得、ポジティブな感情への好感・共有、ネガティブな感情の共有は、実験群では事前より事後と一カ月後のほうが有意に高く、プログラムの効果が確認されました。

[89] 澤田（1998）

[90] Stepien & Boernstein (2006)

[91] 臨床心理学における共感では、一般的に、共感の感情的次元（要素、側面）と認知的次元に加え、行動的次元にも注目します。ステピエンとベールンシュタイン（Stepien & Boernstein, 2006）ではさらに、動機づけの次元（道徳的次元）にも言及しています。

[92] Lam et al. (2011)

[93] Lam et al. (2011)

げています。

臨床心理学における共感と社会心理学や発達心理学などにおける共感には違いがあるのですが、前にも述べたように、両方とも感情的要素と認知的要素を含み、共通点もあります。どちらの分野の共感の概念にも視点取得や役割取得が含まれていますし、感情の手がかりの識別も潜在的には含まれていると考えられます。ボハートとグリーンバーグ[94]は、そうした要素を組み入れたフェッシュバックの共感訓練法を、セラピストの共感訓練にも取り入れることを推奨しています。

ラムら[95]はレビューした共感訓練の研究で、共感の感情的要素を検討した研究が少ないことを指摘しました。共感の感情的要素には情動感染や感情の共有、他者への気遣い（**共感的関心**）がありますが、それらのどれを伸ばすとよいのでしょうか。共感的関心（sympathy）は向社会的行動との関連が強いというエビデンスがあります[96]。また、他者との感情共鳴や感情共有はセラピストの共感達成を助ける役割を果たしうるという指摘[97]もありますが、心理療法ではsympathyは、感情的に取り込まれてしまって客観性を失う恐れがあるとして回避されることもあるようです。

ラムら[98]は、訓練の内容と測定の内容の一致の重要性についても指摘しています。共感訓練研究でよく用いられる観察者評定尺度[99]について、デュアンとヒル[100]は、内的な共感体験の外に現れた表現を主に捉えるので、セラピストのコミュニケーション・スキルと混同されやすいと問題点を指摘しています。訓練で向上させたい共感の側面が共感的コミュニケーションのスキルであるならば、それを測定する尺度を用いるのでよいわけですが、他者理解の深さや広さなどを伸ばしたいのであれば、既存の尺度がそうした内容の測定に十分であるかどうかについては検討の余地があります。エヴァンスら[101]では、ＩＲＩ[102]は共感訓練の効果を識別できないと結論づけられました。個人差がありそうですが、セラピストでなくても、他者の無意識的な内面を感じ取るような深い理解や、自分とは全く異なる体験や照合枠をもつ人の理解ができるかもしれませんし、少なくともそれに近づける可能性があります。深く広い共感的理解を正しく測定できるような測度を開発する必要があるかもしれません。

[94] Bohart & Greenberg (1997b)

[95] Lam et al. (2011)

[96] Eisenberg et al. (1995)、斎藤・登張 (2003) など

[97] Bohart & Greenberg (1997a)

[98] Lam et al. (2011)

[99] 正確な共感尺度 (Truax & Carkhuff, 1967) や共感的理解尺度 (Carkhuff, 1969) など。

[100] Duan & Hill (1996)

[101] Evans et al. (1993)

[102] Davis (1983)

クルツとグルモン[103]は、セラピストの共感についての6尺度（判定者が評定するカーカフの尺度[104]や、バレット－レンナード[105]が開発したセラピストが自分の共感を評定する尺度とクライエントがセラピストの共感を評定する尺度など）と、心理療法の過程や結果との関連を検討しました。それによると、クライエントが知覚したセラピストの共感[106]は、テープ判定のセラピストの共感[107]やＭＭＰＩ（ミネソタ多面人格目録）などで測定したセラピーの結果と正の関連を示し、テープ判定のセラピストの共感はクライエントの自己探索[108]と正の関連を示しましたが、セラピストが自分の共感を評定した測度[109]はセラピーの結果と関連せず、負の関係を示すこともあり、セラピストは自分の共感性を過大評価していることが示唆されました。社会心理学や発達心理学などで用いられている尺度でも、類似したことがあるかもしれません。たとえば、共感する相手の範囲が非常に狭く、それ以外の人に対しては共感していなくても、共感性尺度に回答する際には共感しているように答えているという場合もあると思われます。

共感性の向上はさまざまな人にとって益をもたらすと考えられます。共感性概念を明確にするとともに、共感測度をさらに検討したうえで、医師や教師、セラピストだけでなく、共感性の欠如が疑われる人など、さまざまな人を対象とする、よりよい共感訓練が計画されることが望まれます。

〔登張真稲〕

[103] Kurtz & Grummon (1972)
[104] Carkhuff (1969)
[105] Barrett-Lennard (1962)
[106] Barrett-Lennard (1962)
[107] Carkhuff (1969)
[108] Carkhuff & Berenson (1967)
[109] Barrett-Lennard (1962)

11章 自尊感情
——自分自身を価値ある存在だと思う心

1節 自尊感情とは

自尊感情（self-esteem）の定義として重要なものには「自己に対して肯定的、あるいは否定的な態度[1]」、「自己概念と結びついている自己の価値と能力の感覚―感情―[2]」、「自己に対する主観的な評価のうち、自分自身を好ましい存在だと感じたり、有能であると思ったりする程度[3]」が挙げられます。

自尊感情と関係する人生のアウトカムには非常に重要なものがたくさんあります。一例を挙げると、自尊感情が高い人ほど抑うつや不安といったネガティブ情動が少なく、他者から受容されているという感覚をもっています。自尊感情が低い人には人生への満足の低下や摂食障害のリスクといった不適応的な特徴があります。高い自尊感情によってもたらされる恩恵は限定的であるとする批判的立場からみても、少なくとも自尊感情の高い人ほど自発的・意欲的な行動や幸福感が増進されることは認められています[4]。個々の研究だけでなく複数の研究結果を統計的に統合するメタ分析*では、過去の論文四四六本（総対象者数三一万二九四〇名）の膨大な結果から、自尊感情の高さと社会経済的地位（socioeconomic status）の良好さには、弱いけれど確実な関係性があることが確認されています[5]。

自尊感情という概念への注目は、心理学という学問のはじまりからそれほど間をおくことなくはじ

[1] Rosenberg (1965)
[2] 遠藤ら (1992)
[3] Zeigler-Hill (2013)
[4] Baumeister et al. (2003)
[5] Twenge & Campbell (2002)

まり、数え切れないほど多くの研究と実践が行われてきました。一時期は自尊感情への盲目的な信頼がヒートアップしすぎたために、現在では「自尊感情神話」と呼ばれて反省されているほどです。自尊感情の定義・概念・適応との関係性を一元的に統合して説明することはなかなか容易ではありません。そこで本章では自尊感情の最も古く重要な定義であるジェームズの公式に何度も立ち戻りながら、自尊感情と適応が結びつくメカニズム、すなわち「非認知能力としての自尊感情」を大きく三側面に分けて紹介していきたいと思います。

2節　自尊感情の基礎研究

『心理学原理』を著したジェームズ[6]（James, W.）によると、自尊感情とは自己評価の感情です。脚注欄に、ジェームズによるその公式を示しました。自らの望み通りの成功を得ることや期待以上の成果を挙げることで自尊感情は高まることを、この公式は表しています。「成功」には自己が定めた内的な目標の達成だけでなく、他者からの賞賛や社会的名誉などの外的な基準も関係してくると考えられます。「願望」にはこうありたい自己という理想や憧れだけでなく、こうあらねばならない自己という義務や束縛のようなものも含まれる場合があります。

■自尊感情の多次元性（multidimensionality）

ジェームズは自尊感情の公式の意味するところについて、自分にとって重要な価値のある領域（たとえば、心理学の知識）で失敗すれば自尊感情は激しく低下するが、さして重要でない領域（たとえば、ギリシャ語の知識）で失敗してもたいした苦にはならないといった例を挙げて説明しています。つまり、自己評価にはさまざまな領域があり、領域ごとに自尊感情への影響が異なるということです。ジェームズは同時に自己概念の三分類にも言及しています。それは物質的自己（身体や所有物）、

[6] James (1892)

$$自尊感情=\frac{成功}{願望}$$

精神的自己（心的能力や傾向）、社会的自己（他者からの評価や評判）であり、とくに社会的自己は個人が所属している集団の数だけ無数に存在するとされています。ここから自己評価や自尊感情に多次元性を想定する研究が増えていったことはごく自然の成り行きといえます。

自尊感情尺度*の作成者たちは、測定項目中に「学校」「家族」「仲間」「自己」「一般的社会的活動」の五領域を含めることを前提としたり、[7]「身体領域（身体的魅力と身体能力）」「学習領域（学習能力）」「社会領域（友人関係）」「家族領域（家族関係）」「全般領域」を想定したりしました。[8] 他にも、もっと詳細に個別的な自己の諸側面を想定する研究もあります（「社交」「スポーツ能力」「知性」「優しさ」「性」「容貌」「生き方」「経済力」「趣味や特技」「まじめさ」「学校の評判」の一一領域）[9]。個別の次元に限定した自尊感情は**領域特定的**（domain-specific）**自尊感情**と呼ばれます。反対に個別の次元に限定しない自尊感情は**全体的**（global）**自尊感情**、あるいは**一般的**（general）**自尊感情**と呼ばれます。自尊感情の領域の数はいくつが正解なのかといったことは重要ではなく、時代や文化、測定の目的や状況などに応じて捉えるべき領域の数と種類が決まるといえます。

自尊感情を多次元的に捉えることにはどのような意味やメリットがあるのでしょうか。そのことについて考えるために、自己心理学者のリンヴィルによって「自己理解の多面性とそれぞれの側面の分化の程度」と定義された**自己複雑性**（self-complexity）という概念を紹介しましょう。自己複雑性が高い人ほど、成功や失敗のフィードバックが自己評価を変化させる程度や、ストレスが抑うつ・身体症状へ及ぼす影響に対して、緩衝作用があることが確かめられています[10]。自己というものは統合されていて一貫していることが適応的だとみなす立場からは批判や疑問を投げかけられることもありますが、これは自己複雑性を否定的自己と肯定的自己の二経路に分けて捉えることで説明できます。つまり否定的自己複雑性の高さは否定的認知が過剰になって抑うつ症状を悪化させてしまいますが、肯定的自己複雑性の高さはポジティブ感情の源泉が重畳して抑うつ症状を軽減します[11]。

自尊感情を支える肯定的な自己評価の領域がたくさんあるほど、どれか一つの領域で失敗したとし

[7] Coopersmith (1967)
[8] Pope et al. (1988)
[9] 山本ら (1982)
[10] Linville (1987)
[11] Morgan & Janoff-Bulman (1994)

ても他の領域での成功によって自尊感情が支えられるため、総合的にみると自尊感情を安定的に高く保つことができると考えられます（図1）。このような自尊感情の脅威に対する「多次元性の緩衝作用」は、非認知能力としての自尊感情の適応的特徴の一つといえます。

■自尊感情の変動性（variability）

ジェームズの自尊感情の公式は分数の形で表現されていました。この式の計算結果が小さな値になってしまう（つまり自尊感情が低下する）状況には二種類の原因があり得ます。一つは分子が小さくなること、すなわち成功の喪失です。自分にとって重要な領域での失敗（学業成績の低下、友人や家族からの否定的な評価、身体的な能力や魅力の損失など）がそれにあたります。自尊感情は必ずしも一定不変に高かったり低かったりするものではなく、失敗して一時的に低くなったり、成功によって取り戻して高くなったりするというわけです。

社会心理学者のカーニスらは一週間から二週間のあいだ自尊感情尺度による測定を毎日繰り返すことで、自尊感情の平均的な高さだけでなく、尺度得点の標準偏差*から**自尊感情の不安定性**（instability）と呼ばれる個人差を査定する方法を提案しました。時間と手間のかかる調査法ではありますが、一回限りの単発測定の調査と比べて誤差の小さい正確な自尊感情の高さを知ることができると同時に、単発測定では査定することが難しい自尊感情の不安定性について知ることができます。カーニスらは高く安定している適応的な特徴を**セキュアな**（secure）**自尊感情**、不安定さや一貫した低さで特徴づけられる不適応的な側面を**脆弱な**（fragile）**自尊感情**と呼び、自尊感情と適応の関係性を不安定性の視点から統合的に捉えようと試みています[12]。

社会心理学者のリアリーとバウマイスターは、人が対人的拒絶を検知して対処行動に至るしくみを、状況によって短時間で変化する**状態**（state）**自尊感情**と比較的安定した持続的な**特性**（trait）**自尊感情**の関係性から説明する**ソシオメーター理論**（sociometer theory）を提唱しました[13]。私たちは

[12] Kernis & Goldman (2006)

[13] Leary & Baumeister (2000)

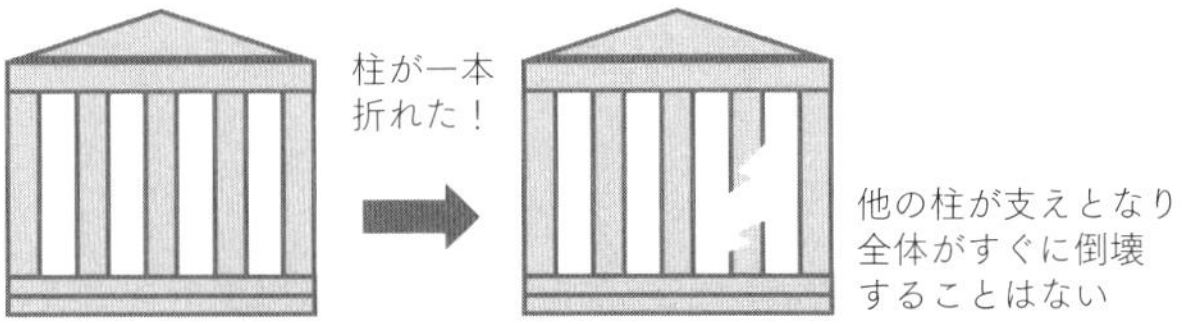

柱が一本
折れた！
他の柱が支えとなり
全体がすぐに倒壊
することはない

図1　自尊感情を支える領域がたくさんあれば少々の自尊感情の脅威に直面しても全体の屋台骨は揺るがない

失敗や他者からの拒絶によって一時的に自尊感情が低下しても、その後自尊感情の回復行動に動機づけられて、自己評価の向上のための努力をしたり他者とのつながりを再確認したりすることで、最終的には自尊感情を安定的に高く保つことができます。時には自尊感情の脅威となる他者を回避したり攻撃したりすることもあり、それらは積み重なると自身の精神的健康状態を悪化させる可能性があります（図2）。

自尊感情の変動性の研究において想定されているのは、自尊感情が高いから良いとか低いから悪いとかいった単純な関係性ではなく、自尊感情の脅威に対する回復力と呼べるような動的システムであり、これも非認知能力としての自尊感情の適応的特徴の一つといえます。

■自尊感情の本来性（authenticity）

ジェームズの公式において自尊感情が低下する原因のもう一つは、分母が大きくなることです。願望や理想が肥大化するほど現実は不満足の連続となります。反対に考えれば、変化させることが難しい現実を無理にどうにかしようと骨を折り続けるのではなく、比較的容易に変化させることができる願望や理想を変えていくことで自尊感情の低下を防ぐことができるはずです。目の前の現実のサイズ感に合わせて、こうあるべき・こうあらねばならないと頑なに思い込んでいた自己の理想像を縮小させていくことで、今のありのままの自分をよいと思えるようになります。これは**本来感**（sense of authenticity）とも呼ばれます。

ロジャーズの心理療法とパーソナリティの理論では、自己概念と経験とを一致（congruent）させることで、**自己受容**（self-acceptance）に至ることが重要視されています[14]（図3）。社会心理学者のヒギンズによる**自己不一致理論**（self-discrepancy theory）で

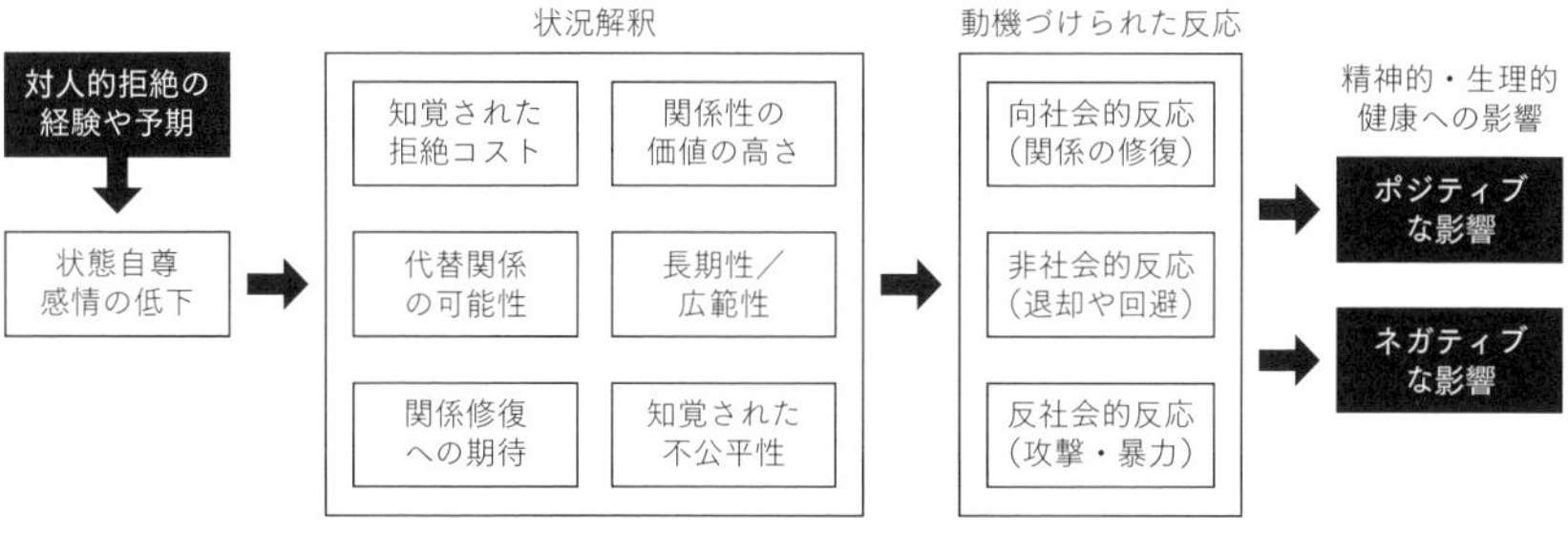

図2　ソシオメーター理論をさらに発展させた「対人的拒絶への反応の多重動機づけモデル」
（Smart Richman & Leary, 2009）

は、あるべき自己像を意味する**理想自己**（ideal self）や、あらねばならない自己像を意味する**当為（義務）自己**（ought self）と、実際の**現実自己**（real self/actual self）の不一致が自尊感情の低下を引き起こすとされています。[15]

社会学者のローゼンバーグは自尊感情を「とてもよい（very good）」ではなく「じゅうぶんよい（good enough）」の感覚と定義しました。[16] ジェームズの公式に照らし合わせて考えると「とてもよい」の感覚は「成功」の拡大によって高まる自尊感情であり、「じゅうぶんよい」の感覚は「願望」の縮小によって高まる自尊感情とみなせます。ローゼンバーグは後者の「願望」の縮小によって高まる側面こそ真に重要な自尊感情であると考えていましたが、その後はこの二側面をともに重要な要素として捉える研究者も多くなりました。その二側面は研究者ごとにさまざまな異なる名称で呼ばれていますが、おおよそ共通点があります。一つの側面は「成功」の拡大によって高まる「とてもよい」の感覚（自尊感情の評価的側面）と関係しており、自己評価、自己有能感、コンピテンス、**自己効力感**（self-efficacy）、自己有用感、**随伴性**（contingent）**自尊感情**などと呼ばれることがあります。もう一つの側面は「願望」の縮小によって高まる「じゅうぶんよい」の感覚（自尊感情の受容的側面）と関係しており、自己受容、**自己好意**（self-liking）、自己肯定感、自己価値感、**真の**（true）**自尊感情**などと呼ばれることがあります。自尊感情を二側面に分けて捉える視点では、両側面がともに高まることを重要視したり、二側面それぞれに異なる適応的役割を想定したりします。[17]

これらの視点はいずれも、ジェームズの公式における分子と分母のバランスを調整することで自尊感情を高めて適応的状態を作り出しているといえます。これは自尊感情の脅威に対する「本来性による**均衡化**」と呼べるもので、非認知能力としての自尊感情の適応的特徴の一つといえます。

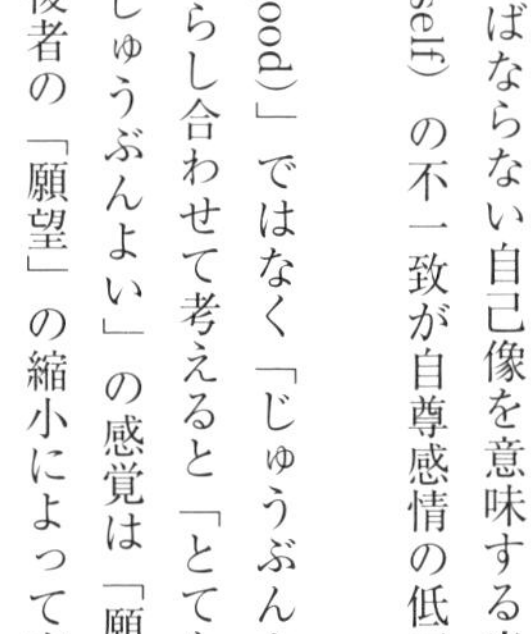

図3　理想自己と現実自己の一致によって自己受容に至る

[14] Rogers & Dymond (1954)
[15] Higgins (1987)
[16] Rosenberg (1965)
[17] 箕浦・成田 (2013) 自尊感情を二側面に分けて捉える諸理論の総説として参照されたい。

3節　自尊感情を伸ばすための介入研究

■非認知能力としての自尊感情を高める

自尊感情への介入は自尊感情を高めること自体を目的とするのではなく、結果として高く安定した自尊感情をもつ人間に変化・成長していくための人格的基盤を充実させるものでなければいけません。そのためには前節で紹介した非認知能力としての自尊感情の三側面（多次元性による緩衝作用、変動性による回復力、本来性による均衡化）をさまざまな方向から活性化させることが重要です。研究者や実践家が気をつけなければならないことは、対象者に根拠のない賞賛を与えたり経験を伴わない自信過剰な考えを促すような関わりをしたりした場合でも、自己報告式の心理尺度で査定する自尊感情は高くなったように見えてしまう点です。しかしそのような介入は、実際にはガソリンを一滴も注がずに燃料計の針だけを動かして満タンになったかのように見せかける欺瞞と同じといえます。

■認知行動療法に基づくアプローチ

認知行動療法（cognitive behavioral therapy）とは、学習理論や認知科学の知見に基づいて積極的に教育や訓練を行い、問題行動を実証的・直接的に変容し改善することで適応を目指すアプローチです。児童心理学者であるポープらは子どもや青年の自尊感情の教育・治療プログラムのあり方を認知行動療法の視点から解説する優れた指南書を著しています[18]。高く安定した自尊感情に至るために重要な個別のさまざまな要素（問題解決スキル、帰属スタイル、自己コントロール、コミュニケーションスキル、身体イメージなど）を具体的に取り上げて、それぞれに問題をもち自尊感情が低下した子どもに対処する場合の実践的な介入方法が示されています。

[18] Pope et al. (1988)

ポープは、自尊感情の認知行動療法では第一に、問題となっている個別の領域を特定することが大事であるとしています。つまり自尊感情の多次元性を前提としており、問題の所在を明確に突きとめて具体的に改善するため「身体イメージ」「学業」「社会」「家族」「全般」の五領域から自尊感情を捉える心理尺度も開発しています。そして第二に、歪んだ理想自己を修正して現実自己を改善する適切なスキルを子どもに教えることが大事であるとしており、これは自尊感情の本来性による均衡化を利用した介入を意味しています。

■対人関係の調整方略に注目したアプローチ

他者との関係性の適切化に焦点を当てた介入に**ソーシャルスキルトレーニング**（Social Skill Training: SST）や**アサーショントレーニング**（Assertion Training: AT）があります。ソーシャルスキルとは対人関係を円滑に運ぶための知識とそれに裏打ちされた具体的な技術やコツの総称を意味します[19]。感情のメタ認知と言語化によって感情のコントロールを高めることが自尊感情を形成するというモデルから、SST実践計画のねらい・研修内容・指導案などを定めた高校生を対象とした介入研究が行われています[20]。ソーシャルスキルの下位概念の一つにも位置づけられるアサーションは、自分の意見・考え・気持ち・相手への希望などをなるべく率直に正直にしかも適切な方法で伝えようとする自己表現と定義され[21]、自他を大切にした「さわやかな」自己表現とはまさに言い得て妙です。近年では新たに「しなやかな」自己表現として、**機能的アサーション**と呼ばれる認知行動療法的な介入研究も進められています[22]。アサーション概念の根底にあるものは「自他を尊重した自己表現」であり、ATの目標には自尊感情の維持や向上に関する要素が含まれます[23]。これらの対人関係の調整方略に注目したアプローチは、自尊感情を維持する動的システムを適切かつ円滑にはたらかせる過程で役に立つものであり、自尊感情の変動性による回復力の視点から理解することが可能です。

[19] 相川・佐藤 (2006)
[20] 原田・渡辺 (2011)
渡辺・原田 (2007)
[21] 平木 (2009)
[22] 三田村 (2020)
[23] Linehan (1984)

■介入の効果に関する系統的レビュー

治療と予防に関する評価情報の普及を目的とするコクラン共同計画という国際的組織があります。**コクラン系統的レビュー**（Cochrane systematic review）は、ランダム化比較試験に基づく多数の臨床試験の収集・評価・分析を行い、実践者たちが治療や介入の計画を立てる際の合理的な意思決定に役立つ情報を提供してくれます[24]。コクラン・ライブラリーの検索結果によると、タイトル・アブストラクト・キーワードのいずれかに「self-esteem」という語を含む系統的レビューは現在までに四五件が登録されています（二〇二一年三月時点）。

たとえば、運動が児童・青少年の身体的な健康のみならず自尊感情をはじめとする精神的な健康をも促進する証拠を示すことを目的とした「Exercise to improve self-esteem in children and young people」と題されたレビューがあります[25]。複数のデータベース（MEDLINE、EMBASE、CENTRAL [Cochrane Controlled Trials Register]、CINAHL、PsycINFO、ERIC）を用いて、検索の条件を三歳から二〇歳までの児童・青少年を対象としていること、ランダム化比較試験で四週間以上の身体運動を含む介入群を有すること、自尊感情を測定していること、として研究を収集しています。総計一八二一人からなる二三研究の結果をレビューした結果、運動は自尊感情に短期的にプラスの影響を与えること、運動による悪影響はみられないこと、身体の健康にも多くのプラスの影響があることがわかっています。

[24] Higgins & Thomas (2019)

[25] Ekeland et al. (2004)

4節　教育の可能性

■学校予防教育で自尊感情を育てるプログラム「TOP SELF」

ここからは実際に子どもたちの自尊感情を伸ばし育成していくための実践が行われている事例や手法を紹介していきます。鳴門教育大学予防教育科学センターの山崎の研究グループは、いじめや不登校といった学校における問題を未然に防ぐために行われる学校予防教育のプログラム「ＴＯＰ ＳＥＬＦ」（Trial Of Prevention School Education for Life and Friendship）を考案し推進しています[26]。このプログラムは子どもたちの情動や感情を十分に喚起して授業に没頭させることと、子どもたちのやろうとすることが他者の助けのもとにできるという経験をふんだんに盛り込むことの二要因の相互作用を重視します。それによって内発的動機づけ・自己信頼心・他者信頼心の複合性格と定義される**自律的**（autonomous）**自尊感情**を促進することを目標としています。

特徴的な点は、自律的自尊感情を普段は意識的に自覚されることのない特性であると断言しているところです。したがって教育効果の測定には通常よくみられるような心理尺度を用いた質問紙調査は行われません。なぜなら主観的な自己報告によって自尊感情を測定しようとするとどうしても他者との比較や競争・他者より勝っている自分を想起させる質問項目が多くなってしまうためです。これらは自律的自尊感情とは反対の、外発的動機づけ・自己不信心・他者不信心に特徴づけられる**他律的**（heteronomous）**自尊感情**の特徴だと考えられています。代わりに**潜在連合テスト**（Implicit Association Test: IAT）と呼ばれる、提示された刺激に対する判断の反応速度を指標とする測定方法が用いられます[27]（表１）。ＩＡＴで自尊感情を測るしくみについて詳しく知りたい方は日本心理学会のウェブページ「心理学ミュージアム」の展示を参照してください[28]。

[26] 山崎（2017）

[27] 横嶋ら（2020）

非認知能力としての自尊感情の三側面と照らし合わせてみると、自律的自尊感情に内発的動機づけとの関係を想定して子どもたちを能動的に行動していく存在とみなす部分に、「自尊感情の変動性による回復力」との共通点があるといえます。また他者との比較によらないという特徴は「自尊感情の本来性による均衡化」と共通点があります。

自律的自尊感情を育成するプログラムは開発方針・教育目標と操作目標・教育内容（助走からクライマックスまで）などが詳細かつ具体的に設定されています[29]。小学校三年生から中学校一年生まで、毎年八時間を五年間にわたって実施する授業が用意されており、短いアニメーションやゲーム、随所に音楽や効果音を取り入れた印象的な教材が開発されています。またいずれかの学年で最短四時間から実施できる簡易版や中学一年生版を高校生に実施するといった柔軟な運用もされています。鳴門教育大学予防教育科学センターでは学校への導入を助ける冊子や教材ＤＶＤの作成、予防教育プログラムに関する教員研修・授業の開講など、プログラムの普及のためにさまざまな活動が行われています[30]。

■共有体験――乳幼児期から育てる自尊感情

日本いのちの教育学会会長の近藤は、**社会的**（social）**自尊感情**と**基本的**（basic）**自尊感情**の組み合わせによって成り立つ自尊感情モデルを提案しています。社会的自尊感情はうまくいったりほめられたりすると高まり、失敗したり叱られたりするとしぼんでしまう、状況や状態に支配される感情と定義されています。基本的自尊感情は成功や優越とは無関係で、あるがままの自分自身を受け入れ、自分をかけがえのない存在として丸ごとそのままに認める感情と定義されています。社会的自尊感情がつぶれてしまったときに心を支えてくれるのが基本的自尊感情であり、それは**共有体験**によって高まるものとされています。共有体験とは、物や時間・空間を他者と共有する経験、それから過去の知識・現在の感情・未来への意志を肯定的なものとして他者とともに経験することを意味しています。社会的自尊感情と基本的自尊感情はどちらも自己報告による児童用質問紙で測定することがで

表１　児童用タブレットPC版セルフ・エスティーム潜在連合テストで用いられる刺激語（横嶋ら，2020）

カテゴリー語		属性語	
自分	自分以外	快語	不快語
じぶんは	あれは	すきだ	きらいだ
わたしは	それは	すばらしい	くだらない
		じしんがある	ふあんだ
		まんぞくした	やくにたたない

[28] 日本心理学会（2015a）日本心理学会（2015b）
[29] 賀屋ら（2020）
[30] 鳴門教育大学予防教育科学センターのウェブサイトを参照（http://www.naruto-u.ac.jp/center/prevention/index.html）

き、SOBA-SETと名づけられた心理尺度があります[31]。

　非認知能力としての自尊感情の三側面と照らし合わせてみると、社会的自尊感情がつぶれたときに基本的自尊感情が支えるという点には「多次元性による緩衝作用」との共通点を、社会的自尊感情の定義にある状態的な特徴には「変動性による回復力」との共通点を、基本的自尊感情の定義には「本来性による均衡化」との共通点を見いだすことができます。

　いわゆる「いのちの教育」は共有体験を生じさせて基本的自尊感情を促進する学校授業づくりの一例として位置づけることができます。ここで言ういのちの教育とは、すぐにイメージされがちな、家畜を殺して食べることの是非を考えたり障害や病気で亡くなった人のドキュメンタリーを見たりといったことだけではありません。「死」がもたらすセンセーションが子どもたちの注意を引きつけ神妙な面持ちにさせる効果だけに満足せず、「生」の喜びや楽しみを分かち合ったり、生きる意味や自己の存在意義について考えたりする姿勢も伝えていく必要があります。これまで多様な題材（演奏や歌、詩や演劇、人類の進化や宇宙の歴史、動物との関わり、性教育、人形劇、絵本、子どもどうしの話し合い、農業や自然の体験、ボランティア）で、多種の職業（養護教諭、助産師、心理カウンセラー、看護学生、地域住民）と連携して行ういのちの教育の実践例が報告されています[32]。

　実践的ツールの中でも絵本は、乳幼児期からでも養育者と子どもで一緒に楽しみながら、注意や興味・関心を向けることの共有、物語の世界観の共有、湧き上がる感動や感情経験の共有ができる身近でたいへん心強いものです（図４）。最近は直接的に「自己肯定感を育む」とか「自尊感情を伸ばす」と銘打たれた絵本や児童書も登場していますが、そういったものに限らず、魅力的な登場人物や豊かなストーリー、読み手の感情を動かす芸術的なデザインに満ちたものであれば、自然と質の高い共有体験が生まれます[33]。絵本の出版社もそれぞれにポリシーのある絵本紹介をしており、童話館出版の小冊子『絵本のある子育て』[34]や福音館書店のパンフレット『絵本の与えかた』[35]は、長い出版業の歴史と積み重ねに裏打ちされた興味深い絵本観を私たちに教えてくれます。

〔箕浦有希久〕

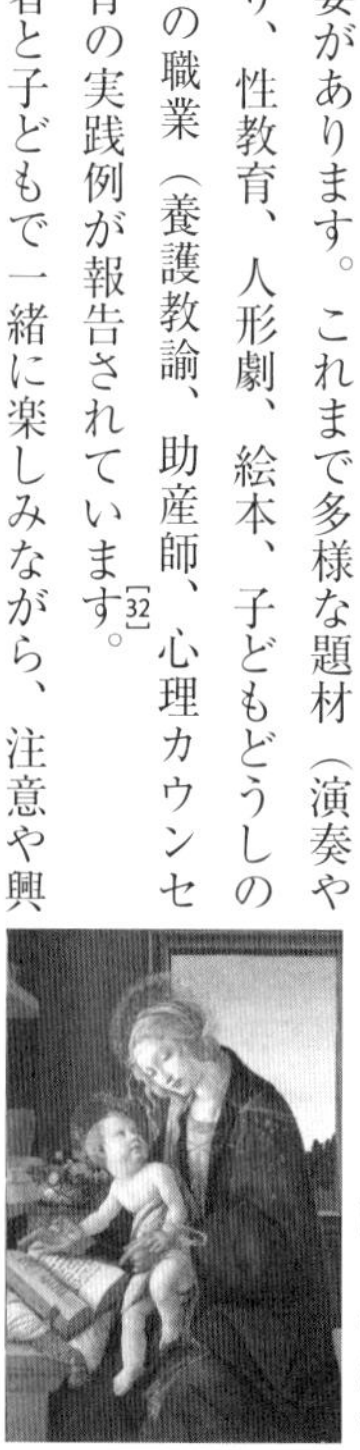

図４　サンドロ・ボッティチェリ作『書籍の聖母（1480-1481年）』（Wikipediaより）親子で一緒に本の頁をめくる共有体験の価値は時代と文化を超越する

[31] 近藤（2016）
[32] 近藤（2007）
近藤（2014）
[33] 近藤（2015）
近藤（2020）
[34] http://www.douwakan.co.jp/backnumber/
[35] https://www.fukuinkan.co.jp/booklet/

12章 セルフ・コンパッション
——自分自身を受け入れて優しい気持ちを向ける力

1節 セルフ・コンパッションとは

何か目標をもって一生懸命努力しても、うまくいかないことがあります。「あんなに頑張ったのに」と思い、くやしかったり、なさけなかったり、悲しかったりする。そんな児童生徒を見たときにどんな言葉をかけてあげられるでしょうか。友だちや先生に「ドンマイ」と言われても、「よく頑張ったね。次があるよ」と言われても、納得できないこともあります。学校では、努力する過程が重要で結果は気にするなといいます。ですが、大人が「いくら努力することが素晴らしいんだよ」といっても、子どもにとっても結果が大切です。思い描いたような結果が出ないと、できなかったところに注目して自分を責めることになります。学校では、個人個人に傷ついた気持ちをケアする方法までは教えていません。そして、児童生徒の中には、その経験を大人になるまで引きずって苦しんでいる人もいます。失敗や挫折を経験したときに、自分を批判して自分を追い詰めていくと、気分は落ち込んだままで無力感に打ちひしがれることになります。そんなときに必要になるのが、**セルフ・コンパッション**（self-compassion）なのです。

セルフ・コンパッションとは、失敗や傷ついた経験の後に、自分の感情をバランスよく受け入れ、その経験が他の人たちとも共通していることを認識し、自分に優しい気持ちを向けることです。日本語に訳すと「自分への慈しみ」また「自分への思いやり」になりますが、単に慈しみや思いやりといった言葉に含まれる意味以上のものが含まれているように思えます。セルフ・コンパッションを理解するには、まず他者への**コンパッション**について考えてみるとよいです。困っている他者を無条件に助けようとする気持ちがコンパッションです。たとえば、親しい友人が一生懸命頑張ったのに、失敗してしまったと嘆いているとしましょう。そんなとき、どんな言葉をかけてあげるでしょうか。自分に対してなら、ここがダメだったと批判して、なんで自分だけこんなひどい目に遭うのだと孤独感をおぼえ、不安や怒りといった感情に支配されて頭が混乱してしまうことでしょう。一方、親しい友人に対しては、話をよく聞いて、その人の考えや感情について理解しようとするでしょう。その人が本当に努力不足であったとしても批判したりはせずに、その人のパーソナリティやもっている事情も考慮して、その人の立場をわかろうとするはずです。そして、自分やその他の人たちも、同じような経験をしてなんとか立ち直ってきたことを伝えたり、立ち直るためにその人の強みなどの良いところを伝えたりしようとするでしょう。それでも、傷ついて心が折れそうになっていたなら、何時間でも話を聞いて、何度でも励ますことをいとわない。このように何の見返りもなく、他者を苦しみから救い出そうとする気持ちのことをコンパッションといいます。セルフ・コンパッションでは、この気持ちを自分に向けることになります。

一生懸命頑張ったのに失敗したとき自分自身に、コンパッションを向けるとどうなるでしょうか。傷ついた自分自身にどんな気持ちなのか丁寧に聞いていきます。怒り、悲しみ、イライラ、罪悪感……。さまざまな感情が思い浮かぶことでしょう。「自分はダメな人間だ」「もうおしまいだ」といった考えも浮かんでくるかもしれません。そうした感情や思考をそのまま、ありのままに受け入れます。このことを、**マインドフルネス**（mindfulness）といいます（本書13章を参照）。私たちは、否定的な感情や思考が浮かんでくると、通常はそれをなくそうと努力します。マインドフルネスの場合は、なくそうとしたり、変えようとしたりせず、ありのままに受け入れます。次いで、傷ついて孤独感が強くなっている自分に対して、「あなただけじゃない。他の人たちも同じような経験をしているよ」という言葉かけをします。これは、自分以外の人たちの境遇を思い出してもらい、さまざまな苦難は人類に共通しているという認識、すなわち**共通の人間性**（common humanity）を再認識してもらうためのものです。自己批判ばかりしていると、自分の否定的な側面ばかりに目がいき、どうしても他者に意識は向かいません。自分も他者も一生懸命努力して失敗してもまた立ち直ろうとしていることを思い出すことで、孤独感から開放され、視野を広くもつことができるようになります。さいごに、自分を励ますように優しい言葉かけをします。単なる励ましではなく、自分の良いところも悪いところも同じように認め、そうした特長をもった自分がまたやり直せるような、優しい言葉で自分を包み込むのです。今現在の傷ついた自分を受け入れるだけでなく、自分がやろうとしていた目標について思い出して、失敗を教訓として前に向かっていこうという励ましの言葉かけをします。これを**自分への優しさ**（self-kindness）といいます。セルフ・コンパッションは、このようにマインドフルネス、共通の人間性の認識、自分への優しさという三つの側面からなる心のもちようになります。

セルフ・コンパッションによって、困難があったときに過去を振り返ったり、将来のことを心配したりするのではなく、今現在に意識を戻し感情や思考をありのまま受け入れ、やりたいことに意識を向けることが可能になります。このプロセスは、マインドフルネスだけでも得られるように思われるかもしれません。ですが、傷ついたときには自分の感情や考えにとらわれ、なかなかマインドフルになることができません。コンパッションは、傷ついた人を助けようとする気持ちです。自分を優しく抱きしめて癒すことで、マインドフルに自分の良いところも悪いところも受け入れることができるのです。コンパッションの必要について考えるために、一つワークをしてみてください。質問です。試合中にもうミスができないという困難な状況にあるとして、隣にいるのは厳しい鬼コーチがよいでしょうか、それとも自分を受け入れてくれている優しいコーチのどちらがよいでしょうか。厳しいコーチにも数多くのアドバイスをもらえるなどよい点があります。ですが、追い込まれたときには、自分の気持ちをわかってくれて、強みにも目を向けてくれるコーチのほうが前向きな気持ちになり、よりベストが出せそうですよね。困難な状況では、マインドフルに気づくだけでは厳しい現実に気づく苦行になってしまいます。コンパッション、すなわち無条件の愛情をもった人から優しさを受け取ることで、本来の自分の力に気づき、ベストな状態を取り戻すことができるのです。自分自身しかいない場合、自分自身が無条件の愛情を自分に向けることで、同じことが達成できます。これが、セルフ・コンパッションの力なのです。

セルフ・コンパッションは、落ち込みから回復する力であり、その特性が高い人は抑うつや不安、怒りの程度が低くなり、幸福感が高くなることが研究からもわかっています。その他にも、さまざまなメンタルヘルスの指標と関連性のあることがメタ分析*を用いた文献からも明らかにされています[1]。また、学業成績を直接高めることはないですが、学業に関する動機づけを高めたり[2]、先送り行動[3]を弱める力もあることが報告されています。詳しくは、2節以降に譲りますが、セルフ・コンパッションにはわれわれにとって有益な非認知能力であることを示唆する研究が多いと思います。近年では、調査研究だけでなく、セルフ・コンパッションを高める研究が行われ、メンタルヘルスの向上につながることが示されています。

[1] Marsh et al. (2018)
Zessin et al. (2015)
[2] Neff et al. (2005)
[3] Sirois (2014)

2節　セルフ・コンパッションの基礎研究

■セルフ・コンパッション尺度

セルフ・コンパッションは、アメリカの心理学者であるネフが提唱した概念です。コンパッションは、日常用語の他に仏教の基本的概念としても知られています。ネフは、アメリカの仏教寺院での瞑

表1 セルフ・コンパッションの構成要素

困難へのポジティブな反応	困難へのネガティブな反応
自分への優しさ 自分の良いところやできている部分に注目し，優しい言葉をかける。	**自己批判** 自分のダメなところに注目し，批判的な言葉をかける。
マインドフルネス 自分の感情を偏りなく広く受け入れ，バランスのとれた見方をする。	**過剰同一化** 否定的な感情に支配され，頭の中が混乱してしまう。
共通の人間性 他の人も自分と同じような困難を経験し，そこから立ち直っていることを認識する。	**孤独感** 自分だけ困難に直面して苦しみ，孤立していると感じる。

想の体験から、自分にコンパッションを向けることが自尊感情からの解放につながり、メンタルヘルスの改善をもたらすと考えました。そして、二六項目からなる**セルフ・コンパッション尺度**を作成し、抑うつや不安、主観的幸福感といったメンタルヘルスの指標や、自尊感情や自己愛、自己受容といった自己に関する指標との関連性を検討しました[4]。

セルフ・コンパッション尺度は、表1のように六つの構成要素から成り立っています。尺度*には、自分への優しさ、マインドフルネス、共通の人間性というポジティブな側面の他、自己批判、過剰同一化、孤独感というネガティブな側面も含まれています。セルフ・コンパッションは、否定的な感情に飲み込まれずバランスよく受け入れ、自分だけでなく他の人たちも同じような困難を経験していることに気づき、自分へ批判的な言葉ではなく優しい言葉かけを行うことです。そのため、自分への優しさといったポジティブな側面が高いだけでなく、自己批判のようなネガティブな側面が低いことでその傾向が高くなるようになっています。短縮版の尺度を章末に載せたので、ご関心のある方は取り組んでみてください。

セルフ・コンパッション尺度を開発した研究[5]では、まず6因子構造であることと、それらの因子が一つにまとまることを確認的因子分析*という手法を使って明らかにしました。そして、セルフ・コンパッションが、不安や抑うつ、自己批判傾向、完璧主義

[4] Neff (2003)

[5] Neff (2003)

とは負の相関関係、自尊感情や人生満足感とは正の相関関係にあることを示しています。この研究で関係のあるとされた自尊感情とセルフ・コンパションは混同されやすいので説明したいと思います。

■セルフ・コンパッションと自尊感情、自己愛

セルフ・コンパッションと勘違いしやすいものに、**自尊感情**（本書11章を参照）や**自己愛**があります。セルフ・コンパッションには、自分への優しさという側面があり、自分の良いところを認める点は自尊感情と共通しているので同じではないかと思われるかもしれません。自尊感情は、失敗の経験によって低下してしまうことからわかるように、自分や他者の評価に依存しています。一方、セルフ・コンパッションは、失敗をしても良いところにも、悪いところにも目を向ける心のもちようで、評価や結果に依存せずに自分のやりたいことをやろうとする気持ちを維持できます。自己愛は、根拠のない自信をもち、自分を誇大評価し特権意識をもつ特性です。自分に優しくするという言葉から、自分が好きな人という印象をもち、自己愛と混同される方もいます。ですが、セルフ・コンパッションは、今現在の自分自身の状態をありのままに受け入れ、仮にぼろぼろになっていてもそんな自分に優しい気持ちを向けることであり、自己愛とは全く異なる心のもちようといえるでしょう。

先ほど紹介した研究[6]では、セルフ・コンパッションと自尊感情は比較的高い相関関係を示しました。この結果は、セルフ・コンパッションが高い人は、それだけ自己の傷つきを修復できるので自尊感情が維持できるためだと解釈できます。ですが、ここでセルフ・コンパッションと抑うつや不安の相関関係が見かけ上のものである可能性が出てきました。見かけ上の関係とは、たとえば「カエルが泣くと雨が降る」のは「湿度」という第三の変数が影響しているからである、というような関係性のことです。セルフ・コンパッションと抑うつや不安の関係でも同様に、セルフ・コンパッションが高い人は自尊感情が高いので、見かけ上抑うつや不安が低くなっている可能性が考えられました。そこで偏相関分析という手法で第三の変数、すなわち自尊感情の影響を統制したところ、セルフ・コンパ

[6] Neff (2003)

ションは抑うつや不安と負の相関のあることがわかりました[7]。また、セルフ・コンパッションは、自己愛とは無相関で、自己受容や自分のことは自分で決めるといった**真の自尊感情**（true self-esteem）という、より適応的な自己のあり方の指標と正の相関があることも明らかにされました。

真の自尊感情とは、自分でやりたいことを自覚して、自分がしたいからするんだという自己決定をして、自分らしく生きる傾向のことです。その逆に、自分の価値は他者の評価や外見、パフォーマンスの結果で決まると考える、**自己価値の随伴性**傾向が高い人もいます。その傾向が高い人は、自尊感情が変動しやすく、メンタルヘルスの状態が悪いとされています。オランダで行われた大規模な二時点の縦断調査では*[8]、年齢や収入、自尊感情の影響を取り除いた後でも、自尊感情の不安定性や自己価値の随伴性が三カ月後のセルフ・コンパッションの高さを予測しました。ちなみに、自尊感情は収入と非常に弱い正の相関があり、セルフ・コンパッションは年齢と非常に弱い正の相関があるので、その影響を統制したのです。自尊感情は、自尊感情の不安定性や自己価値の随伴性からは予測されず、自分らしく生きることとは無関係であることがわかりました。この研究では、自己愛が三カ月後の自尊感情を予測するのに対して、セルフ・コンパッションは予測しないことも示されました。このように、実証的研究によっても、セルフ・コンパッションが自尊感情や自己愛とは異なる構成概念であることが明らかにされています。

■セルフ・コンパッションと甘やかし、憐憫の情

自尊感情や自己愛以外にもセルフ・コンパッションと間違われやすい概念があるので、説明したいと思います。自分に優しくするというと、自分を甘やかすことになり、よくないことだと考える人もいます。たとえば、「そんなに頑張っていたのだから、好きなことをしていいよ」といった優しい言葉が浮かんだとします。**甘やかし**の場合は、ケーキをたくさん食べる、無制限にゲームをするといった、結果的に自分にとってよくないことでも、「いいよ。いいよ」といって許してしまうでしょう。

[7] Neff (2003)

[8] Neff & Vonk (2009)

セルフ・コンパッションの場合は、親しい友人のように自分のことを見て、将来のことも見据えて優しい言葉をかけるのです。もし自分がケーキを何個も食べたくなったら、「おいしかったよね。でも、身体に悪いからそれぐらいにしよう。また、今度食べようよ」という身体をいたわる言葉かけをするのが、セルフ・コンパッションになります。

また、自分を思いやるという言葉から、傷ついた悲しい気持ちに寄り添うといった**憐憫の情**（self-pity）のようなイメージをもつ人もいるでしょう。セルフ・コンパッションを自分への憐憫の情と考え、否定的感情に共感して、一緒に嘆き悲しむだけでは、もうどうしようもないことばかりに目が向いてしまい後ろ向きの気持ちになるだけだと思われるかもしれません。しかし、セルフ・コンパッションは、否定的な感情に支配されてしまうのではなく、自分の良いところや今現在ある肯定的な感情にも気づいて受け入れていくことですので、憐憫の情とは全く異なる心のもちようといえます。

■セルフ・コンパッションと学業成績

セルフ・コンパッションは、学校で経験する困難に対してもそこから立ち上がり再チャレンジする力につながると考えられます。大学生を対象とした調査研究では、セルフ・コンパッションが高い人は、学業で失敗しても自己批判を熱心に行わないため、失敗を恐れる程度が低くなることや学業を修められるというコンピテンスが高まることがわかっています[9]。学業において失敗を恐れる程度が低くコンピテンスが高ければ、動機づけも高まり、成績がよくなることが予測されます。大学では成績をＧＰＡ*によって表しますが、セルフ・コンパッションとＧＰＡには相関関係はありませんでした。ですが、セルフ・コンパッションは失敗の恐怖とコンピテンス、さらに**習得目標**を媒介として**内発的動機づけ**を高める要因であることが明らかにされました。習得目標とは、自分の能力を向上させ課題に習熟することを目標とすることで、内発的動機づけとは人から言われてやるのではなくて自ら進んで学習する意欲のことです。セルフ・コンパッションは、内発的動機づけを高めることで、学業成

[9] Neff et al. (2005)

績と関係していると考えられます。さらに、この研究では学業の阻害要因である**遂行回避**（performance avoidance）や不安についても、セルフ・コンパッションは失敗の恐怖を媒介として低減する効果のあることがわかりました。このように、セルフ・コンパッションは、学業へのプラス面を向上させ、マイナス面を低下させることが明らかにされています。

セルフ・コンパッションが、学校適応感を高めるプロセスを調査した研究[10]では、学業におけるセルフ・コンパッション（academic self-compassion）が**学業のリソースフルネス**（academic resourcefulness）を高めることで、大学への適応感が高まることが明らかにされました。学業のリソースフルネスとは、課題の締切りを守ったり、前もって試験勉強をしたりといった自己制御能力のことを表します。この研究からは、「この授業は自分にとって大変だと思ったら、自分に必要なだけのいたわりや優しさを自分にあげます」といった学業へのセルフ・コンパッションをもつことで、自己制御がうまくできて学校適応が図られることが示唆されます。

■セルフ・コンパッションと青年期のメンタルヘルス

1節で述べたようにセルフ・コンパッションは、抑うつや不安といったメンタルヘルスの指標と関係します。対象を青年期に限定したメタ分析でも、セルフ・コンパッションが不安や抑うつ、ストレスを低減させる要因であることが明らかにされています[11]。セルフ・コンパッションとメンタルヘルスの関係で注目されているのは、その調整効果です。オーストラリアの中学生（九年生）を対象とした調査を例に挙げると、低い自尊感情の生徒でもセルフ・コンパッションが高いと一年後の調査でもメンタルヘルスが低下しないことが示されています[12]。自尊感情が低いとそれだけ抑うつや不安が高くなりやすいのですが、セルフ・コンパッションがその関係を調整して、抑うつや不安が高くなるのを抑える効果が認められたのです。もう一例を挙げると、学業でのバーンアウトは抑うつ症状につながるのですが、その関係をセルフ・コンパッションが調整することを示した研究もあります[13]。青年期なら

[10] Martin et al. (2019)

[11] Marsh et al. (2018)

[12] Marshall et al. (2015)

[13] Kyeong (2013)

ではの問題として、ネットいじめによってメンタルヘルスを悪化させることがあります。ネットいじめによる抑うつや不安の症状についても、セルフ・コンパッションが調整することがわかっています[14]。

青年期では抑うつや不安以外にも、さまざまな問題行動や精神疾患のリスクがあります。セルフ・コンパッションは、自分をケアするという意味から、自分を傷つける行動を抑制すると考えられます。調査の結果でも、セルフ・コンパッションは希死念慮と自殺企図の関係を調整することが示されています[15]。また、セルフ・コンパションが傷ついた自分自身を癒すという意味では、大災害のトラウマ体験をした青年の半年後のＰＴＳＤや抑うつ、パニックの症状と希死念慮をセルフ・コンパッションが低減することを示した研究もあります[16]。さらに、自分の身体に不満足な部分があってもそれを優しく受け入れるという意味で、摂食障害の症状を和らげる要因としてもセルフ・コンパッションは注目されています[17]。

■セルフ・コンパッションと教師のバーンアウト

日本では、教師の働きすぎの問題が取りざたされ、休職者や退職者が多いことが指摘されています。休職の理由にはさまざまなものがありますが、最も多いものが「こころの病」になります[18]。長時間労働や役割負担、職務のストレスなどによって生じるのが、やる気がなくなってしまう**バーンアウト**（**燃え尽き症候群**）です。休職者や退職者を減らすためには、バーンアウトを未然に防ぐことが大切だと考えられます。そのためには、労働時間を減らすだけでなく、日頃のストレスを低減することも必要で、セルフ・コンパッションが活用できると思われます。イタリアでの調査研究では[19]、セルフ・コンパシションが高い教師ほど、欲求充足度から個人的達成感を高めやすく、バーンアウトの症状を低減させやすいことが明らかにされています。また、個人的達成感が高い教師は、生徒の自律を支援したり、生徒にしてほしいことを言ったりしてガイドラインを示すという教育スタイルの使用頻度

[14] Chu et al. (2018)
[15] Sun et al. (2020)
[16] Zeller et al. (2014)
[17] Braun et al. (2016)
[18] 文部科学省 (2020)
[19] Moè & Katz (2020)

が高いことも示されました。一方、自己批判的な教師は、欲求不満度が高く、そこからバーンアウトの症状が高まり、統制型または無秩序な教育スタイルをとりやすいことが示されました。セルフ・コンパッションを高めることが教師のメンタルヘルスを改善し、効果的な教育スタイルをとりやすくなることが明らかにされたのです。

3節 セルフ・コンパッションを伸ばすための介入研究

セルフ・コンパッションは、失敗や挫折に際しての行動傾向の一種ですが、トレーニングを行うことで向上させることができます。たとえば、**マインドフル・セルフ・コンパッション**のプログラム[20]では、八週間にわたってマインドフルネス瞑想の他、慈悲の瞑想やさまざまなセルフ・コンパッションのワークを行います。このプログラムを実施した介入研究では、八週間待っているだけの待機群と比べて、抑うつや不安が減少し、幸福感や人生満足感が上昇することが示されました。その中で教示される代表的な方法を表2にまとめました。

呼吸のマインドフルネス瞑想では、最初に鼻から入ってくる空気の流れを感じ、鼻から肺にかけての身体感覚に気づくだけにします。一瞬一瞬に感覚が変わっていくのを感じ、呼吸のたびに感覚が異なることを体験します。これは一点集中の瞑想なのですが、続いて呼吸のリズムに合わせて動いているおなかの膨らみと縮みに気づきを向けます。「集中できていない」「眠たい」などの思考が浮かんでくると、「いけない」「だめだ」といった自己批判が生じて不快になります。そのような雑念が浮かんできたらそれにとらわれずに雑念だとただ気づいて、おなかの膨らみと縮みに気づきを戻します。後半は注意の転換の訓練になります。セルフ・コンパッションを高めるためには、まず自分を苦しめている思考や感情に気づく必要があります。なくしてしまいたい感情や考えたくない思考が浮かんできても、「どうぞそこにいていいですよ」という優しさをもって、距離を置いて「怒り」とか「考え」

[20] Neff & Germer (2013)

表 2　セルフ・コンパッションを高める方法

呼吸のマインドフルネス瞑想 呼吸によって生じてくる身体感覚に気づき，そのまま受け入れる。雑念が浮かんできたら，身体感覚に気づきを戻す。
慈悲の瞑想 自分自身や親しい人の幸せや健康を願うフレーズを繰り返す。慈しみの気持ちを，嫌いな人から生きとし生けるものにまで広げていく。
セルフ・コンパッション・ブレイク 今現在困っていることをイメージして，マインドフルに感情に気づき，誰しも経験する苦難であることを認識し，自分に優しい言葉をかける。
セルフ・コンパッション・レター 困っている自分自身に向けて，その感情を理解し，誰しも経験することを伝え，優しい言葉をかける手紙を書く。

が生じて、また消えていくことに気づいていきます。そうすることで、強い否定的感情の経験があっても、平静で落ち着いていることができ、自分に優しい言葉をかけることを繰り返します。

慈悲の瞑想は、自分自身や親しい人に向けて「自分（あなた）が幸せでありますように」「自分（あなた）が健康でありますように」といった慈しみのフレーズで自分や他者を包み込んでいく瞑想法です。そのときに生じてくる優しさや温かさに気づくことで、自分にも他者にも分けへだてなく慈しみの気持ちを向けられるようになっていきます。自分自身が本当にやりたいことにマインドフルに気づき、それが実現できるようにと願うと、前向きな気持ちになります。ただ、自己批判が強い人は、自分に優しい気持ちになれないことが多いです。そうしたときは、自分を批判する自分自身の言葉をマインドフルに受け取り、厳しい言葉をかけている自分自身にも感謝しつつ温かい言葉をかけていきます。そうすることで自分を責める内なる声と戦うことをやめることができ、心に平安が訪れるのです。

セルフ・コンパッション・ブレイクは、1節で述べたセルフ・コンパッションの定義通りにマインドフルネス、共通の人間性の認識、自分への優しさのワークを行っていくものです。このワークはセルフ・コンパッションの意味がわかっていないと難しく感じますが、説明を受けた後だと三つのステップを踏むことで自然と自分への優しい言葉をかけることができます。また、同じ内容を手紙にすることで優しい言葉を味わうことができるのが、**セルフ・コンパッション・レター**になります。

マインドフル・セルフ・コンパッション以外にも、セルフ・コンパッションを高めるプログラムがあり、メタ分析*の結果からメンタルヘルスの向上につながることが明らかにされています[21]。

[21] Ferrari et al. (2019)

4節 教育の可能性

学校に限らず世の中ではどんなに頑張っても報われないことがあります。テストや試合など競争になると一位になる人は一人で、他の人は報われないのが事実です。大人になるまでにそうしたことも経験して、ネガティブな出来事があっても回復する力、すなわちレジリエンス（本書14章を参照）を身につける必要があります。ただ、教師の立場からは、学校の中で児童生徒のレジリエンスを高める方法を教えることは難しいとお感じの方が多いと思います。ですが、セルフ・コンパッションは小学校低学年から比較的簡単なワークでその効果を実感することができ、日々の授業でも取り入れることができます。

私がいくつかの小学校で実践した「自分をハグする」というワークをご紹介したいと思います。このワークは、表3のような流れで展開していきます。セルフ・コンパッションは、自分の幸せを願うことからはじまりますが、言葉で願うだけでなく自分を抱きしめることで身体的にも優しさを感じることができます。これをスージング・タッチといいます。子どもたちに教える際には、「自分を抱きしめてみよう」を「自分をハグしてみよう」と言い換えると、小学校低学年でもわかってくれました。印象としては、私たち大人よりも子どもたちのほうが抱きしめたり、優しさを送ったりするのに慣れているかもしれません。自分を抱きしめるときに、自分の幸せを願うフレーズを繰り返します。

表3　ワーク「自分をハグする」

ワークの説明 自分や大切な人を抱きしめる（ハグする）ふりをしてみることを伝えます。 ハグの例を示します（肩を両腕でギュっと抱きしめる，心臓のあたりに両手を置く，など）。 大切な人を１人選びます。 抱きしめるポーズを教えます（両手で輪を作って円を作るような感じ）。
自分を抱きしめる ギュッとしながら心のなかで自分に，「今日がとってもいい日になりますように。すごく楽しく友だちと遊べますように」などと願ってみます。 安心した気持ちを味わいます。
大切な人を抱きしめるふりをする 大切な人が，自分と一緒にいるところを想像します。その人が優しく微笑んでいる姿を思い浮かべ，抱き合っているところを想像します。心のなかで，「私たちが幸せで，とってもいい一日を送れますように。元気でありますように」などと願いましょう。 優しさを感じ，安心感を味わいます。
振り返り 自分を抱きしめたとき，どんな感じがしたか。 大切な人を抱きしめるふりをした時，どんな感じがしたか，などをシェアします。

大切な人をイメージして抱きしめて、自分もその人も幸せになることを願います。こうしたワークで、優しい気持ちになり、安らぎや感謝といった穏やかなポジティブ感情を経験してもらうことができます。生徒の一部には、大切な人が思い浮かばないことがありますが、「友だちや家族を想像してみたら」というとやってくれます。また、恥ずかしがってやろうとしないといったことがありますが、無理はさせず幸せを願うところだけでも取り組んでもらうこともできます。

教室では、呼吸の瞑想や歩く瞑想などマインドフルネス瞑想にも取り組むことができます。欧米では学校単位で取り組んでいるところも多く、小・中学生にも十分適用できるワークが多くあります。このワークは児童生徒だけでなく、教師のバーンアウト予防にもなります。今後、レジリエンスを高めるワークとして日本でもセルフ・コンパッションの授業が増えることを期待しています。

〔有光興記〕

セルフ・コンパッション尺度日本語版 12 項目短縮版（有光ら , 2016）

回答する前に，それぞれの項目を注意深く読んで下さい。あなたが，各項目について，どの程度行動するか，以下の尺度に従って，各項目の左側に評価して下さい。

1＝ ほとんど全くそうしない　から　5＝ ほとんどいつもそうする　の間の数値で回答

___ 1. 自分自身の欠点や不十分なところについて，不満に思っているし，批判的である。
___ 2. 気分が落ち込んだときには，間違ったことすべてについて，くよくよと心配し，こだわる傾向にある。
___ 3. 自分にとって重要なことを失敗したとき，無力感で頭がいっぱいになる。
___ 4. 何かで苦しい思いをしたときには，感情を適度なバランスに保つようにする。
___ 5. 自分自身にどこか不十分なところがあると感じると，多くの人も不十分であるという気持ちを共有していることを思い出すようにする。
___ 6. 自分のパーソナリティの好きでないところについては，やさしくなれないし，いらだちを感じる。
___ 7. 苦労を経験しているとき，必要とする程度に自分自身をいたわり，やさしくする。
___ 8. 気分が落ち込んだとき，多くの人がおそらく自分より幸せであるという気持ちになりがちである。
___ 9. 何か苦痛を感じることが起こったとき，その状況についてバランスのとれた見方をするようにする。
___ 10. 自分の失敗は，人間のありようの1つであると考えるようにしている。
___ 11. 自分にとって大切な何かに失敗したとき，自分の失敗の中でひとりぼっちでいるように感じる傾向がある。
___ 12. 自分のパーソナリティの好きでないところについては理解し，やさしい目で見るようにしている。

採点方法
合計得点：項目 7+12+5+10+4+9 の合計に，36 から項目 1+6+8+11+2+3 を引いたものを合計する。
計算式：（項目 7+12+5+10+4+9）＋（36- 項目 1+6+8+11+2+3）
6 因子
自分への優しさ：項目 7+12
自己批判：項目 1+6
共通の人間性：項目 5+10
孤独感：項目 8+11
マインドフルネス：項目 4+9
過剰同一性：項目 2+3
評価の方法：最低点が 12 点，35 点が平均点，60 点が最高点。28 点から 42 点が平均の範囲内で，28 点未満が低い，43 点以上が高いと評価されます。

13章 マインドフルネス
――「今ここ」に注意を向けて受け入れる力

1節　マインドフルネスとは

■マインドフルネスの定義

近年、**マインドフルネス**（mindfulness）という言葉を見聞きする機会は多くなりました。瞑想、健康によい、などの断片的な情報をお持ちの方もいらっしゃるかと思います。マインドフルネスという言葉はもともと、小乗仏教経典に用いられるパーリ語のSatiの英訳であり、「心をとどめる」といった意味をもちます[1]。ただし、現在の心理学ではこれと少し異なった意味合いで用いられているため、その仏教学的なルーツについては、本稿ではこれ以上掘り下げないことにします。

心理学の文脈で用いられるマインドフルネスという言葉は、ある心理状態と、その状態に至るための素地を整える技法（トレーニング）を指します。マインドフルな状態を維持する能力・スキルは**マインドフルネス特性**と呼ばれます。このマインドフルネス特性は、感情制御や協調性、動機づけなどのさまざまな社会的適応と関連することがわかっており、まさに非認知能力に該当するといえるでしょう。マインドフルネスというと瞑想などの技法のイメージが先行するかもしれませんが、そ

[1] 越川 (2013)

の技法がいったい何を目指して作られたのかを知らなければ全容は見えてきません。そこで、まずは心の状態・特性としてのマインドフルネスについて概観したいと思います。

心理学におけるマインドフルネスの第一人者であるカバット－ジン（Kabat-Zinn, J.）は、マインドフルネスを「今ここでの経験に、評価や判断を加えることなく能動的な注意を向けること」[2]と定義しました。**今ここでの経験**とは、この瞬間に感じていること、そこから生じる考えなどを指します。私たちは五感を通して、常にさまざまな情報を受け取っていますが、一方で過去のことを思い出して落ち込んだり、ある仕事をしながら別の仕事の心配をしていたりと、「今ここ」に存在しないあれこれに気をとられることも少なくありません。こうした「今ここ」にないものに関する思考のさまよい（**マインドワンダリング**）は私たちの幸福感を下げることが示されています。[3] これに対して、マインドフルネスは今この瞬間に生じている感覚や思考に意識をとどめた状態といえます。

先ほどの定義には、もう一つ「評価や判断を加えない」という要素が含まれています。「今ここ」の感覚や思考に注意を向けていると、不快な身体の感覚やネガティブな考えに気づくことがあります。すると、私たちは反射的にこの感覚・思考に意識を集中し、不快感を解消しようとする習慣的なモード（**することdoing) モード**）に入ります。不快なものがない理想の状態とそれがある現実の状態を見比べて、今の不快な状態は好ましくない、早急に対処しなければならない、と評価・判断したわけです。これに対して、マインドフルネスの中核をなすのは、こうした良し悪しの価値判断を一旦保留して、あるがままに「今ここ」にあるものを体験する態度（**あること（being）モード**）です。ネガティブな感覚や思考が生じたとしても、それを取り除こうとせず、また無視するのでもなく、ただそのままにしておくのです。マインドフルネスは雑念のない無の状態であると誤解されることがありますが、少なくとも心理学におけるマインドフルネスは、頭を空っぽにすることを指すものではありません。むしろ、どの瞬間にも頭が空っぽでないことに気づいている（そのうえで、それらに手を加えようとせず、ただ眺めている）状態といえるでしょう。

[2] Kabat-Zinn (1994)

[3] Killingsworth & Gilbert (2010)

ところで、あることモードは問題解決の努力を放棄するものであるように感じ、抵抗をおぼえる方も多いようです。[4] では、することモードは問題の解決につながるのでしょうか？ 理想と現実のギャップを直ちに解消する方法が見当たらない場合、することモードでの対処を続けると、「どうして自分はこんな問題を抱えているのだろう、この先どうなってしまうのだろう」と繰り返し考える**反すう**がはじまります。反すうは抜け出すことが困難な悲観的・自己批判的な思考のサイクルであり、抑うつや不安を高めるのみならず、[5] 集中の困難を招き、解決に向けた思考や行動を妨害することがわかっています。[6] このときの私たちは、不快な情報だけに注意が向いた視野狭窄状態にあるため、自分を落ち込ませるような考えを堂々巡りしてしまうのです。自ら作り出した思考の渦にとらわれ、巻き込まれてしまった状態といえます。さらに、反すうを抜け出すためにネガティブな気分・思考から無理やり気を逸らそうとする対処も、かえってとらわれを強め、気分の悪化を招いてしまうことが示唆されています。[7] つまり、することモード一辺倒では、むやみに自分の首を絞めるばかりで実質的な問題解決を遠ざけてしまう場合があるのです。

そこで、マインドフルネスのトレーニングでは、あることモードを習得し、することモードとの間で柔軟なギアチェンジを行えるようになることを一つの目標とします。することモードでうまく乗り越えられない問題に直面した際に、この問題の本質は何だろうか、そもそも本当に問題があるんだろうか、自分はこれからどんな方法を試そうとしているのだろうか、と新しい視点から考え直す機会を提供するのが、あることモードであるといえます。

■マインドフルネスと適応

それでは、マインドフルネスは私たちにどのような利益をもたらすのでしょうか。最も注目されるのは心理的健康との関連です。3節で触れるように、マインドフルネスのトレーニングはうつ病、不安障害をはじめとした心の病に対する治療法として用いられています。また、心理的な症状のみなら

[4] 越川 (2010)

[5] 島津・越川 (2014)

[6] Nolen-Hoeksema et al. (2008)

[7] 石川 (2020)

ず、慢性疼痛や乾癬などの身体症状による苦痛を緩和することも報告されています[8]。マインドフルネス特性が高い人は、心身の健康・人生満足度・自己効力感といった主観的なウェルビーイングや、ストレスに対する耐性（レジリエンス）・感情のコントロール能力が高いこと、日常的な抑うつや不安などの心理的苦痛のレベルが低いことが示されています[9]。二〇二〇年から私たちに重くのしかかっている新型コロナウイルス感染症との関連でも、マインドフルネス特性が高い人はロックダウン下における心理的健康が高いことや[10]、感染の恐怖による心理的な悪影響が緩和されることが報告されています[11]。社会生活における適応との関連としては、コミュニケーションの質・共感能力・友人関係の満足度の高さといった対人場面での適応[12]、仕事の満足度・パフォーマンスの高さ・燃え尽き症候群の予防といった職場での適応[13]に寄与することが示唆されています。さらには、創造性[14]・学業への動機づけ[15]・スポーツ選手の競技能力[16]といったパフォーマンスを高めることも示唆されています。

[8] Kabat-Zinn et al. (1998)
田代ら (2015)
[9] Bajaj & Pande (2016)
Carpenter et al. (2019)
[10] Conversano et al. (2020)
[11] Hong et al. (2020).
[12] Pratscher et al. (2018)
[13] Mesmer-Magnus et al. (2017)
[14] Lebuda et al. (2016)
[15] 石川ら (2020)
[16] 雨宮ら (2019)

2節　マインドフルネスの基礎研究

■マインドフルネスを構成する要素

ここから、マインドフルネスという概念をもう少し掘り下げてみましょう。近年の研究では、マインドフルネスは複数の要素の集合体として捉えられています。たとえば、マインドフルネス・トレーニングは、不快な感覚や思考を受容してただ観察する態度の習得、思考に対する評価的な態度の変化、感覚やストレス反応への気づきによる自己管理能力の向上などをもたらすとされます[17]。また、マインドフルネス特性を測定するための心理尺度*（自己回答式の質問票）の一つであるFive Facet Mindfulness Questionnaire（**FFMQ**）は、①観察（感覚や思考に気づきを向けること）、②描写（感情や思考を言葉で表現できること）、③気づきを向けた行動（目の前の物事に十分な意識を向けるこ

[17] Baer (2003)

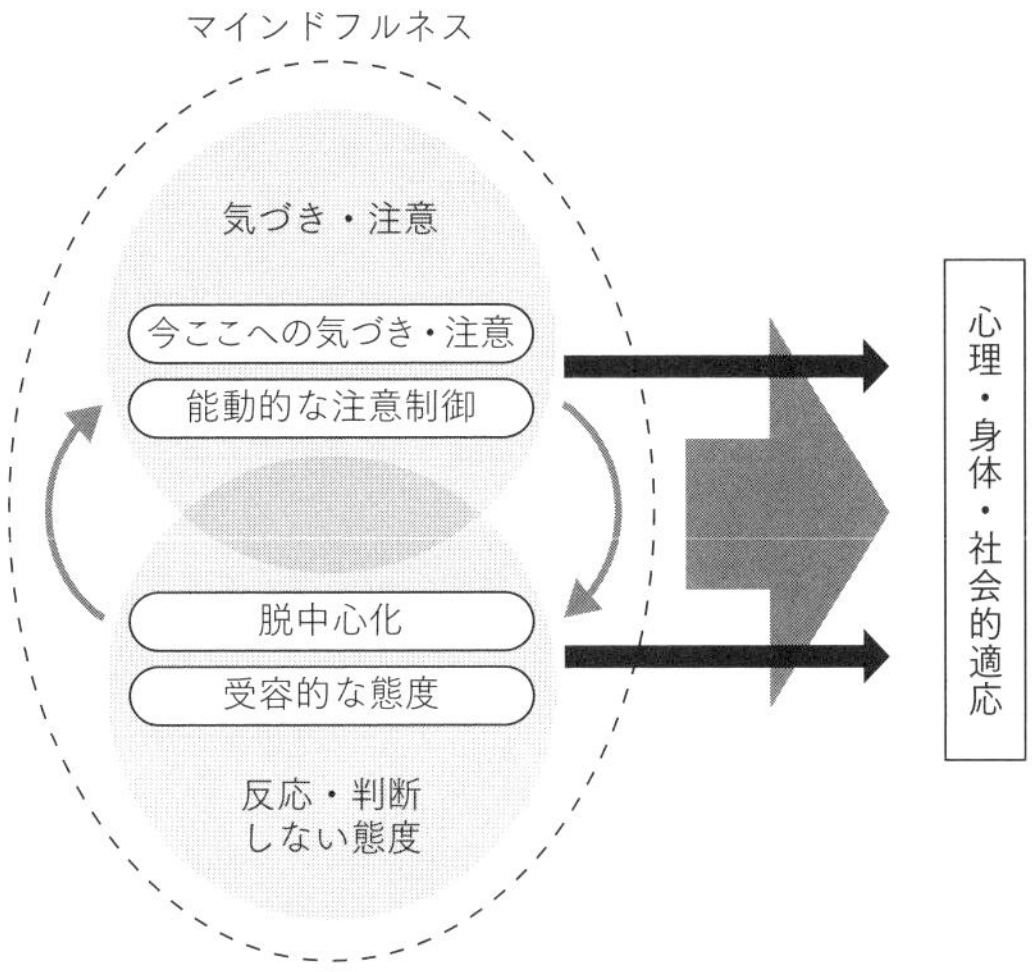

図1 マインドフルネスの作用機序のイメージ

と)、④内的体験に反応しないこと(感情や思考に巻き込まれることなく、一歩下がってそれらを眺めること)、⑤体験を評価しないこと(感情や思考を価値判断することなく受け止めること)という五つの因子(要素)で構成されています[18]。本邦で開発された**6因子マインドフルネス尺度**[19]には、これらに加えて、自《じ》他《た》不《ふ》二《に》の姿勢(自分と他者を同程度に思いやること)という要素が含まれています。

こう並べ立てるとマインドフルネスの全体像が見えにくくなってきますが、FFMQの5因子は「注意」と「態度」に関するものに大別することもできます。そこで以下では、「気づき・注意のコントロール」と「反応・判断しない受容的な態度」という二側面から、マインドフルネスのもつ適応的な機能を解説していきます(図1)。

■気づき・注意のコントロール

気づき(awareness)は、自分の内や外の刺激を意識し続けることを指します。気づきは注意と似ていますが、マインドフルネスの文脈では区別して用いられています。たとえば、「気づき」はカメラの画角に対象が含まれている状態、「注意を向ける」とは、その対象にピントを合わせた状態といえるでしょう。何かに注意を向けると、その対象への評価や関連する記憶などが湧き出し、そちらに

[18] マインドフルネスという概念について留意すべき点は、その測定の大部分が、言語での自己回答(心理尺度)によって行われてきた点です。近年はマインドフルネスを客観的に反映する指標の研究も進みつつあり、こうした研究の知見が蓄積されるにつれて、この概念が見直されていく可能性もあるでしょう。

[19] 前川・越川 (2015)

気をとられてしまうことがあります。このとき、写真のピントは被写体に対する評価・記憶に合わせられており、肝心の被写体自体はぼやけてしまいます。これは「対象に気づいているが注意を向けられていない」状態です。一方、マインドフルな状態とは、「対象そのものに気づきながら注意を向けている」、つまり、撮影しようとした対象にしっかりとピントが合っている状態です[20]。

ブラウンとライアンは、今この瞬間への気づき・注意の程度を測定する心理尺度（Mindful Attention Awareness Scale: MAAS）を作成し、これに加えて、個人の潜在的な（無自覚な）思考や態度を測定する潜在連合テストと、直接的な自己回答式の質問項目という二種類の方法で、参加者の感情状態（快／不快）の測定を行いました[21]。この結果、ＭＡＡＳ得点の高い人たちはそうでない人たちよりも、無自覚な感情状態（潜在連合テスト）と自覚している感情状態（質問項目）の間のギャップが小さいことが示されました。マインドフルネス特性と健康行動に関するさまざまな研究結果を集めて再分析（メタ分析*）を行った研究では、マインドフルネス特性の要素の中で、気づきの高さが健康行動と最も強く関連することが示されました[22]。つまり、気づき・注意は、今の自分の状態を正確に把握し、感情や行動を適切にコントロールすることに寄与していると考えられます。実際、マインドフルネス特性が高いほど自分の感情状態を細かく把握できるようになり、感情が安定することが示唆されています[23]。

今この瞬間への気づき・注意は、マインドワンダリングを減少させることも示されています。たとえば、経験サンプリング法とＧＯ／ＮＯＧＯ課題という方法を用いて、マインドワンダリングとＭＡＡＳ得点の関連を検討した研究があります[24]。この実験で使用された経験サンプリング法とは、参加者に呼吸の感覚に意識を向け続けるよう教示し、この間にランダムなタイミングで、呼吸とそれ以外のことのどちらに意識が向いているかを尋ねるというものです。ＧＯ／ＮＯＧＯ課題は、画面に「Ｏ」が表示されたらなるべく速くキーを押し、「Ｑ」が表示されたときにはキーを押さないといった試行を繰り返す課題で、Ｏに比べてＱの出現率は低く設定されています。間違えたキー押しの回数・押す

[20] 詳しくは、藤野ら (2015) を参照。
[21] Brown & Ryan (2003)
[22] Sala et al. (2020)
[23] Hill & Updegraff (2012)
[24] Mrazek et al. (2012)

までの時間のばらつきが、マインドワンダリングの指標（課題に集中していない度合い）になります。この結果、ＭＡＡＳ得点が高い人ほど、これらの指標で測定されたマインドワンダリングの程度が低いことが示されました。マインドワンダリングの低減は、マインドフルネスによる抑うつや不安の改善効果の一因であることが示唆されています[25]。

気づき・注意を今この瞬間にとどめるためには、カバットジンが「能動的な注意」と表現したように、意図的なコントロール（何に注意を向けるか／向けないかの選択）が必要です。能動的な注意のコントロール（注意制御）は、マインドフルネスを支える代表的なメカニズムと考えられてきました。脳の神経基盤からは、注意制御は警戒機能・定位機能・実行注意の三つに分類されます。**警戒機能**（あるいは喚起機能）は、これから生じる刺激に対する準備状態を維持する機能です。たとえば、徒競走の選手がスタートの合図をじっと待つようなイメージです。**定位機能**は、複数の刺激の中から特定のものを選択し、そこに注意を集中する機能です。**実行注意**は、複数の処理が同時に生じた場合にこれらを調整する機能であり、二つの刺激に同時に注意を向ける（注意の分割）、刺激に対する習慣的な反応を抑えながら別の反応を行う（葛藤モニタリング）などのはたらきを含みます。

警戒機能・定位機能・実行注意を一度に測定することができる注意ネットワークテストを用いたいくつかの研究では、マインドフルネス特性の高さと注意制御能力の関連性が示唆されています。ただし、研究間では結果の不一致が大きく、メタ分析でもマインドフルネス特性と注意制御の指標の関連性は弱いことが報告されています[26]。特性としてマインドフルネスを捉えると、その基盤となる注意機能は必ずしも一様ではなく、個人差があるということなのかもしれません。

一方、マインドフルネス・トレーニングによる注意制御への影響を検討した研究では、とくに警戒機能と実行機能の向上効果が安定的に示されています[27]。たとえば、三カ月間のトレーニング（洞察瞑想。３節に後述）によって、注意の瞬き（二つの視覚刺激を0.5秒前後の間隔で続けて見せると、二つめの刺激を正しく認識できなくなる現象）が低減したことが報告されています[28]。マインドフルネ

[25] Takahashi et al. (2020)
[26] Verhaeghen (2021)
[27] Prakash et al. (2020)
[28] Slagter et al. (2007)

ス・トレーニングによって、連続した刺激に対して注意を維持する喚起機能が向上したと解釈できるでしょう。実行注意の代表的な指標としては、ストループ課題*があります。この課題では、インクの色／文字で書かれた色名が一致しない刺激（赤いインクで印刷された「あお」の文字など）が次々に提示され、なるべく早くインクの色を回答するよう求められます。文字の内容を読み上げるという習慣的な反応を抑制しつつインクの色に注意を向けて回答するためには、葛藤モニタリングが必要となります。マインドフルネス・トレーニングと他の脳機能トレーニングの効果を比較した研究では、マインドフルネス・トレーニング（集中瞑想。3節に後述）を行ったグループのほうが、ストループ課題の成績が大きく上昇することが示されました[29]。また、注意制御と関連する短期的な記憶であるワーキングメモリ*の機能が、マインドフルネス・トレーニング（MBSRに基づくプログラム。3節に後述）によって高まったという研究結果も得られています[30]。これらの効果は、学業・仕事・競技などさまざまな領域でのパフォーマンスの向上につながる可能性が考えられます。ただし、マインドフルネス・トレーニングと注意制御の関連性についても、研究間で一致しない部分がないわけではありません。この一因は、各研究で用いられたトレーニングの内容や期間のばらつきにあると考えられます。また、マインドフルネスが特定の注意制御機能の高さと結びついているのみならず、複数の注意機能の間のバランスを調整している可能性も示唆されています[31]。マインドフルネスを支える気づき・注意の役割について、今後のさらなる研究が待たれるところです。

■反応・判断しない受容的な態度

先述のとおり、マインドフルネスでは今ここでのありのままの体験に向き合うことが強調されます。しかし、今まさにつらい気持ちや痛みを抱えている人にとって、そこに注意を向けるのは非常に苦しいことです。ある気分状態のとき、その気分と関連する記憶が想起されやすくなる**気分一致効果**[32]という現象が知られています。悲しい気分に向き合おうとすると、悲しかった体験の記憶がとめどな

[29] Bhayee et al. (2016)
[30] Quach et al. (2016)
[31] Sørensen et al. (2018)
[32] Bower (1981)

く湧き出してくるかもしれません。さらに、ティーズデールの**抑うつ的処理再活性仮説**[33]では、抑うつ的な思考回路をもっている人（落ち込みやすい人、過去にうつ病を経験した人など）は、軽い抑うつ気分をきっかけとしてこの思考回路のサイクルを稼働させてしまい、重い抑うつ状態に陥ることが指摘されています。不快な気分や思考に気づき・注意を向けながら、このような自動化されたネガティブな思考サイクルに飲み込まれないのは容易なことではありません。そこで、マインドフルネスは注意を向ける際の態度（対象への向き合い方、受け止め方）を強調します。この点については、「脱中心化」と「受容」という二つのキーワードを挙げることができます。

まず、**脱中心化**は「思考や感情を、自分自身や現実を直接反映したものとして体験したり、解釈したりするのではなく、それらを心の中で生じた一時的な出来事として捉えること」と定義されます[34]。たとえば、何かに対する不安が生じたとき、その不安に直ちに反応するのではなく、「今、自分は不安を感じているな」という一歩下がった目線（メタ認知的気づき）で観察してみるということです。車窓を流れていく景色を眺めるような視点などと表現されることもあります。

脱中心化はマインドフルネスの中核を担うと考えられてきました。心理尺度を用いた調査研究では、マインドフルネス特性が高い人は脱中心化の傾向が高いために抑うつ・不安の程度が低いこと、依存的なアルコールの使用が抑えられること、一方で人生の満足度が高く、社会的なつながりが強いことが報告されています[35]。また、不快な気分に対する適応的な反応（問題解決に向けた熟考・一時的な気分転換）は脱中心化の高さと、不適応的な反応（反すう・不快な気分やその原因からの回避）は脱中心化の低さと関連することが示されています[36]。脱中心化が感情的な反応を軽減することは、実験でも示されています。ストレスフルな場面をイメージし、それを脱中心化した態度（心の反応をただ観察する）と没入した態度（その場面が目の前で起きているかのように体験する）で受け止める条件間での脳活動を比較したところ、脱中心化条件では没入条件に比べて、距離を置いた視点へのシフト・注意制御・感情反応の抑制などに関わる脳部位が顕著にはたらいたことが報告されました[37]。以上

[33] Teasdale (1988)

[34] Teasdale et al. (2002)

[35] Adair et al. (2018)
Gecht et al. (2014)

[36] Ishikawa et al. (2018)

[37] Lebois et al. (2015)

のように、脱中心化は不快な感情・思考に巻き込まれ、衝動的な対処行動を起こすことを予防すると考えられます。

抑うつをはじめとした情動は、ある身体の状態を私たちが「抑うつ状態」などと意味づけ・解釈することで生じるという考え方があります[38]。普段は自動的に行われるこの意味づけを、意図的に一旦保留するのがあることモードであり、その根幹をなすのが脱中心化であると考えられます。なお、3節で紹介するように、マインドフルネス・トレーニングでは気づき・注意を向ける対象として身体感覚をよく用いますが、その理由もここにあるといえます。

受容は、「感情を調整もしくは変化させようとせずに、そのままにさせておく、またはそのままでいること」[39]と定義されます。脱中心化と重なる部分もありますが、自身の感情や思考に対して、良いか悪いか、好きか嫌いかなどの評価・判断をせず、ありのままに受け入れるという態度を指します。自分の経験に対する、好奇心をもった開放的な態度なども表現されます。「自分の中で今何が起きているのだろう。この気持ちは、時間が経つとどのように変化していくだろう」というように、気づき・注意を向けた対象がどのようなものであれ、ただ観察してみる姿勢といえます。

心理尺度を用いた調査研究では、受容の得点が高いほど全般的なネガティブな感情傾向や反すう傾向が低くなり、幸福感や生活の質が向上することや[40]、マインドフルネス特性の高さがパートナーへの受容的態度を促し、満足な関係性につながることが示唆されています[41]。さらに、受容の高さは独創的なアイデアの創出にも関与する可能性が示唆されています[42]。受容的な態度を高めるための介入を行った研究では、全般性不安障害の患者の不安症状や対人関係の問題が緩和されたこと[43]、糖尿病患者の生活習慣や血糖値指標が改善されたことなどが報告されました[44]。氷水に指を入れて痛みに耐える実験では、痛みをありのままに受容するよう教示されたグループは、痛みに注意を向けないように教示されたグループよりも長く痛みに耐え、痛みの程度を低く評価したことが報告されています[45]。受容はセルフ・コンパッション（本書12章を参照）とも関連しており、自己に向けられた受容的な態度が他者に

[38] 牟田・越川 (2018)

[39] Segal et al. (2002)

[40] Cardaciotto et al. (2008)

[41] Kappen et al. (2018)

[42] Agnoli et al. (2018)

[43] Millstein et al. (2015)

[44] Gregg et al. (2007)

[45] Masedo & Esteve (2007)

対する受容にもつながることが示されています。[46] なお、受容的な態度は、短期間のマインドフルネス・トレーニングや、本や教示音声などによる独学でのトレーニングでも一定水準まで高まることが報告されており、[47] 比較的身につけやすい態度であるといえるのかもしれません。

■総体としてのマインドフルネス

以上のように、気づき・注意のコントロールと反応・判断しない受容的な態度のそれぞれが、私たちの適応に寄与することが示されています。しかしながら、マインドフルネスの効果はこれらの要素の単体ではなく、その組み合わせによってこそ発揮されることが多くの研究で指摘されています。たとえば、マインドフルネス尺度の気づきに関する得点と受容に関する得点がアンバランスな人たちは、バランスのとれた人たちに比べると心理的健康の程度が低いことが示されました。[48] 気づき・注意の要素のみを強調したマインドフルネス・トレーニングと、受容の要素も含むマインドフルネス・トレーニングの効果を比較した研究では、後者のほうがストレスを顕著に低減させたことが報告されています。[49] すなわち、マインドフルネスを身につけようという場合には、これらの要素を偏りなく訓練していくことが重要といえるでしょう。

3節　マインドフルネスを伸ばすための介入研究

■二つの瞑想法

マインドフルネス・トレーニングは**瞑想**をはじめとしたプログラムで構成されており、ここまで概観したような、今この瞬間の体験への、評価・判断を含まない気づき・注意を習得することを目的としています。マインドフルネス瞑想は、**集中瞑想**と**洞察瞑想**という二つの伝統的な瞑想の要素から

[46] Zhang et al. (2020)
[47] Cavanagh et al. (2014)
永井ら (2016)
[48] 前川・越川 (2015)
[49] Lindsay et al. (2018)

構成されます。これらはそれぞれ止瞑想・観瞑想とも呼ばれる仏教の伝統的な瞑想法です。集中瞑想は、自分の呼吸の感覚などの一つの対象に注意を向け続ける訓練です。ゆったりとした自然な呼吸を続けながら、息を吸うときの感覚、吐くときの感覚を観察します。他の感覚や思考に注意が逸れた際には、もう一度、穏やかに呼吸の感覚に注意を戻します。この集中瞑想が注意を絞るようなイメージであるとすると、洞察瞑想は反対に、注意を広げていく瞑想法といえます。洞察瞑想では、注意を集中するための特定の対象はありません。代わりに、今この瞬間に生じたあらゆる感覚・考え・外からの刺激に対して気づきを広げ、保ちます。ただし、浮かんできた思考の流れに飲まれてしまわないよう、あることとモードにとどまり、今ここに何が生じているかを観察することが重要です[50]。

集中瞑想と洞察瞑想の訓練は、注意制御や態度に異なる影響を及ぼすことが示唆されています。たとえば、集中瞑想は特定の対象に向けた注意を維持し、他の対象から注意を切り替える能力など、洞察瞑想は対象を限定せずに集中を維持する警戒機能や、内受容感覚（身体内部に生じる感覚）への気づきなどと関連すると考えられています[51]。両者の効果を比較した研究では、集中瞑想が注意の意図的な集中を促すのに対し、洞察瞑想は感情や思考から距離を置く態度や自身の心的状態への気づきを促すことが報告されています[52]。また、集中瞑想は特定の身体感覚に集中することでリフレッシュ効果につながること[53]、マインドワンダリングを減少させること[54]、一方で洞察瞑想は複数の対象に同時並行で注意を分割するスキルを高めること[55]も示唆されています。マインドフルネス瞑想による広範な効果は、この異なる二つの瞑想の相加・相乗作用によるものといえるでしょう。それでは、以下に代表的なマインドフルネス・プログラムをご紹介します。

■マインドフルネス・ストレス低減法（Mindfulness-Based Stress Reduction: MBSR）

ＭＢＳＲは、カバットジンが一九七九年にマサチューセッツ大学医学部のクリニックで実施しはじめた最初のマインドフルネス・プログラムです。当初、主なターゲットとされていたのは慢性疼痛の

[50] 本稿での集中瞑想・洞察瞑想に関する記述は、心理学的介入として瞑想を行う場合に則したものであり、仏教的な修行としてこれらを実践する場合とは少し異なる部分があります。仏教的な瞑想については蓑輪（2006）をご参照ください。

[51] Lutz et al. (2008)

[52] Britton et al. (2018)

[53] Miyashiro et al. (2021)

[54] Mrazek et al. (2012)

[55] Ishikawa et al. (2020)

症状で、ＭＢＳＲによる患者の主観的な痛みや心理的な苦痛の改善効果が示されました。ＭＢＳＲはグループでの実習と自宅でのワークを含む八週間のプログラムで、その中核となるのは呼吸に注意を集中し、やがて気づきをあらゆる体験に広げていく瞑想法です。プログラムは、食べる瞑想（今ここへの集中）・ボディースキャン（身体への気づき・受容）・静坐瞑想といったさまざまな技法で構成されています[56]。

ＭＢＳＲの効果は非常に多くの研究で報告されており、その普遍性がメタ分析によって検証されています。たとえば、健康な人を対象とした場合、ＭＢＳＲは抑うつ・不安・心理的苦痛・ストレスの低減、および心理的健康の向上をもたらし、これらの効果がマインドフルネス特性およびコンパッションの向上と関連することが示されました[57]。その他に、がん患者における生理的機能の改善・ネガティブな認知の変化・ネガティブな気分の低減・ウェルビーイングの向上[58]、腰痛患者の短期的な痛みの緩和・身体機能の回復[59]、若年者および高齢者の抑うつの改善[60]などの効果も確認されています。

２節で取り上げた、マインドフルネスの要素に対するＭＢＳＲの効果を検討した研究を紹介します。大学生を対象としてＭＢＳＲを実施した研究では、訓練を受けていない大学生と比べてストレス・反すうの程度が低くなり、この効果が気づき・注意を測定するＭＡＡＳ得点の上昇と関連していたことが報告されました[61]。ＭＢＳＲを行った成人男女の脳活動を測定した研究からは、このプログラムによる**身体感覚への気づき**の向上が見いだされました[62]。さらに別の研究は、**持続的な注意集中**を測定する課題を用いて、ＭＢＳＲグループ、瞑想・評価判断しない態度の要素を含まないＭＢＳＲ風のトレーニングを行うグループ、何も行わないグループ（うち一部の参加者には、課題成績に応じた謝礼金の増額を約束）の成績を比較しました[63]。この結果、最も高い成績を収めたのはＭＢＳＲグループでした。また、ＭＢＳＲは脱中心化を向上させることで感情コントロールの高まりや不安の改善をもたらすことが報告されています[64]。

このように、ＭＢＳＲはマインドフルネス特性を高め、さまざまな好ましい効果をもたらすプログ

[56] 詳しくは、Kabat-Zinn (1990)
[57] Khoury et al. (2015)
[58] Zhang et al. (2019)
[59] Anheyer et al. (2017)
[60] Chi et al. (2018)
Li & Bressington (2019)
[61] Shapiro et al. (2008)
[62] Farb et al. (2013)
[63] Jensen et al. (2011)
[64] Berkovich-Ohana et al. (2020)
Hoge et al. (2015)

ラムであることが実証されています。ただし、カバットジン自身は、MBSRは何かを変えたり治したりするためのものではなく、ただありのままの自分を認め、今ここの体験に気づくためのものであると強調しています[65]。

■マインドフルネス認知療法（Mindfulness-Based Cognitive Therapy: MBCT）

MBCTは、シーガルら[66]によってMBSRをもとに開発された、うつ病の再発予防に焦点を当てたプログラムです。彼らは、抑うつ的処理再活性仮説が示すように、うつ病の寛解状態にある人が小さな落ち込みをきっかけとして、眠っていた抑うつ的な思考回路を無自覚に再稼働させてしまう（＝うつ病を再発する）ことに着目しました。この再稼働を防ぐため、それまでうつ病に対する心理療法として主流であった「ネガティブな考え方を変える」ことを目的としたアプローチに代わり、「思考や感情の捉え方を変える」こと、すなわち、脱中心化を促すことを中核に据えたアプローチとして提案されたのがMBCTです。プログラムは週二時間のクラスと毎日のホームワークからなり、前半四週間は気づき・注意のコントロール、後半四週間は反応・判断しない受容的な態度を主に扱います。

ティーズデールら[67]は、過去にうつ病を経験した人たちに対するMBCTが脱中心化を高め、うつ病の再発率を下げることを示しました。メタ分析による効果の検証も行われています。健康な人に対するMBSRとMBCTの効果を比較すると、MBCTはMBSR以上に反すう・ストレス・抑うつを低減し、ウェルビーイングを向上させる効果が高いことが示されました[68]。寛解状態にあるうつ病患者に対する再発予防効果も、MBCTは他の介入と比べて高いことが示されています[69]。その他、双極性障害（躁うつ病）の患者においては躁症状の変化はみられないものの、抑うつ・不安・ストレスの低減、マインドフルネス特性と感情コントロールの向上がみられることなどが示されています[70]。

八週間のトレーニングなどと聞くと、少し尻込みしてしまうかもしれません。しかしながら、短期間のマインドフルネス・トレーニングでは脱中心化の向上がみられないこと[71]や、MBCTによる反す

[65] Kabat-Zinn (2003)

[66] Segal et al. (2002)

[67] Teasdale et al. (2002)

[68] Querstret et al. (2020)

[69] McCartney et al. (2021)

[70] Xuan et al. (2020)

[71] Josefsson et al. (2014)

うや心配の低減効果は八週間の中で徐々に生じることなどの知見[72]を踏まえると、定められたとおりの十分な実践を行うことが、効果を実感するための一番の近道であるといえそうです。

■その他のマインドフルネス・プログラム

マインドフルネスをプログラムの一要素として取り入れた介入も、広義のマインドフルネス・プログラムといえるでしょう。たとえば、思考と現実の区別（脱フュージョン）をねらいとする**アクセプタンス&コミットメント・セラピー**（Acceptance and Commitment Therapy: ACT）、感情や行動のコントロールを高めることを目指す**弁証法的行動療法**（Dialectical Behavior Therapy: DBT）、自己への思いやりの涵養を目的とした**マインドフル・セルフコンパッション**（Mindful Self-Compassion: MSC）、反すうなどのネガティブな固執的思考から抜け出すことを目的とした**メタ認知療法**などが挙げられます。さらに近年では、より手軽な実践を助けるものとしてスマートフォンなどのアプリが開発されており、心理的健康の向上効果も報告されています[73]。

4節　教育の可能性

■青少年を対象とした教育的マインドフルネス

マインドフルネスは教育現場にも積極的に導入されつつあります。代表的なものはMindfulness in Schools Project（MiSP）による、初等・中等教育での生徒のウェルビーイングや適応性を高めることを目的とした取り組みです。M i S Pは一一～一八歳の生徒を対象としたマインドフルネス・トレーニングである.b（ドット・ビー）プログラムを作成しています。その特徴は、教室で教員の指導によって行われることを前提としている点です。.bプログラムは生徒の心理的健康を向上させること

[72] Ietsugu et al. (2015)

[73] Flett et al. (2019)

が示されており、[74] 国内でも実践例が報告されています。[75] また、Inward Bound Mindfulness Education（iBme）による、青少年を対象としたマインドフルネス・プログラムは、集団・社会の中でありのままの自己を受容し、慈しみをもった他者とのつながりを形成することを目的としています。[76]

■適応指導としてのマインドフルネス

困難を抱えた児童・生徒を対象としたマインドフルネスの有効性も示されています。たとえば、身体への受容的な気づきを促すヨーガ・プログラムを児童相談所で実践したケースでは、児童の心身のポジティブな変化（爽快感・心身の弛緩など）が確認されました。[77] 注意欠陥多動性障害（ADHD）の小学生たちを対象としたMBSR・MBCTに基づくプログラムでは、注意機能の向上とともに症状の改善が報告されました。[78] さらに、少年院における矯正教育の一環としてもマインドフルネスが導入されています。[79]

■今後の展望

教育現場での実践にあたっては、児童・生徒の動機づけをいかに保つかが重要です。この点を考慮したものとして、さまざまなミニゲームを通じてマインドフルネスの要素を身につけるプログラムが提案されています。[80] また、時間の確保も大きな課題となりますが、少なくとも大学生を対象とした場合には、教室での5分程度の瞑想実践による学業成績や授業態度の改善が報告されています。[81] これらは、現状では確立された介入プログラムといえる段階ではありませんが、今後の検討によって実用性の評価がなされていくでしょう。感情のコントロール、注意制御、対人関係など、マインドフルネスの効果は教育現場においても重要な役割を果たすと考えられます。さらなる理論的・実践的研究の進展による、マインドフルネスの応用性の広がりが期待されます。

〔石川遥至〕

[74] Kuyken et al.（2013）
[75] 芦谷ら（2018）
[76] 池埜・内田（2020）
[77] 相馬ら（2016）
[78] Huguet et al.（2017）
[79] 野村ら（2020）
[80] Greenland（2016）
[81] 石川ら（2020）

14章 レジリエンス
――逆境をしなやかに生き延びる力

1節　レジリエンスとは

■逞しさとしてのレジリエンス

レジリエンス（resilience）とは，過酷な環境やストレスフルな状況，あるいはトラウマ体験といった逆境に直面した際に，そのショックから回復し，状況に適応していく力を指す概念です。日本語の訳は弾力性，回復力など定まっておらず，「心のしなやかさ」など抽象的な言葉が使われることもあることから，どのような力を指す概念なのかイメージしにくいのではないでしょうか。はじめにいくつかの具体的な例を挙げてみましょう。日本で二〇一一年に起こった大震災のように，災害に見舞われて住む場所を失ったり，日常生活がままならない状況になったりしても，悲嘆に暮れ続けることなく，新しい環境の中で少しずつ生活を立て直していくことができる力は，代表的なレジリエンスといえます。ここでレジリエンスとして重視されるべきポイントは，「悲嘆しない」ことではなく，「立て直していくこと」のできる力です。また，災害のような急なライフイベントではなく，もともと経済的に苦しい家庭状況にあるなど不自由な環境に置かれていても，日々の生活に豊かな楽しみや喜びを見いだすことのできる力もレジリエンスに相当します。さらには、死に物狂いで勉強をしてきたにもかかわらず、受験に失敗してしまったといった挫折を経験しても、自暴自棄になることなく、別の進路を見いだすことができる力もレジリエンスです。二〇二〇年以降、世界中を席巻した新型コロナウイルスの感染は、まさにレジリエンスが求められる状況であったといえます。経済的な困窮や、外出や対人交流が大きく制限されたことによって、精神的な不調に陥ってしまった人が多くいた一方で、転職や事業方針の変更、オンラインを活用した交流など、働き方や余暇の楽しみ方を柔軟に変えて状況に適応していけた人、すなわちレジリエンスを発揮した人々もいました。

心のレジリエンスの研究は、**リスク**のある環境下で育った子どもの発達を観察する中で発展しました。ここでいうリスクとは、虐待や、親の病気、戦争、貧困などのことです。たとえば虐待を受けた子どもは、そうでない子どもに比べて、本来持っている能力が育ちにくい傾向が指摘されています。しかしながら、虐待を受けた子どものすべてが低い能力を示すわけではもちろんありません。そればかりか、とても高い能力を示す子どもが存在するがいることがわかってきました[1]。そうした研究が報告される中で、リスク下に置かれた子どもたちの負の側面ばかりを懸念するのではなく、逆境を跳ね返すかのような逞しさをレジリエンスと呼び注目していこうという流れが生まれていきました。

さらには逆境下で生きる人々が、そうでない人々よりも高い力を発揮する現象も確認されるようになりました。たとえばその一つにヒスパニック・パラドックスがあります。これは、アメリカに住むヒスパニック系住民を対象とした研究によって示されたものです。彼らは差別、所得の低さ、教育・医療の得られにくさなどさまざまな逆境下で生活していますが、非ヒスパニック系の人々と比べて同じくらい、あるいはそれ以上に良好な健康を示すことが多いとされています[2]。

■V字で表されるレジリエンス

このようにレジリエンスは、さまざまな逆境の中でも適応し、場合によってはさらにポジティブな

[1] Cicchetti et al. (1993)

[2] Gallo et al. (2009)

機能を発揮することのできる力です。ただし、近年の研究や、非認知能力の研究文脈でレジリエンス概念が用いられる場合、「長期的にさらされる過酷な環境における適応力」はあまり扱われず、「それまで普通に過ごしていた中で何らかの困難に直面した際に立ち直る力」、すなわちV字のグラフで表されるような回復力に焦点が当てられることが多いようです。レジリエンスを測定する尺度*は多数開発されていますが、そのうちの一つであるThe Brief Resilience Scale[3]には表1のような項目が並んでいます。これらの項目をみると、この尺度で測定されているレジリエンスは「つらい状況からV字に回復する力」であることが読み取れるでしょう。

また図1は、そうしたV字のレジリエンスのメカニズム[4]を示したものです。縦軸が機能、横軸が時間を表し、逆境状況による衝撃がV字で示されています。この図をみると、レジリエンスには少し質の異なる二つのベクトルが存在することがわかります。一つはV字の底より左側の部分であり、逆境(risk)につぶされない力です。これは、緩衝力と言い換えてもよいかもしれません。逆境に対する構えあるいは準備性(plan)をもち、衝撃を緩和(absorb)する力であることが読み取れます。もう一つは、V字の底より右側の部分であり、落ち込みから立ち直り(recover)、適応(adapt)していく力、すなわち回復力です。ただしこの図において回復は、元の水準まで戻ることが想定されていますが、元の水準まで戻ることがレジリエンスの必須条件として定められているわけではありません。

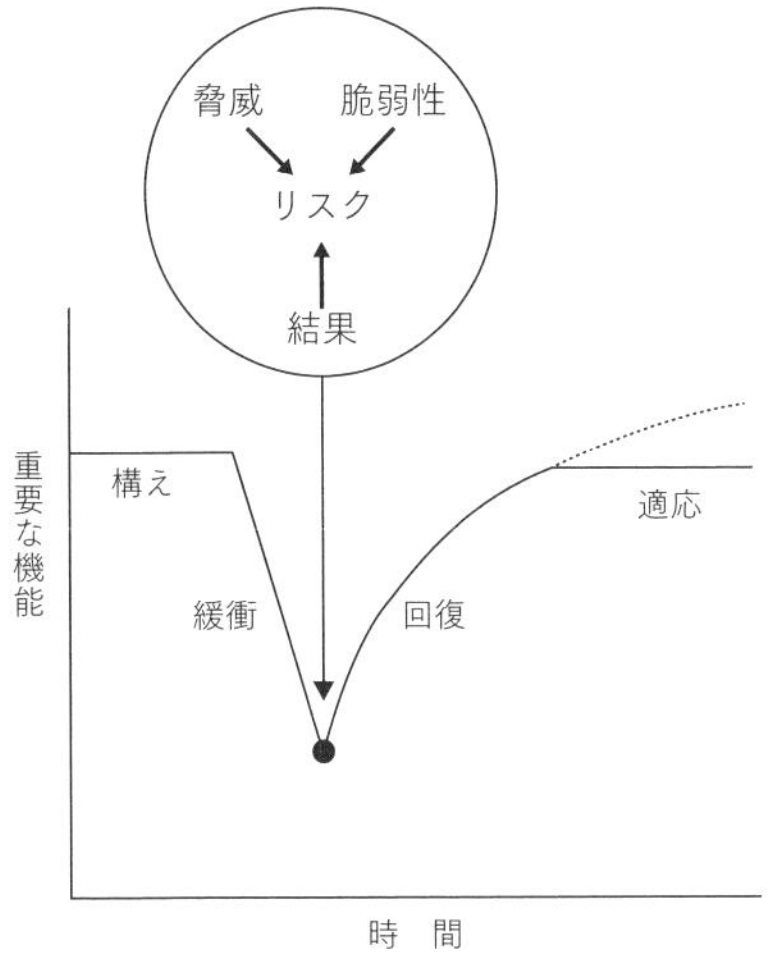

図1　システムのレジリエンス・メカニズム
(Linkov et al., 2014 を筆者訳)

表1　The Brief Resilience Scale の項目例
(Smith et al., 2008)

• 辛いことがあってもすぐに立ち直る傾向がある
• ストレスの多い出来事から立ち直るのに時間はかからない
• 私は通常，困難な時期をほとんど問題なく乗り越えることができる

[3] Smith et al. (2008)

[4] Linkov et al. (2014)

■社会文化的文脈によって規定される逆境と適応

レジリエンス概念を理解するうえで重要な点として、個人のレジリエンスが社会文化的文脈と切り離せないということがあります。レジリエンスは、何らかの逆境下において回復・適応できる力であるわけですが、ここでいう**逆境**（adversity）と**適応**（adaptation）とはいったい何であるのかというのは、実は国や文化によって異なり、もっと言えばその個人の所属する地域コミュニティや集団によって異なります[5]。どの程度のストレスフルイベントが逆境として想定されるのか、また、どのような状態になれば適応したとみなされるのかは、その個人の所属する場のルールや、人々の価値観に依存しているのです。たとえば子どもであれば、逆境としては受験戦争やいじめなどが想定されるかもしれません。そしてそこで求められている適応というのは、「勉強によく取り組めている」ことや、「毎日休まずに通学できている」「良好な友人関係を築けている」ということが期待されています。一方で、戦地に赴く軍人であればどうでしょうか。逆境としては、生死を脅かす強烈なストレスの中での職務が想定されます。そしてそこでは、「たとえ死の危険があっても冷静さを失わず、精神の安定を保ち任務を遂行する」ことが求められます。同じレジリエンスという言葉を使っていても、そこで表現されている力は微妙に異なるわけです。したがって、レジリエンスという言葉を用いる際には、その個人に対してどのような逆境と適応が想定されているのか、さらにはその背景に、社会が暗黙に期待する「あるべき姿」がどのように反映されているかということを意識する必要があります。

[5] Southwick et al. (2014)

2節 レジリエンスの基礎研究

■レジリエンスの決定要因

個人の能力としてのレジリエンスを規定する要因は何であるのか、言い換えれば、どういった要因をもっていればレジリエンスが高くなるのかを探るというテーマは、初期からのレジリエンス研究において重要な焦点でした。さまざまな逆境状況において、うまく適応できた個人が共通してもっている特徴はどのようなものなのかについて、多くの調査が行われ、レジリエンスを導く個人要因と環境要因が見いだされてきました。そうして見いだされた要因は、**防御促進要因**、あるいは**レジリエンス要因**などと呼ばれます。それらの知見をもとに、レジリエンスを導くことが予想される個人要因をどの程度有しているかを測定するための尺度が、いくつも開発されました。

たとえば国内で開発された尺度でよく使われているものに、精神的回復力尺度[6]があります。この尺度は、新奇性追求、感情調整、肯定的な未来志向という3因子で構成されており、レジリエンスがこれらの要因によって成り立っていると考えられています。他のレジリエンス尺度では、自己志向性、楽観性、関係志向性という3因子で構成されているものや[7]、生まれもった気質と関連の強い楽観性、統御力、社交性、行動力の4因子、および気質と関連の弱い問題解決志向、自己理解、他者心理の理解の3因子で構成されているもの[8]があります（表2）。尺度によって構成される要素は異なりますが、いずれにしても、こうしたレジリエンス尺度で測定される力が、個人のレジリエンス（を予測する）能力であるとみなされています。尺度に含まれている内容のほとんどはパーソナリティや認知特性に関連する能力であるため、レジリエンスはそうした心理的要因によって決定されるものとして認識されやすいでしょう。しかしながら実際のレジリエンス、すなわち逆境下において適応できるかどうか

[6] 小塩ら（2002）

[7] 石毛・無藤（2005）

[8] 平野（2010）

表 2　二次元レジリエンス要因尺度の構成要素（平野，2010）

資質的要因	楽観性	将来に対して不安をもたず，肯定的な期待をもって行動できる力
	統御力	もともと不安が少なく，ネガティブな感情や生理的な体調に振り回されずにコントロールできる力
	行動力	目標や意欲を，もともとの忍耐力によって努力して実行できる力
	社交性	もともと見知らぬ他者に対する不安や恐怖が少なく，他者との関わりを好み，コミュニケーションを取れる力
獲得的要因	問題解決志向	状況を改善するために，問題を積極的に解決しようとする意志をもち，解決方法を学ぼうとする力
	自己理解	自分の考えや，自分自身について理解・把握し，自分の特性に合った目標設定や行動ができる力
	他者心理の理解	他者の心理を認知的に理解、もしくは受容する力

は、個人の内的な能力によってのみ決定されるのではありません。

二〇〇一年九月一一日に起きた同時多発テロの際に行われた調査があります[9]。テロがアメリカの人々に与えた衝撃は大きく、多くの人が心的外傷後ストレス症状に苦しみました。そうした状況の中でも深刻な症状を呈さずに適応できた人々、すなわちレジリエンスを発揮できた人々と、そうでない人の違いを探ろうとしたものです。調査はテロの六カ月後に、ニューヨーク、ニュージャージー、コネチカットにおいて二七五二名を対象に実施されました。心的外傷後ストレス症状がほとんどみられなかった、レジリエンスの高い人の割合は六割以上、中程度の症状を示していた人は三割程度、深刻な症状を示していた人は一割弱でした。そして、レジリエンスを示した人に多くみられた特徴として、男性である、六五歳以上、民族マイノリティでない、収入減がない、テロの直接の被害を受けていない、強いトラウマ体験となっていない、といった要素が明らかになりました。つまりテロ後の適応は、性別などのコントロール不可能な要素や、現在の経済状況、直接的被害の大きさによって左右されていたということです。

　このように、個人のレジリエンスには、個人内の要因を越えた文化的要因、経済的要因、社会的要因といった多岐にわ

[9] Bonanno et al. (2007)

たる要因が、相互作用しながら影響しています。したがって、単に心理的・能力的な個人差として捉えるのではなく、個人を取り巻く複合的な要因を丁寧に整理して分析していく必要があります。[10] こうした変数や人口統計学的要因を精緻に検討するために、大規模サンプルによる調査も蓄積されてきています。日本において一五〜九九歳の男女一万八八四三名を対象に実施された調査では、海外での知見と同様に、レジリエンス尺度の得点が年齢に伴って上昇していくことが確認されました。[11] 年齢とともにレジリエンスが高まる傾向は海外においても報告されており、[12] レジリエンスは人生経験を通して発達していく、可変的な特性であるということがわかります。

■レジリエンスの高さはその後の人生に何をもたらすか

個人のレジリエンス能力は、逆境に直面した際の適応のすべてを決定するわけではありませんが、適応のしやすさを予測することは確かです。それに加えて、レジリエンス能力の高さは、その後の人生にさまざまな良い帰結をもたらす可能性も明らかにされています。

まず、子ども時代のレジリエンスの高さは、メンタルヘルスの不調を予防し、健やかな発達を導きやすいとされています。[13] たとえば、レジリエンスの高い子どもは、就学前の抑うつや不安が起こりにくいことや、若年でのアルコール摂取の可能性が低くなることなどが報告されています。[14] また、喫煙や飲酒、薬物使用などのリスク要因を抱えているアフリカ系アメリカ人の青少年を対象とした縦断研究*では、本人たちのもつレジリエンス要因が、そうしたリスク要因のネガティブな影響を打ち消すわけではないものの、それとは別にポジティブな適応を導くことが示されました。[15]

学業適応についても多くの研究があります。**アカデミック・レジリエンス**とは、教育的発達にとって大きな脅威となる逆境状況を克服する力のことで、自信（confidence）、調整（coordination）、制御（control）、落ち着き（composure）、コミットメント（commitment）という五つのCから構成されます。アカデミック・レジリエンスが高い学生は、学校生活を楽しみ、授業によく参加し、自尊心

[10] Southwick et al. (2014)
[11] 上野ら (2019)
[12] Gooding et al. (2012) など
[13] Conway & McDonough (2006)
[14] Wong et al. (2006)
[15] Ostaszewski & Zimmerman (2006)

が高くなりやすいことが報告されています。[16] その一方で、レジリエンスと学業成績の間には、直接的な関連はみられにくいようです。たとえば、留年を経験した学生とそうでない学生の比較調査では、留年や成績とレジリエンスには関連がなかったという結果が示されています。[17]

また、大人のメンタルヘルスにおいても、レジリエンスは重要な役割を果たします。カナダの病院において看護師を対象に行われた研究では、レジリエンスの高さが、ストレスやバーンアウトを減少させることが示されました。[18] また、オーストラリアで成人を対象に実施された調査では、中年期の人々において、レジリエンスが低い場合に自殺傾向のリスクが上昇する可能性が報告されています。[19] リウマチのような身体疾患を抱える患者において、長期的な身体的・心理的機能をレジリエンス要因が予測することも明らかにされています。[20]

さらに、リスク状況での適応や、メンタルヘルスの予防を超えて、よりポジティブな未来を予測することを示す研究もあります。たとえば、ビジネスの起業家に対して行われた縦断調査では、レジリエンスが五年後の成功を予測することが示唆されました。[21] また高齢者を対象とした調査では、レジリエンスの高さが年齢に対する否定的な認識やステレオタイプへの影響を緩和し、高齢者の仕事や社会活動への参加を促進することが報告されています。[22] すなわちレジリエンスは、人生に対する肯定的な意味づけや、新たな肯定的体験を得るにあたってのネガティブな障壁を取り除くことで、人生における幸福を予測する可能性があるということです。さらにレジリエンスの高い者は、ホープ（あることを成就させたいという願望が達成されるという信念に基づく目標指向的思考）を抱くことによって、目標達成に向かって具体的に計画を立てて成し遂げ、成功や幸福を手に入れやすいことを示す研究もあります。[23] こうした研究が積み重ねられることにより、もともとは深刻な環境にいる子どもや大きなトラウマ体験を抱えた人のための概念であったレジリエンスは、そうした経験をもたない人にとっても生きるうえで重要な力として認識されるようになり、誰もが身につけるべき力として、教育の文脈で語られるようになっていきました。

[16] Martin & Marsh (2006)
[17] Tross et al. (2000)
Elizondo-Omaña et al. (2010)
[18] Shakerinia & Mohammadpour (2010)
[19] Liu et al. (2014)
[20] Evers et al. (2011)
[21] Ayala & Manzano (2014)
[22] James et al. (2011)
[23] Satici (2016)

3節 レジリエンスを伸ばすための介入研究

■レジリエンス・プログラム

レジリエンスを促進するための介入プログラムは、もともとは特殊なリスクを抱えた対象のために開発されていきました[24]。たとえば、両親の離婚を経験した子どもがその状況をうまく生き抜くための力を身につけるためのプログラムや、非行に走った若者が再び薬物や暴力に手を染めることなく適応できる力を身につけるためのプログラムといったものです。その後、より汎用的な内容の教育プログラムが次々に開発され、小学校から大学まで幅広い現場で実践されるようになりました[25]。日本の教育現場では、ヨーロッパやアメリカに比べて導入が遅れていましたが、近年、海外のプログラムを日本人向けにローカライズした実践も増え、その効果が報告されはじめています[26]。

こうしたプログラムの内容は、対象の属性や、抱えるリスク状況に合わせて構成されていますが、認知行動療法の技法をベースに認知や行動に働きかけ、その変容やコントロールを目指すワークが含まれることが多いといえます。認知への働きかけとは、たとえば、いま置かれている状況でストレス反応や抑うつが生じている場合に、その問題状況に対して過度に悲観的な捉え方や、自己に対する否定的な捉え方をしていないか、客観的に検討し、より適切な別の捉え方や考え方を使えるようにする、といったものが代表的です。また、問題に直面したときに、自分の感情を調整したり、具体的に解決に向かう対処行動をとったりするための**コーピング・スキル**を学ぶ内容が含まれることも多いです。こうした介入内容は、レジリエンス・プログラムに限らず多くの心理的介入プログラムや予防的心理教育で活用されているものです。

一方で、レジリエンス・プログラムに特徴的な内容としては以下の要素が挙げられます。一つ

[24] Fraser (2004)
[25] Brown et al. (2001) Gillham et al. (2013) DeRosier et al. (2013)
[26] Kibe et al. (2020) など

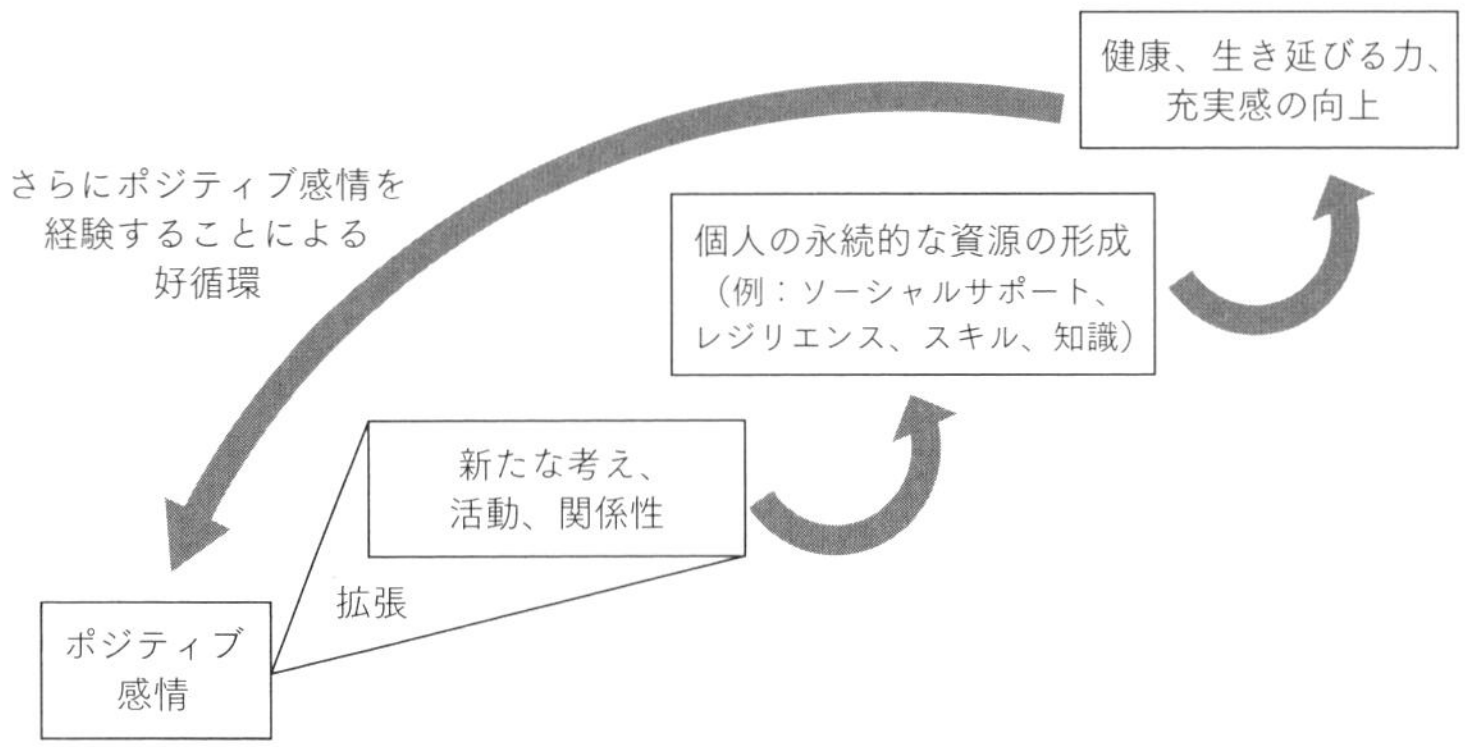

図２　拡張－形成理論（Fredrickson & Cohn, 2008 を筆者訳）

は、**ポジティブ感情**の重視です。拡張－形成理論[27]において、ポジティブな感情は、その後のより効果的な思考や行動の拡張につながり、そうした思考や行動が繰り返されることによって個人のポジティブな資質（レジリエンス能力など）が形成され、さらなるポジティブ感情を体験しやすくなるという循環構造が説明されています（図２）。介入においては、自分が生活の中でポジティブ感情を体験する場や状況を意識し、ポジティブ感情をより多く体験できるような行動を促進していくことで、逆境に陥ったときにうまく対処できるための思考の構えや行動レパートリーを拡げていくことが目指されます。学生を対象に、一カ月の間、毎日自分の感情を記録してもらった研究では、ポジティブ感情を体験することが、一カ月後のレジリエンスと人生満足度の増加を予測したことが報告されています[28]。

二つ目の特徴は、自らのもつ**内的資源・外的資源**に注目していくことです。たとえば、「強み」の理論[29]で示されている、人間のもつ二四種類の強みのリストから、自分がもっている強みを見つけることで、逆境に陥ったときにも自分がそうした強みを使って前に進むことができることを認識します。同時に、自分を助けてくれる他者や、ソーシャルサポートについても認識することで、逆境に陥った際に活用できる内的・外的資源があることを確認でき、ス

[27] Fredrickson & Cohn (2008)

[28] Cohn et al. (2009)

[29] Peterson & Seligman (2004)
二四種類の強みとは、創造性、好奇心、向学心、誠実さ、公平さ、リーダーシップ、チームワーク、許す心、柔軟性、大局観、勇敢さ、忍耐力、謙虚さ、思慮深さ、感謝、自制心、思いやり、愛情、熱意、対人関係力、審美眼、希望、ユーモア、スピリチュアリティ

トレスや逆境に対する対処可能感が育まれることが期待できます。そうした自らの内的・外的資源を認識するためには、これまでの人生の中で自分がどのように対処してきたか、そこでどのような強みやサポートを活用して乗り越えてきたかを振り返ることが有効です。

加えて、レジリエンスの介入において重要なのは、上記のようなコーピング・スキルや、ポジティブ感情の体験、資源を活用することによって各自のレジリエンスを発揮する際に、必要不可欠な要素である**自尊感情**および**自己効力感**をきちんともてるように働きかけることです。レジリエンスは、単にポジティブに生きるための力ではなく、つらい状況の中で心理的に傷ついた状況で発揮しなければならない力です。言い換えれば、レジリエンスが必要とされる場面では、自らを大切な存在だと思える自尊心（本書11章を参照）や、状況を自ら変えることができるという自己効力感が傷ついた状態であることが多いといえます。したがってレジリエンスを発揮するためには、まず傷ついた自尊心を回復し、自己効力感をもつことが大切です。そうした自尊心や自己効力感が、本人が歩む回復や適応のプロセスを支えます。[30] 自尊心や自己効力感を育むことは、一朝一夕にできることではなく、周りから大切にされる経験や、成功体験を、一つずつ積み重ねることが必要であるといえるでしょう。

■介入効果の個人差

レジリエンス・プログラムは多くの場合、学校のクラスで実施されるなど、集団実践の形がとられます。集団で他者とともにワークに取り組むことで、一人での学びや内省では得られない多くの気づきが促され、効果的な介入が可能になりますが、すべての参加者に同じように効果がもたらされるかどうかには留意が必要です。

留学という逆境を控えた高校生に対してレジリエンス・プログラムを実施し、継続的に尺度による評価を行った研究では、参加者全体を総合的にみた際には、プログラムを通して自己効力感が向上するという効果が確認されましたが、生徒の特性ごとに細かく検討してみると、その効果には違いがみ

[30] Schwarzer & Warner (2013)

られました。とくに、心理的な感受性が高く、幸福感が低かった生徒においては、自己効力感の向上に加えて抑うつの低減や自尊感情の向上がみられるなど、プログラムの効果がより強く示されていました[31]。また、成人を対象に一カ月間、自分がその日に達成した小さな出来事や、挑戦を試みたこと、楽しめたことなどを「できたこと日記」として日々記録してもらう介入を行ったところ、もともとレジリエンスの低かった人たちのみ、日記の記録によって自尊感情が向上したという結果が得られました[32]。これらの研究からは、とくにレジリエンスの低い人や、傷つきやすさを抱える人たちにとってレジリエンス・プログラムが効果的であることが推察されます。このように、個人の性格特性によって、介入効果に差があったり、効果的な介入内容が異なる可能性があるため、個人の特性に合わせたプログラムの選択が求められます。

[31] Kibe et al. (2020)

[32] 平野ら (2018)

4節　教育の可能性

■四つの拡がりの方向性

上述したような介入や教育プログラムを通して、個人のレジリエンスが向上することは多くの実証研究で示されています。また、そのような特別な介入はなくとも、生きるうえでのさまざまな経験を通して、レジリエンスは発達していくことも明らかになっています。そうしたレジリエンスの促進がどのように進むのかについてもう少し細かく整理してみましょう。まず、個人のレジリエンスの拡がりは、今までもっていなかった力を新たに身につける「増幅」と、もともともっていながら顕在化していなかった能力に気づく「発掘」という二つの方向性があると考えられます。またそれらの作業を一人で行うか、他者との関係を通して行うかという、手段の違いも存在します。その二つの軸を用いて、四つの拡がりの方向性を示したものが図3です[33]。教育現場においては、新たな知識やスキルを得

[33] 平野 (2017)

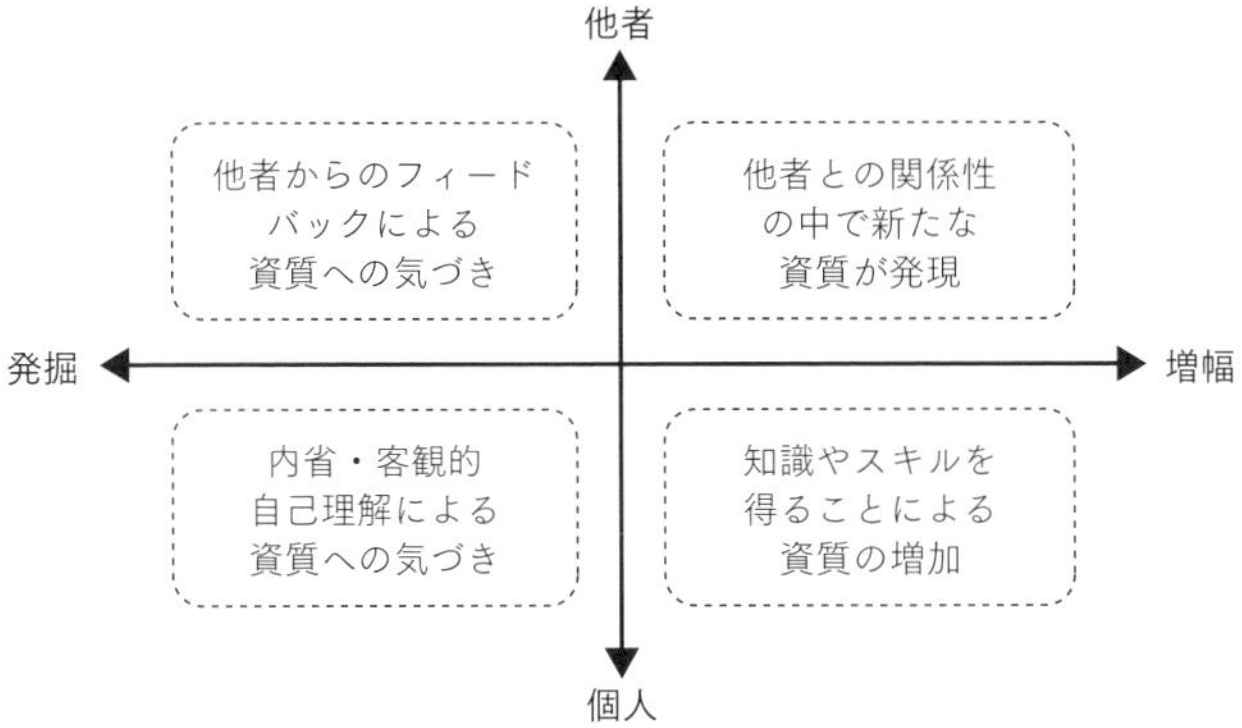

図3　レジリエンス促進の四方向（平野，2017）

ることでレジリエンス能力が高められていく方向性が最もイメージしやすいかもしれません。心理教育の授業を受けることや，本から得る知識によって，新たなコーピングの方法を学んだり，ポジティブな考え方の枠組みを習得したりすることなどが挙げられます。しかし，個人のレジリエンスの拡張においては，知識やスキルを増やすだけではなく，自分が本来もっている力に気づくという方向性がとても重要です。過去を振り返ったり，他者からフィードバックされたりすることによって，知らず知らずのうちに発揮していた力に気づくことがあります。また，投影法やイメージを用いることによって，自らの認識していない無意識の志向性や，潜在的な強みに気づくことを促す介入も試みられています[34]。

さらに，他者との関係性を通して，自分の中に新たな資質が生み出される拡がりの方向性も存在します。新たな他者との関係性や，与えられた役割の中で，これまでにはみられなかった強みが引き出されたり，他者から自分のあり方を認められたりすることによって，レジリエンスを発揮できるようになることがあるかもしれません。

■レジリエンスの多様性への留意

教育を通して，子どものレジリエンスの力を向上させよ

[34] 平野（2019）

うとする際に留意すべきことがあります。それは、レジリエンスのあり方、すなわちレジリエンスを導く要因や回復・適応のプロセスが、その子どもによって多様であるということです。個人のレジリエンスは尺度によって測定され、数値で表されることが多いために、その個人差は量的なものとして比較されやすいのですが、実際には質的な違いとして理解すべきものです。たとえば、試験という逆境状況において「寝る間を惜しんで取り組み続ける」子どももいれば、「気分転換をしながら気持ちを安定させることを優先する」あるいは「この科目はできなくても大丈夫」という考え方で乗り切る子どももいます。逆境状況を乗り切る力という意味では同じでも、そのあり方は異なり、単純に比較できるものではありません。

近年、レジリエンスという言葉が一般にも浸透してきましたが、「レジリエンスの高い子ども」と言われてイメージするのはどんな子どもでしょうか。おそらく、勉強につまずいても投げ出さずに取り組む、努力し続ける、他者とトラブルがあっても関係を修復できる、泣いたり怒ったりというネガティブな感情を出さずに、前向きで笑顔で過ごせる……そのような、言わば「良い子」のイメージが浮かぶ人が多いのではないでしょうか。しかしレジリエンスというのは、本質的には逆境下で生き延びることのできる力です。逆境の際に求められる能力は、実は平時においては望ましい特性ではない可能性もあります[35]。たとえば、食べるものもないほどの貧困の状況においては、「正直さ」よりも「だます力」のほうが、生き延びるために必要かもしれません。いじめから逃れられない状況であれば、人とつながろうとする「社交性」よりもむしろ「シャットアウトする力」のほうが、その子の適応を助けるかもしれません。したがって、レジリエンスの「望ましい姿」に向かうための教育を行うのではなく、各人のレジリエンスのあり方を尊重し、それを拡げたり、発揮できたりするような働きかけをしていくことが重要であるといえます。

〔平野真理〕

[35] Ungar (2008)

15章 エゴ・レジリエンス
——日常生活のストレスに柔軟に対応する力

1節 エゴ・レジリエンスとは

■非認知能力とエゴ・レジリエンス

現代のようなストレスフルな社会では、子どもから高齢者までのすべての年齢層において多くの人々がさまざまな悩みや心の不調を抱えながら生活をしています。こうした心理的不調を生み出している原因の一つには、日本社会における**偏差値信仰**が挙げられます。偏差値の高い有名大学に進学し有名企業に入社できれば、一生、経済的にも安定した幸せな生活が送れると信じて、親も子も受験戦争を勝ち抜くために必死に頑張ってきたように思います。つまり幸福になるための基準が知能指数や学業成績の高さに置かれてきたといえます。

ところが近年、子どもたちにおいては、いじめ、ひきこもり、不登校といったことが問題となっています。また成人においては、有名企業に就職したものの、上司からの一言で落ち込み、うつ病を発症し出社できなくなった人たちや、難関の教員採用試験に合格し学校の教員にはなったものの、モンスターペアレントへの対応に行き詰まり、休職する教員も急増してきています。また専業主婦の中で学歴の高い母親の育児ストレスは高い傾向にあることを小野寺[1]は示しています。したがって学生時代の学業成績や知能指数の高さが、その後の幸せな人生を約束してくれない時代になってきているのです。

そこで最近、注目されているのが非認知能力です。非認知能力は、知能指数や学業成績および偏差値のように点数や数値で測れる認知能力とは異なる心理特性と考えられています（本書序章を参照）。二〇〇〇年にノーベル経済学賞を受賞したヘックマンが二〇一三年に『Giving kids a fair chance』（邦題『幼児教育の経済学』）を出版し[2]、非認知能力が高かった四〇歳代の人たちは、生活の質が高かったというペリー研究を紹介したことが契機となり非認知能力への関心が高まってきました。

では非認知能力として取り上げられるべき心理特性には、どのようなものがあるのでしょうか。ガットマンとショーン[3]は、非認知能力として「自己認識」「動機づけ」「忍耐力／持続性」「自制心」「メタ認知」「社会的コンピテンス」「レジリエンスとコーピング」「創造性」の八要素を挙げています。そしてこれらの非認知能力の一つにレジリエンス（本書14章を参照）も含まれていますが、本章では、レジリエンスの中の**エゴ・レジリエンス**（ego-resiliency）[4]について考えていきたいと思います。エゴ・レジリエンスは、ブロックとブロック[5]により「日常生活における内的あるいは外的なストレッサーに対して柔軟に自我を調整し、状況にうまく対処し適応できる自我の調整能力」と定義されている概念です。

■レジリエンスとエゴ・レジリエンスの共通点と相違点

まず、レジリエンスとエゴ・レジリエンスとの共通点と相違点についてみておきましょう。「レジリエンス」と辞書で引くと「弾力、弾性、反発力、困難な状況や変化などからの回復力（順応力）」と説明されています。この記述に従うならば、レジリエンスもエゴ・レジリエンスもともに、困難な状況からの回復力という点で共通しています。しかし前者のレジリエンスについて、マステンとリー

[1] 小野寺（2000）

[2] Heckman (2013)

[3] Gutman & Schoon (2013)

[4] 英語表記はego-resiliencyとego-resilienceの両方があり、本書では尺度名などに用いられているego-resiliencyと表記しました。ただし両方とも同義で使用されていますので、日本語では「エゴ・レジリエンス」と表記することにしています。

[5] Block & Block (1980a)

ド[6]は「困難・逆境で脅威となる状況にもかかわらず、その状況にうまく適応する過程、能力」と定義しています。このレジリエンスは精神病理学の領域で生物学的に重大な問題を抱えているであろう、危機状況の子どもたちについての研究が契機となってはじまり、ウェルナーとスミス[7]による**カウアイスタディ**へと受け継がれていきました。カウアイスタディでは、ハワイのカウワイ島で生まれた子どもたちのうち、虐待児・未熟児・貧困といった高いリスク（つらい状況）の環境の中で育った子どもたちであっても、レジリエンスの高い子どもたちの発達状況はごく普通の環境で育った子どもたちと変わらなかったことを明らかにしています。つまりレジリエンスは**逆境**（adversity）という一生の間でいつも起きるわけではないが、非常に厳しい環境に置かれたときにそれを乗り越えていく力であると考えられます。

一方、エゴ・レジリエンスを初めて提起したブロックとブロック[8]は、エゴ・レジリエンスとは「日常生活における内的、あるいは外的なストレッサーに対して柔軟に自我を調整し、状況にうまく対処し適応できる自我の調整能力」と定義しています。これは、ストレス状況に直面したときに、自我を**オーバーコントロール（自己抑制）**の方向に調整したり、**アンダーコントロール（自己開放）**の方向に調整して上手に自我のバランスをとって適応状態へと向かうはたらきがエゴ・レジリエンスだというわけです（図1）。以上の二つの定義より、レジリエンスとエゴ・レジリエンスは、ともにつらい状況を乗り越える力という点では共通しているものの、レジリエンスが逆境という非常につらい状況を前提としているのに対し、エゴ・レジリエンスは日常生活におけるさまざまなストレス状況を前提とした概念であるといった点で異なっていると考えられます。すなわち、教育現場や職場そして家庭生活の中で、私たちが経験しているちょっとしたつらい出来事や嫌な出来事に上手に対処し、前向きに日々を送っていくためにエゴ・レジリエンスは必要な力であり、まさに身につけておくべき非認知能力であるといえます。

[6] Masten & Reed (2002)

[7] Werner & Smith (1977)

[8] Block & Block (1980a)

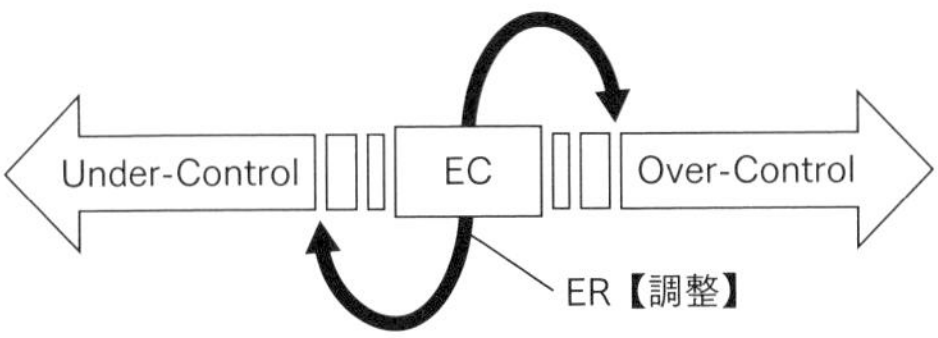

図1 EC（ego-control）とER（ego-resiliency）との関連

■エゴ・レジリエンスとは

エゴ・レジリエンスはブロックらによって提唱された概念ですが、その概念は「場の理論」として有名なレヴィンの考えに基づいて着想されています。レヴィン[9]は、人間の内面は周辺部に位置する知覚・運動領域と中心部に位置する内部人格領域に分かれるとしています。そして内部人格領域は部分領域に細分化されており、この部分領域の分化度と部分領域間の**境界透過度**（degree of permeability）の違い（硬さ）によってパーソナリティの個人差が生まれてくると考えていました。

ブロックとブロック[10]は、このレヴィンの境界透過度の程度の違いに着目し、境界透過度の程度によって自我制御を説明しようとしました。たとえば境界透過性が脆弱で硬く不活発であると、衝動は抑制され感情の表現を最小限に控え、忍耐強いけれども積極性に欠けるようになります。この状態が**自己抑制**（overcontrol）です。それに対し境界透過性が過剰に活発であると、衝動を抑えられず我慢できずに欲求を直接的に表出されやすくなります。この状態が**自己開放**（undercontrol）です。私たちの自我制御は自己抑制と自己開放の二極の間を調整しながら機能しています。そしてブロックとブロック[11]は、レヴィンが二極の境界透過度のレベルを調整する機能として示した**弾力性**（elasticity）（心理的重圧やストレスに直面したときに透過度レベルを調整し必要がなくなれば元に戻る機能）がエゴ・レジリエンスにあたると説明しています。つまりエゴ・レジリエンスで重要な概念である弾力性とは、状況に応じて変化できる柔軟性や融通性だと考えられます。日常生活の中で誰もが経験するストレスフルな出来事に対して、自己を抑制したり開放したりしながら、最適なレベルに自我を柔軟に調節、修正してストレスに適応する調整力がエゴ・レジリエンスなのです。

エゴ・レジリエンスの考え方を具体的な例でみてみましょう。たとえば学生であれば、遊びたいという衝動を抑えて一生懸命に勉学や試験に取り組むのが当然と考えられます。したがってつらくても我慢して（自己抑制）試験勉強や課題をやる人が多いはずです。しかしその試験や課題が終わったら

[9] Lewin (1951)

[10] Block & Block (1980a)

[11] Block & Block (1980a)

「やれやれ！友だちと遊ぼう」と自己を開放して気分転換をすることも大切です。エゴ・レジリエンスの高い人は、そのモードの切り替えがとても上手にできますので、遊ぶときは遊び、勉強すべきときにはそれに集中できるために、結果的に課題に対してもよい成果を収めることができることになります。

2節　エゴ・レジリエンスの基礎研究

■エゴ・レジリエンスを測定する尺度*

エゴ・レジリエンスはどのような尺度によって測定できるのでしょうか。ブロックとブロック[12]は、研究に着手した当初は、パーソナリティ特性が書かれている一〇〇枚のカードを**Qソート法**（The California Child Q-set: CCQ）によって分類するという手法をとっていました。Qソート法は、各カードを1（全く特徴的でない）から9（極めて特徴的である）のどこかに置いてゆき、高得点のところに置かれたカードよりパーソナリティを把握しようとするものです。しかしその後、ブロックとクレメン[13]はQソート法が実施に時間がかかることから短時間でできる一四項目からなる自己報告尺度を開発しました。この一四項目からなる**エゴ・レジリエンス尺度**の構造については、レッツリング[14]らおよびファルカスとオロッツ[15]により確認的因子分析*が実施され、単一因子構造である（いくつかの意味的に区別可能な項目が互いに独立して機能している）と確認されています。

日本では、ブロックとクレメン[16]の一四項目からなるエゴ・レジリエンス尺度を畑・小野寺が二〇一三年に日本語に翻訳し[17]、その信頼性・妥当性の検討を行い、**日本語版エゴ・レジリエンス尺度**（ER89）（表1）を作成しています。畑・小野寺においても一四項目は単一因子構造としてまとまっており、その一四項目全体をもってエゴ・レジリエンスを測定できるとしています。

[12] Block & Block (1980b)
[13] Block & Kremen (1996)
[14] Letzring et al. (2005)
[15] Farkas & Orosz (2015)
[16] Block & Kremen (1996)
[17] 畑・小野寺 (2013)

表1　日本語版エゴ・レジリエンス尺度項目（畑・小野寺，2013）[18]

1.	私は友人に対して思いやりがあると思う
2.	私はショックなことがあっても早く立ち直るほうだ
3.	私は初めてのことや不慣れなことにでも，楽しみながら取り組める
4.	私は普段，人に好印象を与えていると思う
5.	私は今まで食べたことがない食べ物をすすんで試してみるほうだ
6.	私は人からとてもエネルギッシュな人だと思われている
7.	私はいつもの場所へ行くにも，違う道を通ってみたりするのが好きだ
8.	私は人よりも好奇心が強いと思う
9.	私の出会う人は，魅力的な人が多い
10.	私は何かするときアイディアがたくさん浮かぶ方だ
11.	私はいろいろ新しいことをするのが好きだ
12.	私は日々の生活の中で面白いと感じることによく出会う
13.	私は，かなり「たくましい」性格だと思う
14.	私は誰かのことで腹を立てても，比較的すぐに機嫌が直るほうだ

次に具体的にエゴ・レジリエンス尺度の構成概念をみてみましょう。その各質問項目をみると，エゴ・レジリエンスは，「柔軟性」「好奇心」「立ち直り力」に分類できるのではないかと思われます。たとえば**柔軟性**としては「よく知っている所に行くにも違った道を通って行くのが好きだ」「友人に対して寛大である」という質問項目が挙げられます。前者では，一つの目標に向かって進んでいくにもさまざまな方法があり，それを柔軟に思いつくことができるかどうかを尋ねています。後者では，人にはそれぞれ個性があり，その人らしさを認める柔軟心，寛大さがあるかどうかを尋ねています。また**好奇心**では「今まで食べたことがない食べ物を試すことが好きだ」「日々の生活の中で面白いと感じることが多い」という質問項目があたります。前者では，たとえば「自分は辛いものは苦手なので，人から事前に『辛いよ』と言われたら食べません」という人は結構いると思います。しかし辛いものは絶対に食べないと端から決めつけるのではなく，好奇心をもって食べてみたら，新しい発見や気づきがあり，それ

[18] 表1「日本語版エゴ・レジリエンス尺度項目」は，畑・小野寺（2013）の日本語訳を再度，元の英語尺度（Block & Kremen, 1996）と照合し，エゴ・レジリエンスの特性を考慮しながら改訂したものを掲載している。

が人生経験を豊かにしてくれることにつながっていくのです。後者では、毎日の生活の中で「あ、これって面白そう！やってみたい」というようなアンテナを立てながら生活することによりエゴ・レジリエンスは高くなると考えられます。最後の**立ち直り力**には、「ショックをうけることがあってもすぐに立ち直る」「誰かに腹を立ててもすぐに機嫌が直る」という質問項目が該当し、文字通り、つらいことがあっても気持ちを切り替えて前を向いて進んでいこうという概念であるといえます。

藤原ら[19]は畑・小野寺[20]に基づき**小学生用エゴ・レジリエンス尺度**（ER89－K）を作成しています。本尺度では畑・小野寺の一四項目に基づいて小学生にもわかりやすい表現に項目を修正しています。一四項目に対して主成分分析を実施した結果、「私の周りにはやさしくて、親しみやすい人が多いです」という質問項目において天井効果*がみられたこと、および「私は、よく知っている所にも違う道を通っていくのが好きです」という質問項目では因子負荷量が低かったことから、これらの項目を削除することにしたと藤原らは述べています。したがって小学生用エゴ・レジリエンス尺度では、一二項目の素点を合計してエゴ・レジリエンス得点を算出しています。藤原らは四年生、五年生、六年生という学年差および性差を検討し、いずれにおいてもエゴ・レジリエンス得点の有意差は認められませんでした。さらにエゴ・レジリエンスが高い児童ほど、小学生用ストレス反応尺度総得点が有意に低くなっていました。このことから小学生のエゴ・レジリエンスは、年齢や男女差によって変動するものではなく、その本人の特性であると考えられます。

■エゴ・レジリエンスの生涯発達についての研究知見

エゴ・レジリエンスの研究は、海外において多くの知見が得られてきていますが、日本での研究数はまだ非常に少ない現状にあります。それを踏まえたうえで、これまでに行われてきたエゴ・レジリエンス研究から得られている知見について概観します。

ブロックらがエゴ・レジリエンスの研究に着手したのは、幼児の自我制御のメカニズムを明らかに

[19] 藤原ら（2021）
[20] 畑・小野寺（2013）

したいという関心からでした。このため彼らは、エゴ・レジリエンス研究の初期の頃は、自我制御とエゴ・レジリエンスとの関係を、Qソート法を用いて検証しています。たとえばブロックとブロック[21]は、三歳児を対象として自我制御の二特性（自己抑制と自己開放）とエゴ・レジリエンスの高低を組み合わせて以下の四群を導き出しています。①自己開放×エゴ・レジリエンス高群（のびのびと活動的で集中し、好奇心旺盛で探索的行動をよくする）。②自己開放×エゴ・レジリエンス低群（落ち着きがなく、衝動的に行動や感情が表出され、環境に適応しにくく神経質）。③自己抑制×エゴ・レジリエンス高群（従順で素直で、恐怖心や不安が低く社会的適応がよい）。④自己抑制×エゴ・レジリエンス低群（心配性で不安が高い）。この研究により、日々の態度が衝動的で活動性が非常に高い子どもであっても、また我慢強く自分を極度に抑えてしまう子どもであっても、エゴ・レジリエンスが高い場合は自我のバランスを上手にとりながらその場に適応していけることがわかりました。

またアレンドら[22]は、生後一八カ月時点で母親への愛着が安定していた子どもは、四～五歳児になってからのエゴ・レジリエンス得点が高い傾向を示していたことを明らかにしています。またトーフ[23]も、幼少期の育児における母親からの愛情深いケアが、ストレスから身を守るエゴ・レジリエンスを育んでいくと指摘しています。つまりエゴ・レジリエンスを育むには、幼少期の母子間の愛着が安定したものであることが大切であるといえます。

児童期を対象にしたものでは、エゴ・レジリエンスと友だちへの共感的な関わりとの関係や社会的に望ましい行動との関連を検討した研究などが実施されています[24]。それらの研究により、エゴ・レジリエンスが高い子どもほど、友人への共感性が高く社会的にも望ましい行動をとっていることが明らかにされています。

青年期では、ツゲードとフレドリクソン[25]が、エゴ・レジリエンスの高い青年はストレス状況からより早く回復していること、パークとリー[26]は、大学生活によく適応していることを明らかにしています。それに対しブロックら[27]は、エゴ・レジリエンスの低い青年は、習慣性の薬物使用率が高いこと

[21] Block & Block (1980a)

[22] Arend et al. (1979)

[23] Tough (2013)

[24] たとえば、Strayer & Roberts (1989) や、Eisenberg et al. (2003) など。

[25] Tugade & Fredrickson (2004)

[26] Park & Lee (2011)

[27] Block et al. (1988)

を、またブロックとエルデ[28]は抑うつ症状が強いことを明らかにしています。大学生を調査対象とした小野寺[29]の研究では、青年期の親子関係と無気力感の関係にエゴ・レジリエンスが果たす役割を検証しています。その結果、幼少期からの母親のほめるしつけがエゴ・レジリエンスを高め、そのエゴ・レジリエンスが無気力感を軽減させるという知見を得ています。

成人期では、クローネンら[30]が、エゴ・レジリエンスが高いほど、**心理的幸福感**が高く夫婦関係および身体的健康が良好であること、パルス[31]が成人女性のアイデンティティが確立されていることを報告しています。また小野寺[32]は、幼児をもつ母親のエゴ・レジリエンスと養育態度との関わりについて検討しています。その結果、エゴ・レジリエンスの高い母親のうつ傾向は低く、子どもに基本的生活習慣をしっかりと身につけるしつけをしていることを明らかにしています。

このように生涯発達の視点からエゴ・レジリエンス研究を概観してみると、エゴ・レジリエンスが高い人はいずれの発達段階においても、日々の生活状況への適応力が高いことがわかります。したがってエゴ・レジリエンスは、ストレスフルな現代社会を生き抜くためにまさに求められる非認知能力であるといえます。

近年、このエゴ・レジリエンスが一生涯を通じて安定しているものなのか、変化していくものなのかについてのいくつかの研究が行われています。たとえばサイエドら[33]は、二歳～三三歳になるまでの三〇年間に九回、エゴ・レジリエンス尺度、自己制御尺度、ビッグファイブ、アイデンティティの確立の程度および肯定的／否定的ウェルビーイングの測定を行っています。その三〇年間の縦断研究*の結果、エゴ・レジリエンス得点は安定して推移していましたが、自我制御は幼児期に顕著な変化が認められました。またエゴ・レジリエンスと自我制御は成人後の幸福感に強い影響を与えていましたが、性格特性を示すビッグファイブによりその影響の現れ方は異なることが示唆されています。またアレサンドリら[34]は、一五歳から二五歳までの一〇年間にわたってイタリアの青年たち三三五名に対して、エゴ・レジリエンスの変化を追った縦断研究を実施しました。その結果、高校生になるまではエ

[28] Block & Gjerde (1990)
[29] 小野寺 (2009)
[30] Klohnen et al. (1996)
[31] Pals (1999)
[32] 小野寺 (2008)
[33] Syed et al. (2020)
[34] Alessandri et al. (2016)

ゴ・レジリエンスは非常に安定していましたが、その後高くなる傾向があったと報告しています。

■エゴ・レジリエンスとポジティビティ（肯定的感情）との関係

近年、心理学ではポジティブ心理学*に関心が集まっています。その動向を牽引してきたのが、学習性無力感の研究をしてきたセリグマンです。セリグマンは「心理学が人間の病理を見つけ出し、それを治そうとすることにのみ力を注ごうとするのは誤った方向性である。心理学は人間の弱さよりは、人間の強さ、積極的な側面にもっと目をむけるべきである」[35]と述べ、不安、恐怖・攻撃性・衝動性といった人間のネガティブな側面よりも勇気・楽観性・忍耐力・独創性・希望などのポジティブな側面について研究するべきだと提案しました。そのポジティブ心理学の一つにフレドリクソン[36]が提唱する**拡張－形成理論**があります。この理論は、肯定的な感情（たとえば、楽しさ・愛・喜び）が思考・行動のレパートリーを拡大し、永続的な個人的資源を生み出すことにつながり、結果的に人格的な成長をもたらしたり、充実した生活を送ったりすることを可能にするというものです。

フレドリクソン[37]は、二〇〇一年九月一一日にアメリカ合衆国が襲撃された同時多発テロ事件発生後の「立ち直り力」を、ブロックらのエゴ・レジリエンス尺度を使って、大学生を対象に調査しています。その結果、エゴ・レジリエンスの高かった学生は立ち直りが早く、9.11以降うつ症状もほとんど経験していなかったと報告しています。そして「立ち直りの早かった学生と遅かった学生との比較において、決定的な違いは**ポジティビティ（肯定的感情）**の量だった」と指摘しています。また彼女は「エゴ・レジリエンスとポジティビティはセットなのです」と述べ、エゴ・レジリエンスがポジティブ感情を高めることの重要な要因であると説明しています。さらに彼女は、エゴ・レジリエンスの高かった人の特徴として**感情の敏捷性**を挙げています。この感情の敏捷性とは変化する環境に非常によく適応し、相手の感情の動きを上手に察知して対応できるという意味です。

畑・小野寺[38]は、このフレドリクソンが考えているポジティビティとエゴ・レジリエンスとの関連

[35] Seligman (1991)
[36] Fredrickson (1998)
[37] Fredrickson (1998)
[38] 畑・小野寺 (2017)

を、共分散構造分析を用いて日本人の大学生を対象として実証しようと試みました。その結果、エゴ・レジリエンスからポジティビティへは正のパスが、それに続き幸福感へも正のパスが得られました。さらにエゴ・レジリエンスから**マインドフルネス**にも正のパスが得られ、そのマインドフルネスからネガティビティへは負のパスが、そしてネガティビティから幸福感へは負の有意なパスが認められました。エゴ・レジリエンスがポジティビティを高めることによって幸福感を高めることにつながっていましたが、ネガティビティについてはエゴ・レジリエンスがマインドフルネスに影響を与え、そのマインドフルネスを介してネガティビティを減じさせ幸福感を高めるという結果が得られました。また小野寺・畑[39]は、大学生の男女において父親との親密な関係がエゴ・レジリエンスを高め、それがポジティビティに影響を与え幸福感へとつながるという結果を明らかにしています。母親よりも父親との良好な関係がエゴ・レジリエンスそしてポジティビティを高めている点が新しい知見です。

[39] 小野寺・畑 (2017)

3節 エゴ・レジリエンスを伸ばすための介入研究

エゴ・レジリエンスが日々のストレス社会を乗り越えていくのに、すべての年齢の人々にとって大切な非認知能力の一つであることを1節で述べました。では、このエゴ・レジリエンスを身につけ、伸ばすためにはどのような方法があるのかについて考えてみましょう。

レジリエンス研究全体において、エゴ・レジリエンスに関する研究が少ない現状にある中で、近年、レジリエンストレーニングプログラムと銘打つ中で使用されている尺度や概念にエゴ・レジリエンスを使用しているものがみられるようになってきました。たとえばイランにおいて二〇一四〜二〇一五年に非合法的薬物使用者に対して行われた自我コントロールと耐久力を高めるプログラムでは、エゴ・レジリエンスを強化するプログラムが一〇回にわたり実施されました。その結果、自我制御と耐久力を高めることができたという報告がなされています[40]。一〇回のプログラムでは、自分の特

[40] Roustaei et al. (2017)

徴を知り、自分にとっての幸福とは何かを考え、そしてリラクゼーションや身体を動かす時間も設定されています。さらに柔軟なものの見方や言語・非言語コミュニケーションの訓練などが実施されました。

小野寺・畑[41]はこれまでのエゴ・レジリエンス研究に基づき、すでに信頼性を確認できている日本版エゴ・レジリエンス尺度の一四項目を、質問紙調査はなく一枚ずつのカードにしました。そしてそれらを評定する評定カードとして「1．全くあてはまらない」「2．あまりあてはまらない」「3．かなりあてはまる」「4．非常にあてはまる」のカードも作成し、合計一八枚からなる**エゴ・レジリエンスカード検査**を開発しました。やり方としては、机上にまず1から4の評定を置き、次に一四枚のエゴ・レジリエンスカードをその四評定のどこかに置いて、さいごにその合計得点を自分で計算してもらうというものです。一四項目を一枚一枚のカードにすることにより、参加者に心理テストという堅苦しい雰囲気を与えることなく、ありのままの自分の状況を評価してもらうことができること、また評定値の低かったカード項目の評定値をどうすれば上げることができるか（つまりエゴ・レジリエンスを高められるのか）をカードを眺めながら考えたり、時には参加者全員でその方法を共有していくことが容易であるといったメリットがあると考えられます。

小野寺・畑[42]は、これらのカードを使用して大学生から社会人までの数多くの方々にエゴ・レジリエンスのワークショップを実施してきています。ワークショップでは初回にまず、エゴ・レジリエンスカードを使って本人のエゴ・レジリエンス得点を算出してもらい、その後、エゴ・レジリエンスの概念を構成する「柔軟性」「好奇心」「立ち直り力」を強化する課題をいろいろ実践していきます。たとえば柔軟性を鍛える課題として、「自由に思いつく絵をできるだけ描いてください」（図2）というものが挙げられます。そしてさいごに、エゴ・レジリエンスカードを再度使ってエゴ・レジリエンス得点を自分で算出してもらいます。たとえば大学生に対して実施したワークショップでは、一回目のエゴ・レジリエンスの平均得点（六六名参加）は37.34でしたが、ワーク課題を実践した一週間後の二

[41] 未刊行

[42] 未刊行

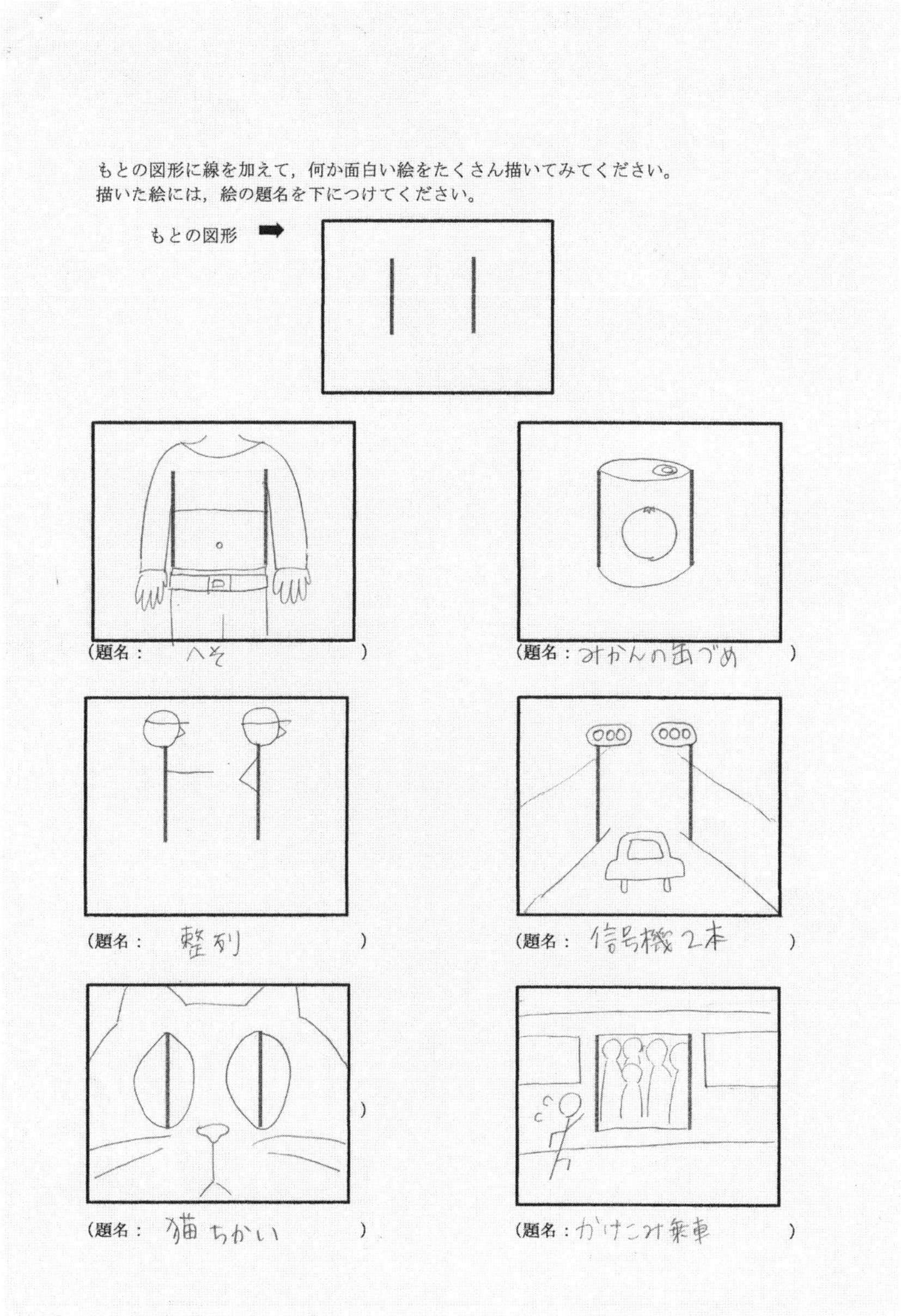
もとの図形に線を加えて，何か面白い絵をたくさん描いてみてください。
描いた絵には，絵の題名を下につけてください。
もとの図形
（題名：　へそ　）
（題名：みかんの缶づめ　）
（題名：　整列　）
（題名：　信号機2本　）
（題名：　猫ちかい　）
（題名：かけこみ乗車　）

図 2　エゴ・レジリエンスワークでの課題例

回目の同検査では、平均得点は38.33へと高くなっていました。これら六六名の参加者のうち、一点以上エゴ・レジリエンスが高くなった学生は三二名、そのうち八名は五点以上、エゴ・レジリエンス得点が高くなっていました。このことからカードを使ってのワークショップや課題の実践が、エゴ・レジリエンスを伸ばすことにつながる可能性が示唆されます。

4節　教育の可能性

本章冒頭でも述べたように、長年にわたって日本社会では、子どもたちの学業成績を上げることこそが、将来、幸福な生活を送るには必要だとする偏差値信仰がまかり通ってきたように思います。しかしそれが精神的・身体的不調の一因となってしまっているという現状があり、今、その解決方法を教育界は模索しています。さらに、いじめや不登校、ひきこもり、虐待などによる傷つきやストレスから子どもたちが立ち直るための支援の道筋を立てていくことが、社会的な課題となっています。

そうした中で、二〇一七年に文部科学省によって、児童に知・徳・体のバランスのとれた「生きる力」を育むことを強化し、各教科などの指導を通して「知識及び技能」の習得と「思考力、判断力、表現力等」の育成、「学びに向かう力、人間性等」の涵養という、三つの柱の育成をバランスよく実現することを学校に求める方針が出されました[43]。「学びに向かう力、人間性等」では、「主体的に学習に取り組む態度も含めた学びに向かう力」「自己の感情や行動を統制する力」「よりよい生活や人間関係を自主的に形成する態度等」が挙げられています。とくに「自己の感情や行動を統制する力」は、日常生活の中でのさまざまなストレスに対して自分の行動をコントロールする力が必要であり、まさにこれは非認知能力の一つであるエゴ・レジリエンスが該当するといえます。したがって今後、エゴ・レジリエンスが幼少の頃からしっかりと身につくエゴ・レジリエンスプログラムや親教育プログラムを開発していくことが必要であるといえましょう。

〔小野寺敦子〕

［43］文部科学省（2017）

終章　非認知能力と教育について

■非認知能力を伸ばす意義

ここまで、さまざまな非認知能力について、その特徴や測定方法、変化や教育の可能性をみてきました。どの心理特性も、非認知能力の特徴である「よい結果」に結びつくことと、変容の可能性を備えていることが理解できたのではないでしょうか。

「よい結果」をもたらすことこそが、非認知能力の意義ともいえます。しかしここでもう一度、確認しておきたいことがあります。たとえば、グリットがＧＰＡ*を高めるということがある（2章参照）としても、直接的にＧＰＡを高めることにアプローチするのではなく、なぜグリットを高めることを目標としなければいけないのかという問題です。同じように、楽観性が患者の退院後の生活の質を高めることがある（6章参照）としても、どうして直接的に生活の質を高めるような支援をするのではなく、楽観性を高めようとするのでしょうか。また、悲惨な出来事を経験して落ち込んだ状態から回復することに直接手を差し伸べるよりも、心理的なレジリエンス要因を高めるほうがよいのでしょうか（14章参照）。問題の解決やよりよい生活への改善へと物事を進めようとする際に、なぜ直接その問題や生活そのものに働きかけることをせず、まわりくどい方法である心理特性を変えようとするのでしょうか。

この議論は、教育でよく取り上げられる問題にも関わるように思います。学校では難しい理論よりも、もっと実際的で現実的で役に立つスキルを教えるべきだという議論です。学校ではコンピュータのしくみや成り立ちや歴史ではなく、ワープロソフトや表計算ソフトの使い方のスキルを学ぶほうが社会に出てから役に立つはずだ、という議論もこれに似ています。「学校で学ぶ知識など、社会に出てから役に立たない」という議論も、これに共通するものがあるのではないでしょうか。

これらの議論に共通する問題は、知識やスキルの**汎用性**を考慮していないことです。ワープロソフトや表計算ソフトを使うスキルはたしかに重要で、働きはじめてからも役に立つ場面は多いでしょう。ところが、ソフトウェアは企業の都合により、大きく仕様が変えられてしまう可能性があります。一方で、たとえ特定のソフトウェアの使い方が変わったとしても、コンピュータの基本的な構造や使い方を知っていれば、別のソフトウェアにも応用していくことができ、また以前には思いつかなかったような別の使い方へとつながっていくかもしれません。汎用性の高い知識とは、このように多くの場面で応用することができる類のものです。だからこそ、学校では特定の狭い範囲のスキルではなく、できるだけ多くの場面で応用していくことができる知識を身につけることに価値があるといえるのではないでしょうか。

本書で示されたように、非認知能力として取り上げられたいずれの心理特性も、人生の多くの場面における成功に結びつくことが期待されています。教育によって非認知能力を高めることの価値は、その人が生きていく多くの場面でより「よい結果」へとつながる可能性を高めるという点にあると考えられるのです。

■効果の大きさ

教育の中で非認知能力を伸ばそうとするときに、個人に注目するか集団に注目するかという観点の違いは重要です。そして非認知能力の教育を論じる際には、どの立場から論じているのかを明確にしておくことが大切です。それは、目の前の生徒たちの非認知能力を問題にしているのか、それとも国全体の発展のようなものを前提としているのかという観点の違いです。

教育の中で非認知能力を伸ばすという話なのだから、生徒個人の非認知能力がどのように変わっていくかが大切なのではないか、と思うことでしょう。もちろん、個々の生徒たちが望ましい心理特性を高め、よりよい人生を歩んでいくことは大切です。

しかしその一方で、本書の中で紹介された研究成果や介入による心理特性の変化の多くは、集団を対象にしたものです。ある集団と別の集団を用意し、片方の集団に何らかの教育的な介入を行います。そして、介入を行った集団の非認知能力の平均値が、もう片方の集団の平均値よりも高くなることを期待します。ここで検討されているのは、あくまでも集団の平均値の差であって、その集団の中にいるすべての生徒たちの得点が上昇することを意味しているわけではありません。

集団の平均値が上昇したということは、少なくともその集団の得点は上昇したわけですから、そこで検討された教育方法に意味があったことを表すだろうと考えることはできます。しかし、もう一つの観点は、その「程度」です。心理学の研究の中では、**効果量**という言葉で表現される数値です。平均値の差であれば、その差が標準偏差*に比べてどれくらいの大きさであるかが、効果量の値になります。そして、研究の中で報告される効果量の大きさというものは、大きな値ではないことが多いということも確かなのです。

たとえば、男性と女性の平均身長は異なっています。おおよそ、男性の平均身長が一七一センチ程度なのに対し、女性の平均身長は一五八センチくらいです。平均値の差は一三センチほどあるのですが、身長の標準偏差が男女とも五センチから六センチくらいだと考えると、男女の平均身長の差の効果量はおよそ「2」という値になります。周囲を見回してみれば、たしかに女性よりも背の高い男性が多いことはわかると思うのですが、当然ながら背の高い女性も背の低い男性も存在していて、例外なく男性のほうが女性よりも背が高いということはありません。

さて、この効果量「2」というのは、心理学の研究の中では非常に大きな効果です[1]。論文の中で

［1］小塩（2020）

も、このような大きな数値にはなかなかお目にかかれません。研究の中で目にする効果量は、0.8以上あれば「大きな効果」、0.5以上あれば「中程度の効果」、そして0.2以上あれば「小さな効果」と判断されます。たとえ得られた結果が「小さな効果」であったとしても、論文の中では「効果があった」と結論づけられるのです。ですから、教育的な介入を行ったときに、どれくらいの効果量が得られたのかを考えておくことは大切です。たとえ論文の中で「効果があった」と結論づけられていても、それが「小さな効果」なのであれば、目の前の個人にその教育を行ったとしても、大きな変化は期待できないことになります。

その一方で、たとえ「小さな効果」であったとしても、それが自治体全体、国全体という大きな枠組みで考えたときには、十分に意味があることもあります。GDP（国民総生産）の上昇のように、何かについてほんの一パーセントの改善がみられただけでも、その変化が国全体に大きな波及効果をもたらすということも考えられるからです。小さな効果を考えるときには、目の前の個人ではなく大きな集団の変化をみるほうが適しています。非認知能力の向上が教育政策の話に結びつきやすいことの背景には、このような効果の大きさの問題もあるように思います。

■その特性だけ伸ばせるのか

どのような心理特性であっても、それを直接的に目にすることはできません。外向的な人物は明るい雰囲気を振りまくかもしれませんが、物理的に光るわけではないのです。私たちが目にすることができるのは行動している様子や行動の結果であって、心の中の様子そのものではないのです。

そして、心理特性どうしは互いに関連しています。ある心理特性が高いことは、別の心理特性も高い傾向にあり、また別の心理特性は低い傾向になることが同時に生じてきます。たとえば本書で紹介したグリット（2章参照）は、誠実性（1章参照）や自己制御・自己コントロール（3章参照）とは異なる概念でありながらも、密接な関連をもっています。もちろん必ずというわけではないのですが、グリットが高い人物は、同時に誠実性や自己制御も高くなる傾向にあるのです。

本書で非認知能力として取り上げた心理特性の中には、あまり望ましくない心理特性と関連するものもあります。たとえば自尊感情（11章参照）は、**自己愛**（ナルシシズム）傾向と正の関連を示すことで知られています。自己愛傾向は、自分自身に対して強く肯定的な感情を抱き、周囲の人も自分自身の素晴らしさを認めて当然だと考える傾向を表しており、ときに人間関係の中で周囲の人々に迷惑をかける可能性もあるとされる心理特性です。そして両者が正の関連を示すということは、自尊感情を高めようとすると自己愛傾向も高まってしまう可能性があることを表しています[2]。はたして、自己愛傾向を高めることなく、自尊感情だけを高めるような教育実践を行っていくことは可能なのでしょうか。

また誠実性は、**完全主義**とも関連することが明らかにされています[3]。完全主義というのは、非現実的な目標を設定し、その目標を達成できないのではないかと気にし、ミスを許さない傾向のことを指します。完全主義的な人物は、結果的に目標を達成できないことも多く、不安や抑うつなど結果として不適応状態につながることも多いとされています。誠実性も完全主義も、ともに高い目標を設定してその目標に向かっていく傾向を表しますので、互いに関連するという研究結果があるのは不思議なことではありません。では、よりよい心理特性とされる誠実性を伸ばし、完全主義は伸ばさないような教育的な介入というのは、行うことができるのでしょうか。

これはある種、副作用のようなものだといえましょう。どのような薬にも治療にも、治療効果があるものには副作用が伴います。そしてこのような観点は、介入によって心理特性の変化を検討する研究では、これまでにあまり取り入れられていない印象があります。今後研究を進めていくうえで、ある心理特性を変えていこうとするとき、それに伴って他のどのような心理特性もともに変わっていくのか、どのような特性は変わっていかないのかということについて、慎重に検討しておく必要があるといえるでしょう。そして、実際の教育の中である心理特性を伸ばしていこうとする試みを行うとき

[2] ドゥエンギ・キャンベル（2011）

[3] Stricker et al. (2019)

にも、その焦点が当たっている心理特性だけでなく、関連する周辺の心理特性の変化についても注意しておきたいところです。

■十分な理解を

批判的思考における教育の可能性で触れられているように（5章4節参照）、教育を行う立場にある人々が非認知能力について、そして本書で取り上げたような各種の心理特性について理解を深めておくことが大切です。それぞれの心理特性がどのような内容であるのか、そしてどのような実践の中で伸ばしていける可能性があるのか、さらには本章で述べたような副作用についても理解を深めていけば、より適切な教育上の実践を考えていくことができることでしょう。

まだまだ、それぞれの心理特性そのものについても、変化の可能性や教育の可能性についても、研究を進める余地が多くあります。本書がその一助となり、今後さらに研究が進展していくことを期待しています。

〔小塩真司〕

あとがき

心理学者の中には、「非認知能力」や「非認知スキル」という言葉をなんとなく全面的に肯定できない気持ちを抱く人たちがいるのではないかと想像します。非認知能力という言葉は心理学の外からもたらされた言葉であり、「認知ではない」という意味からも、その中に非常に多くの概念を含むものだと考えられるからです。加えて、これだけ多様な概念を非認知能力という言葉でひとくくりにしてしまってよいのだろうか、また「非認知」という言葉を使っているとはいえ、どのような心理特性も認知的な側面とは明確に分けることはできないのではないか、という思いもあるのではないでしょうか。本書の企画をいただいたとき、私自身の中にもそのようなわだかまりがあったのは確かです。

本書では、一五の心理特性に注目しながら、多様な非認知能力を取り上げ、教育や保育の現場でそれらを育む可能性について考えてきました。まえがきでも述べたとおり、本書で取り上げた心理特性はいずれも、心理学の中で比較的さかんに研究が行われており、なんらかの「よい結果」をもたらし、変容や教育の可能性が示されているという点が共通しています。本書で見てきたとおり、どの心理特性についてもそれぞれ独自の研究の歴史があり、数多くの研究に裏打ちされた研究知見をもっています。それぞれの研究内容はとても面白く、きっと読者の皆さんもページをめくるたびに「こんな研究結果もあるのか」と興味を惹かれることでしょう。「非認知能力」とひとくくりにされがちな一つひとつの概念について、これまでにどのような研究が行われてきたのかという経緯に注目していただければと思います。そして本書を通じて、心理学の研究の世界にも興味を抱いてもらえれば幸いです。

これまでの歴史からも明らかですが、社会から注目されることはさまざまな形で研究活動に影響を与えていきます。それは、非認知能力についても言えるのではないでしょうか。多くの心理特性が非認知能力としてひとまとめにされてしまうことを懸念する一方で、非認知能力として心理学的な特性が注目される状況は、それぞれの心理特性について研究を推進するよい機会でもあります。実際に、本書で取り上げた心理特性はさまざまな望ましい結果に結びつくものであり、個人の中で高めることが望ましいものも多いと言えます。もちろん、終章で触れたようにそこには考えるべきこともあるのですが、実際に教育現場などで研究結果を応用していく上での注意するべき点を明確にするためにも、今後さらなる研究が進展していくことを期待したいところです。

なお本書で取り上げた一五の心理特性は、必ずしもいつも非認知能力として取り上げられているものばかりではありません。また、今回残念ながら取り上げることのできなかった概念も多数存在しています。この概念を取り上げるべきだった、というお叱りの声があるかもしれません。それは編者としての私の力不足ですので、甘んじて受け入れようと思っています。

本書の企画は、北大路書房の森光佑有氏とのやりとりの中で生まれたものでした。私自身、非認知能力については興味を抱いていたものの、十分に整理することができないまま時間だけが何年も経過していました。今回の企画は、自分の考えを整理するという意味でも、とても良い機会をいただけたものだと考えています。本書に携わる機会をいただいた森光氏には心から感謝申し上げます。また、新型コロナウィルス感染症拡大に伴いさまざまなご事情がある中で、依頼を快くお引き受けいただいた執筆者の皆様にも感謝いたします。本書が、心理学に興味をもつ方々だけでなく教育の現場にいる方々、子育て中の方々など、多くの方の手に取っていただけることを願っています。

二〇二一年　七月

小塩真司

事項索引

●さ行

●た 行

●な 行

●は 行

引用文献

阿部 恵子・若林 英樹・西城 卓也・川上 ちひろ・藤崎 和彦・丹羽 雅之・鈴木 康之 (2012). Trait Emotional Intelligence Que-SF と Jefferson Scale of Physician Empathy の日本語版開発と信頼性・妥当性の検討　医学教育 , *43*, 351–359.

Abrami, P. C., Bernard, R. M., Borokhovski, E., Waddington, D. I., Wade, C. A., & Persson, T. (2015). Strategies for teaching students to think critically: A meta-analysis. *Review of Educational Research, 85*, 275–314.

Abrami, P. C., Bernard, R. M., Borokhovski, E., Wade, A., Surkes, M. A., Tamim R., & Zhang, D. (2008). Instructional interventions affecting critical thinking skills and dispositions: A stage 1 meta-analysis. *Review of Educational Research, 78*, 1102–1134.

安達 知郎 (2013). 子どもを対象としたソーシャルスキル尺度の日本における現状と課題 ── ソーシャルスキル教育への適用という視点から ──　教育心理学研究 , *61(1)*, 79–94.

Adair, K. C., Fredrickson, B. L., Castro-Schilo, L., Kim, S., & Sidberry, S. (2018). Present with you: Does cultivated mindfulness predict greater social connection through gains in decentering and reductions in negative emotions?. *Mindfulness, 9*, 737–749.

Adelman, R. M., Herrmann, S. D., Bodford, J. E., Barbour, J. E., Graudejus, O., Okun, M. A., & Kwan, V. S. (2017). Feeling closer to the future self and doing better: Temporal psychological mechanisms underlying academic performance. *Journal of Personality, 85*, 398–408.

Agnoli, S., Vanucci, M., Pelagatti, C., & Corazza, G. E. (2018). Exploring the link between mind wandering, mindfulness, and creativity: A multidimensional approach. *Creativity Research Journal, 30*, 41–53.

相川　充・佐藤 正二（編）(2006). 実践！ ソーシャルスキル教育 ── 中学校 対人関係能力を育てる授業の最前線 ──　図書文化社

Ainley, M. (1987). The factor structure of curiosity measures: Breadth and depth of interest curiosity styles. *Australian Journal of Psychology, 39*, 53–59.

Ainsworth, M. D. S., Bell, S. M., & Stayton, D. F. (1974). Infant-mother attachment and social development: Socialization as a product of reciprocal responsiveness to signals. In M. P. M. Richards (Ed.), *The integration of a child into a social world* (pp. 99–135). Cambridge, MA: Cambridge University Press.

Aldao, A., Nolen-Hoeksema, S., & Schweizer, S. (2010). Emotion-regulation strategies across psychopathology: A meta-analytic review. *Clinical Psychology Review, 30(2)*, 217–237.

Alessandri, G., Eisenberg, N., Vecchione, M., Caprara, G. V., & Milioni, M. (2016). Ego-resilience development from late adolescence to emerging adulthood: A ten-year longitudinal study. *Journal of Adolescence, 50*, 91–102.

Allemand, M., Job, V., & Mroczek, D. K. (2019). Self-control development in adolescence predicts love and work in adulthood. *Journal of Personality and Social Psychology, 117*, 621–634.

Allport, F. H. (1923/1975). *Social Psychology*. New York, NY: Houghton Mifflin Company. Reprint. New York, NY: Johnson Reprint Corporation.

Alm, S., & Låftman, S. B. (2016). Future orientation climate in the school class: Relations to adolescent delinquency, heavy alcohol use, and internalizing problems. *Children and Youth*

Services Review, 70, 324–331.

雨宮 怜・金 ウンビ・稲垣 和希・坂入 洋右 (2019). アスリートの心理的健康を促進するマインドフルネスと心理的競技能力 スポーツ心理学研究, *46*, 67–80.

Ames, C., & Archer, J. (1988). Achievement goals in the classroom: Students' learning strategies and motivation processes. *Journal of Educational Psychology, 80*, 260–267.

安藤 寿康 (2017). 行動の遺伝学 ── ふたご研究のエビデンスから ── 日本生理人類学会誌, *22*, 107–112.

安藤 玲子・池田 まさみ (2012). 批判的思考態度の獲得プロセスの検討 ── 中学生の4波パネルにおける因果分析から ── 認知科学, *19*, 83–99.

Andretta, J. R., Worrell, F. C., & Mello, Z. R. (2014). Predicting educational outcomes and psychological wellbeing in adolescents using time attitude profiles. *Psychology in the Schools, 51*, 434–451.

Anheyer, D., Haller, H., Barth, J., Lauche, R., Dobos, G., & Cramer, H. (2017). Mindfulness-based stress reduction for treating low back pain: A systematic review and meta-analysis. *Annals of Internal Medicine, 166*, 799–807.

青木 万理 (2016). 自己理解尺度短縮版の作成 心理臨床学研究, *34*, 550–556.

青柳 西蔵・石井 裕剛・下田 宏・伊丹 悠人・冨江 宏・北川 欽也・河原 恵 (2010). 教育用ディベートシステムを導入した学習単元の提案と批判的思考態度醸成効果の評価 日本教育工学会論文誌, *33*, 411–422.

Arend, R., Gove,L. F., & Sroufe, L. A. (1979). Continuity of individual adaptation from infancy to kindergarten: A predictive study of ego-resiliency and curiosity in preschoolers. *Child Development, 50(4)*, 950–959.

有光 興記・青木 康彦・古北 みゆき・多田 綾乃・富樫 莉子 (2016). セルフ・コンパッション尺度日本語版の12項目短縮版作成の試み 駒澤大学心理学論集, *18*, 1–9.

浅川 潔司・松岡 砂織 (1987). 児童期の共感性に関する発達的研究 教育心理学研究, *35*, 231–240.

浅川 潔司・尾崎 高弘・古川 雅文 (2003). 中学校新入生の学校適応に関する学校心理学的研究 兵庫教育大学研究紀要, *23*, 81–88

浅野 良輔・五十嵐 祐・塚本 早織 (2014). 日本版 HEMA 尺度の作成と検討 ── 幸せへの動機づけとは ── 心理学研究, *85*, 69–79.

芦谷 道子・伊藤 靖・村田 吉美・中川 栄太 (2018). マインドフルネス・プログラムによる小学生に対する心理教育アプローチ 滋賀大学教育学部紀要, *67*, 109–122.

Ashkanasy, N. M., & Daus, C. S. (2005). Rumors of the death of emotional intelligence in organizational behavior are vastly exaggerated. *Journal of Organizational Behavior, 26*, 441–452.

Ashwin, C., Baron-Cohen, S., Wheelwright, S., O'Riordan, M., & Bullmore, E. T. (2007). Differential activation of the amygdala and the 'social brain' during fearful face-processing in Asperger syndrome. *Neuropsychologia, 45*, 2–14.

Aspinwall, L. G., Richter, L., & Hoffman, R. R. III. (2001). Understanding how optimism works: An examination of optimists' adaptive moderation of belief and behavior. In E. C. Chang (Ed.), *Optimism & pessimism: Implications for theory, research, and practice* (pp. 217–238). Washington, D. C.: American Psychological Association.

Aspinwall, L. G., & Brunhart, S. M. (1996). Distinguishing optimism from denial: Optimistic beliefs predict attention to health threats. *Personality and Social Psychology Bulletin, 22(10)*, 993–1003.

Aspinwall, L. G., & Brunhart, S. M. (2000). What I do know won't hurt me: Optimism, attention to

negative information, coping, and health. In J. E. Gillham (Ed.), *The science of optimism and hope: Research essays in honor of Martin E. P. Seligman* (pp. 163-200). Templeton Foundation.

Aspinwall, L. G., & Richter, L. (1999). Optimism and self-mastery predict more rapid disengagement from unsolvable tasks in the presence of alternatives. *Motivation and Emotion, 23(3)*, 221-245.

Aspy, D., Roebuck, F., & Aspy, C. B. (1984). Tomorrow's resources are in today's classroom. *The Personnel and Guidance Journal, 62(8)*, 455-459.

Ayala, J. C., & Manzano, G. (2014). The resilience of the entrepreneur. Influence on the success of the business. A longitudinal analysis. *Journal of Economic Psychology, 42*, 126-135.

Baer, R. A. (2003). Mindfulness training as a clinical intervention: A conceptual and empirical review. *Clinical Psychology: Science and Practice, 10*, 125-143.

Baird, H. M., Webb, T. L., Sirois, F. M., & Gibson-Miller, J. (2020). Understanding the effects of time perspective: A meta-analysis testing a self-regulatory framework. *Psychological Bulletin, 147(3)*, 233-267.

Bajaj, B., & Pande, N. (2016). Mediating role of resilience in the impact of mindfulness on life satisfaction and affect as indices of subjective well-being. *Personality and Individual Differences, 93*, 63-67.

Baranski, E., Sweeny, K., Gardiner, G., International Situations Project, & Funder, D. C. (2021). International optimism: Correlates and consequences of dispositional optimism across 61 countries. *Journal of Personality, 89*, 288-304.

Barbaranelli, C., Caprara, G. V., Rabasca, A., & Pastorelli, C. (2003). A questionnaire for measuring the Big Five in late childhood. *Personality and Individual Differences, 34*, 645-664.

Barrett-Lennard, G. T. (1962). Dimensions of therapist responses as causal factors in therapeutic change. *Psychological Monographs, 76(43)*, 1-36.

Baumeister, R. F., Campbell, J. D., Krueger, J. I., & Vohs, K. D. (2003). Does high self-esteem cause better performance, interpersonal success, happiness, or healthier lifestyles?. *Psychological Science in the Public Interest, 4*, 1-44.

Baumeister, R. F., Heatherton, T. F., & Tice, D. M. (1994). *Losing control: How and why people fail at self-regulation*. San Diego, CA: Academic Press.

Baumeister, R. F., Hofmann, W., Summerville, A., Reiss, P. T., & Vohs, K. D. (2020). Everyday thoughts in time: Experience sampling studies of mental time travel. *Personality and Social Psychology Bulletin, 46*, 1631-1648.

Beaty, R. E., Seli, P., & Schacter, D. L. (2019). Thinking about the past and future in daily life: An experience sampling study of individual differences in mental time travel. *Psychological Research, 83*, 805-816.

Berg, J., Osher, D., Same, M. R., Nolan, E., Benson, D., & Jacobs, N. (2017). *Identifying, defining, and measuring social and emotional competencies*. Washington, D. C.: American Institutes for Research.

Berkovich-Ohana, A., Lavy, S., & Shanboor, K. (2020). Effects of a mindfulness intervention among Arab teachers are mediated by decentering: A pilot study. *Frontiers in Psychology, 11*, 542986.

Berlyne, D. E. (1954). A theory of human curiosity. *British Journal of Psychology, 45*, 180-191.

Berlyne, D. E. (1960). *Conflict, arousal and curiosity*. New York, NY: McGraw-Hill.

Bernhardt, B. C., Valk, S. L., Silani G, Bird, G., Frith, U., & Singer, T. (2013). Selective disruption of sociocognitive brain networks in autism and alexithymia. *Cerebral Cortex, 24*, 3258-3267.

Bhayee, S., Tomaszewski, P., Lee, D. H., Moffat, G., Pino, L., Moreno, S., & Farb, N. A. S. (2016). Attentional and affective consequences of technology supported mindfulness training: A randomised, active control, efficacy trial. *BMC Psychology, 4*, 60.

Blair, C. (2002). School readiness: Integrating cognition and emotion in a neurobiological conceptualization of children's functioning at school entry. *American Psychologist, 57(2)*, 111-127.

Blair, R. J. R. (2007). The amygdala and ventromedial prefrontal cortex in morality and psychopathy. *Trends in Cognitive Sciences, 11(9)*, 387-392.

Block, J. H., & Block, J. (1980a). The role of ego-control and ego-resiliency in the organization of behavior. In W. A. Collins (Ed.), *Development of cognition affect and social relations: The Minnesota Symposia on Child Psychology, 13*, 39-101.

Block, J. H., & Block, J. (1980b). *The California Child Q-set*. Palo Alto, CA: Consulting Psychologists Press.

Block, J., Block, J. H., & Keyes, S. (1988). Longitudinally foretelling drug usage in adolescence: Early childhood personality and environmental precursors. *Child Development, 59*, 336-355.

Block, J., & Gjerde, P. F. (1990). Depressive symptoms in late adolescence: A longitudinal perspective on personality antecedents. In J. E. Rolf, A. S. Masten, D. Cicchetti, K. H. Nuechterlein, & S. Weintraub (Eds.), *Risk and protective factors in the development of psychology* (pp.334-360). New York, NY: Cambridge University Press.

Block, J., & Kremen, A. M. (1996). IQ and ego-resilience conceptual and empirical connections and separateness. *Journal of Personality and Social Psychology, 70, 2*, 349-361.

Blouin-Hudon, E. M. C., & Pychyl, T. A. (2015). Experiencing the temporally extended self: Initial support for the role of affective states, vivid mental imagery, and future self-continuity in the prediction of academic procrastination. *Personality and Individual Differences, 86*, 50-56.

Bohart, A. C., & Greenberg, L. S. (1997a). Empathy and psychotherapy: An introductory overview. In A. C. Bohart & L. S. Greenberg (Eds.), *Empathy reconsidered. New directions in psychotherapy* (pp. 3-31). Washington, D. C.: American Psychological Association.

Bohart, A. C., & Greenberg, L. S. (1997b). Empathy: Where are we and where do we go from here?. In A. C. Bohart & L. S. Greenberg (Eds.), *Empathy reconsidered. New directions in psychotherapy* (pp. 419-449).Washington, D. C.: American Psychological Association.

Bonanno, G. A., Galea, S., Bucciarelli, A., & Vlahov, D. (2007). What predicts psychological resilience after disaster? The role of demographics, resources, and life stress. *Journal of consulting and clinical psychology, 75(5)*, 671-682.

Boniwell, I., Osin, E., Alex Linley, P., & Ivanchenko, G. V. (2010). A question of balance: Time perspective and well-being in British and Russian samples. *The Journal of Positive Psychology, 5*, 24-40.

Bouchard, L. C., Carver, C. S., Mens, M. G., & Scheier, M. F. (2018). Optimism, health, and well-being. In D. S. Dunn (Ed.), *Positive psychology* (pp. 112-130). Routledge.

Bower, G. H. (1981). Mood and memory. *American Psychologist, 36*, 129-148.

Boyle, G. J. (1989). Breadth-depth or state-trait curiosity? A factor analysis of state-trait curiosity and state anxiety scales. *Personality and Individual Differences, 10*, 175-183.

Brackett, M. A., Bailey, C. S., Hoffmann, J. D., & Simmons, D. N. (2019). RULER: A theory-driven, systemic approach to social, emotional, and academic learning. *Educational Psychologist, 54(3)*, 144-161.

Brackett, M. A., Rivers, S. E., Reyes, M. R., & Salovey, P. (2012). Enhancing academic performance and social and emotional competence with the RULER feeling words curriculum. *Learning and Individual Differences, 22(2)*, 218–224.

Braun, T. D., Park, C. L., & Gorin, A. (2016). Self-compassion, body image, and disordered eating: A review of the literature. *Body Image, 17*, 117–131.

Britton, W. B., Davis, J. H., Loucks, E. B., Peterson, B., Cullen, B. H., Reuter, L., Rando, A., Rahrig, H., Lipsky, J., & Lindahl, J. R. (2018). Dismantling mindfulness-based cognitive therapy: Creation and validation of 8-week focused attention and open monitoring interventions within a 3-armed randomized controlled trial. *Behaviour Research and Therapy, 101*, 92–107.

Brody, N. (2004). What cognitive intelligence is and what emotional intelligence is not. *Psychological Inquiry, 15*, 234–238.

Brown, J. H., D'Emidio-Caston, M., & Benard, B. (2001). *Resilience education*. Corwin Press.

Brown, K. W., & Ryan, R. M. (2003). The benefits of being present: mindfulness and its role in psychological well-being. *Journal of Personality and Social Psychology, 84*, 822–848.

Bryant B. (1982). An index of empathy for children and adolescents. *Child Development, 53(2)*, 413–425.

Burman, J. T., Green, C. D., & Shanker, S. (2015). On the meanings of self - regulation: Digital Humanities in service of conceptual clarity. *Child Development, 86(5)*, 1507–1521.

Burrow, A. L., Hill, P. L., Ratner, K., & Fuller-Rowell, T. E. (2020). Derailment: Conceptualization, measurement, and adjustment correlates of perceived change in self and direction. *Journal of Personality and Social Psychology, 118*, 584–601.

Butler, E. A., Lee, T. L., & Gross, J. J. (2007). Emotion regulation and culture: Are the social consequences of emotion suppression culture-specific?. *Emotion, 7(1)*, 30–48.

Cardaciotto, L., Herbert, J. D., Forman, E. M., Moitra, E., & Farrow, V. (2008). The assessment of present-moment awareness and acceptance: The Philadelphia Mindfulness Scale. *Assessment, 15*, 204–223.

Carkhuff, R. R., & Berenson, B. G. (1967). *Beyond counseling and therapy*. New York, NY: Holt, Rinehart & Winston.

Carkhuff, R. R. (1969). *Helping and human relations Vol.1, 2*. New York, NY: Holt, Rinehart & Winston.

Carpenter, J. K., Conroy, K., Gomez, A. F., Curren, L. C., & Hofmann, S. G. (2019). The relationship between trait mindfulness and affective symptoms: A meta-analysis of the Five Facet Mindfulness Questionnaire (FFMQ). *Clinical Psychology Review, 74*, 101785.

Carrillo, A., Rubio-Aparicio, M., Molinari, G., Enrique, Á., Sánchez-Meca, J., Baños, R. M. (2019). Effects of the Best Possible Self intervention: A systematic review and meta-analysis. *PLoS One, 14(9)*: e0222386.

Carroll, J. B. (1993). *Human Cognitive Abilities: A Survey of Factor-Analytic Studies*. New York, NY: Cambridge University Press.

Carver, C. S., Smith, R. G., Antoni, M. H., Petronis, V. M., Weiss, S., & Derhagopian, R. P. (2005). Optimistic personality and psychosocial well-being during treatment predict psychosocial well-being among long-term survivors of breast cancer. *Health Psychology, 24(5)*, 508–516.

Carver, C. S., & Gaines, J. G. (1987). Optimism, pessimism, and postpartum depression. *Cognitive Therapy and Research, 11(4)*, 449–462.

Carver, C. S., & Scheier, M. F. (2002). Optimism. In C. R. Snyder & S. J. Lopes (Eds.), *The handbook of positive psychology* (pp. 231-244). Oxford University Press.

Carver, C. S., Scheier, M. F., & Segerstrom, S. C. (2010). Optimism. Clinical *Psychology Review, 30(7)*, 879-889.

Casey, B. J., Somerville, L. H., Gotlib, I. H., Ayduk, O., Franklin, N. T., Askren, M. K., ... & Shoda, Y. (2011). Behavioral and neural correlates of delay of gratification 40 years later. *Proceedings of the National Academy of Sciences, 108(36)*, 14998-15003.

Cattell, R. B. (1963). Theory of fluid and crystallized intelligence: A critical experiment. *Journal of Educational Psychology, 54*, 1-22.

Cavanagh, K., Strauss, C., Forder, L., & Jones, F. (2014). Can mindfulness and acceptance be learnt by self-help?: A systematic review and meta-analysis of mindfulness and acceptance-based self-help interventions. *Clinical Psychology Review, 34*, 118-129.

Chen, M. K. (2013). The effect of language on economic behavior: Evidence from savings rates, health behaviors, and retirement assets. *American Economic Review, 103*, 690-731.

Chen, P., & Vazsonyi, A. T. (2013). Future orientation, school contexts, and problem behaviors: A multilevel study. *Journal of Youth and Adolescence, 42*, 67-81.

Chi, X., Bo, A., Liu, T., Zhang, P., & Chi, I. (2018). Effects of mindfulness-based stress reduction on depression in adolescents and young adults: A systematic review and meta-analysis. *Frontiers in Psychology, 9*, 1034.

Chishima, Y., & Nagamine, M. (2021). Unpredictable changes: Different effects of derailment on well-being between North American and East Asian samples. *Journal of Happiness Studies*, 1-22. Advance online publication.

Chishima, Y., & Wilson, A. E. (2020). Conversation with a future self: A letter-exchange exercise enhances student self-continuity, career planning and academic thinking. *Self & Identity*, 1-26. Advance online publication.

Chishima, Y., McKay, M., & Murakami, T. (2017). The reliability and validity of the temporal focus scale in young Japanese adults. *Personality and Individual Differences, 119*, 230-235.

Chishima, Y., Murakami, T., Worrell, F. C., & Mello, Z. R. (2019). The Japanese version of the Adolescent Time Inventory-Time Attitudes (ATI-TA) scale: Internal consistency, structural validity, and convergent validity. *Assessment, 26*, 181-192.

Chu, X. W., Fan, C. Y., Liu, Q. Q., & Zhou, Z. K. (2018). Cyberbullying victimization and symptoms of depression and anxiety among Chinese adolescents: Examining hopelessness as a mediator and self-compassion as a moderator. *Computers in Human Behavior, 86*, 377-386.

Cicchetti, D., Rogosch, F. A., Lynch, M., & Holt, K. D. (1993). Resilience in maltreated children: Processes leading to adaptive outcome. *Development and psychopathology, 5(4)*, 629-647.

Cohn, M. A., Fredrickson, B. L., Brown, S. L., Mikels, J. A., & Conway, A. M. (2009). Happiness unpacked: positive emotions increase life satisfaction by building resilience. *Emotion, 9(3)*, 361-368.

Collins, R. P., Litman, J. A., & Spielberger, C. D. (2004). The measurement of perceptual curiosity. *Personality and Individual Differences, 36*, 1127-1141.

Compas, B. E., Jaser, S. S., Bettis, A. H., Watson, K. H., Gruhn, M. A., Dunbar, J. P., Williams, E., & Thigpen, J. C. (2017). Coping, emotion regulation, and psychopathology in childhood and adolescence: A meta-analysis and narrative review. *Psychological Bulletin, 143(9)*, 939-991.

Conversano, C., Di Giuseppe, M., Miccoli, M., Ciacchini, R., Gemignani, A., & Orrù, G. (2020). Mindfulness, age and gender as protective factors against psychological distress during COVID-19 pandemic. *Frontiers in Psychology, 11*, 1900.

Conway, A. M., & McDonough, S. C. (2006). Emotional resilience in early childhood. *Resilience in Children, 1094(1)*, 272–277.

Coopersmith, S. (1967). *The antecedents of self-esteem*. San Francisco, CA: W. H. Freeman.

Costa, P. T., Jr., & McCrae, R. R. (1992). *Revised NEO Personality Inventory (NEO–PI–R) and NEO Five-Factor Inventory (NEO–FFI) professional manual*. Odessa, FL: Psychological Assessment Resources.

Crede, M., Tynan, M. C., & Harms, P. D. (2017). Much ado about grit: A meta-analytic synthesis of the grit literature. *Journal of Personality and Social Psychology, 113*, 492–511.

Crowne, D. P., & Marlowe, D. (1960). A new scale of social desirability independent of psychopathology. *Journal of Consulting Psychology, 24*, 349–354.

Cucina, J. M., & Vasilopoulos, N. L. (2005). Nonlinear personality-performance relationships and the spurious moderating effects of traitedness. *Journal of Personality, 73*, 227–260.

Cunha, F., & Heckman, J. (2007). The technology of skill formation. *American Economic Review, 97*, 31–47.

Darwin, C. R. (1871). *Decent of man, and selection in relation to sex*. London, United Kingdom: Joh Murray.（ダーウィン, C. R.　池田 次郎・伊谷 純一郎（訳）(1967). 人類の起源　今西錦司（責任編集）　世界の名著39　中央公論社）

Davis, M. H. (1983). Measuring individual differences in empathy: Evidence for a multidimensional approach. *Journal of Personality and Social Psychology, 44*, 113–126.

Davis, M. H., & Franzoi, S. L. (1991). Stability and change in adolescent self-consciousness and empathy. *Journal of Research in Personality, 25*, 70–87.

De Fruyt, F., Mervielde, I., Hoekstra, H. A., & Rolland, J. P. (2000). Assessing adolescents' personality with the NEO PI-R. *Assessment, 7*, 329–345.

De Ridder, D. T., Lensvelt-Mulders, G., Finkenauer, C., Stok, F. M., & Baumeister, R. F. (2012). Taking stock of self-control: A meta-analysis of how trait self-control relates to a wide range of behaviors. *Personality and Social Psychology Review, 16(1)*, 76–99.

de Waal, F. (2009). *The age of empathy: Nature's lessons for a kinder society*. New York, NY: Harmony Books.（ドゥ・ヴァール, F.　柴田 裕之（訳）(2010). 共感の時代へ ―― 動物行動学が教えてくれること ――　紀伊國屋書店）

Decety, J., & Svetrova, M. (2012). Putting together phylogenetic and ontogenetic perspectives on empathy. *Developmental Cognitive Neuroscience*, ２, 1–24.

Dember, W. N., Martin, S., Hummer, M. K., Howe, S., & Melton, R. (1989). The measurement of optimism and pessimism. *Current Psychology: Research and Reviews, 8(2)*, 102–119.

DeRosier, M. E., Frank, E., Schwartz, V., & Leary, K. A. (2013). The potential role of resilience education for preventing mental health problems for college students. *Psychiatric Annals, 43*, 538–544.

DeYoung, C. G., Peterson, J. B., Higgins, D. M. (2005). Sources of Openness/Intellect: Cognitive and neuropsychological correlates of the fifth factor of personality. *Journal of Personality, 73*, 825–858.

di Pellegrino, G., Fadiga, L., Fogassi, L., Gallese, V., & Rizzolatti, G. (1992). Understanding motor events: a neurophysiological study. *Experimental Brain Research, 91*, 176–180.

ダイヤモンド社 (2018). 好奇心 ── 組織の潜在力を引き出しビジネスを成長させる ── Diamond ハーバード・ビジネス・レビュー , 11月10日 , 24–68.

Diener, E., Suh, E. M., Lucas, R. E., & Smith, H. L. (1999). Subjective well-being: Three decades of progress. *Psychological Bulletin, 125*, 276–302.

童話館出版 絵本のある子育て Retrieved from http://www.douwakan.co.jp/backnumber/

Duan, C., & Hill, C. E. (1996). The current state of empathy research. *Journal of Counseling Psychology, 43*, 261–274.

Duckworth, A. L., Kirby, T., Tsukayama, E., Berstein, H., & Ericsson, K. A. (2011). Deliberate practice spells success: Why grittier competitors triumph at the National Spelling Bee. *Social Psychological and Personality Science, 2*, 174–181.

Duckworth, A. L., Peterson, C., Matthews, M. D., & Kelly, D. R. (2007). Grit: Perseverance and passion for long-term goals. *Journal of Personality and Social Psychology, 92*, 1087–1101.

Duckworth, A. L., Quinn, P. D., & Seligman, M. E. P. (2009). Positive predictors of teacher effectiveness. *Journal of Positive Psychology, 4*, 540–547.

Duckworth, A., & Gross, J. J. (2014). Self-Control and Grit Related but Separable Determinants of Success. *Current Directions in Psychological Science, 23*, 319–325.

Dunbar, R. I. (1996) *Grooming, Gossip and the Evolution of Language*. Cambridge, MA: Harvard University Press.

Durlak, J. A., Weissberg, R. P., & Pachan, M. (2010). A meta-analysis of after-school programs that seek to promote personal and social skills in children and adolescents. *American Journal of Community Psychology, 45*, 294–309.

Durlak, J. A., Weissberg, R. P., Dymnicki, A. B., Taylor, R. D., & Schellinger, K. B. (2011). The impact of enhancing students' social and emotional learning: A meta-analysis of school-based universal interventions. *Child Development, 82(1)*, 405–432.

Dweck, C. S., & Yeager, D. S. (2020). A growth mindset about intelligence. In G. M. Walton & A. J. Crum (Eds.), *Handbook of Wise Interventions: How Social Psychology Can Help People Change* (pp. 9–35). New York, NY: Guilford Press.

D'Argembeau, A., Renaud, O., & Van der Linden, M. (2011). Frequency, characteristics and functions of future - oriented thoughts in daily life. *Applied Cognitive Psychology, 25*, 96–103.

Edmonds, G. W., Côté, H. C. F., & Hampson, S. E. (2015). Childhood conscientiousness and leukocyte telomere length 40 years later in adult women: preliminary findings of a prospective association. *PLoS One, 10(7)*, e0134077.

Egan, M., Daly, M., Delaney, L., Boyce, C. J., & Wood, A. M. (2017). Adolescent conscientiousness predicts lower lifetime unemployment. *Journal of Applied Psychology, 102*, 700–709.

Eisenberg, N., Carlo, G., Murphy, B., & Van Court, P. (1995). Prosocial development in late adolescence: A longitudinal study. *Child Development, 66*, 1179–1197.

Eisenberg, N., Fabes, R. A., Schaller, M., & Miller, P. A. (1989). Sympathy and personal distress: Development, gender differences, and interrelations of indexes. In N. Eisenberg (Ed.), *Empathy and related emotional responses*. San Francisco, CA: Jossey-Bass. *New Directions for Child Development, 44*, 107–126.

Eisenberg, N., Sadovsky, A., & Spinrad, T. L. (2005). Associations of emotion-related regulation with language skills, emotion knowledge, and academic outcomes. *New Directions for Child and Adolescent Development, 2005(109)*, 109–118.

Eisenberg, N., Spinrad, T. L., & Eggum, N. D. (2010). Emotion-related self-regulation and its relation to children's maladjustment. *Annual Review of Clinical Psychology, 6*, 495–525.

Eisenberg, N., Valiente, C., Fabes, R. A., Smith, C. L., Reiser, M., Shepard, S. A., ... & Cumberland, A. J. (2003). The Relations of Effortful Control and Ego Control to Children's Resiliency and Social Functioning. *Developmental Psychology, 39(4)*, 761–776.

Ekeland, E., Heian, F., Hagen, K. B., Abbott, J., & Nordheim, L. (2004). Exercise to improve self-esteem in children and young people. *Cochrane Database of Systematic Reviews, 1*, CD003683. doi: 10.1002/14651858.CD003683.pub2.

Elizondo - Omaña, R. E., García - Rodríguez, M. D. L. A., Hinojosa - Amaya, J. M., Villarreal - Silva, E. E., Avilan, R. I. G., Cruz, J. J. B., & Guzmán - López, S. (2010). Resilience does not predict academic performance in gross anatomy. *Anatomical sciences education, 3(4)*, 168–173.

遠藤 辰雄・井上 祥治・蘭　千壽 (1992). セルフ・エスティームの心理学 ── 自己価値の探求 ── ナカニシヤ出版

遠藤 利彦 (2013).「情の理」論 ── 情動の合理性をめぐる心理学的考究 ──　東京大学出版会

Ennis, R. H. (1985). A logical basis for measuring critical thinking skills. *Educational Leadership, 43*, 44–48.

Ennis, R. H. (1987). A taxonomy of critical thinking dispositions and abilities. In J. B. Baron & R. J. Sternberg (Eds.), *Teaching thinking skills: Theory and practice* (pp. 9–26). New York, NY: W. H. Freeman.

Ennis, R. H. (1989). Critical thinking and subject specificity: Clarification and needed research. *Educational Researcher, 18*, 4–10.

Ennis, R. H., Millman, J., & Tomko, T. N. (1985) *Cornell critical thinking tests level X & Z manual, 3rd ed.*. Critical Thinking Books & Software.

Ersner-Hershfield, H., Garton, M. T., Ballard, K., Samanez-Larkin, G. R., & Knutson, B. (2009). Don't stop thinking about tomorrow: Individual differences in future self-continuity account for saving. *Judgment and Decision Making, 4*, 280–286.

Eskreis-Winkler, L., Gross, J. J., & Duckworth, A. L. (2016). Grit: Sustained self-regulation in the service of superordinate goals. In K. D. Vohs & R. F. Baumeister (Eds.), *Handbook of self-regulation: Research, theory, and applications, 3rd ed.* (pp. 380–395). New York: The Guilford Press.

Eskreis-Winkler, L., Shulman, E. P., Beal, S. A., & Duckworth, A. L. (2014). The grit effect: Predicting retention in the military, the workplace, school and marriage. *Frontiers in Psychology, 5*, 1–12.

Eskreis-Winkler, L., Shulman, E. P., Young, V., Tsukayama, E., Brunwasser, S. M., & Duckworth, A. L. (2016). Using wise interventions to motivate deliberate practice. *Journal of Personality and Social Psychology, 111*, 728–744.

Evans, B. J. (1990). Medical interaction skills training: An evaluation. PhD Thesis, University of Melbourne.

Evans, B. J., Stanley, R. O., & Burrows, G. D. (1993). Measuring medical students' empathy skills. *British Journal of Medical Psychology, 66*, 121–133.

Evers, A. W., Zautra, A., & Thieme, K. (2011). Stress and resilience in rheumatic diseases: a review and glimpse into the future. *Nature Reviews Rheumatology, 7(7)*, 409–415.

Facione, P. A., & Facione, N. C. (1992). *California Critical Thinking Disposition Inventory*. Millbrae, CA: California Academic Press.

Falk, A., Kosse, F., & Pinger, P. (2019). Re-revisiting the marshmallow test: A direct comparison of studies by Shoda, Mischel, and Peake (1990) and Watts, Duncan, and Quan (2018). *Psychological science*.

Farb, N. A., Segal, Z. V., & Anderson, A. K. (2013). Mindfulness meditation training alters cortical representations of interoceptive attention. *Social Cognitive and Affective Neuroscience, 8*, 15–26.

Farkas, D., & Orosz, G. (2015). Ego-Resiliency Reloaded: A Three-Component Model of General Resiliency. *PloS One, 10(3)*, e0120883.

Ferrari, M., Hunt, C., Harrysunker, A., Abbott, M.J., Beath, A., & Einstein, D.A. (2019). Self-compassion interventions and psychosocial outcomes: A meta-analysis of RCTs. *Mindfulness, 10*, 1455–1473.

Feshbach, N. D., & Roe, K. (1968). Empathy in six and seven year olds. *Child Development, 39*, 133–145.

Feshbach, N. D. (1975). Empathy in children: Some theoretical and empirical cosiderations. *Counseling Psychologist, 5*, 25–30.

Feshbach, N. D. (1984). Empathy, empathy training and the regulation of aggression in elementary school children. In R . M. Kaplan, V. J. Konečni, & R. W. Novaco (Eds.), *Aggression in children and youth* (pp. 192–208). Hague/Boston/Lancaster: Martinus Nijhoff Publishers.

Feshbach, N. D. (1987). Parental empathy and child adjustment/maladjustment. In N. Eisenberg & J. Strayer (Eds.), *Empathy and its development*(pp. 271–291.) New York, NY: Cambridge University Press.

Feshbach, N. D. (1997). Empathy: The formative years: Implications for clinical practice. In A. C. Bohart & L. S. Greenberg (Eds.), *Empathy Reconsidered. New Directions in Psychotherapy*(pp. 33–59). Washington, D. C.: American Psychological Association.

Fibel, B., & Hale, W. D. (1978). The generalized expectancy for success scale: A new measure. *Journal of Consulting and Clinical Psychology, 46(5)*, 924–931.

Fischer, A. H., & Roseman, I. J. (2007). Beat them or ban them: The characteristics and social functions of anger and contempt. *Journal of Personality and Social Psychology, 93*, 103–115.

Flanders, N. A. (1965). *Interaction analysis in the classroom: A manual for observers*. Ann Arbor, MI: University of Michigan Press.

Flett, J. A. M., Hayne, H., Riordan, B. C., Thompson, L. M., & Conner, T. S. (2019). Mobile mindfulness meditation: A randomised controlled trial of the effect of two popular apps on mental health. *Mindfulness, 10*, 863–876.

Flook, L., Goldberg, S. B., Pinger, L., & Davidson, R. J. (2015). Promoting prosocial behavior and self-regulatory skills in preschool children through a mindfulness-based kindness curriculum. *Developmental Psychology, 51(1)*, 44–51.

Frank, L. K. (1939). Time perspectives. *Journal of Social Philosophy, 4*, 293–312.

Fraser, M. W. (Ed.), (2004). *Risk and resilience in childhood: An ecological perspective*. (2nd ed.). Washington, D. C. : Social Workers.（フレイザー , M. W. (Ed.)　門永 朋子・岩間 伸之・山縣 文治（訳）(2009). 子どものリスクとレジリエンス：子どもの力を活かす援助　ミネルヴァ書房）

Fredrickson, B. L. (1998). What good are positive emotions?. *Review of General Psychology. 2(3)*, 300–319.

Fredrickson, B. L. (2001). The role of positive emotions in positive psychology: The broaden-and-build theory of positive emotions. *American Psychologist, 56*, 218–226.

Fredrickson, B. L., & Cohn, M. A. (2008). Positive emotions. In: M. Lewis, J. M. Haviland-Jones, & L. F. Barrett (Eds.) *Handbook of Emotions, 3rd ed*. (pp. 777-796). New York, NY: Guilford Press.

Freud, S. (1921). *Massenpsychologie und Ich-Analyse: Group psychology and analysis of the ego. Standard Edition, 18*. London, United Kingdom: Hogarth Press. (フロイト , S.　小此木 啓吾（訳）(1970). 集団心理学と自我の分析 (pp.195-253).　フロイト著作集６　人文書院)

Friese, M., Frankenbach, J., Job, V., & Loschelder, D. D. (2017). Does self-control training improve self-control? A meta-analysis. *Perspectives on Psychological Science, 12(6)*, 1077-1099.

藤野 正寛・梶村 昇吾・野村 理朗 (2015). 日本語版 Mindful Attention Awareness Scale の開発および項目反応理論による検討　パーソナリティ研究 , *24*, 61-76.

藤島　寛・山田 尚子・辻平 治郎 (2005). 5因子性格検査短縮版 (FFPQ-50) の作成　パーソナリティ研究 , *13*, 231-241.

藤原 寿幸・河村 昭博・河村 茂雄・小野寺 敦子・畑　潮 (2021).　小学生用 Ego-Resiliency 尺度（E R 89- K）の作成と信頼性・妥当性の検討　学級経営心理学研究 , *10(1)*, 1-8.

深谷 和子（編）(2011). 児童心理　特集：子どもの知的好奇心　金子書房

福音館書店 , 絵本の与えかた　Retrieved from https://www.fukuinkan.co.jp/booklet/

Gallo, L. C., Penedo, F. J., Espinosa de los Monteros, K., & Arguelles, W. (2009). Resiliency in the face of disadvantage: do Hispanic cultural characteristics protect health outcomes?. *Journal of personality, 77(6)*, 1707-1746.

Garnefski, N., & Kraaij, V. (2006). Relationships between cognitive emotion regulation strategies and depressive symptoms: A comparative study of five specific samples. *Personality and Individual Differences, 40(8)*, 1659-1669.

Gecht, J., Kessel, R., Forkmann, T., Gauggel, S., Drueke, B., Scherer, A., & Mainz, V. (2014). A mediation model of mindfulness and decentering: Sequential psychological constructs or one and the same?. *BMC Psychology, 2*, 18.

Geers, A. L., Wellman, J. A., & Lassiter, G. D. (2009). Dispositional optimism and engagement: The moderating influence of goal prioritization. *Journal of Personality and Social Psychology, 96(4)*, 913-932.

Gensowski, M. (2018). Personality, IQ, and lifetime earnings. *Labour Economics, 51*, 170-183.

George, L. G., Helson, R., & John, O. P. (2011). The "CEO" of women's work lives: How Big Five Conscientiousness, Extraversion, and Openness predict 50 years of work experiences in a changing sociocultural context. *Journal of Personality and Social Psychology, 101*, 812-830.

Gillham, J. E., Abenavoli, R. M., Brunwasser, S. M., Linkins, M., Reivich, K. J., & Seligman, M. E. (2013). Resilience education. In A. D. Susan, B. Ilona, & C. A. Amanda (Eds.) *Oxford Handbook of Happiness*. Oxford, UK: Oxford University Press.

Gladstein, G. A. (1983). Understanding empathy: Integrating counseling, developmental, and social psychology perspectives. *Journal of Counseling Psychology, 30*, 467-482.

Goldberg, L. R. (1993). The structure of phenotypic personality traits. *American Psychologist, 48*, 26-34.

Gooding, P. A., Hurst, A., Johnson, J., & Tarrier, N. (2012). Psychological resilience in young and older adults. *International journal of geriatric psychiatry, 27(3)*, 262-270.

Gosling, S. D., Rentfrow, P. J., & Swann, W. B., Jr. (2003). A very brief measure of the Big-Five personality domains. *Journal of Research in Personality, 37*, 504-528.

Graesser, A. C., Wiley, J., Goldman, S. R., O'Reilly, T., Jeon, M., & Mcdaniel, B. (2007). Seek Web

tutor: Fostering a critical stance while exploring the causes of volcanic eruption. *Metacognition and Learning, 2*, 89–105.

Grasmick, H. G., Tittle, C. R., Bursik Jr, R. J., & Arneklev, B. J. (1993). Testing the core empirical implications of Gottfredson and Hirschi's general theory of crime. *Journal of research in crime and delinquency, 30(1)*, 5–29.

Graziano, P. A., Reavis, R. D., Keane, S. P., & Calkins, S. D. (2007). The role of emotion regulation in children's early academic success. *Journal of School Psychology, 45(1)*, 3–19.

Greenland, S. K. (2016). *Mindful games: Sharing mindfulness and meditation with children, teens, and families*. Boulder, CO: Shambhala Publications.（グリーンランド, S. K.　大谷　彰（監訳）浅田 仁子（訳）(2018). マインドフル・ゲーム ―― 60のゲームで子どもと学ぶマインドフルネス ―― 金剛出版）

Gregg, J. A., Callaghan, G. M., Hayes, S. C., & Glenn-Lawson, J. L. (2007). Improving diabetes self-management through acceptance, mindfulness, and values: A randomized controlled trial. *Journal of Consulting and Clinical Psychology, 75*, 336–343.（グレッグ, J. A.・キャラハン, G. M.・ヘイズ, S. C.・グレン - ローソン, J. L.　熊野 宏昭（訳）(2008). 糖尿病のセルフマネジメントをアクセプタンス・マインドフルネス・価値に基づいた行動によって改善する ―― ランダム化比較試験の結果 ――　心身医学, *48(5)*, 372.）

Gross, J. J. (1998). The emerging field of emotion regulation: An integrative review. *Review of General Psychology, 2(3)*, 271–299.

Gross, J. J. (2015). Emotion regulation: Current status and future prospects. *Psychological Inquiry, 26(1)*, 1–26.

Gross, J. J., & John, O. P. (2003). Individual differences in two emotion regulation processes: Implications for affect, relationships, and well-being. *Journal of Personality and Social Psychology, 85(2)*, 348–362.

Gross, J. J., & Thompson, R. A. (2007). Emotion regulation: Conceptual foundations. In J. J. Gross (Ed.), *Handbook of emotion regulation* (pp. 3–24). New York, NY: Guilford Press.

Grossnickle, E. M. (2014). Disentangling curiosity: Dimensionality, definitions, and distinctions from interest in educational contexts. *Educational Psychology Review*, 1–38.

Groß, D. (2021). In the self-control and self-regulation maze: Integration and importance. *Personality and Individual Differences, 175*, 110728.

Guilmette, M., Mulvihill, K., Villemaire-Krajden, R., & Barker, E. T. (2019). Past and present participation in extracurricular activities is associated with adaptive self-regulation of goals, academic success, and emotional wellbeing among university students. *Learning and Individual Differences, 73*, 8–15.

Gullone, E., & Taffe, J. (2012). The emotion regulation questionnaire for children and adolescents (ERQ-CA): A psychometric evaluation. *Psychological Assessment, 24(2)*, 409–417.

Gumora, G., & Arsenio, W. F. (2002). Emotionally, emotion regulation, and school performance in middle school children. *Journal of School Psychology, 40(5)*, 395–413.

Gutman, L. M., & Schoon, I. (2013). *The impact of non-cognitive skills on outcomes for young people: Literature review*. London, UK: Institute of Education, University of London.

Hackenbracht, J., & Tamir, M. (2010). Preferences for sadness when eliciting help: Instrumental motives in sadness regulation. *Motivation and Emotion, 34*, 306–315.

羽賀 真生子 (2020). 青年期にある看護学生の自己理解と共感性の関連　名古屋大学医学部卒業論文

Hair, E., Halle, T., Terry-Humen, E., Lavelle, B., & Calkins, J. (2006). Children's school readiness in the ECLS-K: Predictions to academic, health, and social outcomes in first grade. *Early Childhood Research Quarterly, 21(4)*, 431–454.

Hampson, S. E., Edmonds, G. W., Goldberg, L. R., Dubanoski, J. P., & Hillier, T. A. (2013). Childhood conscientiousness relates to objectively measured adult physical health four decades later. *Health Psychology, 32*, 925–928.

Hampson, S. E., Edmonds, G. W., Goldberg, L. R., Dubanoski, J. P., & Hillier, T. A. (2015). A life-span behavioral mechanism relating childhood conscientiousness to adult clinical health. *Health Psychology, 34*, 887–895.

Hampson, S. E., Goldberg, L. R., Vogt, T. M., & Dubanoski, J. P. (2006). Forty years on: Teachers' assessments of children's personality traits predict self-reported health behaviors and outcomes at midlife. *Health Psychology, 25*, 57–64.

Hampson, S. E., Goldberg, L. R., Vogt, T. M., & Dubanoski, J. P. (2007). Mechanisms by which childhood personality traits influence adult health status: Educational attainment and healthy behaviors. *Health Psychology, 26*, 121–125.

Hanssen, M. M., Vancleef, L. M. G., Vlaeyen, J. W. S., Hayes, A. F., Schouten, E. G. W., & Peters, M. L. (2015). Optimism, motivational coping and well-being: Evidence supporting the importance of flexible goal adjustment. *Journal of Happiness Studies, 16(6)*, 1525–1537.

羽生 結弦 (2020). 羽生結弦の言葉　日経印刷

Harada, C., Tsuchiya, K., & Yoshida, T. (2012). The role of positive and negative experiences of interpersonal interaction and goal achievement on social self-regulation. *Japanese Journal of Applied Psychology, 38*, 126–128.

原田 知佳・土屋 耕治 (2019). 社会性と集団パフォーマンス ―― 他者の感情理解と自己制御に着目したマルチレベル分析による検討 ――　社会心理学研究 , *35*, 1–10.

原田 知佳・吉澤 寛之・吉田 俊和 (2008). 社会的自己制御 (Social Self-Regulation) 尺度の作成　パーソナリティ研究 , *17(1)*, 82–94.

原田 知佳・吉澤 寛之・吉田 俊和 (2009). 自己制御が社会的迷惑行為および逸脱行為に及ぼす影響 ―― 気質レベルと能力レベルからの検討 ――　実験社会心理学研究 , *48*, 122–136.

原田 知佳・吉澤 寛之・吉田 俊和 (2010). 社会的自己制御と BIS/BAS・Effortful Control による問題行動の弁別的予測性　パーソナリティ研究 , *19*, 76–78.

原田 恵理子・渡辺 弥生 (2011). 高校生を対象とする感情の認知に焦点をあてたソーシャルスキルトレーニングの効果　カウンセリング研究 , *44*, 81–91.

Harley, J. M., Pekrun, R., Taxer, J. L., & Gross, J. J. (2019). Emotion regulation in achievement situations: An integrated model. *Educational Psychologist, 54(2)*, 106–126.

Harrington, E. M., Trevino, S. D., Lopez, S., & Giuliani, N. R. (2020). Emotion regulation in early childhood: Implications for socioemotional and academic components of school readiness. *Emotion, 20(1)*, 48–53.

長谷川 真理・堀内 由樹子・鈴木 佳苗・佐渡 真紀子・坂元　章 (2009). 児童用多次元共感性尺度の信頼性・妥当性の検討　パーソナリティ研究 , *17*, 307–310.

畑　潮・小野寺 敦子 (2013). エゴ・レジリエンス尺度（ER89）日本語版作成と信頼性・妥当性の検討　パーソナリティ研究 , *22*, 37–47.

畑　潮・小野寺 敦子 (2017). エゴ・レジリエンスがポジティビティに与える影響（1）―― Fredrickson のポジティブ情動の拡張－形成理論から ――　日本発達心理学会第28回大会発表論文

集 , 475.
波多野 誼余夫・稲垣 佳世子 (1971). 発達と教育における内発的動機づけ　明治図書出版
Heckman, J. J. (2007). The economics, technology, and neuroscience of human capability formation. *Proceedings of the National Academy of Sciences, 104*, 13250–13255.
ヘックマン , J. J.　古草秀子（訳）(2015). 幼児教育の経済学　東洋経済新報社（Heckman, J. J. (2013). *Giving kids a fair chance*. Cambridge, MA: MIT Press.）
Heckman, J. J., & Rubinstein, Y. (2001). The importance of noncognitive skills: Lessons from the GED testing program. *The American Economic Review, 91*, 145–149.
Heider, F. (1958). *The psychology of interpersonal relations*. Hoboken, NJ: Wiley.（ハイダー , F.　大橋正夫（訳）(1978). 対人関係の心理学　誠信書房）
Heine, S. J., & Lehman, D. R. (1995). The cultural construction of self-enhancement: An examination of group-serving biases. *Journal of Personality and Social Psychology, 72(6)*, 1268–1283.
Hershfield, H. E., Goldstein, D. G., Sharpe, W. F., Fox, J., Yeykelis, L., Carstensen, L. L., & Bailenson, J. N. (2011). Increasing saving behavior through age-progressed renderings of the future self. *Journal of Marketing Research, 48*, 23–37.
Hidi, S., & Renninger, K. A. (2006). The four-phase model of interest development. *Educational Psychologist, 41*, 111–127.
Higgins, E. T. (1987). Self-discrepancy: A theory relating self and affect. *Psychological Review, 94*, 319–340.
Higgins, J. P. T., & Thomas, J. (Eds.) (2019). *Cochrane handbook for systematic reviews of interventions. 2nd ed*. Hoboken, NJ: Wiley Blackwell.
Hill, C. L. M., & Updegraff, J. A. (2012). Mindfulness and its relationship to emotional regulation. *Emotion, 12*, 81–90.
Hill, N. E., & Craft, S. A. (2003). Parent-school involvement and school performance: Mediated pathways among socioeconomically comparable African American and Euro-American families. *Journal of Educational Psychology, 95(1)*, 74–83.
Hill, P. L., Burrow, A. L., & Bronk, K. C. (2016). Persevering with positivity and purpose: An examination of purpose commitment and positive affect as predictors of grit. *Journal of Happiness Studies, 17*, 257–269.
日道 俊之・小山内 秀和・後藤 崇志・藤田 弥世・河村 悠太・Davis, M. H.・野村 理朗 (2017). 日本語版対人反応性指標の作成　心理学研究 , *88*, 61–71.
平木 典子 (2009). 改訂版アサーショントレーニング ―― さわやかな「自己表現」のために ――　金子書房
平野 真理 (2010). レジリエンスの資質的要因・獲得的要因の分類の試み ―― 二次元レジリエンス要因尺度 (BRS) の作成 ――　パーソナリティ研究 , *19(2)*, 94–106.
平野 真理 (2017). 資質を涵養する ―― パーソナリティ心理学 ――　特集：レジリエンスのための心理学　臨床心理学 , *17(5)*, 669–672.
平野 真理 (2019). 潜在的レジリエンスへの気づきを目的としたプログラムの試験的検討 ―― グループワークによる多様性認識を通して ――　東京家政大学附属臨床相談センター紀要 , *19*, 31–45.
平野 真理・小倉 加奈子・能登　眸・下山 晴彦 (2018). レジリエンスの自己認識を目的とした予防的介入アプリケーションの検討 ―― レジリエンスの「低い」人に効果的なサポートを目指して ――　臨床心理学 , *18(6)*, 731–742.
平山 るみ (2015a). 思考 ―― 思い込みによる思考のバイアスと批判的思考 ――　北神 慎司・林　創

（編） 心のしくみを考える ── 認知心理学研究の深化と広がり ── (pp. 69–82) ナカニシヤ出版 .

平山 るみ (2015b). 批判的思考力の認知的要素 ── 正しい判断を支える力 ── 楠見 孝・道田 泰司（編） 批判的思考 ── 21世紀を生きぬくリテラシーの基盤 ── (pp. 34–37) 新曜社 .

平山 るみ (2015c). 批判的思考力の評価 ── どのように評価するか ── 楠見 孝・道田 泰司（編） 批判的思考 ── 21世紀を生きぬくリテラシーの基盤 ── (pp. 30–33) 新曜社 .

平山 るみ (2016). 音楽教育における批判的思考 楠見 孝・道田 泰司（編） 批判的思考と市民リテラシー ── 教育, メディア, 社会を変える21世紀型スキル ── (pp. 119–134) 誠信書房 .

平山 るみ・楠見 孝 (2004). 批判的思考態度が結論導出プロセスに及ぼす影響：証拠評価と結論生成課題を用いての検討 教育心理学研究 , *52*, 186–198.

平山 るみ・楠見 孝 (2010). 日本語版認識論的信念の尺度構成と批判的思考態度との関連性の検討 日本教育工学会論文誌 , *34*, 157–160.

平山 るみ・楠見 孝 (2018). 批判的思考能力と態度が対立情報からの結論導出プロセスにおける情報参照行動に及ぼす効果 日本教育工学会論文誌 , *41*(Suppl.) 205–208.

廣岡 秀一・元吉 忠寛・小川 一美・斎藤 和志 (2001). クリティカルシンキングに対する志向性の測定に関する探索的研究 (2) 三重大学教育実践総合センター紀要 , *21*, 93–102.

廣岡 秀一・中西 良文・横矢 規 (2005). 大学生のクリティカルシンキング志向性に関する縦断的検討 (1) 三重大学教育学部研究紀要 , *56*, 303–315.

廣岡 秀一・小川 一美・元吉 忠寛 (2000). クリティカルシンキングに対する志向性の測定に関する探索的研究 三重大学教育学部紀要 教育科学 , *51*, 161– 173.

Hodzic, S., Scharfen, J., Ripoll, P., Holling, H., & Zenasni, F. (2018). How efficient are emotional intelligence trainings: A meta-analysis. *Emotion Review, 10*, 138–148.

Hoffman, M. L. (2000). *Empathy and moral development: Implications for caring and justice*. Cambridge, MA: Cambridge University Press.（ホフマン , M. L. 菊池 章夫・二宮 克美（訳）(2001). 共感と道徳性の発達心理学 ── 思いやりと正義とのかかわりで ── 川島書店）

Hoffmann, J. D., Brackett, M. A., Bailey, C. S., & Willner, C. J. (2020). Teaching emotion regulation in schools: Translating research into practice with the RULER approach to social and emotional learning. *Emotion, 20(1)*, 105–109.

Hofmann, W., Baumeister, R. F., Förster, G., & Vohs, K. D. (2012). Everyday temptations: an experience sampling study of desire, conflict, and self-control. *Journal of personality and social psychology, 102(6)*, 1318.

Hoge, E. A., Bui, E., Goetter, E., Robinaugh, D. J., Ojserkis, R. A., Fresco, D. M., & Simon, N. M. (2015). Change in decentering mediates improvement in anxiety in mindfulness-based stress reduction for generalized anxiety disorder. *Cognitive Therapy and Research, 39*, 228–235.

Hong, W., Liu, R. D., Ding, Y., Fu, X., Zhen, R., & Sheng, X. (2020). Social media exposure and college students' mental health during the outbreak of COVID-19: The mediating role of rumination and the moderating role of mindfulness. *Cyberpsychology, Behavior and Social Networking, 24(4)*, doi: 10.1089/cyber.2020.0387.

Hoornaert, J. (1973). Time perspective theoretical and methodological considerations. *Psychologica Belgica, 13*, 265–294.

Huguet, A., Ruiz, D. M., Haro, J. M., & Alda, J. A. (2017). A pilot study of the efficacy of a mindfulness program for children newly diagnosed with attention-deficit hyperactivity disorder: Impact on core symptoms and executive functions. *International Journal of Psychology and Psychological Therapy, 17*, 305–316.

Hume, D. (1740). *Treatise of human nature*. London, United Kingdom: Longman.（ヒューム, D.　土岐邦夫（訳）(1968). 人性論　大槻春彦（編）　世界の名著27　ロック・ヒューム (pp. 403-532)　中央公論社）

Ietsugu, T., Crane, C., Hackmann, A., Brennan, K., Gross, M., Crane, R. S., Silverton, S., Radford, S., Eames, C., Fennell, M. J. V., Williams, J. M. G., & Barnhofer, T. (2015). Gradually getting better: Trajectories of change in rumination and anxious worry in mindfulness-based cognitive therapy for prevention of relapse to recurrent depression. *Mindfulness, 6*, 1088-1094.

井川 純一・中西 大輔 (2019). 対人援助職のグリット（Grit）とバーンアウト傾向及び社会的地位の関係 ── 高グリット者はバーンアウトしにくいか？ ──　パーソナリティ研究, *27*, 210-220.

池田 まさみ・安藤 玲子 (2010). クリティカルシンキングの育成 ── 中学生向け教授法の開発 ── 日本心理学会第 74回大会論文集, 1189.

池田 慎之介 (2018). 感情の経験と知覚における言語の役割 ── 理論的整理と発達的検討 ──　心理学評論, *61*, 423-444.

池埜　聡・内田 範子 (2020).「第2世代マインドフルネス」の出現と今後の展望 ── 社会正義の価値に資する「関係性」への視座を踏まえて ──　Human Welfare, *12*, 87-102.

Inzlicht, M., Werner, K. M., Briskin, J. L., & Roberts, B. W. (2021). Integrating models of self-regulation. *Annual review of psychology, 72*, 319-345.

石毛 みどり・無藤　隆 (2005). 中学生における精神的健康とレジリエンスおよびソーシャル・サポートとの関連 ── 受験期の学業場面に着目して ──　教育心理学研究, *53(3)*, 356-367.

石井　僚 (2015). 時間的連続性尺度の作成　青年心理学研究, *27*, 39-47.

石井　僚 (2018). 青年の時間的展望とアイデンティティ形成過程の5側面との関連　心理学研究, *89*, 119-129.

Ishikawa, H., Mieda, T., Oshio, A., & Koshikawa, F. (2018). The relationship between decentering and adaptiveness of response styles in reducing depression. *Mindfulness, 9*, 556-563.

Ishikawa, H., Muta, T., Abe, T., & Koshikawa, F. (2020). The sequential effect of FA and OM meditations on working memory and attention regulation. The Proceeding of Mind & Life Institute 2020 Contemplative Research Conference.

石川 茜恵 (2019). 青年期の時間的展望 ── 現在を起点とした過去のとらえ方から見た未来への展望 ──　ナカニシヤ出版

石川 遥至 (2020). 適応的・不適応的な形式の反応スタイルと能動的注意制御の関連について　感情心理学研究, *28*, 11-21.

石川 遥至・内川 あかね・風間 菜帆・鈴木 美保・宮田 裕光 (2020). 講義の冒頭における5分間瞑想が大学生の心理状態におよぼす効果　マインドフルネス研究, *5*, 15-26.

磯部 美良・菱沼 悠紀 (2007). 大学生における攻撃性と対人情報処理の関連 ── 印象形成の観点から ── パーソナリティ研究, *15*, 290-300.

板倉 聖宣 (2011). 仮説実験授業の ABC ── 楽しい授業への招待 ── (第5版)　仮説社

岩渕 千明・田中 国夫・中里 浩明 (1982). セルフ・モニタリング尺度に関する研究　心理学研究, *53*, 54- 57.

Jacobs, S. E., & Gross, J. J. (2014). Emotion regulation in education. In R. Pekrun & L. Linnenbrink-Garcia (Eds.), *International handbook of emotions in education* (pp. 183-201). New York, NY: Routledge.

James, J. B., Besen, E., & Pitt-Catsouphes, M. (2011). Resilience in the workplace: Job conditions that buffer negative attitudes toward older workers. In B. Resnick, L. Gwyther, P., K. Roberto

(Eds.), *Resilience in aging* (pp. 331–349). New York, NY: Springer.

James, W. (1890). *The principles of psychology*. New York, NY: Holt.

James, W. (1892). *Psychology: The briefer course*. New York, NY: Harper.（ジェームズ , W.　今田寛（訳）(1992). 心理学（上）　岩波書店）

Jaycox, L. H., Reivich, K. J., Gillham, J., & Seligman, M. E. P. (1994). Prevention of depressive symptoms in school children. *Behavioral Research Therapy, 32(8)*, 801–816.

Jensen, C. G., Vangkilde, S., Frokjaer, V., & Hasselbalch, S. G. (2011). Mindfulness training affects attention ── Or is it attentional effort?. *Journal of Experimental Psychology: General, 141*, 106–123.

Jepma, M., Verdonschot, R. G., Van Steenbergen, H., Rombouts, S. A., & Nieuwenhuis, S. (2012). Neural mechanisms underlying the induction and relief of perceptual curiosity. *Frontiers in behavioral neuroscience, 6*, 5.

Jirout, J., & Klahr, D. (2012). Children's scientific curiosity: In search of an operational definition of an elusive concept. *Developmental Review, 32*, 125–160

John, O. P., Donahue, E. M., & Kentle, R. L. (1991). *The Big Five Inventory-Versions 4a and 54*. Berkeley, CA: University of California, Berkeley, Institute of Personality and Social Research.

Johnson, S. L., Pas, E., & Bradshaw, C. P. (2016). Understanding the association between school climate and future orientation. *Journal of Youth and Adolescence, 45*, 1575–1586.

Jones, A, P., Happé, F. G. E., Gilbert, F., Burnett, S., & Viding, E. (2010). Feeling, caring, knowing: different types of empathy deficit in boys with psychopathic tendencies and autism spectrum disorder. *Journal of Child Psychology and Psychiatry, and Allied Disciplines, 51*, 1188–1197.

Josefsson, T., Lindwall, M., & Broberg, A. G. (2014). The effects of a short-term mindfulness based intervention on self-reported mindfulness, decentering, executive attention, psychological health, and coping style: Examining unique mindfulness effects and mediators. *Mindfulness, 5*, 18–35.

Kabat-Zinn, J. (1990). *Full catastrophe living: Using the wisdom of your body and mind to face stress, pain and illness*. New York, NY: Delacorte.（カバットジン , J.　春木　豊（訳）(2007). マインドフルネスストレス低減法　北大路書房）

Kabat-Zinn, J. (1994). *Wherever you go, there you are: Mindfulness meditation in everyday life*. New York, NY: Hyperion.（カバットジン , J.　松丸 さとみ（訳）(2012). マインドフルネスを始めたいあなたへ　星和書店）

Kabat-Zinn, J. (2003). Mindfulness-based interventions in context: Past, present, and future. *Clinical Psychology: Science and Practice, 10*, 144–156.

Kabat-Zinn, J., Wheeler, E., Light, T., Skillings, A., Scharf, M. J., Cropey, T. G., Hosmer, D., & Barnhard, J. D. (1998). Influence of a mindfulness-based stress reduction intervention on rates of skin clearing in patients with moderate to severe psoriasis undergoing phototherapy (UVB) and photochemotherapy (PUVA). *Psychosomatic Medicine, 60*, 625–632.

角田　豊 (1991). 共感経験尺度の作成　京都大学教育学部紀要 , *37*, 248–258.

角田　豊 (1998). 共感体験とカウンセリング　福村出版

Kappen, G., Karremans, J. C., Burk, W. J., & Buyukcan-Tetik, A. (2018). On the association between mindfulness and romantic relationship satisfaction: The role of partner acceptance. *Mindfulness, 9*, 1543–1556.

Karniol, R., Galili, L., Shtilerman, D., Naim, R., Stern, K., Manjoch, H., & Silverman, R. (2011). Why superman can wait: Cognitive self-transformation in the delay of gratification paradigm. *Journal*

of Clinical Child & Adolescent Psychology, 40, 307-317.

Kashdan, T. B. (2009). *Curious?: Discover the missing ingredient to a fulfilling life*. New York, NY: HarperCollins.（カシュダン, T.　茂木 健一郎（訳）(2010). 頭のいい人が「脳のため」に毎日していること ── 「脳の働き」が驚くほどアップ! ──　三笠書房）

Kashdan, T. B., et al. (2020). The Five-Dimensional Curiosity Scale Revised(5DCR): Briefer subscales while separating overt and covert social curiosity. *Personality and Individual Differences 157*, 109836. doi: 10.31219/osf.io/pu8f3

Kashdan, T. B., Gallagher, M. W., Silvia, P. J., Winterstein, B. P., Breen, W. E., Terhar, D., & Steger, M. F. (2009). The curiosity and exploration inventory-II: Development, factor structure, and psychometrics. *Journal of Research in Personality, 43*, 987-998.

Kashdan, T. B., Stiksma, M. C., Disabato, D. J., Mcknight, P. E., Bekier, J., Kaji, J., & Lazarus, R. (2018). The five-dimensional curiosity scale : Capturing the bandwidth of curiosity and identifying four unique subgroups of curious people. *Journal of Research in Personality, 73*, 130-149.

柏木 惠子 (1988). 幼児期における「自己」の発達 ── 行動の自己制御機能を中心に ──　東京大学出版会

加藤 弘通・太田 正義・松下 真実子・三井 由里 (2018). 思春期になぜ自尊感情が下がるのか？ ── 批判的思考態度との関係から ──　青年心理学研究 , *30*, 25-40.

加藤 隆勝・高木 秀明 (1980). 青年期における情動的共感性の特質　筑波大学心理学研究 , *2*, 33-42.

川島 範章 (2007). 批判的思考態度の形成と深化に関する研究 ── 高校生用思考態度質問紙の開発による ──　雄松堂出版

賀屋 育子・道下 直矢・横嶋 敬行・内田 香奈子・山崎 勝之 (2020).「自律的セルフ・エスティーム」を育成するユニバーサル予防教育の開発　鳴門教育大学学校教育研究紀要 , *34*, 47-54.

賀屋 育子・内田 香奈子・山崎 勝之 (2014). 学校予防教育プログラム「感情の理解と対処の育成」の教育効果 ── 小学校5年生を対象に ──　鳴門教育大学学校教育研究紀要 , *29*, 53-61.

Kern, M. L., Friedman, H. S., Martin, L. R., Reynolds, C. A., & Luong, G. (2009). Conscientiousness, career success, and longevity: A lifespan analysis. *Annals of Behavioral Medicine, 37*, 154-163.

Kernis, M. H., & Goldman, B. M. (2006). Assessing stability of self-esteem and contingent self-esteem. In M. H. Kernis (Ed.), *Self-esteem issues and answers: A sourcebook of current perspectives*(pp. 77-85). New York, NY: Psychology Press.

Khoury, B., Sharma, M., Rush, S. E., & Fournier, C. (2015). Mindfulness-based stress reduction for healthy individuals: A meta-analysis. *Journal of Psychosomatic Research, 78*, 519-528.

Kibe, C., Suzuki, M., Hirano, M., & Boniwell, I. (2020). Sensory processing sensitivity and culturally modified resilience education: Differential susceptibility in Japanese adolescents. *PLoS One, 15(9)*, e0239002.

菊池 章夫 (1988). 思いやりを科学する ── 向社会的行動の心理とスキル ──　川島書店

Killingsworth, M. A., & Gilbert, D. T. (2010). A wandering mind is an unhappy mind. *Science, 330*, 932.

木村 敏久・小泉 令三 (2020). 中学校におけるいじめ抑止の意識向上に向けた社会性と情動の学習の効果検討 ── 教師による実践及び生徒の社会的能力との関連 ──　教育心理学研究 , *68*, 185-201.

木下 博義・中山 貴司・山中 真悟 (2014). 小学生の批判的思考を育成するための理科学習指導に関する研究　理科教育学研究 , *55*, 289-298.

Kitahara, Y., Mearns, J., & Shimoyama, H. (2020). Emotion regulation and middle school adjustment in Japanese girls: Mediation by perceived social support. *Japanese Psychological Research, 62(2)*,

138–150.

Kizilcec, R. F., & Cohen, G. L. (2017). Eight-minute self-regulation intervention raises educational attainment at scale in individualist but not collectivist cultures. *Proceedings of the National Academy of Sciences, 114(17)*, 4348–4353.

Klohnen, E. C., Vandewater, E. A., & Young, A. (1996). Negotiating the middle years: Ego-resiliency and successful midlife adjustment in women. *Psychology and Aging, 11(3)*, 431–442.

Kohut, H. (1984). *How does analysis cure?*. Chicago, IL：University of Chicago Press.（コフート, H. 本城 秀次・笠原　嘉（訳）(1995). 自己の治癒　みすず書房）

Kokko, K., & Pulkkinen, L. (2000). Aggression in childhood and long-term unemployment in adulthood: A cycle of maladaptation and some protective factors. *Developmental Psychology, 36*, 463–472.

Kokko, K., Bergman, L. R., & Pulkkinen, L. (2003). Child personality characteristics and selection into long-term unemployment in Finnish and Swedish longitudinal samples. *International Journal of Behavioral Development, 27*, 134–144.

国立教育政策研究所 (2017). 非認知的（社会情緒的）能力の発達と科学的検討手法についての研究に関する報告書　国立教育政策研究所

小松 佐穂子・箱田 裕司 (2017). 感情知性をどう育てるか ―― 大学教育の革新 ――　東北大学高度教養教育・学生支援機構紀要, *3*, 65–73.

古村 健太郎 (2015). マインドセット理論に基づく行動パターンの学習はDVの予防に効果的か？　日工組社会安全財団　2014年度若手研究助成報告書

近藤　卓 (2007). いのちの教育の理論と実践　金子書房

近藤　卓 (2014). 基本的自尊感情を育てるいのちの教育 ―― 共有体験を軸にした理論と実践 ――　金子書房

近藤　卓 (2015). 乳幼児期から育む自尊感情 ―― 生きる力，乗りこえる力 ――　エイデル研究所

近藤　卓 (2016). 子どもの自尊感情をどう育てるか ―― そばセット（SOBA-SET）で自尊感情を測る　第3版 ――　ほんの森出版

近藤　卓 (2020). 誰も気づかなかった子育て心理学 ―― 基本的自尊感情を育む ――　金子書房

Kooij, D. T. A. M., Kanfer, R., Betts, M., & Rudolph, C. W. (2018). Future time perspective: A systematic review and meta-analysis. *Journal of Applied Psychology, 103*, 867–893.

越川 房子 (2010). マインドフルネス認知療法 ―― 注目を集めている理由とその効果機序 ――　ブリーフサイコセラピー研究, *19*, 28–37.

越川 房子 (2013). マインドフルネス認知療法 ―― レーズン・エクササイズの実際例を含めて ――　認知療法研究, *6*, 9–19.

Kotsou, I., Nelis, D., Grégoire, J., & Mikolajczak, M. (2011). Emotional plasticity: Conditions and effects of improving emotional competence in adulthood. *Journal of Applied Psychology, 96*, 827–839.

Krevans, J., & Gibbs, J. C. (1996). Parents' use of inductive discipline: Relations to children's empathy and prosocial behavior. *Child Development, 67*, 3263–3277.

Kruglanski, A. W., Pierro, A., & Sheveland, A. (2011). How many roads lead to Rome? Equifinality set-size and commitment to goals and means. *European Journal of Social Psychology, 41*, 344–352.

久原 恵子・井上 尚美・波多野 誼余夫 (1983). 批判的思考力とその測定　読書科学, *27*, 131–142.

Kurtz, R. R., & Grummon, D. L. (1972). Different approaches to the measurement of therapist empathy and their relationship to therapy outcomes. *Journal of Consulting and Clinical*

Psychology, 39, 106-115.

楠見 孝 (2015a). 心理学と批判的思考 ── 構成概念とプロセスの全体像 ── 楠見 孝・道田 泰司（編） 批判的思考 ── 21世紀を生きぬくリテラシーの基盤 ── (pp. 18-23) 新曜社.

楠見 孝 (2015b). 教育におけるクリティカルシンキング ── 看護過程に基づく検討 ── 日本看護診断学会誌 (看護診断), *20(1)*, 33-38.

楠見 孝・子安 増生・道田 泰司・林 創・平山 るみ・田中 優子 (2010). ジェネリックスキルとしての批判的思考力テストの開発 ── 大学偏差値，批判的学習態度，授業履修との関連性の検討 ── 日本教育心理学会第52回総会発表論文集 , 661.

楠見 孝・松田 憲 (2007). 批判的思考態度が支えるメディアリテラシーの構造 日本心理学会第70回大会発表論文集 , 858.

楠見 孝・村瀬 公胤・武田 明典 (2016). 小学校高学年・中学生の批判的思考態度の測定 ── 認知的熟慮性－衝動性，認知された学習コンピテンス，教育プログラムとの関係 ── 日本教育工学会論文誌 , *40*, 33-44.

楠見 孝・田中 優子・平山 るみ (2012). 批判的思考力を育成する大学初年次教育の実践と評価 認知科学 , *19*, 69-82.

沓澤 岳・尾崎 由佳 (2019). セルフコントロールのトレーニング法の開発とその効果検証 . 実験社会心理学研究 , *59*, 37-45.

Kuyken, W., Weare, K., Ukoumunne, O. C., Vicary, R., Motton, N., Burnett, R., Cullen, C., Hennelly, S., & Huppert, F. (2013). Effectiveness of the mindfulness in schools programme: Non-randomised controlled feasibility study. *The British Journal of Psychiatry: The Journal of Mental Science, 203*, 126-131.

Kyeong, L. W. (2013). Self-compassion as a moderator of the relationship between academic burn-out and psychological health in Korean cyber university students. *Personality and Individual Differences, 54*, 899-902.

Lam, T. C. M., Kolomitro, K., & Alamparambil, F. C. (2011). Empathy training: Methods, evaluation, practices, and validity. *Journal of MultiDisciplinary Evaluation, 7(16)*, 162-200.

Lamm, C., Decety, J., & Singer, T. (2011). Meta-analytic evidence for common and distinct neural networks associated with directly experienced pain and empathy for pain. *NeuroImage, 54*, 2492-2502.

Langevin, R. (1971). Is curiosity a unitary construct?. *Canadian Journal of Psychology, 25*, 360-374.

Laureiro-Martinez, D., Trujillo, C. A., & Unda, J. (2017). Time perspective and age: A review of age associated differences. *Frontiers in Psychology, 8*.

Lauriola, M., Litman, J. A., Mussel, P., De Santis, R., Crowson, H. M., & Hoffman, R. R. (2015). Epistemic curiosity and self-regulation. *Personality and Individual Differences, 83*, 202-207.

Layton, R. L., & Muraven, M. (2014). Self-control linked with restricted emotional extremes. *Personality and Individual Differences, 58*, 48-53.

Le, H., Oh, I. S., Robbins, S. B., Ilies, R., Holland, E., & Westrick, P. (2011). Too much of a good thing: Curvilinear relationships between personality traits and job performance. *Journal of Applied Psychology, 96*, 113-133.

Leary, M. R., & Baumeister, R. F. (2000). The nature and function of self-esteem: Sociometer theory. In M. P. Zanna (Ed.), *Advances in experimental social psychology, Vol. 32* (pp. 1-62). Cambridge, MA: Academic Press.

Lebois, L. A., Papies, E. K., Gopinath, K., Cabanban, R., Quigley, K. S., Krishnamurthy, V., Barrett, L.

F., & Barsalou, L. W. (2015). A shift in perspective: Decentering through mindful attention to imagined stressful events. *Neuropsychologia, 75*, 505–524.

Lebuda, I., Zabelina, D. L., Karwowski, M. (2016). Mind full of ideas: A meta-analysis of the mindfulness–creativity link. *Personality and Individual Differences, 93*, 22–26.

Lee. J., & Choi, H. (2017). What affects learner's higher-order thinking in technology-enhanced learning environments?. *The effects of learner factors, Computers & Education, 115*, 143–152.

Letzring, T. D., Block, J., & Funder, D. C. (2005). Ego-control and ego-resiliency: Generalization of self-report scales based on personality descriptions from acquaintances, clinicians and the self. *Journal of Research in Personality, 39(4)*, 395–422.

Lewin, K. (1951). *Field theory in social science: Selected theoretical papers*. New York, NY: Harper & Brothers.（レヴィン，K.　猪俣 佐登留（訳）(1979). 社会科学における場の理論［増補版］　誠信書房）

Li, S., & Bressington, D. (2019). The effects of mindfulness-based stress reduction on depression, anxiety, and stress in older adults: A systematic review and meta-analysis. *International Journal of Mental Health Nursing, 28*, 635–656.

Lindsay, E. K., Young, S., Smyth, J. M., Brown, K. W., & Creswell, J. D. (2018). Acceptance lowers stress reactivity: Dismantling mindfulness training in a randomized controlled trial. *Psychoneuroendocrinology, 87*, 63–73.

Linehan, M. M. (1984). Interpersonal effectiveness in assertive situations. In E. A. Blechman (Ed.), *Behavior modification with women* (pp.143–169). New York, NY: Guilford Press.

Linkov, I., Bridges, T., Creutzig, F., Decker, J., Fox-Lent, C., Kröger, W., ... & Thiel-Clemen, T. (2014). Changing the resilience paradigm. *Nature Climate Change, 4(6)*, 407–409.

Linville, P. W. (1987). Self-complexity as a cognitive buffer against sress-related illness and depression. *Journal of Personality and Social Psychology, 52*, 663–676.

Lipps, T. (1909). *Leitfaden der Psychologie* (dritte, teilveise umgearbeitete Auflage.).（リップス，T.　大脇 義一（訳）(1939). 心理学原論　岩波書店）

Litman, J. A., & Jimerson, T. L. (2004). The measurement of curiosity as a feeling of deprivation the measurement of curiosity as a feeling of deprivation. *Journal of Personality, 82*, 147–157.

Litman, J. A., & Pezzo, M. V. (2005). Individual differences in attitudes towards gossip. *Personality and Individual Differences, 38*, 963–980.

Litman, J. A., & Pezzo, M. V. (2007). Dimensionality of interpersonal curiosity. *Personality and Individual Differences, 43*, 1448–1459.

Litman, J. A., & Spielberger, C. D. (2003). Measuring epistemic curiosity and its diversive and specific components. *Journal of Personality Assessment, 80*, 75–86.

Litman, J. A., Hutchins, T. L., & Russon, R. K. (2005). Epistemic curiosity, feeling-of-knowing, and exploratory behaviour. *Cognition & Emotion, 19(4)*, 559–582.

Litman, J. A., Robinson, O. C., Demetre, J. D., Litman, J. A., Robinson, O. C., & Demetre, J. D. (2017). Self and Identity Intrapersonal curiosity : Inquisitiveness about the inner self Intrapersonal curiosity : Inquisitiveness about the inner self. *Self and Identity, 16(2)*, 1–20.

Liu, D. W., Fairweather-Schmidt, A. K., Roberts, R. M., Burns, R., & Anstey, K. J. (2014). Does resilience predict suicidality?. A lifespan analysis. *Archives of Suicide Research, 18(4)*, 453–464.

Loewenstein, G. (1994). The psychology of curiosity: A review and reinterpretation. *Psychological Bulletin, 116*, 75–98.

Lutz, A., Slagter, H. A., Dunne, J. D., & Davidson, R. J. (2008). Attention regulation and monitoring in meditation. *Trends in Cognitive Sciences, 12*, 163–169.

MacCann, C., Jiang, Y., Brown, L. E., Double, K. S., Bucich, M., & Minbashian, A. (2020). Emotional intelligence predicts academic performance: A meta-analysis. *Psychological Bulletin, 146*, 150–186.

前川 真奈美・越川 房子 (2015). 6因子マインドフルネス尺度 (SFMS) の開発　健康心理学研究 , *28*, 55–64.

Malouff, J. M., & Schutte, N. S. (2017). Can psychological interventions increase optimism? A meta-analysis. *The Journal of Positive Psychology, 12(6)*, 594–604.

Marsh, I., Chan, S. W., & MacBeth, A. (2018). Self-compassion and psychological distress in adolescents — a meta-analysis. *Mindfulness, 9*, 1011–1027.

Marsh, A. A., Finger, E. C., Mitchell, D. G. V., Reid, M. E., Sims, C., Kosson, D. S., ... & Blair, R. J. R. (2008). Reduced amygdala response to fearful expressions in children and adolescents with callous-unemotional traits and disruptive behavior disorders. *American Journal of Psychiatry, 165*, 712–720.

Martin, A. J., & Marsh, H. W. (2006). Academic resilience and its psychological and educational correlates: A construct validity approach. *Psychology in the Schools, 43(3)*, 267–281.

Martin, L. R., Friedman, H. S., & Schwartz, J. E. (2007). Personality and mortality risk across the life span: The importance of conscientiousness as a biopsychosocial attribute. *Health Psychology, 26*, 428–436.

Martin, R. D., Kennett, D. J., & Hopewell, N. M. (2019). Examining the importance of academic-specific self-compassion in the academic self-control model. *The Journal of Social Psychology, 159*, 676–691.

Martins, A., Ramalho, N., & Morin, E. (2010). A comprehensive meta-analysis of the relationship between emotional intelligence and health. *Personality and Individual Differences, 49*, 554–564.

Marshall, S., Parker, P. D., Ciarrochi, J., Sahdra, B. K., Jackson, C., & Heaven, P. (2015). Self-compassion protects against the negative effects of low self-esteem: A longitudinal study in a large adolescent sample. *Personality and Individual Differences, 74*, 116–121.

Masedo, A. I., & Esteve, M. R. (2007). Effects of suppression, acceptance and spontaneous coping on pain tolerance, pain intensity and distress. *Behaviour Research and Therapy, 45*, 199–209.

Mason, P. (2015). Helping another in distress: Lessons from rats. *The Japanese Journal of Animal Psychology, 65*, 71–78.

Masten, C. L., Morelli, S. A., & Eisenberger, N. I. (2011). An fMRI investigation of empathy for 'social pain' and subsequent prosocial behavior. *NeuroImage, 55*, 381–388.

Masten, A. S., & Reed M.-G. J. (2002). Resilience in development. In C. R. Snyder & S. J. Lopez (Eds.), *Handbook of positive psychology* (pp. 74–88). New York, NY: Oxford University Press.

松本 明日香・小川 一美 (2018). 専攻学問に対する価値と批判的思考力の関連 ── 質問力，質問態度，クリティカルシンキング志向性に着目して ──　教育心理学研究 , *66*, 28–41.

松村 京子 (2012). 学校における情動・社会性の学習　財団法人日本学校保健会

Matthews, G., Roberts, R. D., & Zeidner, M. (2004). Seven myths about emotional intelligence. *Psychological Inquiry, 15*, 179–196.

Maul, A. (2012). The validity of the Mayer-Salovey-Caruso Emotional Intelligence Test (MSCEIT) as a measure of emotional intelligence. *Emotion Review, 4*, 394–402.

Mayer, J. D., & Salovey, P. (1997). What is emotional intelligence?. In P. Salovey & D. J. Sluyter (Eds.), *Emotional development and emotional intelligence: Educational implications* (pp. 3-34). New York, NY: Basic Books.

Mayer, J. D., Caruso, D. R., & Salovey, P. (2016). The ability model of emotional intelligence: Principles and updates. *Emotion Review, 8*, 290-300.

Mayer, J. D., Roberts, R. D., & Barsade, S. G. (2008). Human abilities: Emotional intelligence. *Annual Review of Psychology, 59*, 507-536.

Mayer, J. D., Salovey, P., Caruso, D. R., & Sitarenios, G. (2003). Measuring emotional intelligence with the MSCEIT v2.0. *Emotion, 3*, 97-105.

Mayer, J., & Holms, J. P. (1996). *Bite-size einstein: Quotations on just about everything from the greatest mind of the twentieth century*. New York, NY: St Matin's Press.（藤田 浩芳（編）(1997). アインシュタイン150の言葉　ディスカヴァー・トゥエンティワン）

McCartney, M., Nevitt, S., Lloyd, A., Hill, R., White, R., & Duarte, R. (2021). Mindfulness‐based cognitive therapy for prevention and time to depressive relapse: Systematic review and network meta-analysis. *Acta Psychiatrica Scandinavica, 143*, 6-21.

McDougall, W. (1908). *An introduction to social psychology*. London, United Kingdom: Methuen.（初版，19版：1923）

McKay, M. T., & Worrell, F. C. (2020). Technical comment on Stolarski, M., Zajenkowski, M., Jankowski, KS, & Szymaniak, K.(2020). Deviation from the balanced time perspective: A systematic review of empirical relationships with psychological variables. *Personality and Individual Differences, 156*, 109772. *Personality and Individual Differences, 165*, 110132.

McKay, M. T., Andretta, J. R., Cole, J. C., Konowalczyk, S., Wells, K. E., & Worrell, F. C. (2018). Time attitudes profile stability and transitions: An exploratory study of adolescent health behaviours among high school students. *Journal of Adolescence, 69*, 44-51.

McKay, M., Healy, C., & O'Donnell, L. (2020). The Adolescent and adult time inventory-time attitudes scale: A comprehensive review and meta-analysis of psychometric studies. *Journal of Personality Assessment*. Advance online publication.

McRae, K., Gross, J. J., Weber, J., Robertson, E. R., Sokol-Hessner, P., Ray, R. D., Gabrieli, J. D. E., & Ochsner, K. N. (2012). The development of emotion regulation: an fMRI study of cognitive reappraisal in children, adolescents and young adults. *Social Cognitive and Affective Neuroscience, 7(1)*, 11-22.

Mead, G. H. (1934). *Mind, self, and society*. Chicago, IL: University of Chicago Press.

Mehrabian, A., & Epstein, N. (1972). A measure of emotional empathy. *Journal of Personality, 40*, 525-543.

Mello, Z. R., & Worrell, F. C. (2010). *The adolescent and adult time inventory: Preliminary technical manual*. Colorado Springs, CO & Berkeley, CA.

Mello, Z. R., & Worrell, F. C. (2015). The past, the present, and the future: A conceptual model of time perspective in adolescence. In M. Stolarski, N. Fieulaine, & W. van Beek (Eds.), *Time perspective theory: Review, research, and application. Essays in honor of Phillip G. Zimbardo* (pp. 115-129). Zug, Switzerland: Springer.

Mello, Z. R., Finan, L. J., & Worrell, F. C. (2013). Introducing an instrument to assess time orientation and time relation in adolescents. *Journal of Adolescence, 36*, 551-563.

Mello, Z. R., Zhang, J. W., Barber, S. J., Paoloni, V. C., Howell, R. T., & Worrell, F. C. (2016).

Psychometric properties of time attitude scores in young, middle, and older adult samples. *Personality and Individual Differences, 101*, 57–61.

Mens, M. G., Wrosch, C., & Scheier, M. F. (2015). Goal adjustment theory. In S. K. Whitbourne(Ed.), *The Encyclopedia of Adulthood and Aging* (pp. 571–576). Hoboken, NJ: Wiley-Blackwell.

Merrell, K. W., Juskelis, M. P., Tran, O. K., & Buchanan, R. (2008). Social and emotional learning in the classroom: Evaluation of Strong Kids and Strong Teens on students' social-emotional knowledge and symptoms. *Journal of Applied School Psychology, 24(2)*, 209–224.

Mervielde, I., & De Fruyt, F. (1999). Construction of the Hierarchical Personality Inventory for Children (HiPIC). In I. Mervielde, I. Deary, F. De Fruyt, & F. Ostendorf (Eds.), *Personality psychology in Europe: Proceedings of the Eighth European Conference on Personality Psychology* (pp. 107–127). Tilburg, Netherlands: Tilburg University Press.

Mesmer-Magnus, J., Manapragada, A., Viswesvaran, C., & Allen, J. W. (2017). Trait mindfulness at work: A meta-analysis of the personal and professional correlates of trait mindfulness. *Human Performance, 30*, 79–98.

Miao, C., Humphrey, R. H., & Qian, S. (2016). Leader emotional intelligence and subordinate job satisfaction: A meta-analysis of main, mediator, and moderator effects. *Personality and Individual Differences, 102*, 13–24.

Miao, C., Humphrey, R. H., & Qian, S. (2017). A meta‐analysis of emotional intelligence and work attitudes. *Journal of Occupational and Organizational Psychology, 90*, 177–202.

Michaelson, L. E., & Munakata, Y. (2020). Same data set, different conclusions: Preschool delay of gratification predicts later behavioral outcomes in a preregistered study. *Psychological science, 31(2)*, 193–201.

道田 泰司 (2001). 日常的題材に対する大学生の批判的思考 ―― 態度と能力の学年差と専攻差 ―― 教育心理学研究 , *49*, 41–49.

道田 泰司 (2003). 批判的思考概念の多様性と根底イメージ　心理学評論 , *46*, 617–639.

道田 泰司 (2011). 授業においてさまざまな質問経験をすることが質問態度と質問力に及ぼす効果　教育心理学研究 , *59*, 193–205.

道田 泰司 (2013). 批判的思考教育の展望　教育心理学年報 , *52*, 128–139.

Mikolajczak, M., Avalosse, H., Vancorenland, S., Verniest, R., Callens, M., Van Broeck, N., ... & Mierop, A. (2015). A nationally representative study of emotional competence and health. *Emotion, 15*, 653–667.

Miles, E., Sheeran, P., Baird, H., Macdonald, I., Webb, T. L., & Harris, P. R. (2016). Does self-control improve with practice? Evidence from a six-week training program. *Journal of Experimental Psychology: General, 145(8)*, 1075.

Millstein, D. J., Orsillo, S. M., Hayes-Skelton, S. A., & Roemer, L. (2015). Interpersonal problems, mindfulness, and therapy outcome in an acceptance-based behavior therapy for generalized anxiety disorder. *Cognitive Behaviour Therapy, 44*, 491–501.

南 学 (2013). クリティカルシンキングをうながすゲーミング教材の開発と評価　三重大学教育学部研究紀要 , *64*, 337–348.

箕浦 有希久・成田 健一 (2013). 2項目自尊感情尺度の提案 ―― 評価と受容の2側面に注目して ―― 人文論究（関西学院大学文学部紀要）, *63(1)*, 129–147.

蓑輪 顕量 (2006). 止観の立場から見たお題目　東洋文化研究所所報 , *10*, 47-68.

Mischel, W. (1974). *Processes in delay of gratification. In Advances in experimental social psychology Vol. 7* (pp. 249-292). Academic Press.

Mischel, W. (2014). *The marshmallow test: Understanding self-control and how to master it*. Random House.（ウォルター・ミシェル　柴田 裕之（訳）(2015). マシュマロ・テスト　早川書房）

Mischel, W., Shoda, Y., & Peake, P. K. (1988). The nature of adolescent competencies predicted by preschool delay of gratification. *Journal of personality and social psychology, 54(4)*, 687.

三田村 仰 (2020). 機能的アサーションとは何か？　心身医学 , *60*, 669-673.

Miyashiro, S., Yamada, Y., Muta, T., Ishikawa, H., Abe, T., Hori, M., Oka, K., Koshikawa, F., & Ito, E. (2021). Activation of the orbitofrontal cortex by both meditation and exercise: A near-infrared spectroscopy study. *PLoS One, 16*, e0247685.

溝川 藍・子安 増生 (2019). 国際経験と批判的思考態度が法・道徳意識に及ぼす影響　心理学研究 , *90*, 562-571.

Moè, A., & Katz, I. (2020). Self-compassionate teachers are more autonomy supportive and structuring whereas self-derogating teachers are more controlling and chaotic: The mediating role of need satisfaction and burnout. *Teaching and Teacher Education, 96*, 103173.

Moffitt, T. E., Arseneault, L., Belsky, D., Dickson, N., Hancox, R. J., Harrington, H., Houts, R., Poulton, R., Roberts, B. W., Ross, S., Sears, M. R., Thomson, W. M., & Caspi, A. (2011). A gradient of childhood self-control predicts health, wealth, and public safety. *Proceedings of the National Academy of Sciences, 108*, 2693-2698.

文部科学省 (2011). 学習指導要領「生きる力」Retrieved from https://www.mext.go.jp/a_menu/shotou/new-cs/gengo/1300857.htm (2021年3月10日)

文部科学省 (2016). 幼児期の非認知的な能力の発達をとらえる研究 ── 感性・表現の視点から ──

文部科学省 (2017). 小学校学習指導要領（平成29年告示）解説　総則編

文部科学省 (2020). 令和元年度公立学校教職員の人事行政状況調査について
https://www.mext.go.jp/a_menu/shotou/jinji/1411820_00002.htm

Morgan, G. B., Wells, K. E., Andretta, J. R., & McKay, M. T. (2017). Temporal attitudes profile transition among adolescents: A longitudinal examination using mover-stayer latent transition analysis. *Psychological Assessment, 29*, 890-901.

Morgan, H. J., & Janoff-Bulman, R. (1994). Positive and negative self-complexity: Patterns of adjustment following traumatic versus non-traumatic life experiences. *Journal of Social and Clinical Psychology, 13*, 63-85.

森口 佑介 (2019). 自分をコントロールする力 ── 非認知スキルの心理学 ──　講談社

Mrazek, M. D., Smallwood, J., & Schooler, J. W. (2012). Mindfulness and mind-wandering: Finding convergence through opposing constructs. *Emotion, 12*, 442-448.

向居　暁 (2012). 大学のゼミナール活動における批判的思考の育成の試み　日本教育工学会論文誌 , *36*, 113- 116.

村上 宣寛・畑山 奈津子 (2010). 小学生用主要5因子性格検査の作成　行動計量学 , *37*, 93-104

村上 宣寛・村上 千恵子 (1999). 主要5因子性格検査の手引き　学芸図書

村山 恭朗・伊藤 大幸・高柳 伸哉・上宮　愛・中島 俊思・片桐 正敏・浜田　恵・明翫 光宣・辻井 正次 (2017). 小学校高学年児童および中学生における情動調整方略と抑うつ・攻撃性との関連　教育心理学研究 , *65(1)*, 64-76.

Mussel, P. (2010). Epistemic curiosity and related constructs: Lacking evidence of discriminant validity. *Personality and Individual Differences, 49*, 506-510.

Mussel, P. (2013). Introducing the construct curiosity for predicting job performance. *Journal of Organizational Behavior, 34*, 453–472.

Mussel, P., Spengler, M., Litman, J. A., & Schuler, H. (2012). Development and Validation of the German Work-Related Curiosity Scale. *European Journal of Psychological Assessment, 28(2)*, 109–117.

牟田 季純・越川 房子 (2018). 身体状態の「意味づけ」としての情動 ── 相互作用認知サブシステムとマインドフルネス ──　認知科学, *25*, 74–85.

永井 宗徳・灰谷 知純・川島 一朔・熊野 宏昭・越川 房子 (2016). 短期間のマインドフルネス呼吸法実習が注意機能と体験の回避に与える影響　マインドフルネス研究, *1*, 8–13.

永峰 大輝・山口 慎史・尼崎 光洋・宮崎 光次・石川 利江 (2019). スポーツチームのコミュニケーションにおける社会的自己制御に関する検討 ── 社会的自己制御と共同体感覚の関連について ──　心理学研究　健康心理学専攻・臨床心理学専攻, *9*, 45–54.

内閣府 (2014). 平成26年版子ども・若者白書　内閣府

Nakamichi, K. (2017). Differences in young children's peer preference by inhibitory control and emotion regulation. *Psychological Reports, 120(5)*, 805–823.

中村 國則・脇村 玲衣・山岸 侯彦 (2013). 消費税問題に対する確証バイアスの影響と批判的思考との関連　日本認知科学会第30回大会予稿集, 25–30.

Namatame, H., Fujisato, H., Ito, M., & Sawamiya, Y. (2020). Development and validation of a Japanese version of the emotion regulation questionnaire for children and adolescents. *Neuropsychiatric Disease and Treatment, 16*, 209–219.

並川 努・谷 伊織・脇田 貴文・熊谷 龍一・中根 愛・野口 裕之 (2012). Big Five尺度短縮版の開発と信頼性と妥当性の検討　心理学研究, *83*, 91–99.

鳴門教育大学予防教育科学センター Retrieved from http://www.naruto-u.ac.jp/center/prevention/index.html

Neff, K. D. (2003). The development and validation of a scale to measure self-compassion. *Self and Identity, 2*, 223–25.

Neff, K., & Germer, C. (2013). A pilot study and randomized controlled trial of the mindful self-compassion program. *Journal of Clinical Psychology, 69*, 28–44.

Neff, K. D., Hsieh, Y. P., & Dejitterat, K. (2005). Self-compassion, achievement goals, and coping with academic failure. *Self and Identity, 4*, 263–287.

Neff, K. D., & Vonk, R. (2009). Self-compassion versus global self-esteem: Two different ways of relating to oneself. *Journal of personality, 77*, 23–50.

Nelis, D., Kotsou, I., Quoidbach, J., Hansenne, M., Weytens, F., Dupuis, P., & Mikolajczak, M. (2011). Increasing emotional competence improves psychological and physical well-being, social relationships, and employability. *Emotion, 11*, 354–366.

Nigg, J. T. (2017). Annual Research Review: On the relations among self‐regulation, self‐control, executive functioning, effortful control, cognitive control, impulsivity, risk‐taking, and inhibition for developmental psychopathology. *Journal of child psychology and psychiatry, 58*, 361–383.

日本心理学会 (2015a). 心理学ミュージアム展示室　自分も知らない「自信」を測る ── 顕在的・潜在的自尊心 ── 藤井　勉・澤田 匡人（製作） Retrieved from https://psychmuseum.jp/show_room/potential_pride/

日本心理学会 (2015b). 心理学ミュージアム展示室　見えない気持ちを炙り出す ── IAT（潜在連合テストの仕組み ── 藤井　勉・澤田 匡人（製作）Retrieved from https://psychmuseum.jp/show_

room/iat/
西川 一二 (2017). 対人的好奇心の3タイプの傾向 ── 対人好奇心尺度開発の経過報告(3) ── 日本パーソナリティ心理学会第26回大会発表論文集, 72.
西川 一二 (2018). 好奇心の5次元尺度の日本語版の開発 ── 好奇心の領域と対象について ── 日本感情心理学会第26回大会発表プログラム, 14.
西川 一二 (2020). 日本語版5DCR尺度 (The Five-Dimensional Curiosity Scale-Revised) の開発 ── 好奇心の領域とタイプについて ── 日本パーソナリティ心理学会第29回大会発表プログラム, 15.
西川 一二・雨宮 俊彦 (2015). 知的好奇心尺度の作成 ── 拡散的好奇心と特殊的好奇心 ── 教育心理学研究, *63*, 412–425.
西川 一二・奥上 紫緒里・雨宮 俊彦 (2015). 日本語版 Short Grit(Grit-S) 尺度の作成 パーソナリティ研究, *24*, 167–169.
西川 一二・吉津 潤・雨宮 俊彦・高山 直子 (2015). 好奇心の個人差と精神的健康および心理的 well-being との関連 日本健康医学会雑誌, *24*, 40–48.
西村 多久磨・村上 達也・櫻井 茂男 (2015). 共感性を高める教育的介入プログラム ── 介護福祉系の専門学校生を対象とした効果検証 ── 教育心理学研究, *63*, 453–466.
Nolen-Hoeksema, S., Wisco, B. E., & Lyubomirsky, S. (2008). Rethinking rumination. *Perspectives on Psychological Science, 3(5)*, 400–424.
野村 和孝・嶋田 洋徳・神村 栄一 (2020). 司法・犯罪分野・嗜癖問題への認知行動療法の適用と課題 認知行動療法研究, *46*, 121–131.
野村 亮太・丸野 俊一 (2012). 個人の認識論から批判的思考を問い直す 認知科学, *19*, 9–21.
野崎 優樹 (2016). 情動知能の成長と対人機能 ── 社会的認知理論からのアプローチ ── ナカニシヤ出版.
Nurra, C., & Oyserman, D. (2018). From future self to current action: An identity-based motivation perspective. *Self and Identity, 17*, 343–364.
O'Boyle Jr, E. H., Humphrey, R. H., Pollack, J. M., Hawver, T. H., & Story, P. A. (2011). The relation between emotional intelligence and job performance: A meta‐analysis. *Journal of Organizational Behavior, 32*, 788–818.
O'Connor, P. J., Hill, A., Kaya, M., & Martin, B. (2019). The measurement of emotional intelligence: A critical review of the literature and recommendations for researchers and practitioners. *Frontiers in Psychology, 10*, 1116.
OECD. (2015). Skills for social progress: The power of social and emotional skills. Paris, FR: OECD Publishing.
Oettingen, G. (2012). Future thought and behavior change. *European Review of Social Psychology, 23*, 1–63.
Oettingen, G., & Mayer, D. (2002). The motivating function of thinking about the future: Expectations versus fantasies. *Journal of Personality and Social Psychology, 83*, 1198–1212.
Oettingen, G., Mayer, D., & Portnow, S. (2016). Pleasure now, pain later: Positive fantasies about the future predict symptoms of depression. *Psychological Science, 27*, 345–353.
Oettingen, G., Pak, H.-j., & Schnetter, K. (2001). Self-regulation of goal-setting: Turning free fantasies about the future into binding goals. *Journal of Personality and Social Psychology, 80*, 736–753.
小口 峰樹・坂上 雅道 (2015). 批判的思考の神経的基盤 ── 脳のメカニズム ── 楠見 孝・道田 泰司（編） 批判的思考 ── 21世紀を生きぬくリテラシーの基盤 ── (pp. 24–29) 新曜社.
岡村 典子 (2013). Emotional Intelligence 理論を活用した研修プログラムの検討 ── 中堅看護師を対

象にした試み ── KITAKANTO Medical Journal, *63*, 233-242.
沖林 洋平 (2004). ガイダンスとグループデイスカッションが学術論文の批判的な読みに及ぼす影響　教育心理学研究 , *52*, 241-254.
小野寺 敦子 (2000). 育児ストレスとタイプA行動　タイプA , *11 (1)*, 49-56.
小野寺 敦子 (2008). ego-resilienceが母親の養育態度に与える影響　目白大学心理学研究紀要 , *4*, 25-34.
小野寺 敦子 (2009). 親子関係が青年の無気力感に与える影響　目白大学心理学研究紀要, *5*, 9-21.
小野寺 敦子・畑　潮 (2017). エゴ・レジリエンスがポジティビティに与える影響 (2) ── Fredrickson理論に親子関係はどのようにかかわっているのか ── 日本発達心理学会第28回大会発表論文集 , 476.
小塩 真司・中谷 素之・金子 一史・長峰 伸治 (2002). ネガティブな出来事からの立ち直りを導く心理的特性 ── 精神的回復力尺度の作成 ── カウンセリング研究 , *35*, 57-65.
小塩 真司 (2020). 性格とは何か　中央公論新社
Ostaszewski, K., & Zimmerman, M. A. (2006). The effects of cumulative risks and promotive factors on urban adolescent alcohol and other drug use: A longitudinal study of resiliency. *American journal of community psychology, 38(3)*, 237-249.
尾崎 由佳・成田 範之・逢坂 宏子・沓澤　岳・深瀬 菜瑛子 (2018). MCII(Mental Contrasting & Implementation Intention) による達成促進効果の検証　東洋大学21世紀ヒューマン・インタラクション・リサーチ・センター研究年報 , *15*, 49-56.
Pals, J. L. (1999). Identity consolidation in early adulthood: Relations with ego-resiliency, the context of marriage, and personality change. *Journal of Personality, 67(2)*, 295-329.
Pandey, A., Hale, D., Das, S., Goddings, A. L., Blakemore, S. J., & Viner, R. M. (2018). Effectiveness of universal self-regulation-based interventions in children and adolescents: A systematic review and meta-analysis. *JAMA pediatrics, 172(6)*, 566-575.
Park, J. A., & Lee, E. K. (2011). Influence of ego-resilience and stress coping styles on college adaptation in nursing students. *Journal of Korean Academy of Nursing Administration, 17(3)*, 267-276.
Park, G., Schwartz, H. A., Sap, M., Kern, M. L., Weingarten, E., Eichstaedt, J. C., ... & Seligman, M. E. (2017). Living in the past, present, and future: Measuring temporal orientation with language. *Journal of Personality, 85*, 270-280.
Park, D., Tsukayama, E., Yu, A., & Duckworth, A. L. (2020). The development of grit and growth mindset in adolescence. *Journal of Experimental Child Psychology, 198*, 104889.
Park, D., Yu, A., Baelen, R. N., Tsukayama, E., Duckworth, A. L. (2018). Fostering grit: Perceived school goal-structure predicts growth in grit and grades. *Contemporary Educational Psychology, 55*, 120-128.
Patton, J. H., Stanford, M. S., & Barratt, E. S. (1995). Factor structure of the Barratt impulsiveness scale. *Journal of clinical psychology, 51(6)*, 768-774.
Payton, J. W., Weissberg, R. P., Durlak, J. A., Dymnicki, A. B., Taylor, R. D., Schellinger, K. B., & Pachan, M. (2008). *The positive impact of social and emotional learning for kindergarten to eighth-grade students: Findings from three scientific reviews*. Chicago, IL: Collaborative for Academic, Social, and Emotional Learning.
Peterson, C., & Seligman, M. E. P. (2004). *Character strengths and virtues: A classification and handbook*. New York, NY: Oxford University Press/Washington, D. C.: American Psychological

Association.

Petrides, K. V., & Furnham, A. (2003). Trait emotional intelligence: Behavioural validation in two studies of emotion recognition and reactivity to mood induction. *European Journal of Personality, 17*, 39–57.

Petrides, K. V., Mikolajczak, M., Mavroveli, S., Sanchez-Ruiz, M. J., Furnham, A., & Pérez-González, J. C. (2016). Developments in trait emotional intelligence research. *Emotion Review, 8*, 335–341.

Petutschnig, M. (2017). Future orientation and taxes: Evidence from big data. *Journal of International Accounting, Auditing and Taxation, 29*, 14–31.

Peña-Sarrionandia, A., Mikolajczak, M., & Gross, J. J. (2015). Integrating emotion regulation and emotional intelligence traditions: a meta-analysis. *Frontiers in Psychology, 6*, 160.

Piché, G., Fitzpatrick, C., & Pagani, L. S. (2015). Associations between extracurricular activity and self-regulation: A longitudinal study from 5 to 10 years of age. *American Journal of Health Promotion, 30(1)*, e32–e40.

Pierce, J. R., & Aguinis, H. (2013). The too-much-of-a-good-thing effect in management. *Journal of Management, 39*, 313–338.

Piquero, A. R., Jennings, W. G., & Farrington, D. P. (2010). Self - control interventions for children under age 10 for improving self - control and delinquency and problem behaviors. *Campbell Systematic Reviews, 6*, 1–117.

Piquero, A. R., Jennings, W. G., Farrington, D. P., Diamond, B., & Gonzalez, J. M. R. (2016). A meta-analysis update on the effectiveness of early self-control improvement programs to improve self-control and reduce delinquency. *Journal of Experimental Criminology, 12(2)*, 249–264.

Pluess, M. (2015). Individual differences in environmental sensitivity. *Child Development Perspectives, 9*, 138–143.

Pluess, M., & Bartley, M. (2015). Childhood conscientiousness predicts the social gradient of smoking in adulthood: A life course analysis. *Journal of Epidemiology and Community Health, 69*, 330–338.

Pope, A. W., McHale, S. M., & Craighead, W. E. (1988). *Self-esteem enhancement with children and adolescents*. New York, NY: Pergamon.（ポープ , A. W.・ミッキヘイル , S. M.・クレイグヘッド , W. E.（共著） 高山　巖（監訳） 佐藤正二・佐藤容子・前田健一（訳）(1992). 自尊心の発達と認知行動療法 ── 子どもの自信・自立・自主性をたかめる ── 岩崎学術出版社）

Poropat, A. E. (2009). A meta-analysis of the five-factor model of personality and academic performance. *Psychological Bulletin, 135*, 322–338.

Prakash, R. S., Fountain-Zaragoza, S., Kramer, A. F., Samimy, S., & Wegman, J. (2020). Mindfulness and attention: Current state-of-affairs and future considerations. *Journal of Cognitive Enhancement, 4*, 340–367.

Pratscher, S. D., Rose, A. J., Markovitz, L., & Bettencourt, A. (2018). Interpersonal mindfulness: Investigating mindfulness in interpersonal interactions, co-rumination, and friendship quality. *Mindfulness, 9*, 1206–1215.

Prevoo, T., & ter Weel, B. (2015). The importance of early conscientiousness for socio-economic outcomes: Evidence from the British Cohort Study. *Oxford Economic Papers, 67*, 918–948.

Quach, D., Jastrowski Mano, K. E., & Alexander, K. (2016). A randomized controlled trial examining the effect of mindfulness meditation on working memory capacity in adolescents. *The Journal of Adolescent Health: Official Publication of the Society for Adolescent Medicine, 58*, 489–496.

Querstret, D., Morison, L., Dickinson, S., Cropley, M., & John, M. (2020). Mindfulness-based stress

reduction and mindfulness-based cognitive therapy for psychological health and well-being in nonclinical samples: A systematic review and meta-analysis. *International Journal of Stress Management, 27*, 394–411.

Radke-Yarrow, M., & Zahn-Waxler, C. (1984). Roots, motives, and patterns in children's prosocial behavior. In E. Staub, D. Bartal, J. Karylowski, & J. Raykowski (Eds.), *Development and maintenance of prosocial behavior: International perspectives on positive morality* (pp. 81–99). New York, NY: Plenum Press.

Rammstedt, B., & John, O. P. (2007). Measuring personality in one minute or less: A 10-item short version of the Big Five Inventory in English and German. *Journal of Research in Personality, 41*, 203–212.

Ramírez-Maestre, C., Esteve, R., López-Martínez, A. E., Serrano-Ibáñez, E. R., Ruiz-Párraga, G. T., & Peters, M. L. (2019). Goal Adjustment and Well-Being: The Role of Optimism in Patients with Chronic Pain. *Annals of Behavioral Medicine, 53(7)*, 597–607.

Ratner, K., Burrow, A. L., & Mendle, J. (2020). The unique predictive value of discrete depressive symptoms on derailment. *Journal of Affective Disorders, 270*, 65–68.

Renner, B. (2006). Curiosity about people: The development of a social curiosity measure in adults. *Journal of personality assessment, 87*, 305–316.

Richardson, M., Abraham, C., & Bond, R. (2012). Psychological correlates of university students' academic performance: A systematic review and meta-analysis. *Psychological Bulletin, 138*, 353–387.

Richmond-Rakerd, L. S., Caspi, A., Ambler, A., d'Arbeloff, T., de Bruine, M., Elliott, M., ... & Moffitt, T. E. (2021). Childhood self-control forecasts the pace of midlife aging and preparedness for old age. *Proceedings of the National Academy of Sciences, 118(3).*

Rivers, S. E., & Brackett, M. A. (2011). Achieving standards in the English language arts (and more) using The RULER approach to social and emotional learning. *Reading & Writing Quarterly, 27(1)*, 75–100.

Rizzolatti, G., & Sinigaglia, C. (2006). *So quel che fai: Il cervello che agisce e i neuroni specchio*. Milano, IT: Raffaello Cortina Editore. (リゾラッティ , G.・シニガリア , C.　柴田 裕之（訳）茂木 健一郎 (監修) (2009). ミラーニューロン　紀伊國屋書店)

Roberts, B. W., & DelVecchio, W. F. (2000). The rank-order consistency of personality traits from childhood to old age: A quantitative review of longitudinal studies. *Psychological Bulletin, 126*, 3–25.

Roberts, B. W., Hill, P. L., & Davis, J. P. (2017). How to change conscientiousness: The sociogenomic trait intervention model. *Personality Disorders: Theory, Research, and Treatment, 8*, 199–205.

Roberts, B. W., Luo, J., Briley, D. A., Chow, P. I., Su, R., & Hill, P. L. (2017). A systematic review of personality trait change through intervention. *Psychological Bulletin, 143*, 117–141.

Roberts, B. W., Walton, K. E., & Viechtbauer, W. (2006). Patterns of mean-level change in personality traits across the life course: A meta-analysis of longitudinal studies. *Psychological Bulletin, 132*, 1–25.

Robson, D. A., Allen, M. S., & Howard, S. J. (2020). Self-regulation in childhood as a predictor of future outcomes: A meta-analytic review. *Psychological bulletin, 146(4)*, 324.

Rogers, C. R. (1957). The necessary and sufficient conditions of therapeutic personality change. *Journal of Counseling Psychology, 21*, 95–103.（ロージァズ , C. R.　伊東　博（編訳）

(1966). パーソナリティ変化の必要にして十分な条件　ロージァズ全集 4　サイコセラピィの過程 (pp. 117-140)　岩崎学術出版社）

Rogers, C. R., & Dymond, R. (1954). *Psychotherapy and personality change*. Chicago, IL: University of Chicago Press.（ロージァズ , C. R.　友田 不二男（編訳）(1967). パースナリティの変化　ロージァズ全集13　岩崎学術出版社）

Rogers, C. R. (1975). Empathic: Unappreciated way of being. *Counseling Psychologist, 5*, 2-10.

Rogers, M. E., & Glendon, A. I. (2018). Development and initial validation of the Five-Factor Model Adolescent Personality Questionnaire (FFM-APQ). *Journal of Personality Assessment, 100*, 292-304.

Rosenberg, M. (1965). *Society and the adolescent self-image*. Princeton, NJ: Princeton University Press.

Roth, B., Becker, N., Romeyke, S., Schäfer, S., Domnick, F., & Spinath, F. M. (2015). Intelligence and school grades: A meta-analysis. *Intelligence, 53*, 118-137.

Rothbart, M. K. (2011). *Becoming who we are: Temperament and personality in development*. New York, NY: Guilford Press.

Roustaei, A., Bakhshipoor, B., Doostian, Y., Goodiny, A. A., Koohikar, M., & Massah, O. (2017). Effectiveness of resilience training on ego-control and hardiness of illicit drug users. *Addict Health, 9(1)*, 24-31.

Rush, J., & Grouzet, F. M. (2012). It is about time: Daily relationships between temporal perspective and well-being. *The Journal of Positive Psychology, 7*, 427-442.

Russell, J. A., & Barrett, L. F. (1999). Core affect, prototypical emotional episodes, and other things called emotion: Dissecting the elephant. *Journal of Personality and Social Psychology, 76(5)*, 805-819.

Rutchick, A. M., Slepian, M. L., Reyes, M. O., Pleskus, L. N., & Hershfield, H. E. (2018). Future self-continuity is associated with improved health and increases exercise behavior. *Journal of Experimental Psychology: Applied, 24*, 72-80.

Rutt, J. L., & Löckenhoff, C. E. (2016). From past to future: Temporal self-continuity across the life span. *Psychology and Aging, 31*, 631-639.

Sá, W. C., West, R. F., & Stanovich, K. E. (1999). The Domain Specificity and Generality of Belief Bias: Searching for a Generalizable Critical Thinking Skill. *Journal of Educational Psychology, 91(3)*, 497-510.

斎藤 耕二・登張 真稲 (2003). 青年期における共感性の発達 ── 自己指向から他者指向へ ──　共感性の生涯発達的研究 (pp. 34-63)　平成12年度～平成14年度科学研究費（基盤研究 (B) (2)) 研究成果報告書 .

齊藤　智・三宅　晶 (2014). ワーキングメモリ理論とその教育的応用　湯澤 正通・湯澤 美紀（編著）ワーキングメモリと教育　第1章 (pp. 3-25)　北大路書房

櫻井 良祐・渡辺　匠・樋口　収・半澤 礼之・蛭田 眞一 (2017). やり抜く力が学びを促す ── Grit が学業達成に与える影響 ──　第6回大学情報・機関調査研究集会論文集 , 112-117

櫻井 茂男・葉山 大地・鈴木 高志・倉住 友恵・萩原 俊彦・鈴木 みゆき・大内 晶子・及川 千都子 (2011). 他者のポジティブな感情への共感的感情反応と向社会的行動，攻撃行動との関係　心理学研究 , *82*, 123-131.

Sala, M., Rochefort, C., Lui, P. P., & Baldwin, A. S. (2020). Trait mindfulness and health behaviours: A meta-analysis. *Health Psychology Review, 14*, 345-393.

Salovey, P., & Mayer, J. D. (1990). Emotional intelligence. *Imagination, Cognition and Personality, 9*, 185-211.

Sánchez-Álvarez, N., Extremera, N., & Fernández-Berrocal, P. (2016). The relation between emotional intelligence and subjective well-being: A meta-analytic investigation. *Journal of Positive Psychology, 11*, 276-285.

Satici, S. A. (2016). Psychological vulnerability, resilience, and subjective well-being: The mediating role of hope. *Personality and Individual Differences, 102*, 68-73.

佐藤 康富 (2018). 幼児期における思考力の深化過程に関する研究　鎌倉女子大学紀要 , *25*, 89-99.

澤田 瑞也 (1998). カウンセリングと共感　世界思想社

Scheier, M. F., & Carver, C. S. (1985). Optimism, coping and health: Assessment and implications of generalized outcome expectancies. *Health Psychology, 4(3)*, 219-247.

Scheier, M. F., Carver, C. S., & Bridges, M. W. (1994). Distinguishing optimism from neuroticism (and trait anxiety, self-mastery, and self-esteem): A re-evaluation of the Life Orientation Test. *Journal of Personality and Social Psychology, 67(6)*, 1063-1078.

Scheier, M. F., Carver, C. S., & Bridges, M. W. (2001). Optimism, pessimism, and psychological well-being. In E. C. Chang (Ed.), *Optimism & Pessimism: Implications for theory, research, and practice* (pp. 189-216). Washington, D. C.: American Psychological Association.

Scheier, M. F., Matthews, K. A., Owens, J. F., Magovern Sr., G. J., Lefebvre, R. C., Abbott, R. A., & Carver, C. S. (1989). Dispositional optimism and recovery from coronary artery bypass surgery: The beneficial effects on physical and psychological well-being. *Journal of Personality and Social Psychology, 57(6)*, 1024-1040.

Scheier, M. F., Weintraub, J. K., & Carver, C. S. (1986). Coping with stress: Divergent strategies of optimists and pessimists. *Journal of Personality and Social Psychology, 51(6)*, 1257-1264.

Schiefele, U. (2009). Situational and individual interest. In K. Wentzel, A. Wigfield, & D. Miele (Eds.), *Handbook of motivation at school* (pp. 197-222). New York, NY: Routledge.

Schäfer, J. Ö., Naumann, E., Holmes, E. A., Tuschen-Caffier, B., & Samson, A. C. (2017). Emotion regulation strategies in depressive and anxiety symptoms in youth: A meta-analytic review. *Journal of Youth and Adolescence, 46(2)*, 261-276.

Schwarzer, R., & Warner, L. M. (2013). Perceived self-efficacy and its relationship to resilience. In S. Prince-Embury, & D. H. Saklofske (Eds). *Resilience in children, adolescents, and adults: Translating research into practice* (pp. 139-150). New York, NY: Springer.

Segal, Z. V., Williams, J. M. G., & Teasdale, J. D. (2002). *Mindfulness-based cognitive therapy for depression: A new approach to preventing relapse*. New York, NY: Guilford Press.（シーガル , Z. V., ウィリアムズ , J. M. G., ティーズデール , J. D. 越川 房子（監訳）(2007). マインドフルネス認知療法 ── うつを予防する新しいアプローチ ──　北大路書房）

Segerstrom, S, C. (2005). Optimism and immunity: Do positive thoughts always lead to positive effects?. *Brain, Behavior, and Immunity, 19(3)*, 195-200.

セガストローム , S. C.　荒井 まゆみ（訳）島井 哲志（監訳）(2008). 幸せをよぶ法則 ── 楽観性のポジティブ心理学 ──　星和書店（Segerstrom, S. C. (2006). *Breaking Murphy's law: How optimists get what they want from life and pessimists can too*. New York, NY: Guilford Press.）

Segerstrom, S, C. (2007). Optimism and resources: Effects on each other and on health over 10 years. *Journal of Research in Personality, 41(4)*, 772-786.

Seligman, M. E. P. (1991). *Learned optimism*. New York, NY: Knopf.（セリグマン , M. E. P. 山村 宜子

（訳）(1994). オプティミストはなぜ成功するか　講談社）
Seligman, M. E. P. (1996). *Learned optimism. How to change your mind and your life*. Pocker Books.
Seligman, M. E. P. (2002). *Authentic happiness: Using the new positive psychology to realize your potential for lasting fulfillment*. New York, NY: Free Press.（セリグマン , M. E. P.　小林裕子（訳）(2004). 世界でひとつだけの幸せ ── ポジティブ心理学が教えてくれる満ち足りた人生 ──　アスペクト）
Sergeant, S., & Mongrain, M. (2014). An online optimism intervention reduces depression in pessimistic individuals. *Journal of Consulting and Clinical Psychology, 82(2)*, 263-274.
Shakerinia, I., & Mohammadpour, M. (2010). Relationship between job stress and resiliency with occupational burnout among nurses. *Journal of Kermanshah University of Medical Sciences, 14(2)*, 161-169.
Shapiro, S. L., Oman, D., Thoresen, C. E., Plante, T. G., & Flinders, T. (2008). Cultivating mindfulness: Effects on well-being. *Journal of Clinical Psychology, 64*, 840-862.
Shifren, K., Hooker, K. (1995). Stability and change in optimism: A study among spouse caregivers. *Experimental Aging Research, 21(1)*, 59-76.
Shih, M., Pittinsky, T. L., & Ambady, N. (1999). Stereotype susceptibility: Identity salience and shifts in quantitative performance. *Psychological Science, 10*, 80-83.
敷島 千鶴 (2021). 一般知能　安藤 寿康（監修）　敷島 千鶴・平石　界（編）　ふたご研究シリーズ　第 1 巻　認知能力と学習 (pp. 75-102)　創元社
島津 直実・越川 房子 (2014). 反応スタイルと抑うつに関する因果モデルの検討　心理学研究 , *85*, 392-397.
下島 裕美・佐藤 浩一・越智 啓太 (2012). 日本版 Zimbardo Time Perspective Inventory (ZTPI) の因子構造の検討　パーソナリティ研究 , *21*, 74-83.
Shiner, R. L. (2015). The development of temperament and personality traits in childhood and adolescence. In M. Mikulincer, P. R. Shaver, M. L. Cooper, & R. J. Larsen (Eds), *APA handbook of personality and social psychology, Volume 4: Personality processes and individual differences* (pp. 85-105). Washington, D. C.: American Psychological Association.
Shipp, A. J., Edwards, J. R., & Lambert, L. S. (2009). Conceptualization and measurement of temporal focus: The subjective experience of the past, present, and future. *Organizational Behavior and Human Decision Processes, 110*, 1-22.
白井 利明 (1994a). 大学の進路指導教育に関する実践的研究 ── キャリア・カウンセリングの実習を通して ──　進路指導研究 , *15*, 30-36.
白井 利明 (1994b). 時間的展望の生涯発達に関する研究の到達点と課題　大阪教育大学紀要 , *42*, 187-216.
白井 利明 (1994c). 時間的展望体験尺度の作成に関する研究　心理学研究 , *65*, 54-60.
白井 利明 (1997). 時間的展望の生涯発達心理学　勁草書房
白井 利明 (2001).「希望」の心理学 ── 時間的展望をどうもつか ──　講談社
白井 利明 (2015). 高校生のキャリア・デザイン形成における回想展望法の効果　キャリア教育研究 , *34*, 11-16.
首藤 敏元 (1994). 幼児・児童の愛他行動を規定する共感と感情予期の役割　風間書房
Silvia, P. J. (2012). Curiosity and motivation. In R. M. Ryan (Ed.), *The oxford handbook of human motivation* (pp. 157-166). New York, NY: Oxford University Press.
Sircova, A., van de Vijver, F. J. R., Osin, E., Milfont, T. L., Fieulaine, N., Kislali-Erginbilic, A., ... Boyd,

J. N. (2014). A global look at time: A 24-country study of equivalence of the Zimbardo Time Perspective Inventory. *SAGE Open, 4*, 1–12.

Sircova, A., van de Vijver, F. J. R., Osin, E., Milfont, T. L., Fieulaine, N., Kislali-Erginbilic, A., ... Boyd, J. N. (2015). Time perspective profiles of cultures. In M. Stolarski, N. Fieulaine, & W. van Beek (Eds.), *Time perspective theory: Review, research, and application. Essays in honor of Phillip G. Zimbardo* (pp. 169–187). Zug, Switzerland: Springer.

Sirois, F. (2014). Procrastination and stress: Exploring the role of self-compassion. *Self and Identity, 13*, 128–145.

Slagter, H. A., Lutz, A., Greischar, L. L., Francis, A. D., Nieuwenhuis, S., Davis, J. M., & Davidson, R. J. (2007). Mental training affects distribution of limited brain resources. *PLoS Biology, 5*, e138.

Smart Richman, L., & Leary, M. R. (2009). Reactions to discrimination, stigmatization, ostracism, and other forms of interpersonal rejection: A multimotive model. *Psychological Review, 116*, 365–383.

Smith, A. (1759). *The theory of moral sentiments*. Oxford, UK: Clarendon Press. (スミス , A .　水田 洋 (訳). (2003). 道徳感情論　岩波書店)

Smith, B. W., Dalen, J., Wiggins, K., Tooley, E., Christopher, P., & Bernard, J. (2008). The brief resilience scale: assessing the ability to bounce back. *International journal of behavioral medicine, 15(3)*, 194–200.

Smithers, L. G., Sawyer, A. C., Chittleborough, C. R., Davies, N. M., Smith, G. D., & Lynch, J. W. (2018). A systematic review and meta-analysis of effects of early life non-cognitive skills on academic, psychosocial, cognitive and health outcomes. *Nature human behaviour, 2(11)*, 867–880.

Solberg Nes, L., & Segerstrom, S.C. (2006). Dispositional optimism and coping: A meta-analytic review. *Personality and Social Psychology Review, 10(3)*, 235–251.

園田 直子 (2011). 時間的展望を形成する方法としての「展望地図法」の開発とその効果の検討　久留米大学心理学研究 , *10*, 22–30.

空間 美智子 (2017). 第7章　セルフ・コントロールの教育の実践　高橋 雅治（編）　セルフ・コントロールの心理学 (pp. 113–124)　北大路書房

Sørensen, L., Osnes, B., Visted, E., Svendsen, J. L., Adolfsdottir, S., Binder, P. E., & Schanche, E. (2018). Dispositional mindfulness and attentional control: The specific association between the mindfulness facets of non-judgment and describing with flexibility of early operating orienting in conflict detection. *Frontiers in Psychology, 9*, 2359.

Soto, C. J. (2016). The little six personality dimensions from early childhood to early adulthood: Mean-level age and gender differences in parents' reports. *Journal of Personality, 84*, 409–422.

Soto, C. J., & John, O. P. (2017). The next Big Five Inventory (BFI-2): Developing and assessing a hierarchical model with 15 facets to enhance bandwidth, fidelity, and predictive power. *Journal of Personality and Social Psychology, 113*, 117–143.

Soto, C. J., John, O. P., Gosling, S. D., & Potter, J. (2011). Age differences in personality traits from 10 to 65: Big Five domains and facets in a large cross-sectional sample. *Journal of Personality and Social Psychology, 100*, 330–348.

Soto, C. J., Napolitano, C. M., & Roberts, B. W. (2021). Taking skills seriously: Toward an integrative model and agenda for social, emotional, and behavioral skills. *Current Directions in Psychological Science, 30*, 26–33.

Soto, J. A., Perez, C. R., Kim, Y.-H., Lee, E. A., & Minnick, M. R. (2011). Is expressive suppression always associated with poorer psychological functioning? A cross-cultural comparison between

European Americans and Hong Kong Chinese. *Emotion, 11(6)*, 1450-1455.

相馬 花恵・駒村 樹里・越川 房子 (2016). トラウマを抱えた児童を対象としたヨーガの意義 ── マインドフルネスにおける「受容的な気づき」を重視したヨーガ実践 ── マインドフルネス研究, *1*, 14-27.

Southwick, S. M., Bonanno, G. A., Masten, A. S., Panter-Brick, C., & Yehuda, R. (2014). Resilience definitions, theory, and challenges: interdisciplinary perspectives. *European journal of psychotraumatology, 5(1)*, 25338.

Spielberger, C. D., & Reheiser, E. C. (2003). Measuring anxiety, anger, depression, and curiosity as emotional states and personality traits with the STAI, STAXI, and STPI. In M. J. Hilsenroth & D. L. Segal (Eds.), *Comprehensive handbook of psychological assessment, Vol. 2. Personality assessment* (pp. 70-86). Hoboken, NJ: John Wiley & Sons.

Spielberger, C. D., & Starr, L. M. (1994). Curiosity and exploratory behavior. In H. F. O'Neil, Jr. & M. Drillings (Eds.), *Motivation: Theory and research* (pp. 221-243). Mahwah, NJ: Lawrence Erlbaum Associates.

Stepien, K. A., & Baernstein, A. (2006). Educating for empathy. A review. *Journal of General Internal Medicine, 21*, 524-530.

Stewart, D. (1956). *Preface to empathy*. New York, NY: Philosophical Library.

Stolarski, M., Zajenkowski, M., Jankowski, K. S., & Szymaniak, K. (2020). Deviation from the balanced time perspective: A systematic review of empirical relationships with psychological variables. *Personality and Individual Differences, 156*, 109772.

Stotland, E. (1969). Explanatory investigation of empathy. In L. Berkowitz (Ed.), *Advances in experimental social psychology. Vol. 4* (pp. 271-314). New York, NY: Academic Press.

Strayer, J., & Robers, W. (1989). Children's empathy and role taking: Child and parental factors and relations to prosocial behavior. *Journal of Applied Developmental Psychology. 10(2)*, 227-239.

Stricker, J., Buecker, S., Schneider, M., & Preckel, F. (2019). Multidimensional Perfectionism and the Big Five Personality Traits: A Meta-Analysis. *European Journal of Personality, 33*, 176-196.

von Stumm, S., Hell, B., & Chamorro-Premuzic, T. (2011). The hungry mind intellectual curiosity is the third pillar of academic performance. *Perspectives Psychological Science, 6*, 574-588.

Sun, R., Ren, Y., Li, X., Jiang, Y., Liu, S., & You, J. (2020). Self-compassion and family cohesion moderate the association between suicide ideation and suicide attempts in Chinese adolescents. *Journal of Adolescence, 79*, 103-111.

Sutin, A. R., Stephan, Y., Luchetti, M., Aschwanden, D., Sesker, A. A., O'Súilleabháin, P. S., & Terracciano, A. (2021). Self-reported and mother-rated personality traits at age 16 are associated with cognitive function measured concurrently and 30 years later. *Psychological Medicine, First view*, 1-11.

Sword, R. M., Sword, R. K., & Brunskill, S. R. (2015). Time perspective therapy: Transforming Zimbardo's temporal theory into clinical practice. In M. Stolarski, N. Fieulaine, & W. van Beek (Eds.), *Time perspective theory: Review, research, and application. Essays in honor of Phillip G. Zimbardo* (pp. 481-498). Zug, Switzerland: Springer.

Sword, R. M., Sword, R. K., Brunskill, S. R., & Zimbardo, P. G. (2014). Time perspective therapy: A new time-based metaphor therapy for PTSD. *Journal of Loss and Trauma, 19*, 197-201.

Syed, M., Eriksson, L. P., Frisén, A., Hwang, C. P., & Lamb, M. E. (2020). Personality development from age 2 to 33: Stability and change in ego-resilience and ego-control and associations with

adult adaptation. *Developmental Psychology, 56(4)*, 815–832.

Takahashi, T., Kikai, T., Sugiyama, F., Kawashima, I., Kuroda, A., Usui, K., Maeda, W., Uchida, T., Guan, S., Oguchi, M., & Kumano, H. (2020). Changes in mind-wandering and cognitive fusion through mindfulness group therapy for depression and anxiety. *Journal of Cognitive Psychotherapy, 34*. doi: 10.1891/JCPSY-D-19-00015

Takahashi, Y., Zheng, A., Yamagata, S., & Ando, J. (2021). Genetic and environmental architecture of conscientiousness in adolescence. *Scientific Reports, 11*, 3205.

高橋 麻衣子・川口 英夫・牧　敦・嶺　竜治・平林 ルミ・中邑 賢龍 (2009). 児童の論理的な読み書き能力を育む思考の相互観察活動 ── デジタルペン黒板システムを使用した授業実践から ──　認知科学 , *16*, 296–312.

高納 成幸・加藤 直樹 (2007). 高校生の批判的思考態度の向上に影響を及ぼす問題解決学習の諸要素　日本科学教育学会研究会研究報告 , *23*, 5–10.

武田 明典・平山 るみ・楠見　孝 (2006). 大学初年次教育におけるグループ学習と討論 ── クリティカル・シンキング育成の試み ──　筑波大学学校教育学会誌 , *13*, 1–15.

竹橋 洋毅・樋口　収・尾崎 由佳・渡辺　匠・豊沢 純子 (2019). 日本語版グリット尺度の作成および信頼性・妥当性の検討　心理学研究 , *89*, 580–590.

竹橋 洋毅・豊沢 純子 (2015). 通信制高校における自己統制能力向上のための教育的介入の効果　ストレス科学研究 , *30*, 120–124.

Tanaka, Y., Inuzuka M., & Hirayama R. (2019). Utilizing eye-tracking to explain variation in response to inconsistent message on belief change in false rumor. *Proceedings of the 41st Annual Conference of the Cognitive Science Society*, 2926-2932.

田中 優子・楠見　孝 (2007a). 批判的思考プロセスにおけるメタ認知の役割　心理学評論 , *50*, 256–269.

田中 優子・楠見　孝 (2007b). 批判的思考の使用判断に及ぼす目標と文脈の効果　教育心理学研究 , *55*, 514–525.

田中 優子・楠見　孝 (2016). 批判的思考の表出判断に及ぼす状況変数と個人差変数の効果　心理学研究 , *87*, 60–69.

Tangney, J. P., Baumeister, R. F., & Boone, A. L. (2004). High self‐control predicts good adjustment, less pathology, better grades, and interpersonal success. *Journal of personality, 72(2)*, 271–324.

田代 雅文・有村 達之・細井 昌子 (2015). 慢性疼痛医療における「支える医療としてのマインドフルプラクティス」のすすめ ── 忙しい日常診療に悩むすべての医療スタッフに有用な心理学的方法 ──　日本運動器疼痛学会誌 , *7*, 190–195.

Teasdale, J. D. (1988). Cognitive vulnerability to persistent depression. *Cognition and Emotion, 2*, 247–274.

Teasdale, J. D., Moore, R. G., Hayhurst, H., Pope, M., Williams, S., & Segal, Z. V. (2002). Metacognitive awareness and prevention of relapse in depression: Empirical evidence. *Journal of Consulting and Clinical Psychology, 70*, 275–287.

Temple, E., Perry, J. L., Worrell, F. C., Zivkovic, U., Mello, Z. R., Musil, B., ... & McKay, M. T. (2019). The Zimbardo time perspective inventory: Time for a new strategy, not more new shortened versions. *Time & Society, 28*, 1167–1180.

Terracciano, A., Sutin, A. R., An, Y., O'Brien, R. J., Ferrucci, L., Zonderman, A. B., & Resnick, S. M. (2013). Personality and risk of Alzheimer's disease: New data and meta-analysis. *Alzheimer's & Dementia, 10*, 179–186.

Thorstad, R., & Wolff, P. (2018). A big data analysis of the relationship between future thinking and decision-making. *Proceedings of the National Academy of Sciences of the United States of America, 115*, E1740–E1748.

Titchener, E. B. (1909). *Lectures on the experimental psychology of thought-processes*. New York, NY: Macmillan.

Titchener, E. B. (1922). *A beginner's psychology*. New York, NY: Macmillan Company.

登張 真稲 (2003). 青年期の共感性の発達 ―― 多次元的視点による検討 ―― 発達心理学研究 , *14*, 136–148.

登張 真稲 (2008). 中学1年生の共感と対人的適応 ―― その関連性と対象別・感情別共感の次元 ―― 青年心理学研究 , *20*, 25–40.

登張 真稲 (2014). 共感の神経イメージング研究から分かること 発達心理学研究 , *25*, 412–421.

登張 真稲・名尾 典子・首藤 敏元・大山 智子・木村 あやの (2016). 多面的協調性尺度の作成と大学生の協調性 文教大学人間科学研究 , *37*, 151–164.

Toplak, M. E., West, R. F., & Stanovich, K. E. (2011). The Cognitive Reflection Test as a predictor of performance on heuristics and biases tasks. Memory & Cognition, *39*, 1275–1289.

Tough, P. (2013). *How children succeed*. London, United Kingdom: Random House.（タフ , P. 高山 真由美（訳）(2013). 成功する子 失敗する子 ―― 何が「その後の人生」を決めるのか ―― 英治出版）

タフ , P. 高山 真由美（訳）(2017). 私たちは子どもになにができるのか ―― 非認知能力を育み，格差に挑む ―― 英知出版 (Tough, P. (2016). *Helping children succeed: What works and why*. Boston, MA: Houghton Mifflin Harcourt.)

外山 美樹 (2013). 楽観・悲観性尺度の作成ならびに信頼性・妥当性の検討 心理学研究 ,*84(3)*, 256–266.

外山 美樹 (2014). 特性的楽観・悲観性が出来事の重要性を調整変数としてコーピング方略に及ぼす影響 心理学研究 , *85(3)*, 257–265.

外山 美樹 (2016). 子ども用楽観・悲観性尺度の作成および信頼性・妥当性の検討 教育心理学研究 , *64(3)*, 317–326.

外山 美樹・櫻井 茂男 (2001). 日本人におけるポジティブ・イリュージョン現象 心理学研究 , *72(4)*, 329–335.

豊田 弘司・山本 晃輔 (2011). 日本版 WLEIS (Wong and Law Emotional Intelligence Scale) の作成 奈良教育大学教育実践開発研究センター研究紀要 , *20*, 7–12.

Tross, S. A., Harper, J. P., Osher, L. W., & Kneidinger, L. M. (2000). Not just the usual cast of characteristics: Using personality to predict college performance and retention. *Journal of College Student Development*.

Truax, C., & Carkhuff, R. R. (1967). *Toward effective counseling and psychotherapy*. Chicago, IL: Aldine.

Tsai, W., & Lu, Q. (2018). Culture, emotion suppression and disclosure, and health. *Social and Personality Psychology Compass, 12(3)*, e12373.

坪見 博之・齊藤 智・苧阪 満里子・苧阪 直行 (2019). ワーキングメモリトレーニングと流動性知能 ―― 展開と制約 ―― 心理学研究 , *90*, 308–326.

都筑 学 (1999). 大学生の時間的展望 ―― 構造モデルの心理学的検討 ―― 中央大学出版

Tucker, J. S., Kressin, N. R., Spiro, A., III, & Ruscio, J. (1998). Intrapersonal characteristics and the timing of divorce: A prospective investigation. *Journal of Social and Personal Relationships, 15*,

211–225.

Tugade, M. M., & Fredrickson, B. L. (2004). Resilient individuals use positive emotions to bounce back from negative emotional experiences. *Journal of Personality and Social Psychology, 86(2)*, 320–333.

Twenge, J. M., & Campbell, W. K. (2002). Self-esteem and socioeconomic status: A meta-analytic review. *Personality and Social Psychology Review, 6*, 59–71.

ドゥエンギ, J. M.・キャンベル, W. K. (2011). 自己愛過剰社会　河出書房新社 (Twenge, J. M., & Campbell, W. K. (2009). *The Narcissism Epidemic: Living in the Age of Entitlement.* New York, NY: Free Press.)

上野 雄己・平野 真理・小塩 真司 (2019). 日本人のレジリエンスにおける年齢変化の再検討 ── 10代から90代を対象とした大規模横断調査 ──　パーソナリティ研究, *28(1)*, 91–94.

Ungar, M. (2008). Resilience across cultures. *British Journal of Social Work, 38*, 218–235.

雲財　寛・山根 悠平・西内　舞・中村 大輝 (2019). 理科教育における批判的思考力の育成を目的とした授業実践の効果 ── 国内誌を対象にしたメタ分析の結果を中心として ──　科学教育研究, *43*, 353–361.

Valji, A., Priemysheva, A., Hodgetts, C. J., Costigan, A. G., Parker, G. D., Graham, K. S., ... & Gruber, M. J. (2019). Curious connections: white matter pathways supporting individual differences in epistemic and perceptual curiosity. *BioRxiv*, doi: https://doi.org/10.1101/642165

Verhaeghen, P. (2021). Mindfulness as attention training: Meta-analyses on the links between attention performance and mindfulness interventions, long-term meditation practice, and trait mindfulness. *Mindfulness, 12*, 564–581.

Vukasović, T., & Bratko, D. (2015). Heritability of personality: A meta-analysis of behavior genetic studies. *Psychological Bulletin, 141*, 769–785.

和田 さゆり (1996). 性格特性用語を用いたBig Five尺度の作成. 心理学研究, *67*, 61–67.

渡辺 弥生・原田 恵理子 (2007). 高校生における小集団でのソーシャルスキルトレーニングがソーシャルスキルおよび自尊感情に及ぼす影響　法政大学文学部紀要, *55*, 59–72.

Watson, G. B., & Glaser, E. M. (1980) *Watson-Glaser critical thinking appraisal manual*. San Antonio, TX: The Psychological Corporation.

Watts, T. W., Duncan, G. J., & Quan, H. (2018). Revisiting the marshmallow test: A conceptual replication investigating links between early delay of gratification and later outcomes. *Psychological science, 29(7)*, 1159–1177.

Webb, T. L., Miles, E., & Sheeran, P. (2012). Dealing with feeling: A meta-analysis of the effectiveness of strategies derived from the process model of emotion regulation. *Psychological Bulletin, 138(4)*, 775–808.

Webster-Stratton, C., & Reid, M. J. (2003). The Incredible Years parents, teachers, and children training series: A multifaceted treatment approach for young children with conduct disorders. In J. R. Weisz & A. E. Kazdin (Eds.), *Evidence-based psychotherapies for children and adolescents* (pp. 224–240). New York, NY: The Guilford Press.

Weigel, R. H., Hessing, D. J., & Elffers, H. (1999). Egoism: Concept, measurement and implications for deviance. *Psychology, Crime and Law, 5*, 349–378.

Weissman, A. N. (1979). The Dysfunctional Attitude Scale: A validation study. *Dissertation Abstracts International, 40*, 1389-1390.

Wells, K. E., McKay, M. T., Morgan, G. B., & Worrell, F. C. (2018). Time attitudes predict changes in

adolescent self-efficacy: A 24-month latent transition mover-stayer analysis. *Journal of Adolescence, 62*, 27–37.

Wells, K. E., Morgan, G., Worrell, F. C., Sumnall, H., & McKay, M. T. (2018). The influence of time attitudes on alcohol-related attitudes, behaviors and subjective life expectancy in early adolescence: A longitudinal examination using mover-stayer latent transition analysis. *International Journal of Behavioral Development, 42*, 93–105.

Werner, E. E., & Smith, R. (1977). *Kauai's children come of age*. Honolulu, Hawaii: University of Hawaii Press.

Wispé, L. (1987). History of the concept of empathy. In N. Eisenberg & J. Strayer (Eds.), *Empathy and its development* (pp. 17–37). New York, NY: Cambridge University Press.

Wolters, C., & Benzon, M. (2013). Assessing and predicting college students' use of strategies for the self-regulation of motivation. *Journal of Experimental Education, 18*, 199–221.

Wolters, C., & Hussain, M. (2015). Investigating grit and its relations with college students' self-regulated learning and academic achievement. *Metacognition and Learning, 10*, 293–311.

Wong, C. S., & Law, K. S. (2002). The effects of leader and follower emotional intelligence on performance and attitude: An exploratory study. *Leadership Quarterly, 13*, 243–274.

Wong, M. M., Nigg, J. T., Zucker, R. A., Puttler, L. I., Fitzgerald, H. E., Jester, J. M., ... & Adams, K. (2006). Behavioral control and resiliency in the onset of alcohol and illicit drug use: a prospective study from preschool to adolescence. *Child development, 77(4)*, 1016–1033.

Worrell, F. C., McKay, M. T., & Andretta, J. R. (2015). Concurrent validity of Zimbardo Time Perspective Inventory profiles: A secondary analysis of data from the United Kingdom. *Journal of Adolescence, 42*, 128–139.

Worrell, F. C., Mello, Z. R., & Buhl, M. (2013). Introducing English and German versions of the Adolescent Time Attitude Scale (ATAS). *Assessment, 4*, 496–510.

Xuan, R., Li, X., Qiao, Y., Guo, Q., Liu, X., Deng, W., Hu, Q., Wang, K., & Zhang, L. (2020). Mindfulness-based cognitive therapy for bipolar disorder: A systematic review and meta-analysis. *Psychiatry Research, 290*, 113116.

山田 剛史・井上 俊哉（編）(2012). メタ分析入門 ── 心理・教育研究の系統的レビューのために ── 東京大学出版会

山田 洋平・小泉 令三 (2020). 幼児を対象とした社会性と情動の学習 (SEL-8N) プログラムの効果 教育心理学研究, *68*, 216–229.

山本 明 (2017). 批判的思考の観点から見たメディア・リテラシー 心理学評論, *60*. 163–180.

山本 真理子・松井 豊・山成 由紀子 (1982). 認知された自己の諸側面の構造 教育心理学研究, *30*, 64–68.

山崎 勝之 (2017). 自尊感情革命 なぜ, 学校や社会は「自尊感情」がそんなに好きなのか？ 福村出版

横嶋 敬行・大上 遊路・賀屋 育子・山崎 勝之 (2020). 児童用のタブレット PC 版セルフ・エスティーム潜在連合テストの開発 感情心理学研究, *27*, 61–66.

吉津 潤・関口 理久子・雨宮 俊彦 (2013). 感情調節尺度 (Emotion Regulation Questionnaire) 日本語版の作成 感情心理学研究, *20(2)*, 56–62.

Zacher, H. (2014). Individual difference predictors of change in career adaptability over time. *Journal of Vocational Behavior, 84*, 188–198.

Zaki, J., & Ochsner, K., (2012). The neuroscience of empathy: Progress, pitfalls and promise. *Nature Neuroscience, 15*, 675–680.

Zeigler-Hill, V. (2013). The importance of self-esteem. In V. Zeigler-Hill (Ed.), *Self-esteem* (pp. 1–20). London, United Kingdom: Psychology Press.

Zeller, M., Yuval, K., Nitzan-Assayag, Y., & Bernstein, A. (2014). Self-compassion in recovery following potentially traumatic stress: Longitudinal study of at-risk youth. *Journal of Abnormal Child Psychology, 43*, 645–53.

Zessin, U., Dickhäuser, O., & Garbade, S. (2015). The relationship between self-compassion and well-being: A meta-analysis. Applied psychology. *Health and well-being, 7*, 340–364.

Zhang, J. W., Chen, S., & Tomova Shakur, T. K. (2020). From me to you: Self-compassion predicts acceptance of own and others' imperfections. *Personality & Social Psychology Bulletin, 46*, 228–242.

Zhang, Q., Zhao, H., & Zheng, Y. (2019). Effectiveness of mindfulness-based stress reduction (MBSR) on symptom variables and health-related quality of life in breast cancer patients — A systematic review and meta-analysis. *Support Care Cancer, 27*, 771–781.

Zhou, K. (2016). Non-cognitive skills: Definitions, measurement and malleability. Background paper prepared for the 2016 Global Education Monitoring Report. United Nations Educational, Scientific and Cultural Organization. Retrieved from https://unesdoc.unesco.org/ark:/48223/pf0000245576 (March 12, 2021.)

Zimbardo, P. G., & Boyd, J. N. (1999). Time perspective: A valid, reliable individual differences metric. *Journal of Personality and Social Psychology, 77*, 1271–1288.

Zimbardo, P., & Boyd, J. (2008). *The time paradox: The new psychology of time that will change your life*. New York, NY: Simon and Schuster.

Zisman, C., & Ganzach, Y. (2020). In a Representative Sample Grit Has a Negligible Effect on Educational and Economic Success Compared to Intelligence. *Social Psychological and Personality Science, 12*, 296–303.

用語集

●アナグラム課題

アナグラムとは，ある単語の文字を入れ替えると別の単語や文章になることを指す。そしてアナグラム課題とは，提示された文字列を並び替えて意味のある単語を完成させる課題のことである。たとえば，「んつぴえ」が提示されたときに「えんぴつ」に並び替えると正答となる。

●確認的因子分析

事前に因子構造の仮説を設定し，その仮説にデータがどの程度合致するかを検討する因子分析の手法である。事前に仮説を設定しない因子分析は，探索的因子分析とよばれる。

●コーピング

ストレスに対処するために行われる個人の認知的および行動上の努力のことである。たとえば，ストレスを経験した際に，「誰かに愚痴をこぼして気持ちをはらす」「悪いことばかりではないと楽観的に考える」「無理にでも忘れるようにする」「どうすることもできないと解決を先延ばしにする」「原因を検討しどのようにしていくべきか考える」など，ストレスの原因（ストレッサーと言う）に対処を試みることを指す。

●コホート／コホート調査／コホート研究

複数の集団を一定の期間の間，追跡調査していくことで変化を検討していく研究手法のひとつである。同じ時期に同じ経験をしている人々の集団のことを，コホートという。たとえば，ある年の4月に1年生から3年生までの生徒たちに調査を行い，次の年の4月に新入生と2年生3年生に進級した生徒たちを追跡調査する。このような調査を行うことにより，ある特徴についての時間の変化と入学年度の違いを同時に検討することができる。

● GPA

Grade Point Average（GPA）とは，各授業で得られた成績（優良可不可やA+ABC）を得点化することで，各学生について算出される成績得点の平均値のことである。現在，日本の多くの大学で各学生のGPAが算出され，成績表に記載されている。

●縦断調査／縦断研究

ある集団に調査を行った後，時間をおいて追跡調査をしていく形式の研究手法を指す。時間に伴う心理的・身体的な特徴の変化を検討することができる。一度の調査で複数の年代の人々を調査し，年齢の差を変化とみなす分析を行うことを横断的調査や横断的研究という。コホート研究も参照。

●尺度／心理測定尺度

尺度とは，数字と意味との対応関係のことである。心理学においては，質問文と回答の選択肢のセットを複数用意し，何らかの心理的概念を測定する用具のことを心理測定尺度と呼ぶ（単に尺度とも

いう)。

●ストループ課題

心理学者 Stroop が作成した課題であり，色を表す文字の意味と文字の色という二つの情報が干渉し合う程度を測定する。たとえば，「赤」「青」「黄」という文字がそれぞれの文字が表すとおりの色で提示された場合と，異なる色で表示される場合を比較する。文字の色の名をできるだけ早く回答させるが，文字の意味と文字の色が異なる場合には，回答の時間が遅くなる現象が見られる。このような互いの情報が干渉し合う現象をストループ現象という。

●相互協調的自己観

人間相互の基本的なつながりを重視し，関係のある他者と調和することが大切であるという考え方のことである。それに対し，自分を他者から切り離して独立した存在としてとらえることを相互独立的自己観という。

●対照群

実験を行う際に，目的となる実験操作を行った群を実験群，操作を行わずに実験群との比較を行う群を対照群という。

●天井効果

本来であれば正規分布を仮定しているにもかかわらず，想定以上に平均値が高く多くの得点が得点幅の高いほうに位置してしまう現象のこと。

●半構造化面接

事前に用意した質問に従って面接を行いながら，その回答や状況に応じて面接者が追加の質問をしたり，反応をしたり，質問の内容を変えたりと柔軟に対応する面接の形式のこと。

●標準偏差

得点が集団の中でどの程度，平均値からばらついているかを表す統計値のことである。

●ポジティブ心理学

精神的な病理を治療することよりも，よりよく生きることや幸福に生きるための要素を研究することを志向する心理学の一領域である。

●流動性知能／結晶性知能

流動性知能は，これまでに遭遇したことがない状況で，既存の知識では解決できない問題を解決する能力であり，演繹的推論課題や帰納的推論課題によって測定される。結晶性知能は，教育や経験の中で身につけた能力であり，言語や理解，洞察を含むものである。

●メタ分析

過去に行われた研究結果の統計値を統合することで総合的な研究知見を得ようと試みる，系統的レビュー（既存の文献を調べて課題について論じる研究手法）のひとつである。

●ワーキングメモリ

課題遂行中にその課題を遂行する目的で一時的に必要となる記憶の働き（機能）・しくみ（メカニズム），そしてそれらを支えている構造（システム）のことである。情報を保持しながら認知操作を行う動的なシステムのことを指す。

執筆者紹介　　※執筆者の所属や職階は発刊当時のものである。

【序章】非認知能力とは
小塩真司（編者）

【１章】誠実性
川本哲也（かわもと　てつや）　国士舘大学文学部 講師

【２章】グリット
竹橋洋毅（たけはし　ひろき）　奈良女子大学文学部 准教授

【３章】自己制御・自己コントロール
原田知佳（はらだ　ちか）　名城大学人間学部 准教授

【４章】好奇心
西川一二（にしかわ　かずじ）　京都大学大学院教育学研究科 研究員

【５章】批判的思考
平山るみ（ひらやま　るみ）　大阪音楽大学短期大学部 准教授

【６章】楽観性
外山美樹（とやま　みき）　筑波大学人間系 准教授

【７章】時間的展望
千島雄太（ちしま　ゆうた）　筑波大学人間系 助教

【８章】情動知能
野崎優樹（のざき　ゆうき）　甲南大学文学部 講師

【９章】感情調整
中川　威（なかがわ　たけし）　国立長寿医療研究センター 主任研究員

【10章】共感性
登張真稲（とばり　まいね）　文教大学生活科学研究所 客員研究員

【11章】自尊感情
箕浦有希久（みのうら　ゆきひさ）　佛教大学教育学部 講師

【12章】セルフ・コンパッション
有光興記（ありみつ　こうき）　関西学院大学文学部 教授

【13章】マインドフルネス
石川遥至（いしかわ　はるゆき）　早稲田大学文学学術院 招聘研究員

【14章】レジリエンス
平野真理（ひらの　まり）　東京家政大学人文学部 講師

【15章】エゴ・レジリエンス
小野寺敦子（おのでら　あつこ）　目白大学心理学部 教授

【終章】非認知能力と教育について
小塩真司（編者）

編者紹介

小塩真司（おしお　あつし）

早稲田大学文学学術院 教授

2000年，名古屋大学教育学研究科博士後期課程修了。博士（教育心理学）。専門はパーソナリティ心理学，教育心理学，発達心理学。著訳書は『性格とは何か』（中公新書），『性格がいい人、悪い人の科学』（日本経済新聞出版社），『パーソナリティ心理学』（サイエンス社），『性格を科学する心理学のはなし』（新曜社），『大学生ミライの因果関係の探究』（ちとせプレス），『心理学の卒業研究ワークブック』（共著，金子書房），『人間関係の生涯発達心理学』（共著，丸善出版），『円環モデルからみたパーソナリティと感情の心理学』（共訳，福村出版），『パーソナリティのダークサイド』（監訳，福村出版）など多数。

非認知能力

概念・測定と教育の可能性

2021年 8 月20日　初版第 1 刷発行

2024年 7 月20日　初版第 11 刷発行

編　者　　小 塩 真 司

発行所　　㈱北大路書房

〒603-8303　京都市北区紫野十二坊町 12-8

電話　(075) 431-0361㈹

FAX　(075) 431-9393

振替　01050-4-2083

組版／ Katzen House

印刷・製本／創栄図書印刷㈱

装幀／野田和浩

ISBN978-4-7628-3164-5　　Printed in Japan